René Guéno

Étude sur la franc-maçonnerie et le compagnonnage

Essai

Le code de la propriété intellectuelle du 1er juillet 1992 interdit en effet expressément la photocopie à usage collectif sans autorisation des ayants droit. Or, cette pratique s'est généralisée dans les établissements d'enseignement supérieur, provoquant une baisse brutale des achats de livres et de revues, au point que la possibilité même pour les auteurs de créer des œuvres nouvelles et de les faire éditer correctement est aujourd'hui menacée. En application de la loi du 11 mars 1957, il est interdit de reproduire intégralement ou partiellement le présent ouvrage, sur quelque support que ce soit, sans autorisation de l'Éditeur ou du Centre Français d'Exploitation du Droit de Copie , 20, rue Grands Augustins, 75006 Paris.

ISBN : 978-2-37976-187-4

10 9 8 7 6 5 4 3 2 1

René Guénon

Étude sur la franc-maçonnerie et le compagnonnage

Essai

Table de Matières

Première partie   7

Deuxième partie   103

Troisième partie   181

Première partie : chapitres

Chapitre I : COLOGNE OU STRASBOURG ?

Publié dans « Voile d'Isis », janvier 1927.

La question qui a été envisagée dans le numéro d'octobre 1926 du Voile d'Isis doit, à ce qu'il nous semble, être divisée en deux : une question d'ordre historique et une question d'ordre symbolique ; et la divergence signalée ne porte, en somme, que sur le premier de ces deux points de vue. D'ailleurs, la contradiction n'est peut-être qu'apparente : si la cathédrale de Strasbourg est bien le centre officiel d'un certain rite compagnonnique, celle de Cologne ne serait-elle pas de même le centre d'un autre rite ? Et n'y aurait-il pas, précisément pour cette raison, deux chartes maçonniques distinctes, l'une datée de Strasbourg et l'autre de Cologne, ce qui pourrait avoir donné lieu à une confusion ? Ce serait à vérifier, et il faudrait savoir aussi si ces deux chartes portent la même date ou des dates différentes. La chose est intéressante surtout au point de vue historique ; celui-ci n'est pas pour nous le plus important, mais il n'est pas sans valeur non plus, parce qu'il est lié d'une certaine façon au point de vue symbolique lui-même : ce n'est pas arbitrairement, en effet, que tel ou tel lieu a été choisi comme centre par des organisations comme celles dont il s'agit.

Quoi qu'il en soit, nous sommes tout à fait d'accord avec M. Albert Bernet, lorsqu'il dit que le « point sensible » doit exister dans toutes les cathédrales qui ont été construites suivant les règles véritables de l'art, et aussi lorsqu'il déclare qu'« il faut surtout en user au point de vue symbolique ». Il y a, à ce sujet, un rapprochement curieux à faire : Wronski affirmait qu'il y a dans tout corps un point tel, que, s'il est atteint, le corps tout entier est par là même désagrégé aussitôt, volatilisé en quelque sorte, toutes ses molécules étant dissociées ; et il prétendait avoir trouvé le moyen de déterminer par le calcul la position de ce centre de cohésion. N'est-ce pas là, surtout si on l'envisage symboliquement comme nous pensons qu'on doit le faire, la même chose exactement que le « point sensible » des cathédrales ?

La question, sous sa forme la plus générale, est celle de ce qu'on pourrait appeler le « nœud-vital », existant dans tout composé, comme point de jonction de ses éléments constitutifs. La cathédrale construite selon les règles forme un véritable ensemble organique, et c'est pourquoi elle a, elle aussi, un « nœud vital ». Le problème qui se rapporte à ce point est le même que celui qu'exprimait, dans l'antiquité, le fameux symbole du « nœud gordien » ; mais, assurément, les maçons modernes seraient bien surpris si on leur disait que leur épée peut jouer rituellement, à cet égard, le même rôle que celle d'Alexandre…

On peut dire encore que la solution effective du problème en question se rattache au « pouvoir des clefs » (potestas ligandi et solvendi) entendu dans sa signification hermétique même, qu'elle correspond à la seconde phase du coagula, solve des alchimistes. Il ne faut pas oublier que, comme nous le faisions remarquer dans l'article de Regnabit auquel se réfère M. Paul Redonnel, Janus, qui était chez les Romains le dieu de l'initiation aux Mystères, était en même temps le patron des Collegia fabrorum, des corporations d'artisans qui se sont continuées à travers tout le moyen âge et, par le compagnonnage, jusque dans les temps modernes ; mais bien peu nombreux sans doute sont ceux qui, aujourd'hui, comprennent encore quelque chose du symbolisme profond de la « Loge de Saint Jean ».

Chapitre II : À PROPOS DES CONSTRUCTEURS DU MOYEN-ÂGE

Publié dans « *Voile d'Isis* », janvier 1927.

Un article de M. Armand Bédarride, paru dans le Symbolisme de mai 1929, et auquel nous avons déjà fait allusion dans notre chronique des revues, nous paraît susceptible de donner lieu à quelques réflexions utiles. Cet article, intitulé Les Idées de nos Précurseurs, concerne les corporations du moyen âge considérées comme ayant transmis quelque chose de leur esprit et de leurs traditions à la Maçonnerie moderne.

Notons tout d'abord, à ce propos, que la distinction entre « Maçonnerie opérative » et « Maçonnerie spéculative » nous paraît devoir être prise en un tout autre sens que celui qu'on lui attribue d'ordinaire. En effet, on s'imagine le plus souvent que les Maçons « opératifs » n'étaient que de simples ouvriers ou artisans, et rien de plus ni d'autre, et que le symbolisme aux significations plus ou moins profondes ne serait venu qu'assez tardivement, par suite de l'introduction, dans les organisations corporatives, de personnes étrangères à l'art de construire. Tel n'est d'ailleurs pas l'avis de M. Bédarride, qui cite un assez grand nombre d'exemples, notamment dans les monuments religieux, de figures dont le caractère symbolique est incontestable ; il parle en particulier des deux colonnes de la cathédrale de Wurtzbourg, « qui prouvent, dit-il, que les Maçons constructeurs du XIVe siècle pratiquaient un symbolisme philosophique », ce qui est exact, à la condition, cela va de soi, de l'entendre au sens de « philosophie hermétique », et non pas dans l'acception courante où il ne s'agirait que de la philosophie profane, laquelle, du reste, n'a jamais fait le moindre usage d'un symbolisme quelconque. On pourrait multiplier les exemples indéfiniment ; le plan même des cathédrales est éminemment symbolique, comme nous l'avons déjà fait remarquer en d'autres occasions ; et il faut ajouter aussi que, parmi les symboles usités au moyen âge, outre ceux dont les Maçons modernes ont conservé le souvenir tout en n'en comprenant plus guère la signification, il y en a bien d'autres dont ils n'ont pas la moindre idée [1].

Il faut à notre avis, prendre en quelque sorte le contre-pied de l'opinion courante, et considérer la « Maçonnerie spéculative » comme n'étant, à bien des points de vue, qu'une dégénérescence de la « Maçonnerie opérative ». Cette dernière, en effet, était vraiment complète dans son ordre, possédant à la fois la théorie et la pratique correspondante, et sa désignation peut, sous ce rapport, être entendue comme une allusion aux « opérations » de l'« art sacré », dont la construction selon les règles traditionnelles était une des applications. Quant à la « Maçonnerie spéculative » qui a d'ailleurs

---

[1] Nous avons eu dernièrement l'occasion de relever, à la cathédrale de Strasbourg et sur d'autres édifices d'Alsace, un assez grand nombre de marques de tailleurs de pierres, datant d'époques diverses, depuis le XIIe siècle jusqu'au début du XVIIe ; parmi ces marques, il en est de fort curieuses, et nous avons notamment trouvé le swastika, auquel M. Bédarride fait allusion, dans une des tourelles de la flèche de Strasbourg.

pris naissance à un moment où les corporations constructives étaient en pleine décadence, son nom indique assez clairement qu'elle est confinée dans la « spéculation » pure et simple, c'est-à-dire dans une théorie sans réalisation ; assurément, ce serait se méprendre de la plus étrange façon que de regarder cela comme un « progrès ». Si encore il n'y avait eu là qu'un amoindrissement, le mal ne serait pas si grand qu'il l'est en réalité ; mais, comme nous l'avons dit déjà à diverses reprises, il y a eu en outre une véritable déviation au début du XVIIIe siècle, lors de la constitution de la Grande Loge d'Angleterre, qui fut le point de départ de toute la Maçonnerie moderne. Nous n'y insisterons pas davantage pour le moment, mais nous tenons à faire remarquer que, si l'on veut comprendre vraiment l'esprit des constructeurs du moyen âge, ces observations sont tout à fait essentielles ; autrement, on ne s'en ferait qu'une idée fausse ou tout au moins fort incomplète.

Une autre idée qu'il n'importe pas moins de rectifier, c'est celle d'après laquelle l'emploi de formes symboliques aurait été simplement imposé par des raisons de prudence. Que ces raisons aient existé parfois, nous ne le contestons pas, mais ce n'est là que le côté le plus extérieur et le moins intéressant de la question ; nous l'avons dit à propos de Dante et des « Fidèles d'Amour »[1], et nous pouvons le redire en ce qui concerne les corporations de constructeurs, d'autant plus qu'il a dû y avoir des liens assez étroits entre toutes ces organisations, de caractère en apparence si différent, mais qui toutes participaient aux mêmes connaissances traditionnelles[2]. Or le symbolisme est précisément le mode d'expression normal des connaissances de cet ordre ; c'est là sa véritable raison d'être, et cela dans tous les temps et dans tous les pays, même dans les cas où il n'y avait nullement lieu de dissimuler quoi que ce soit, et tout simplement parce qu'il y a des choses qui, par leur nature même, ne peuvent s'exprimer autrement que sous cette forme.

La méprise qu'on commet trop souvent à cet égard, et dont nous trouvons jusqu'à un certain point l'écho dans l'article de M. Bédarride, nous paraît avoir deux motifs principaux, dont le premier est que, généralement, on conçoit assez mal ce qu'était le catholicisme

---

1 Voir le Voile d'Isis de février 1929. [Note de l'Éditeur : Cet article forme maintenant le chapitre IV de Aperçus sur l'Ésotérisme chrétien.]

2 Les Compagnons du « Rite de Salomon » ont conservé jusqu'à nos jours le souvenir de leur connexion avec l'Ordre du Temple.

au moyen âge. Il ne faudrait pas oublier que, comme il y a un ésotérisme musulman, il y avait aussi à cette époque un ésotérisme catholique, nous voulons dire un ésotérisme prenant sa base et son point d'appui dans les symboles et les rites de la religion catholique, et se superposant à celle-ci sans s'y opposer en aucune façon ; et il n'est pas douteux que certains Ordres religieux furent fort loin d'être étrangers à cet ésotérisme. Si la tendance de la plupart des catholiques actuels est de nier l'existence de ces choses, cela prouve seulement qu'ils ne sont pas mieux informés à cet égard que le reste de nos contemporains.

Le second motif de l'erreur que nous signalons, c'est qu'on s'imagine que ce qui se cache sous les symboles, ce sont presque uniquement des conceptions sociales ou politiques [1] ; il s'agit de bien autre chose que cela en réalité. Les conceptions de cet ordre ne pouvaient avoir, aux yeux de ceux qui possédaient certaines connaissances, qu'une importance somme toute très secondaire, celle d'une application possible parmi beaucoup d'autres ; nous ajouterons même que, partout où elles en sont arrivées à prendre une trop grande place et à devenir prédominantes, elles ont été invariablement une cause de dégénérescence et de déviation [2]. N'est-ce pas là, précisément, ce qui a fait perdre à la Maçonnerie moderne la compréhension de ce qu'elle conserve encore de l'ancien symbolisme et des traditions dont, malgré toutes ses insuffisances, elle semble être, il faut bien le dire, l'unique héritière dans le monde occidental actuel. Si l'on nous objecte, comme preuve des préoccupations sociales des constructeurs, les figures satiriques et plus ou moins licencieuses qu'on rencontre parfois dans leurs œuvres, la réponse est bien simple : ces figures sont surtout destinées à dérouter les profanes, qui s'arrêtent à l'apparence extérieure et ne voient pas ce qu'elles dissimulent de plus profond. Il y a là quelque chose qui est d'ailleurs loin d'être particulier aux constructeurs ; certains écrivains, comme Boccace, Rabelais surtout et bien d'autres encore, ont pris le même masque et usé du même procédé. Il faut croire

---

[1] Cette façon de voir est en grande partie celle d'Aroux et de Rossetti, en ce qui concerne l'interprétation de Dante, et on la rencontre aussi en bien des passages de l'Histoire de la Magie d'Éliphas Lévi.
[2] L'exemple de certaines organisations musulmanes, dans lesquelles des préoccupations politiques ont en quelque sorte étouffé la spiritualité originelle, est très net à cet égard.

que ce stratagème a bien réussi, puisque, de nos jours encore, et sans doute plus que jamais, les profanes s'y laissent prendre.

Si l'on veut aller au fond des choses, il faut voir dans le symbolisme des constructeurs l'expression de certaines sciences traditionnelles, se rattachant à ce qu'on peut, d'une façon générale, désigner par le nom d'« hermétisme ». Seulement, il ne faudrait pas croire, parce que nous parlons ici de « sciences », qu'il s'agit de quelque chose de comparable à la science profane, seule connue de presque tous les modernes ; il semble qu'une assimilation de ce genre se soit faite dans l'esprit de M. Bédarride, qui parle de « la forme changeante des connaissances positives de la science », ce qui s'applique proprement et exclusivement à la science profane, et qui, prenant à la lettre des images purement symboliques, croit y découvrir des idées « évolutionnistes » et même « transformistes », idées qui sont en contradiction absolue avec toute donnée traditionnelle. Nous avons développé longuement, dans plusieurs de nos ouvrages, la distinction essentielle de la science sacrée ou traditionnelle et de la science profane ; nous ne pouvons songer à reproduire ici toutes ces considérations, mais du moins avons-nous jugé bon d'attirer l'attention une fois de plus sur ce point capital.

Nous n'ajouterons que quelques mots pour conclure : ce n'est pas sans raison que Janus, chez les Romains, était à la fois le dieu de l'initiation aux mystères et le dieu des corporations d'artisans ; ce n'est pas sans raison non plus que les constructeurs du moyen âge conservèrent les deux fêtes solsticiales de ce même Janus, devenues, avec le Christianisme, les deux Saint-Jean d'hiver et d'été ; et, quand on connaît la connexion de saint Jean avec le côté ésotérique du Christianisme, ne voit-on pas immédiatement par là que, sous une adaptation requise par les circonstances et par les « lois cycliques », c'est bien toujours de la même initiation aux mystères qu'il s'agit effectivement ?

Chapitre III : UN PROJET DE JOSEPH DE MAISTRE POUR L'UNION DES PEUPLES

Publié dans « *Vers l'Unité* », mars 1927.

M. Émile Dermenghem, à qui l'on devait déjà une remarquable étude sur Joseph de Maistre mystique, a publié un manuscrit inédit du même auteur : c'est un mémoire adressé en 1782, à l'occasion du Convent de Wilhelmsbad, au duc Ferdinand de Brunswick (Eques a Victoria), Grand-Maître du Régime Écossais Rectifié. Celui-ci, désirant « porter l'ordre et la sagesse dans l'anarchie maçonnique », avait, en septembre 1780, adressé à toutes les Loges de son obédience le questionnaire suivant : « 1° L'Ordre a-t-il pour origine une société ancienne et quelle est cette société ? 2° Y a-t-il réellement des Supérieurs Inconnus et lesquels ? 3° Quelle est la fin véritable de l'Ordre ? 4° Cette fin est-elle la restauration de l'Ordre des Templiers ? 5° De quelle façon le cérémonial et les rites doivent-ils être organisés pour être aussi parfaits que possible ? 6° L'Ordre doit-il s'occuper des sciences secrètes ? » C'est pour répondre à ces questions que Joseph de Maistre composa un mémoire particulier, distinct de la réponse collective de la Loge La Parfaite Sincérité de Chambéry à laquelle il appartenait, et où, en sa qualité de « Grand Profès » ou membre du plus haut grade du Régime Rectifié (sous le nom d'Eques a Floribus), il se proposait d'exprimer « les vues de quelques Frères plus heureux que d'autres, qui paraissent destinés à contempler des vérités d'un ordre supérieur » ; ce mémoire est même, comme le dit M. Dermenghem, « le premier ouvrage important qui soit sorti de sa plume ».

Joseph de Maistre n'admet pas l'origine templière de la Maçonnerie, et il méconnaît l'intérêt réel de la question qui s'y rapporte ; il va même jusqu'à écrire : « Qu'importe à l'univers la destruction de l'Ordre des T. ? ». Cela importe beaucoup, au contraire, puisque c'est de là que date la rupture de l'Occident avec sa propre tradition initiatique, rupture qui est véritablement la première cause de toute la déviation intellectuelle du monde moderne ; cette déviation, en effet, remonte plus haut que la Renaissance, qui en marque seulement une des principales étapes, et il faut aller jusqu'au XIVe

siècle pour en trouver le point de départ. Joseph de Maistre, qui d'ailleurs n'avait alors qu'une connaissance assez vague des choses du moyen âge, ignorait quels avaient été les moyens de transmission de la doctrine initiatique et les représentants de la véritable hiérarchie spirituelle ; il n'en affirme pas moins nettement l'existence de l'une et de l'autre, ce qui est déjà beaucoup, car il faut bien se rendre compte de ce qu'était, à la fin du XVIIIe siècle, la situation des multiples organisations maçonniques, y compris celles qui prétendaient donner à leurs membres une initiation réelle et ne pas se borner à un formalisme tout extérieur : toutes cherchaient à se rattacher à quelque chose dont la nature exacte leur était inconnue, à retrouver une tradition dont les signes existaient encore partout, mais dont le principe était perdu ; aucune ne possédait plus les « véritables caractères », comme on disait à cette époque, et le Convent de Wilhelmsbad fut une tentative pour rétablir l'ordre au milieu du chaos des Rites et des grades. « Certainement, dit Joseph de Maistre, l'Ordre n'a pu commencer par ce que nous voyons. Tout annonce que la Franc-Maçonnerie vulgaire est une branche détachée et peut-être corrompue d'une tige ancienne et respectable. » C'est la stricte vérité ; mais comment savoir quelle fut cette tige ? Il cite un extrait d'un livre anglais où il est question de certaines confréries de constructeurs, et il ajoute : « Il est remarquable que ces sortes d'établissements coïncident avec la destruction des T. » Cette remarque aurait pu lui ouvrir d'autres horizons, et il est étonnant qu'elle ne l'ait pas fait réfléchir davantage, d'autant plus que le seul fait de l'avoir écrite ne s'accorde guère avec ce qui précède ; ajoutons d'ailleurs que ceci ne concerne qu'un des côtés de la question si complexe des origines de la Maçonnerie.

Un autre côté de cette même question est représenté par les essais de rattachement de la Maçonnerie aux Mystères antiques : « Les Frères les plus savants de notre Régime pensent qu'il y a de fortes raisons de croire que la vraie Maçonnerie n'est que la Science de l'homme par excellence, c'est-à-dire la connaissance de son origine et de sa destinée. Quelques-uns ajoutent que cette Science ne diffère pas essentiellement de l'ancienne initiation grecque ou égyptienne ». Joseph de Maistre objecte qu'il est impossible de savoir exactement ce qu'étaient ces anciens Mystères et ce qui y était enseigné, et il semble ne s'en faire qu'une idée assez médiocre, ce qui est peut-être encore plus étonnant que l'attitude analogue qu'il a adoptée à l'égard des Templiers. En effet, alors qu'il n'hésite pas à affirmer très justement qu'on retrouve chez tous les peuples « des restes de la Tradition primitive », comment n'est-il pas amené à penser que les Mystères devaient précisément avoir pour but principal de conserver le dépôt de cette même Tradition ? Et pourtant, en un certain sens, il admet que l'initiation dont la Maçonnerie est l'héritière remonte « à l'origine des choses », au commencement du monde : « La vraie religion a bien plus de dix-huit siècles : elle naquit le jour que naquirent les jours. » Là encore, ce qui lui échappe, ce sont les moyens de transmission, et il est permis de trouver qu'il prend un peu trop facilement son parti de cette ignorance ; il est vrai qu'il n'avait que vingt-neuf ans lorsqu'il écrivit ce mémoire.

La réponse à une autre question prouve encore que l'initiation de Joseph de Maistre, malgré le haut grade qu'il possédait, était loin d'être parfaite ; et combien d'autres Maçons des grades les plus élevés, alors comme aujourd'hui, étaient exactement dans le même cas ou même en savaient encore beaucoup moins ! Nous voulons parler de la question des « Supérieurs Inconnus » ; voici ce qu'il en dit : « Avons-nous des Maîtres ? Non, nous n'en avons point. La preuve est courte, mais décisive. C'est que nous ne les connaissons pas… Comment pourrions-nous avoir contracté quelque engagement tacite envers des Supérieurs cachés, puisque dans le cas où ils se seraient fait connaître, ils nous auraient peut-être déplu, et nous nous serions retirés ? » Il ignore évidemment de quoi il s'agit en réalité, et quel peut être le mode d'action des véritables « Supérieurs Inconnus » ; quant au fait que ceux-ci n'étaient pas connus des chefs mêmes de la Maçonnerie, tout ce qu'il prouve, c'est que le rattachement effectif à la vraie hiérarchie initiatique n'existait plus, et le refus de reconnaître ces Supérieurs devait faire disparaître la dernière chance qui pouvait encore subsister de le rétablir.

La partie la plus intéressante du mémoire est sans doute celle qui contient la réponse aux deux dernières questions ; et il faut y noter tout d'abord ce qui concerne les cérémonies. Joseph de Maistre, pour qui « la forme est une grande chose », ne parle cependant pas du caractère essentiellement symbolique du rituel et de sa portée initiatique, ce qui est une lacune regrettable ; mais il insiste sur ce qu'on pourrait appeler la valeur pratique de ce même rituel, et ce qu'il en dit est d'une grande vérité psychologique : « Trente ou quarante personnes silencieusement rangées le long des murs d'une chambre tapissée en noir ou en vert, distinguées elles-mêmes par des habits singuliers et ne parlant qu'avec permission, raisonneront sagement sur tout objet proposé. Faites tomber les tapisseries et les habits, éteignez une bougie de neuf, permettez seulement de déplacer les sièges : vous allez voir ces mêmes hommes se précipiter les uns sur les autres, ne plus s'entendre, ou parler de la gazette et des femmes ; et le plus raisonnable de la société sera rentré chez lui avant de réfléchir qu'il a fait comme les autres... Gardons-nous surtout de supprimer le serment, comme quelques personnes l'ont proposé, pour des raisons bonnes peut-être, mais qu'on ne sait pas comprendre. Les théologiens qui ont voulu prouver que notre serment est illicite ont bien mal raisonné. Il est vrai que l'autorité civile peut seule ordonner et recevoir le serment dans les différents actes de la société ; mais l'on ne peut disputer à un être intelligent le droit de certifier par le serment une détermination intérieure de son libre arbitre. Le souverain n'a d'empire que sur les actions. Mon bras est à lui ; ma volonté est à moi »

Ensuite vient une sorte de plan de travaux pour les différents grades, dont chacun doit avoir son objet particulier, et c'est là ce sur quoi nous voulons insister plus spécialement ici ; mais, tout d'abord, il importe de dissiper une confusion. Comme la division adoptée par Joseph de Maistre ne comporte que trois grades, M. Dermenghem semble avoir compris qu'il s'agissait, dans son intention, de réduire la Maçonnerie aux trois grades symboliques ; cette interprétation est inconciliable avec la constitution même du Régime Écossais Rectifié, lequel est essentiellement un Rite de hauts grades. M. Dermenghem n'a pas remarqué que Joseph de Maistre écrit « grades ou classes » ; à la vérité, c'est bien de trois classes qu'il s'agit, chacune d'elles pouvant se subdiviser en plusieurs grades proprement dits. Voici comment cette répartition paraît s'établir : la première classe comprend les trois grades symboliques : la seconde classe correspond aux grades capitulaires, dont le plus important et peut-être même le seul pratiqué en fait dans le Régime Rectifié est celui d'Écossais de Saint André ; enfin, la troisième classe est formée par les grades supérieurs de Novice, Écuyer, et Grand Profès ou Chevalier Bienfaisant de la Cité Sainte. Ce qui prouve encore que c'est bien ainsi qu'il faut l'entendre, c'est que, en parlant des travaux de la troisième classe, l'auteur du mémoire s'écrie : « Quel vaste champ ouvert au zèle et à la persévérance des G. P. ! » Il s'agit évidemment des Grands Profès, dont il était, et non des simples Maîtres de la « Loge bleue » ; il n'est donc nullement question ici de supprimer les hauts grades, mais au contraire de leur donner des buts en rapport avec leur caractère propre.

Le but assigné à la première classe est tout d'abord la pratique de la bienfaisance, « qui doit être l'objet apparent de tout l'Ordre » ; mais cela ne suffit pas, et il faut y joindre un second but qui est déjà plus intellectuel : « Non seulement on formera le cœur du Maçon dans le premier grade, mais on éclairera son esprit en l'appliquant à l'étude de la morale et de la politique qui est la morale des États. On discutera dans les Loges des questions intéressantes sur ces deux sciences, et l'on demandera même de temps à autre l'avis des Frères par écrit… Mais le grand objet des Frères sera surtout de se procurer une connaissance approfondie de leur patrie, de ce qu'elle possède et de ce qui lui manque, des causes de détresse et des moyens de régénération. »

« La seconde classe de la Maçonnerie devrait avoir pour but, suivant le système proposé, l'instruction des gouvernements et la réunion de toutes les sectes chrétiennes. » En ce qui concerne le premier point, « on s'occuperait avec un soin infatigable à écarter les obstacles de toute espèce interposés par les passions entre la vérité et l'oreille de l'autorité… Les limites de l'État ne pourraient borner l'activité de cette seconde classe, et les Frères des différentes nations pourraient quelquefois, par un accord de zèle, opérer les plus grands biens. » Et voici pour le second objet : « Ne serait-il pas digne de nous de nous proposer l'avancement du Christianisme comme un des buts de notre Ordre ? Ce projet aurait deux parties, car il faut que chaque communion travaille par elle-même et travaille à se rapprocher des autres… Il faut établir des comités de correspondance composés surtout des prêtres des différentes communions que nous aurons agrégés et initiés. Nous travaillerons lentement mais sûrement. Nous n'entreprendrons aucune conquête qui ne soit propre à perfectionner le Grand Œuvre… Tout ce qui peut contribuer à l'avancement de la religion, à l'extirpation des opinions dangereuses, en un mot à élever le trône de la vérité sur les ruines de la superstition et du pyrrhonisme, sera du ressort de cette classe. »

Enfin, la troisième classe aura pour objet ce que Joseph de Maistre appelle le « Christianisme transcendant » qui, pour lui, est « la révélation de la révélation » et constitue l'essentiel de ces « sciences secrètes » auxquelles il était fait allusion dans la dernière question ; par là, on pourra « trouver la solution de plusieurs difficultés pénibles dans les connaissances que nous possédons. » Et il précise en ces termes : « Les Frères admis à la classe supérieure auront pour objet de leurs études et de leurs réflexions les plus profondes, les recherches de fait et les connaissances métaphysiques… Tout est mystère dans les deux Testaments, et les élus de l'une et l'autre loi n'étaient que de vrais initiés. Il faut donc interroger cette vénérable Antiquité et lui demander comment elle entendait les allégories sacrées. Qui peut douter que ces sortes de recherches ne nous fournissent des armes victorieuses contre les écrivains modernes qui s'obstinent à ne voir dans l'Écriture que le sens littéral ? Ils sont déjà réfutés par la seule expression des Mystères de la Religion que nous employons tous les jours sans en pénétrer le sens. Ce mot de mystère ne signifiait dans le principe qu'une vérité cachée sous des types par ceux qui la possédaient. ». Est-il possible d'affirmer plus nettement et plus explicitement l'existence de l'ésotérisme en général, et de l'ésotérisme chrétien en particulier ? À l'appui de cette affirmation sont rapportées diverses citations d'auteurs ecclésiastiques et juifs, empruntées au Monde Primitif de Court de Gébelin. Dans ce vaste champ de recherches, chacun trouvera d'ailleurs à s'employer suivant ses aptitudes : « Que les uns s'enfoncent courageusement dans les études d'érudition qui peuvent multiplier nos titres et éclaircir ceux que nous possédons. Que d'autres que leur génie appelle aux contemplations métaphysiques cherchent dans la nature même des choses les preuves de notre doctrine. Que d'autres enfin (et plaise à Dieu qu'il en existe beaucoup !) nous disent ce qu'ils ont appris de cet Esprit qui souffle où il veut, comme il veut et quand il veut. » L'appel à l'inspiration directe, exprimé dans cette dernière phase, n'est pas ce qu'il y a ici de moins remarquable.

Ce projet ne fut jamais appliqué, et on ne sait même pas si le duc de Brunswick put en prendre connaissance ; il n'est pourtant pas aussi chimérique que certains pourraient le penser, et nous le croyons très propre à susciter des réflexions intéressantes, aujourd'hui aussi bien qu'à l'époque où il fut conçu : c'est pourquoi nous avons tenu à en donner d'assez longs extraits. En somme, l'idée générale qui s'en dégage pourrait être formulée ainsi : sans prétendre aucunement nier ou supprimer les différences et les particularités nationales, dont il faut au contraire, en dépit de ce que prétendent les internationalistes actuels, prendre conscience tout d'abord aussi profondément que possible, il s'agit de restaurer l'unité, supranationale plutôt qu'internationale, de l'ancienne Chrétienté, unité détruite par les sectes multiples qui ont « déchiré la robe sans couture » puis de s'élever de là à l'universalité, en réalisant le Catholicisme au vrai sens de ce mot, au sens où l'entendait également Wronski, pour qui ce Catholicisme ne devait avoir une existence pleinement effective que lorsqu'il serait parvenu à intégrer les traditions contenues dans les Livres sacrés de tous les peuples. Il est essentiel de remarquer que l'union telle que l'envisage Joseph de Maistre doit être accomplie avant tout dans l'ordre purement intellectuel ; c'est aussi ce que nous avons toujours affirmé pour notre part, car nous pensons qu'il ne peut y avoir de véritable entente entre les peuples, surtout entre ceux qui appartiennent à des civilisations différentes, que celle qui se fonderait sur des principes au sens propre de ce mot. Sans cette base strictement doctrinale, rien de solide ne pourra être édifié ; toutes les combinaisons politiques et économiques seront toujours impuissantes à cet égard, non moins que les considérations sentimentales, tandis que, si l'accord sur les principes est réalisé, l'entente dans tous les autres domaines devra en résulter nécessairement.

Sans doute la Maçonnerie de la fin du XVIIIe siècle n'avait-elle déjà plus en elle ce qu'il fallait pour accomplir ce « Grand Œuvre », dont certaines conditions échappaient d'ailleurs très probablement à Joseph de Maistre lui-même ; est-ce à dire qu'un tel plan ne pourra jamais être repris sous une forme ou sous une autre, par quelque organisation ayant un caractère vraiment initiatique et possédant le « fil d'Ariane » qui lui permettrait de se guider dans le labyrinthe des formes innombrables sous lesquelles est cachée la Tradition unique, pour retrouver enfin la « Parole perdue » et faire sortir « la Lumière des Ténèbres, l'Ordre du Chaos » ? Nous ne voulons aucunement préjuger de l'avenir, mais certains signes permettent de penser que, malgré les apparences défavorables du monde actuel, la chose n'est peut- être pas tout à fait impossible ; et nous terminerons en citant une phrase quelque peu prophétique qui est encore de Joseph de Maistre, dans le IIe entretien des Soirées de Saint-Pétersbourg : « Il faut nous tenir prêts pour un événement immense dans l'ordre divin, vers lequel nous marchons avec une vitesse accélérée qui doit frapper tous les observateurs. Des oracles redoutables annoncent déjà que les temps sont arrivés. »

Chapitre IV : LE COMPAGNONNAGE ET LES BOHÉMIENS

Publié dans « *Voile d'Isis* », octobre 1928.

Dans un article de M. G. Milcent, publié dans le journal Le Compagnonnage de mai 1926, et reproduit dans le Voile d'Isis de novembre 1927, nous avons noté cette phrase : « Ce qui m'a surpris et même rendu un peu sceptique, c'est quand le C. Bernet nous dit qu'il préside annuellement, aux Saintes-Maries-de-la-Mer, à l'élection du Roi des Bohémiens. » Il y a longtemps que nous avions fait la même remarque, mais nous n'avions pas voulu tout d'abord soulever la question ; maintenant qu'elle a été posée ainsi publiquement, nous n'avons plus aucune raison de ne pas en dire quelques mots, d'autant plus que cela pourrait contribuer à élucider certains points qui ne sont pas sans intérêt.

D'abord, ce n'est pas un Roi qu'élisent les Bohémiens, mais une Reine, et ensuite cette élection ne se renouvelle pas tous les ans ; ce qui a lieu annuellement, c'est seulement, avec ou sans élection, la réunion des Bohémiens dans la crypte de l'église des Saintes-Maries-de-la-Mer. D'autre part, il est fort possible que certains, sans appartenir à la race bohémienne, soient admis, en raison de leurs qualités ou de leurs fonctions, à assister à cette réunion et aux rites qui s'y accomplissent ; mais, quant à « y présider », c'est là une tout autre affaire, et le moins que nous en puissions dire est que cela est d'une extrême invraisemblance. Comme l'assertion en question s'est rencontrée, en premier lieu, dans une interview parue il y a assez longtemps déjà dans l'Intransigeant, nous voulons croire que ce qu'elle renferme d'inexact doit être mis tout simplement sur le compte du journaliste qui, comme il arrive bien souvent, aura forcé la note pour piquer la curiosité de son public, aussi ignorant que lui-même des questions dont il s'agit, et par conséquent incapable de s'apercevoir de ses erreurs. Aussi n'entendons-nous pas insister là dessus plus qu'il ne convient ; ce n'est pas là qu'est le véritable intérêt de l'affaire, mais bien dans la question beaucoup plus générale des rapports qui peuvent exister entre les Bohémiens et les organisations compagnonniques.

M. Milcent, dans son article, continue en disant « que les Bohémiens pratiquent le rite juif et qu'il pourrait y avoir des rapports avec les C. tailleurs de pierre Étrangers du Devoir de Liberté ». La première partie de cette phrase nous paraît contenir encore une inexactitude, ou tout au moins une équivoque : il est vrai que la Reine des Bohémiens porte le nom ou plutôt le titre de Sarah, qui est aussi le nom donné à la sainte qu'ils reconnaissent pour leur patronne et dont le corps repose dans la crypte des Saintes-Maries : il est vrai aussi que ce titre, forme féminine de Sar, est hébraïque et signifie « princesse » ; mais cela est-il suffisant pour qu'on puisse, à ce propos, parler de « rite juif » ? Le Judaïsme appartient en propre à un peuple chez qui la religion est étroitement solidaire de la race ; or les Bohémiens, quelle que puisse être leur origine, n'ont certainement rien de commun avec la race juive ; mais n'y- aurait-il pas, malgré cela, des rapports dus à certaines affinités d'un ordre plus mystérieux ?

Quand on parle des Bohémiens, il est indispensable de faire une distinction qu'on oublie trop souvent : il y a en réalité deux sortes de Bohémiens qui semblent tout à fait étrangères l'une à l'autre et se traitent même plutôt en ennemies ; elles n'ont pas les mêmes caractères ethniques, ne parlent pas la même langue et n'exercent pas les mêmes métiers. Il y a les Bohémiens orientaux ou Zingaris, qui sont surtout montreurs d'ours et chaudronniers ; et il y a les Bohémiens méridionaux ou Gitans, appelés « Caraques » dans le Languedoc et en Provence, et qui sont presque exclusivement marchands de chevaux ; ce sont ces derniers seuls qui s'assemblent aux Saintes-Maries. Le marquis de Baroncelli-Javon, dans une très curieuse étude sur Les Bohémiens des Saintes-Maries-de-la-Mer, indique de nombreux traits qui leur sont communs avec les Peaux-Rouges d'Amérique, et il n'hésite pas, en raison de ces rapprochements et aussi par l'interprétation de leurs propres traditions, à leur attribuer une origine atlantéenne ; si ce n'est là qu'une hypothèse, elle est en tout cas assez digne de remarque. Mais voici autre chose que nous n'avons vu signaler nulle part, et qui n'est pas moins extraordinaire : comme il y a deux sortes de Bohémiens, il y a aussi deux sortes de Juifs, Ashkenazim et Sephardim, pour lesquelles on pourrait faire des remarques analogues en ce qui concerne les différences de traits physiques, de langue, d'aptitudes, et qui, elles non plus, n'entretiennent pas toujours les rapports les plus cordiaux, chacune ayant volontiers la prétention de représenter seule le pur Judaïsme, soit sous le rapport de la race, soit sous celui de la tradition. Il y a même, au sujet de la langue, une similitude assez frappante : ni les Juifs ni les Bohémiens n'ont, à vrai dire, une langue complète qui leur appartienne en propre, du moins pour l'usage courant ; ils se servent des langues des régions où ils vivent, en y mêlant certains mots qui leur sont spéciaux, mots hébreux pour les Juifs, et, pour les Bohémiens, mots provenant aussi d'une langue ancestrale et qui en sont les derniers restes ; cette particularité peut d'ailleurs s'expliquer par les conditions d'existence des peuples qui sont forcés de vivre dispersés parmi des étrangers. Mais voici qui est plus difficilement explicable : il se trouve que les régions parcourues par les Bohémiens orientaux et par les Bohémiens méridionaux sont précisément les mêmes que celles qu'habitent respectivement les Ashkenazim et les Sephardim : ne serait-ce pas une attitude par trop « simpliste » que celle qui se bornerait à ne voir là qu'une pure coïncidence ?

Ces remarques conduisent à penser que, s'il n'y a pas de rapports ethniques entre les Bohémiens et les Juifs, il y en a peut-être d'autres, des rapports que, sans en préciser davantage la nature, nous pouvons qualifier de traditionnels. Or ceci nous ramène directement au sujet de cette note, dont nous ne nous sommes écarté qu'en apparence : les organisations compagnonniques, pour lesquelles la question ethnique ne se pose évidemment pas, ne pourraient-elles pas, elles aussi, avoir des rapports du même ordre, soit avec les Juifs, soit avec les Bohémiens, soit même à la fois avec les uns et les autres ? Nous n'avons pas, pour le moment tout au moins, l'intention de chercher à expliquer l'origine et la raison de ces rapports ; nous nous contenterons d'appeler l'attention sur quelques points plus précis. Les Compagnons ne sont-ils pas divisés en plusieurs rites rivaux, et qui se sont souvent trouvés en hostilité plus ou moins ouverte ? Leurs voyages ne comportent-ils pas des itinéraires suivant les rites, et avec des points d'attache également différents ? N'ont-ils pas en quelque sorte une langue spéciale, dont le fond est assurément formé par la langue ordinaire, mais qui se distingue de celle-ci par l'introduction de termes particuliers, exactement comme dans le cas des Juifs et des Bohémiens ? Ne se sert-on pas du nom de « jargon » pour désigner la langue conventionnelle en usage dans certaines sociétés secrètes, et notamment dans le Compagnonnage, et les Juifs ne donnent-ils pas aussi parfois le même nom à la langue qu'ils parlent ? D'autre part, dans certaines campagnes, les Bohémiens ne sont-ils pas connus sous l'appellation de « passants » sous laquelle ils sont d'ailleurs confondus avec les colporteurs, et qui est, comme on sait, une désignation s'appliquant également aux Compagnons ? Enfin, la légende du « Juif errant » ne serait-elle pas, comme beaucoup d'autres, d'origine compagnonnique ?

Nous pourrions sans doute multiplier encore ces points d'interrogation, mais nous estimons que ceux-là suffisent, et que des recherches dirigées dans ce sens pourraient éclairer singulièrement certaines énigmes. Peut-être pourrons-nous, du reste, revenir nous-même sur la question s'il y a lieu et apporter encore certaines indications complémentaires ; mais les Compagnons d'aujourd'hui s'intéressent-ils vraiment à tout ce qui touche à leurs traditions ?

Chapitre V : UN NOUVEAU LIVRE SUR L'ORDRE DES ÉLUS COENS

Publié dans « *Voile d'Isis* », décembre 1929.

M. R. Le Forestier, qui s'est spécialisé dans les études historiques concernant les organisations secrètes, maçonniques et autres, de la seconde moitié du XVIIIe siècle, a publié il y a quelques mois un important volume sur La Franc-Maçonnerie occultiste au XVIIIe siècle et l'Ordre des Élus Coens [1]. Ce titre appelle une légère réserve, car le mot « occultiste », qui semble bien n'avoir jamais été employé avant Éliphas Lévi, y apparaît un peu comme un anachronisme ; peut-être aurait-il mieux valu trouver un autre terme, et ceci n'est pas une simple question de mots, car ce qui s'est appelé proprement « occultisme » est vraiment un produit du XIXe siècle.

L'ouvrage est divisé en trois parties : la première traite des « doctrines et pratiques des Élus Coens » ; la seconde, des rapports entre « les Élus Coens et la tradition occultiste » (et, ici, c'est le mot « ésotérique » qui aurait été certainement le mieux approprié) ; la troisième, enfin, de l'« organisation et histoire de l'Ordre ». Tout ce qui est proprement historique est fort bien fait et appuyé sur une étude très sérieuse des documents que l'auteur a pu avoir à sa disposition, et nous ne saurions trop en recommander la lecture. À ce point de vue, il n'y a guère à regretter que quelques lacunes en ce qui concerne la biographie de Martines de Pasqually, où il reste encore certains points obscurs ; le Voile d'Isis publiera d'ailleurs prochainement de nouveaux documents qui contribueront peut-être à les éclaircir.

La première partie est une excellente vue d'ensemble sur le contenu du Traité de la Réintégration des Êtres, ouvrage assez confus, écrit en un style incorrect et parfois peu intelligible, et qui d'ailleurs est resté inachevé ; il n'était pas facile de tirer de là un exposé cohérent, et il faut louer M. Le Forestier d'y être parvenu. Il subsiste cependant une certaine ambiguïté quant à la nature des « opérations » des Élus Coens : étaient-elles vraiment « théurgiques » ou seulement « magiques » ? L'auteur ne semble pas s'apercevoir qu'il y a là deux choses essentiellement différentes et qui ne sont pas du même ordre ; il est possible que cette confusion ait existé chez les Élus Coens eux-mêmes, dont l'initiation semble être toujours demeurée assez incomplète à bien des égards, mais il aurait du moins été bon de le faire remarquer. Nous dirions volontiers qu'il paraît s'agir d'un rituel de « magie cérémonielle » à prétentions théurgiques, ce qui laissait la porte ouverte à bien des illusions ; et l'importance attribuée à de simples manifestations « phénoméniques », car ce que Martines appelait les « passes », n'était pas autre chose, prouve bien en effet que le domaine de l'illusion

---
[1] Dorbon Aîné, éditeur.

n'était pas dépassé. Ce qu'il y a de plus fâcheux dans cette histoire, à notre avis, c'est que le fondateur des Élus Coëns ait pu se croire en possession de connaissances transcendantes, alors qu'il s'agissait seulement de connaissances qui, quoique réelles, n'étaient encore que d'un ordre assez secondaire. Il a dû y avoir aussi chez lui, et pour les mêmes raisons, une certaine confusion entre le point de vue « initiatique » et le point de vue « mystique », car les doctrines qu'il exprime ont toujours une forme religieuse, alors que ses « opérations » n'ont nullement ce caractère : il est regrettable que M. Le Forestier semble accepter cette confusion et n'avoir pas lui-même une idée assez nette de la distinction des deux points de vue en question. D'ailleurs, il est à remarquer que ce que Martines appelle « réintégration » ne dépasse pas les possibilités de l'être humain individuel ; ce point est nettement établi par l'auteur, mais il y aurait eu lieu d'en tirer des conséquences très importantes quant aux limites de l'enseignement que le chef des Élus Coëns pouvait donner à ses disciples, et, par suite, de la « réalisation » même à laquelle il était capable de les conduire.

La seconde partie est la moins satisfaisante, et M. Le Forestier, peut-être malgré lui, n'a pas toujours su s'y dégager d'un certain esprit que nous pouvons qualifier de « rationaliste » et qu'il doit très probablement à sa formation universitaire. De certaines ressemblances entre les diverses doctrines traditionnelles, il ne faut pas conclure nécessairement à des emprunts ou à des influences directes ; partout où les mêmes vérités se trouvent exprimées, il est normal que de telles ressemblances existent ; et ceci s'applique en particulier à la science des nombres, dont les significations ne sont nullement une invention humaine ou une conception plus ou moins arbitraire. Nous en dirons autant pour ce qui est de l'astrologie ; il y a là des lois cosmiques qui ne dépendent pas de nous, et nous ne voyons pas pourquoi tout ce qui s'y rapporte devrait être emprunté aux Chaldéens, comme si ceux-ci avaient eu tout d'abord le monopole de leur connaissance ; il en est de même pour l'angélologie, qui s'y rattache d'ailleurs assez étroitement, et qu'il n'est pas possible, à moins d'accepter tous les préjugés de la « critique » moderne, de regarder comme ayant été ignorée des Hébreux jusqu'à l'époque de la captivité de Babylone. Ajoutons encore que M. Le Forestier ne paraît pas avoir une notion tout à fait juste de ce qu'est la Kabbale, dont le nom signifie simplement « tradition » au sens le plus général, et qu'il assimile parfois à un certain état particulier de la rédaction écrite de tels ou tels enseignements, si bien qu'il lui arrive de dire que « la Kabbale naquit dans la France du Sud et dans l'Espagne septentrionale » et d'en dater l'origine du XIIIe siècle ; là aussi, l'esprit « critique », qui ignore de parti pris toute transmission orale, est vraiment poussé un peu loin. Notons enfin ici un dernier point : le mot Pardes (qui est, comme nous l'avons expliqué en d'autres circonstances, le sanscrit Paradêsha, « contrée suprême », et non un mot perse signifiant « parc des animaux » ce qui ne nous paraît pas avoir grand sens en dépit du rapprochement avec les Kerubim d'Ézéchiel) ne désigne point une simple « spéculation mystique », mais bien l'obtention réelle d'un certain état, qui est la restauration de l'« état primordial » ou « édénique » ce qui n'est pas sans présenter une étroite similitude avec la « réintégration » telle que l'envisageait Martines [1].

Toutes ces réserves faites, il est bien certain que la forme dont Martines a revêtu son enseignement est d'inspiration proprement judaïque, ce qui d'ailleurs n'implique pas que lui-même ait été d'origine juive (c'est là un de ces points qui n'ont pas encore été suffisamment éclaircis jusqu'ici), ni qu'il n'ait pas été sincèrement chrétien. M. Le Forestier a raison de parler à ce propos de « Christianisme ésotérique », mais nous ne voyons pas pourquoi on refuserait aux conceptions de cet ordre le droit de se dire authentiquement chrétiennes ; s'en tenir aux idées modernes d'une religion exclusivement et étroitement exotérique, c'est dénier au Christianisme tout sens vraiment profond, et c'est aussi méconnaître tout ce qu'il y eût d'autre au moyen âge, et dont, précisément, nous trouvons peut-être les derniers reflets, bien affaiblis déjà, dans des organisations comme celle des Élus Coens [2]. Nous savons bien ce qui gêne ici nos

---

1 À ce propos, nous avons relevé une méprise assez amusante dans une des lettres de Willermoz au baron de Turkeim publiées par M. Émile Dermenghem à la suite des Sommeils : Willermoz proteste contre l'assertion d'après laquelle le livre des Erreurs et de la Vérité de Saint-Martin « venait des Parthes » ; ce qu'il a pris pour le nom de ce peuple qui en effet n'avait rien à faire là-dedans, c'est évidemment le mot Pardes, qui lui était sans doute tout à fait inconnu. Comme le baron de Turkeim avait parlé à ce sujet « du Parthes, ouvrage classique des Cabbalistes », nous pensons que ce dont il s'agit en réalité doit être l'ouvrage intitulé Pardes Rimonim.
2 Au lieu de « Christianisme ésotérique », il vaudrait d'ailleurs mieux dire « ésotérisme chrétien », c'est-à-dire prenant sa base dans le Christianisme, ceci pour mar-

contemporains : c'est leur préoccupation de tout ramener à une question d'« historicité », préoccupation qui semble être commune maintenant aux partisans et aux adversaires du Christianisme, bien que les adversaires soient certainement les premiers à avoir porté le débat sur ce terrain. Disons-le très nettement, si le Christ devait être envisagé uniquement comme un personnage historique, cela serait bien peu intéressant ; la considération du Christ-principe a une tout autre importance ; et d'ailleurs l'une n'exclut nullement l'autre, parce que, comme nous l'avons déjà dit souvent, les faits historiques eux-mêmes ont une valeur symbolique et expriment les principes à leur façon et dans leur ordre ; nous ne pouvons pour le moment insister davantage sur ce point, qui nous semble du reste assez clair.

La troisième partie est consacrée à l'histoire de l'Ordre des Élus Coens, dont l'existence effective fut assez brève, et à l'exposé de ce qu'on peut savoir des rituels de ses différents grades, qui semblent n'avoir jamais été entièrement achevés et mis au point, pas plus que ceux des fameuses « opérations ». Il n'est peut-être pas très exact d'appeler « écossais », comme le fait M. Le Forestier, tous les systèmes de hauts grades maçonniques sans exception, ni de voir en quelque sorte un simple masque dans le caractère maçonnique donné par Martines aux Élus Coens ; mais la discussion approfondie de ces questions risquerait de nous entraîner trop loin [1]. Nous voulons seulement appeler l'attention, d'une façon plus spéciale, sur la dénomination de « Réau-Croix » donnée par Martines au grade le plus élevé de son « régime », comme on disait alors, et dans laquelle M. Le Forestier ne veut voir que l'imitation ou même la contrefaçon de celle de « Rose-Croix » ; pour nous, il y a autre chose. Dans l'esprit de Martines, le « Réau-Croix » devait être, au contraire, le véritable « Rose-Croix ». tandis que le grade qui portait cette dernière appellation dans la Maçonnerie ordinaire n'était

---

quer que ce dont il s'agit n'appartient pas au domaine religieux ; la même remarque s'applique naturellement à l'ésotérisme musulman.
1 À propos des divers systèmes de hauts grades nous sommes un peu surpris de voir attribuer à l'aristocratie « de naissance et d'argent » l'organisation du « Conseil des Empereurs d'Orient et d'Occident » dont le fondateur semble bien avoir été tout simplement « le sieur Pirlet, tailleur d'habits », comme disent les documents de l'époque ; si mal informé que Thory ait pu être sur certains points, il n'a certainement pas inventé cette indication (Acta Latomorum, t. I, p. 79).

qu'« apocryphe » suivant l'expression qu'il emploie très souvent ; mais d'où vient ce nom bizarre de « Réau-Croix » et que peut-il bien signifier ? D'après Martines, le vrai nom d'Adam était « Roux en langue vulgaire et Réau en hébreu », signifiant « Homme-Dieu très fort en sagesse, vertu et puissance », interprétation qui, à première vue tout au moins, paraît assez fantaisiste. La vérité est qu'Adam signifie bien littéralement « rouge » ; adamah est l'argile rouge, et damah est le sang, qui est rouge également ; Edom, nom donné à Esaü, a aussi le sens de « roux » ; cette couleur rouge est le plus souvent prise comme un symbole de force ou de puissance, ce qui justifie en partie l'explication de Martines. Quant à la forme Réau, elle n'a certainement rien d'hébraïque ; mais nous pensons qu'il faut y voir une assimilation phonétique avec le mot roèh, « voyant », qui fut la première désignation des prophètes, et dont le sens propre est tout à fait comparable à celui du sanscrit rishi : cette sorte de symbolisme phonétique n'a rien d'exceptionnel, comme nous l'avons indiqué en diverses occasions [1], et il n'y aurait rien d'étonnant à ce que Martines s'en soit servi ici pour faire allusion à l'un des principaux caractères inhérents à l'« état édénique », et, par suite, pour signifier la possession de cet état même. S'il en est ainsi, l'expression « Réau-Croix », par l'adjonction de la Croix du « Réparateur » à ce premier nom de Réau, indique que « le mineur rétabli dans ses prérogatives », pour parler le langage du Traité de la Réintégration des Êtres, c'est-à-dire l'« homme régénéré », qui est effectivement le « second Adam » de saint Paul, et qui est aussi le véritable « Rose-Croix » [2]. Il s'agit donc en réalité, non pas d'une imitation de ce terme « Rose-Croix », qu'il aurait été beaucoup plus facile de s'approprier purement et simplement comme tant d'autres l'ont fait, mais d'une des nombreuses interprétations ou adaptations auxquelles il peut légitimement donner lieu, ce qui, bien entendu, ne veut pas dire que les prétentions de Martines en ce qui concerne les effets réels de son « ordination de Réau-

---

1 M. Le Forestier en signale d'ailleurs un autre exemple chez Martines lui-même : c'est l'assimilation qu'il établit par une sorte d'anagramme, entre « Noachites » et « Chinois ».

2 La croix est d'ailleurs par elle-même le symbole de l'« Homme Universel » et l'on peut dire qu'elle représente la forme même de l'homme ramené à son centre originel, dont il a été séparé par la « chute », ou, suivant le vocabulaire de Martines, par la « prévarication ».

Croix », aient été pleinement justifiées.

Pour terminer cet examen trop sommaire, signalons encore un dernier point : M. Le Forestier a tout à fait raison de voir dans l'expression « forme glorieuse », employée fréquemment par Martines, et où « glorieuse » est en quelque sorte synonyme de « lumineuse », une allusion à la Shekinah (ce que quelques vieux rituels maçonniques, par une déformation assez bizarre, appellent le Stekenna) [1] ; mais il en est exactement de même de celle de « corps glorieux », qui est courante dans le Christianisme, même exotérique, et cela depuis saint Paul : « Semé dans la corruption, il ressuscitera dans la gloire… », et aussi de la désignation de la « lumière de gloire » dans laquelle, selon la théologie la plus orthodoxe, s'opère la « vision béatifique ». Cela montre bien qu'il n'y a nulle opposition entre l'exotérisme et l'ésotérisme ; il y a seulement superposition de celui-ci à celui-là, l'ésotérisme donnant, aux vérités exprimées d'une façon plus ou moins voilée par l'exotérisme, la plénitude de leur sens supérieur et profond.

Chapitre VI : À PROPOS DES «ROSE-CROIS LYONNAIS»

Publié dans « *Voile d'Isis* », janvier 1930.

Les études sur Martines de Pasqually et ses disciples se multiplient en ce moment d'assez curieuse façon : après le livre de M. Le Forestier dont nous parlions ici le mois dernier, voici que M. Paul Vulliaud, à son tour, vient de faire paraître un volume intitulé Les Rose-Croix lyonnais au XVIIIe siècle [2]. Ce titre ne nous semble d'ailleurs pas très justifié, car, à vrai dire, si l'on met à part l'introduction, il n'est aucunement question de Rose-Croix dans cet ouvrage ; aurait-il été inspiré par la fameuse dénomination de « Réau-Croix », dont M. Vulliaud, du reste, ne s'est pas préoccupé de chercher l'explication ? C'est bien possible ; mais l'emploi de ce terme n'implique aucune filiation historique entre les Rose-Croix

---

[1] Le mot « gloire », appliqué au triangle portant le Tétragramme et entouré de rayons, qui figure dans les églises aussi bien que dans les Loges, est effectivement une des désignations de la Shekinah, ainsi que nous l'avons expliqué dans Le Roi du Monde.

[2] « Bibliothèque des Initiations modernes ». É.Nourry, éditeur.

proprement dits et les Élus Coens, et, en tout cas, il n'y a aucune raison d'englober sous le même vocable des organisations telles que la Stricte Observance et le Régime Écossais Rectifié, qui, ni dans leur esprit ni dans leur forme, n'avaient assurément aucun caractère rosicrucien. Nous irons même plus loin : dans les Rites maçonniques où il existe un « grade de Rose-Croix », celui-ci n'a emprunté au Rosicrucianisme qu'un symbole, et qualifier ses possesseurs de « Rose-Croix » sans plus d'explications, serait une assez fâcheuse équivoque ; il y a quelque chose du même genre dans le titre adopté par M. Vulliaud. Pour celui-ci, d'autres termes encore, comme celui d'« Illuminés » par exemple, ne semblent pas avoir non plus un sens bien précis ; ils apparaissent un peu au petit bonheur et se substituent indifféremment les uns aux autres, ce qui ne peut que créer des confusions dans l'esprit du lecteur, qui aura pourtant déjà bien assez de peine à s'y reconnaître dans la multitude des Rites et des Ordres existant à l'époque en question. Nous ne voulons cependant pas croire que M. Vulliaud lui-même ne s'y soit pas très bien reconnu, et nous préférons voir, dans cet emploi inexact du vocabulaire technique, une conséquence presque obligée de l'attitude « profane » qu'il se plaît à afficher, ce qui n'a pas été sans nous causer quelque surprise, car, jusqu'ici, nous n'avions rencontré des gens mettant une sorte de gloire à se dire « profanes » que dans les milieux universitaires et « officiels », pour lesquels, croyons-nous, M. Vulliaud n'a pas beaucoup plus d'estime que nous n'en avons nous-même.

Cette attitude a encore une autre conséquence : c'est que M. Vulliaud a cru devoir adopter presque constamment un ton ironique qui est assez gênant, et qui risque de donner l'impression d'une partialité dont un historien devrait se garder soigneusement. Déjà, le Joseph de Maistre Franc-Maçon du même auteur donnait un peu trop la même impression ; serait-il donc si difficile à un non-Maçon (nous ne disons pas un « profane ») d'aborder les questions de cet ordre sans employer un langage de polémique qu'il conviendrait de laisser aux publications spécifiquement antimaçonniques ? À notre connaissance, il n'y a que M. Le Forestier qui fasse exception ; et nous regrettons de ne pas trouver une autre exception en M. Vulliaud, que ses études habituelles auraient dû pourtant disposer à plus de sérénité.

Tout cela, bien entendu, n'enlève rien à la valeur ni à l'intérêt des nombreux documents publiés par M. Vulliaud, quoique d'ailleurs quelques-uns de ceux-ci ne soient pas aussi complètement inédits qu'il a pu le croire [1] ; et nous ne pouvons nous empêcher de nous étonner qu'il ait consacré un chapitre aux « Sommeils » sans même mentionner qu'il a déjà paru sur ce sujet, et précisément sous ce titre, un ouvrage de M. Émile Dermenghem. Par contre, nous croyons que les extraits des « cahiers initiatiques » transcrits par Louis-Claude de Saint-Martin sont vraiment inédits ; le caractère étrange de ces cahiers soulève d'ailleurs bien des questions qui n'ont jamais été éclaircies. Nous avons eu jadis l'occasion de voir quelques-uns de ces documents ; les griffonnages bizarres et inintelligibles dont ils sont remplis nous ont donné très nettement l'impression que l'« agent inconnu » qui en fut l'auteur n'était rien d'autre qu'un somnambule (nous ne disons pas un « médium », ce qui serait un grave anachronisme) ; ils représenteraient donc tout simplement le résultat d'expériences du même genre que les « Sommeils » ce qui diminue beaucoup leur portée « initiatique ». En tout cas, ce qu'il y a de certain, c'est que cela n'a absolument rien à voir avec les Élus Coens, qui d'ailleurs, à ce moment, avaient déjà cessé d'exister en tant qu'organisation ; et nous ajouterons qu'il n'y a là rien non plus qui se rapporte directement au Régime Écossais Rectifié, malgré qu'il y soit fréquemment question de la « Loge de la Bienfaisance ». La vérité, pour nous, est que Willermoz et d'autres membres de cette Loge, qui s'intéressaient au magnétisme, avaient dû former entre eux une sorte de « groupe d'études », comme on dirait aujourd'hui, auquel ils avaient donné le titre quelque peu ambitieux de « Société des Initiés » : ce titre, qui figure dans les documents, ne saurait s'expliquer autrement, et il montre très clairement, par l'emploi même du mot « société », que le groupement en question, bien que composé de Maçons, n'avait en lui-même aucun caractère maçonnique. Actuellement encore, il arrive fréquemment que des Maçons constituent, pour un but quelconque, ce qu'on appelle un « groupe fraternel », dont les réunions sont dépourvues de toute forme rituelle ; la « Société des Initiés » ne dut

---

[1] Ainsi les cinq « Instructions » dans le chapitre IX ont déjà été publiées en 1914 dans la France Antimaçonnique ; rendons à chacun ce qui lui appartient. [Note de l'Éditeur : On trouvera le texte de ces instructions dans le deuxième volume du présent recueil, chapitre Quelques documents inédits sur l'Ordre des Élus Coens.]

pas être autre chose que cela ; elle est du moins la seule solution plausible que nous puissions voir à cette question assez obscure.

Nous pensons que les documents qui se rapportent aux Élus Coens ont une autre importance au point de vue initiatique, malgré les lacunes qui ont toujours existé à cet égard dans l'enseignement de Martines et que nous signalions dans notre dernier article. M. Vulliaud a tout à fait raison d'insister sur l'erreur de ceux qui ont voulu faire de Martines un kabbaliste ; ce qu'il y a chez lui d'inspiration incontestablement judaïque n'implique en effet aucune connaissance de ce qui doit être proprement désigné par le terme de Kabbale, qu'on emploie trop souvent à tort et à travers. Mais, d'autre part, la mauvaise orthographe et le style défectueux de Martines, que M. Vulliaud souligne un peu trop complaisamment, ne prouvent rien contre la réalité de ses connaissances dans un certain ordre ; il ne faut pas confondre l'instruction profane et le savoir initiatique ; un initié d'un ordre très élevé (ce que ne fut certainement pas Martines) peut même être tout à fait illettré, et cela se voit assez souvent en Orient. Il semble d'ailleurs que M. Vulliaud se soit complu à présenter sous son plus mauvais jour le personnage énigmatique et complexe de Martines ; M. Le Forestier s'est montré assurément beaucoup plus impartial ; et, après tout cela, il reste encore bien des points à élucider.

Ces obscurités persistantes prouvent la difficulté de ces études sur des choses qui semblent parfois avoir été embrouillées à plaisir ; aussi faut-il savoir gré à M. Vulliaud d'y avoir apporté sa contribution, et, bien qu'il s'abstienne de formuler aucune conclusion, son travail fournit tout au moins une documentation nouvelle en grande partie et, dans son ensemble, fort intéressante [1]. Aussi, puisque ce travail doit avoir une suite, nous souhaitons que M. Vulliaud ne la fasse pas trop longtemps attendre à ses lecteurs, qui y trouveront certainement encore beaucoup de choses curieuses et dignes d'attention, et peut-être le point de départ de réflexions que l'auteur, se renfermant dans son rôle d'historien, ne veut pas expri-

---

[1] Signalons en passant une erreur historique qui est vraiment trop grosse pour n'être pas l'effet d'une simple distraction : M. Vulliaud écrit qu'« Albéric Thomas, par opposition à Papus, fonda avec quelques autres le Rite de Misraïm » (note de la p. 42) ; or ce Rite fut fondé en Italie vers 1805 et introduit en France en 1814 par les frères Bédarride.

mer lui-même.

Chapitre VII : À PROPOS DES PÉLERINAGES

Publié dans « *Voile d'Isis* », juin 1930.

La récente reproduction, dans le Voile d'Isis, du remarquable article de M. Grillot de Givry sur les lieux de pèlerinages nous amène à revenir sur cette question à laquelle nous avons déjà fait ici quelques allusions, ainsi que M. Clavelle le rappelait dans sa présentation de cet article.

Notons tout d'abord que le mot latin peregrinus, d'où vient « pèlerin », signifie à la fois « voyageur » et « étranger ». Cette simple remarque donne lieu déjà à des rapprochements assez curieux : en effet, d'une part, parmi les Compagnons, il en est qui se qualifient de « passants » et d'autres d'« étrangers », ce qui correspond précisément aux deux sens de peregrinus (lesquels se trouvent d'ailleurs aussi dans l'hébreu gershôn) ; d'autre part, dans la Maçonnerie, même moderne et « spéculative », les épreuves symboliques de l'initiation sont appelées « voyages ». D'ailleurs, dans beaucoup de traditions diverses, les différents stades initiatiques sont souvent décrits comme les étapes d'un voyage ; parfois, c'est d'un voyage ordinaire qu'il s'agit, parfois aussi d'une navigation, ainsi que nous l'avons signalé en d'autres occasions. Ce symbolisme du voyage est peut-être d'un usage plus répandu encore que celui de la guerre, dont nous parlions dans notre dernier article ; l'un et l'autre, du reste, ne sont pas sans présenter entre eux un certain rapport, qui s'est même traduit parfois extérieurement dans les faits historiques ; nous pensons notamment ici au lien étroit qui exista, au moyen âge, entre les pèlerinages en Terre Sainte et les Croisades. Ajoutons encore que, même dans le langage religieux le plus ordinaire, la vie terrestre, considérée comme une période d'épreuves, est souvent assimilée à un voyage, et même qualifiée plus expressément de pèlerinage, le monde céleste, but de ce pèlerinage, étant aussi identifié symboliquement à la « Terre Sainte » ou « Terre des Vivants » [1].

---

1 Pour ce qui concerne le symbolisme de la « Terre Sainte » nous renvoyons à notre étude sur le Roi du Monde, et aussi à notre article paru dans le numéro spécial du

L'état d'« errance », si l'on peut dire, ou de migration, est donc, d'une façon générale, un état de « probation » ; et, ici encore, nous pouvons remarquer que tel est bien en effet son caractère dans des organisations comme le Compagnonnage. En outre, ce qui est vrai à cet égard pour des individus peut l'être aussi, dans certains cas tout au moins pour des peuples pris collectivement : un exemple très net est celui des Hébreux errant pendant quarante ans dans le désert avant d'atteindre la Terre promise. Il faut d'ailleurs faire ici une distinction, car cet état, essentiellement transitoire, ne doit pas être confondu avec l'état nomade qui est normal à certains peuples : même arrivés à la Terre promise, et jusqu'au temps de David et de Salomon, les Hébreux furent un peuple nomade, mais, évidemment, ce nomadisme n'avait pas le même caractère que leur pérégrination dans le désert [1]. Il y a même lieu d'envisager un troisième cas d'« errance », que l'on peut désigner plus proprement par le mot de « tribulation » : c'est celui des Juifs après leur dispersion, et aussi selon toute vraisemblance, celui des Bohémiens ; mais ceci nous entraînerait trop loin, et nous dirons seulement que ce cas aussi est applicable également à des collectivités et à des individus. On voit par là combien ces choses sont complexes et combien il peut y avoir de distinctions à faire parmi des hommes se présentant extérieurement sous les mêmes apparences, confondus avec les pèlerins au sens ordinaire de ce mot, d'autant plus qu'il faut encore ajouter ceci : il arrive parfois que des initiés, parvenus au but, des « adeptes » même, reprennent, pour des raisons spéciales, cette même apparence de « voyageurs ».

Mais revenons aux pèlerins : on sait que leurs signes distinctifs étaient la coquille (dite de saint Jacques) et le bâton ; ce dernier, qui a aussi un étroit rapport avec la canne compagnonnique, est naturellement un attribut du voyageur, mais il a bien d'autres significations, et peut-être consacrerons-nous quelque jour à cette question une étude spéciale. Quant à la coquille, en certaines régions, elle était appelée « creusille » et ce mot doit être rapproché de celui de

---

Voile d'Isis consacré aux Templiers. [Note de l'Éditeur : Voir aussi le chapitre III de Aperçus sur l'Ésotérisme chrétien et le chapitre XI de Symboles fondamentaux de la Science sacrée.]

1 La distinction des peuples nomades (pasteurs) et sédentaires (agriculteurs), qui remonte aux origines mêmes de l'humanité terrestre, a une grande importance pour la compréhension des caractères spéciaux des différentes formes traditionnelles.

« creuset » ce qui nous ramène à l'idée d'épreuves, envisagée plus particulièrement selon un symbolisme alchimique, et entendue dans le sens de la « purification », la Katharsis des Pythagoriciens, qui était précisément la phase préparatoire de l'initiation [1].

La coquille étant regardée plus spécialement comme l'attribut de saint Jacques, nous sommes amenés à faire à ce propos une remarque concernant le pèlerinage de Saint-Jacques de Compostelle. Les routes que suivaient autrefois les pèlerins sont souvent appelées, aujourd'hui encore, « chemins de saint Jacques » ; mais cette expression a en même temps une tout autre application : le « chemin de saint Jacques », en effet dans le langage des paysans, c'est aussi la Voie Lactée ; et ceci semblera peut-être moins inattendu si l'on observe que Compostelle, étymologiquement, n'est pas autre chose que le « champ étoilé ». Nous rencontrons ici une autre idée, celle des « voyages célestes » d'ailleurs en corrélation avec les voyages terrestres ; c'est encore là un point sur lequel il ne nous est pas possible d'insister présentement, et nous indiquerons seulement que l'on peut pressentir par là une certaine correspondance entre la situation géographique des lieux de pèlerinages et l'ordonnance même de la sphère céleste ; ici, la « géographie sacrée » à laquelle nous avons fait allusion s'intégrera donc dans une véritable « cosmographie sacrée ».

Encore à propos des routes de pèlerinages, il convient de rappeler que M. Joseph Bédier a eu le mérite de reconnaître le lien existant entre les sanctuaires qui en marquaient les étapes et la formation des chansons de geste. Ce fait pourrait être généralisé, nous semble-t-il, et l'on pourrait dire la même chose en ce qui concerne la propagation d'une multitude de légendes dont la réelle portée initiatique est malheureusement presque toujours méconnue des modernes. En raison de la pluralité de leurs sens, les récits de ce genre pouvaient s'adresser à la fois à la foule des pèlerins ordinaires et aux autres ; chacun les comprenait suivant la mesure de sa propre capacité intellectuelle, et quelques-uns seulement en pénétraient la signification profonde, ainsi qu'il arrive pour tout enseignement initiatique. Il y a lieu de noter aussi que, si divers que

---

[1] On pourra se reporter ici à ce que nous avons dit dans Le Roi du Monde sur la désignation des initiés, dans des traditions diverses, par des termes se rapportant à l'idée de « pureté ».

fussent les gens qui parcouraient les routes, y compris les colporteurs et même les mendiants, il s'établissait entre eux, pour des raisons sans doute assez difficiles à définir, une certaine solidarité se traduisant par l'adoption en commun d'un langage conventionnel spécial, « argot de la Coquille, ou « langage des pérégrins ». Chose intéressante, M. Léon Daudet a fait remarquer dans un de ses récents livres que beaucoup de mots et de locutions appartenant à ce langage se rencontrent chez Villon et chez Rabelais [1] ; et, au sujet de ce dernier, il indique aussi, ce qui est assez digne de remarque au même point de vue, que, pendant plusieurs années, « il pérégrina à travers le Poitou, province à ce moment-là célèbre par les mystères et les farces qu'on y interprétait et aussi par les légendes qui y couraient ; dans Pantagruel, on retrouve trace de ces légendes, de ces farces, et un certain nombre de termes appartenant en propre aux Poitevins » [2]. Si nous citons cette dernière phrase, c'est que, outre qu'il y est fait mention de ces légendes dont nous parlions tout à l'heure, elle soulève encore une autre question en liaison avec ce dont il s'agit ici, celle des origines du théâtre : celui-ci, tout d'abord, fut d'une part essentiellement ambulant, et d'autre part revêtu d'un caractère religieux, au moins quant à ses formes extérieures, – caractère religieux qui est à rapprocher de celui des pèlerins et des gens qui en prenaient les apparences. Ce qui donne encore plus d'importance à ce fait, c'est qu'il n'est pas particulier à l'Europe du moyen âge ; l'histoire du théâtre dans la Grèce antique est tout à fait analogue, et l'on pourrait aussi trouver des exemples similaires dans la plupart des pays d'Orient.

Mais il faut nous borner, et nous envisagerons seulement encore un dernier point, à propos de l'expression de « nobles voyageurs » appliquée aux initiés, ou tout au moins à certains d'entre eux, précisément en raison de leurs pérégrinations. Là-dessus, M. O. V. de L. Milosz a écrit ce qui suit : « Les « nobles voyageurs », c'est le nom secret des initiés de l'antiquité, transmis par la tradition orale à ceux du moyen âge et des temps modernes. Il a été prononcé pour la dernière fois en public le 30 mai 1786, à Paris, au cours d'une séance du Parlement consacrée à l'interrogatoire d'un accusé célèbre (Cagliostro), victime du pamphlétaire Théveneau

---

1 *Les Horreurs de la Guerre*, pp. 145, 147 et 167.
2 *Ibid.* p. 173.

de Morande. Les pérégrinations des initiés ne se distinguaient des ordinaires voyages d'études que par le fait que leur itinéraire coïncidait rigoureusement, sous ses apparences de course aventureuse, avec les aspirations et les aptitudes les plus secrètes de l'adepte. Les exemples les plus illustres de ces pèlerinages nous sont offerts par Démocrite, initié aux secrets de l'alchimie par les prêtres égyptiens et le mage Ostanès, comme aux doctrines asiatiques par ses séjours en Perse et, selon quelques historiens, aux Indes ; Thalès, formé dans les temples d'Égypte et de Chaldée ; Pythagore, qui visita tous les pays connus des anciens (et très vraisemblablement l'Inde et la Chine) et dont le séjour en Perse fut marqué par les entretiens qu'il y eut avec le mage Zaratas, en Gaule par sa collaboration avec les Druides, enfin en Italie par ses discours à l'Assemblée des Anciens de Crotone. À ces exemples, il conviendrait d'ajouter les séjours de Paracelse en France, Autriche, Allemagne, Espagne et Portugal, Angleterre, Hollande, Danemark, Suède, Hongrie, Pologne, Lithuanie, Valachie, Carniole, Dalmatie, Russie et Turquie, ainsi que les voyages de Nicolas Flamel en Espagne, où Maistre Canches lui apprit à déchiffrer les fameuses figures hiéroglyphiques du Livre d'Abraham Juif. Le poète Robert Browning a défini la nature secrète de ces pèlerinages scientifiques dans une strophe singulièrement riche d'intuition : « Je vois mon chemin comme l'oiseau sa route sans trace ; quelque jour, Son jour d'heur, j'arriverai. Il me guide, Il guide l'oiseau. » Les années de voyage de Wilhelm Meister ont la même signification initiatique » [1]. Nous avons tenu à reproduire ce passage en entier, malgré sa longueur, en raison des exemples intéressants qu'il renferme ; sans doute pourrait-on en trouver encore beaucoup d'autres plus ou moins connus, mais ceux-là sont particulièrement caractéristiques, encore qu'ils ne se rapportent peut-être pas tous au même cas parmi ceux que nous avons distingués plus haut, et qu'il ne faille pas confondre les « voyages d'études », même réellement initiatiques avec les missions spéciales des adeptes ou même de certains initiés d'un moindre degré.

Pour en revenir à l'expression de « nobles voyageurs », ce sur quoi nous voulons surtout attirer l'attention, c'est que l'épithète « nobles » semble indiquer qu'elle doit désigner, non pas toute

---
1 *Les Arcanes*, pp. 81-82.

initiation indistinctement, mais plus proprement une initiation de Kshatriyas, ou ce qu'on peut appeler l'« art royal » suivant le vocable conservé jusqu'à nos jours par la Maçonnerie. En d'autres termes, il s'agirait alors d'une initiation se rapportant, non à l'ordre métaphysique pur, mais à l'ordre cosmologique et aux applications qui s'y rattachent, ou à tout ce qui en Occident, a été compris sous l'appellation générale d'« hermétisme »[1]. S'il en est ainsi, M. Clavelle a eu parfaitement raison de dire que, tandis que saint Jean correspond au point de vue purement métaphysique de la Tradition, saint Jacques correspondrait plutôt au point de vue des « sciences traditionnelles » ; et, même sans évoquer le rapprochement, cependant fort plausible, avec le « maître Jacques » du compagnonnage, bien des indices concordants tendraient à prouver que cette correspondance est effectivement justifiée. C'est bien à ce domaine, que l'on peut qualifier d'« intermédiaire », que se réfère en effet tout ce qui s'est propagé par la voie des pèlerinages, aussi bien que les traditions du Compagnonnage ou celles des Bohémiens. La connaissance des « petits mystères » qui est celle des lois du « devenir » s'acquiert en parcourant la « roue des choses » mais la connaissance des « grands mystères » étant celle des principes immuables, exige la contemplation immobile dans la « grande solitude » au point fixe qui est le centre de la roue, le pôle invariable autour duquel s'accomplissent, sans qu'il y participe, les révolutions de l'Univers manifesté.

Chapitre VIII : L'ÉNIGME MARTINES DE PASQUALLY

Publié dans « *Études Traditionnelles* », mai à juillet 1936.

L'histoire des organisations initiatiques est souvent fort difficile à éclaircir, et cela se comprend facilement par la nature même de ce dont il s'agit, car il y a là trop d'éléments qui échappent nécessairement aux moyens d'investigation dont disposent les historiens ordinaires. Il n'y a même pas besoin, pour s'en rendre compte, de remonter à des époques très reculées ; il suffit de considérer le XVIIIe siècle, où l'on voit, coexistant encore avec les manifestations de l'es-

---

1 Sur la distinction des deux initiations sacerdotale et royale, nous renverrons à notre dernier livre, Autorité spirituelle et pouvoir temporel.

prit moderne dans ce qu'il a de plus profane et de plus anti-traditionnel, ce qui semble bien être les derniers vestiges de divers courants initiatiques ayant existé jadis dans le monde occidental, et au cours duquel apparaissent des personnages qui ne sont pas moins énigmatiques que les organisations auxquelles ils se rattachaient ou qu'ils ont inspirées. Un de ces personnages est Martines de Pasqually ; et, à propos des ouvrages publiés en ces dernières années sur lui et sur son Ordre des Élus Coens par MM. R. Le Forestier et P. Vulliaud, nous avons eu déjà l'occasion de remarquer combien de points de sa biographie demeuraient obscurs en dépit de tous les documents mis au jour [1]. M. Gérard van Rijnberk vient encore de faire paraître sur ce sujet un autre livre [2], qui contient également une documentation intéressante et en grande partie inédite ; mais devons-nous dire que, malgré cela, ce livre pose peut-être encore plus de questions qu'il n'en résout [3] ?

L'auteur fait d'abord remarquer l'incertitude qui règne sur le nom même de Martines, et il énumère les multiples variantes qu'on trouve dans les écrits où il en est question ; il est vrai qu'il ne faut pas attacher à ces différences une importance excessive, car, au XVIIIe siècle, on ne respectait guère l'orthographe des noms propres ; mais il ajoute : « Quant à l'homme lui-même qui, mieux que tout autre, aurait dû connaître l'orthographe exacte de son propre nom ou de son pseudonyme de chef d'initiation, il a toujours signé : Don Martines de Pasqually (une seule fois : de Pascally de La Tour). Dans l'unique acte authentique que l'on connaît, l'acte de baptême de son fils, son nom est ainsi formulé : Jaques Delivon Joacin Latour de La Case, don Martinets de Pasqually. » Il

---

1 Un nouveau livre sur l'Ordre des Élus Coens (n° de décembre 1929) ; À propos des « Rose-Croix lyonnais » (n° de janvier 1930).
2 Un thaumaturge au XVIIIe siècle : Martines de Pasqually, sa vie, son œuvre, son Ordre (Felix Alcan, Paris).
3 Signalons incidemment une petite erreur : M. van Rijnberk, en parlant de ses prédécesseurs, attribue à M. René Philipon les notices historiques signées « Un Chevalier de la Rose Croissante » et servant de préfaces aux éditions du Traité de la Réintégration des Êtres de Martines de Pasqually et des Enseignements secrets de Martines de Pasqually de Branz von Baader publiées dans la « Bibliothèque Rosicrucienne ». Étonné de cette affirmation, nous avons posé la question à M. Philipon lui-même ; celui-ci nous a répondu qu'il a seulement traduit l'opuscule de von Baader, et que, comme nous le pensions, les deux notices en question sont en réalité d'Albéric Thomas.

est inexact que l'acte en question, qui a été publié par Papus [1], soit « l'unique acte authentique que l'on connaît », car deux autres, qui ont sans doute échappé à l'attention de M. von Rijnberk, ont été publiés ici même [2] : l'acte de mariage de Martines, et le « certificat de catholicité » qui lui fut délivré lors de son départ pour Saint-Domingue. Le premier porte : « Jaque Delyoron Joachin Latour De la Case Martines Depasqually, fils légitime de feu M. Delatour de la Case et de dame Suzanne Dumas de Rainau » [3] ; et le second porte simplement : « Jacques Pasqually de Latour » ; quant à la signature de Martines lui-même, elle est, sur le premier, « Don Martines Depasqually » et, sur le second, « Depasqually de la Tour ». Le fait que son père, dans l'acte de Mariage, est nommé simplement « Delatour de la Case » (de même d'ailleurs que son fils dans l'acte de baptême, bien qu'une note marginale l'appelle « de Pasqually » sans doute parce que ce nom était plus connu), paraît venir à l'appui de ce qu'écrit ensuite M. van Rijnberk : « On serait tenté d'en déduire que son véritable nom était de La Case, ou de Las Cases, et que « Martines de Pasqually » n'a été qu'un hiéronyme. »

Seulement, ce nom de La Case ou de Las Cases qui peut être une forme francisée du nom espagnol de Las Casas, soulève encore d'autres questions ; et, tout d'abord, il faut remarquer que le second successeur de Martines comme « Grand Souverain » de l'Ordre des Élus Coens (le premier ayant été Caignet de Lestère) s'appelait Sébastien de Las Casas ; y avait-il quelque parenté entre lui et Martines ? La chose n'a rien d'impossible : il était de Saint-Domingue, et Martines s'était rendu dans cette île pour y recueillir un héritage, ce qui peut faire supposer qu'une partie de sa famille s'y était établie [4]. Mais il y a encore autre chose de beaucoup plus étrange :

---

1 *Martines de Pasqually*, pp. 10-11.
2 Le mariage de Martines de Pasqually (n° de janvier 1930).
3 On remarquera qu'il y a ici Delyoron, alors que l'acte de baptême porte Delivon (ou peut-être Delivron) ; ce nom étant intercalé entre deux prénoms, ne semble d'ailleurs pas être un nom de famille. D'autre part, il est à peine besoin de rappeler que la séparation des particules (qui ne constituent pas forcément un signe nobiliaire) était alors tout à fait facultative.
4 Il est vrai qu'il y avait aussi à Saint-Domingue des parents de sa femme, de sorte qu'il se pourrait que l'héritage fût venu de ce côté ; cependant, la lettre publiée par Papus (Martines de Pasqually, p. 58), sans être parfaitement claire, est bien plutôt en faveur de l'autre hypothèse, car il n'apparaît pas que ses deux beaux-frères qui étaient à Saint-Domingue aient eu un intérêt quelconque dans la « donation » qui

L.-Cl. de Saint-Martin, dans son Crocodile, met en scène un « Juif espagnol » nommé Éléazar, auquel il prête visiblement beaucoup de traits de son ancien maître Martines ; or voici en quels termes cet Éléazar explique les raisons pour lesquelles il avait été obligé de quitter l'Espagne et de se réfugier en France : « J'avois à Madrid un ami chrétien, appartenant à la famille de Las-Casas, à laquelle j'ai, quoiqu'indirectement, les plus grandes obligations. Après quelques prospérités dans le commerce, il fut soudainement ruiné de fond en comble par une banqueroute frauduleuse. Je vole à l'instant chez lui, pour prendre part à sa peine, et lui offrir le peu de ressources dont ma médiocre fortune me permettoit de disposer ; mais ces ressources étant trop légères pour le mettre au pair de ses affaires, je cédai à l'amitié que je lui portois, et me laissai entraîner à ce mouvement, jusqu'à faire usage de quelques moyens particuliers, qui m'aidèrent à découvrir bientôt la fraude de ses expoliateurs, et même l'endroit caché où ils avoient déposé les richesses qu'ils lui avoient enlevées. Par ces mêmes moyens, je lui procurai la facilité de recouvrer tous ses trésors, et de les faire revenir chez lui, sans que même ceux qui les lui avoient ravis puissent soupçonner qui que ce fût de les en avoir dépouillés à leur tour. J'eus tort, sans doute, de faire usage de ces moyens pour un pareil objet, puisqu'ils ne doivent s'appliquer qu'à l'administration des choses qui ne tiennent point aux richesses de ce monde ; aussi, j'en fus puni. Mon ami, instruit dans une foi timide et ombrageuse, soupçonna du sortilège dans ce que je venais de faire pour lui ; et son zèle pieux l'emportant sur sa reconnaissance, comme mon zèle officieux l'avoit emporté sur mon devoir, il me dénonça à son église, à la fois comme sorcier et comme juif. Sur le champ, les inquisiteurs en sont instruits ; je suis condamné au feu, avant même d'être arrêté, mais au moment où l'on se met en devoir de me poursuivre, je suis averti par cette même voie particulière du sort qui me menace ; et sans délai, je me réfugie dans votre patrie »[1].

Sans doute, il y a dans le Crocodile beaucoup de choses purement fantaisistes, où il serait bien difficile de voir des allusions précises à des événements et à des personnages réels, il n'en est pas moins fort invraisemblable que le nom de Las Casas se retrouve là par l'effet

---

lui avait été faite.
1 Le Crocodile, chant 23.

d'un simple hasard. C'est pourquoi nous avons cru intéressant de reproduire le passage entier, malgré sa longueur : quels rapports pouvait-il y avoir au juste entre le Juif Éléazar, qui ressemble tant à Martines par les « pouvoirs » et la doctrine qui lui sont attribués, et la famille de Las Casas, et quelle pouvait être la nature des « grandes obligations » qu'il avait à celle-ci ? Pour le moment, nous ne faisons que formuler ces questions, sans prétendre y apporter une réponse quelconque ; nous verrons si la suite nous permet d'en envisager une plus ou moins plausible [1].

Passons à d'autres points de la biographie de Martines, qui ne réservent pas moins de surprises : M. van Rijnberk dit qu'« on ignore complètement l'année et le lieu de sa naissance » ; mais il fait remarquer que Willermoz écrit au baron de Turkheim que Martines est mort « avancé en âge » ; et il ajoute : « Au moment où Willermoz écrivit cette phrase, il avait lui-même 91 ans ; comme les hommes ont la tendance générale d'évaluer l'âge des autres mortels selon une mesure qui s'accroît avec leurs propres années, on ne doit point douter que l'âge avancé attribué à Martines par le nonagénaire Willermoz ne devait guère atteindre moins de 70 ans. Comme Martines est mort en 1774, il doit être né tout au plus dans les dix premières années du XVIIIe siècle. » Aussi penche-t-il pour l'hypothèse de Gustave Bord, qui fait naître Martines vers 1710 ou 1715 ; mais, même en prenant la première date, cela le ferait mourir à 64 ans, ce qui, à vrai dire, n'est pas encore un âge « avancé » surtout par rapport à celui de Willermoz... Et puis, malheureusement, un des documents dont M. van Rijnberk ne paraît pas avoir eu connaissance donne à cette hypothèse un démenti formel : le « certificat de catholicité » a été délivré en 1772 à « Mr Jacques Pasqually de Latour, écuyer, né à Grenoble, âgé de 45 ans » ; il faudrait conclure de là qu'il est né vers 1727 ; et, s'il est mort à Saint-Domingue deux ans plus tard, en 1774, il n'atteignit que l'âge bien peu « avancé » de 47 ans !

Ce même document confirme en outre que, comme beaucoup

---

[1] Encore un rapprochement bizarre : Saint-Martin représente Las Casas, l'ami du Juif Éléazar, comme ayant été spolié de ses trésors ; Martines, dans la lettre que nous avons déjà mentionnée, dit : « On m'a fait dans ce pays-là (c'est-à-dire à Saint-Domingue) une donation d'un grand bien que je vais retirer des mains d'un homme qui le retient injustement » ; et il se trouve que cette lettre a été écrite, sous la dictée de Martines, par Saint-Martin lui-même.

l'avaient déjà dit, mais contrairement à l'avis de M. van Rijnberk qui se refuse à l'admettre, Martines est né à Grenoble. Cela ne s'oppose d'ailleurs pas, évidemment, à ce qu'il ait été d'origine espagnole, puisque, parmi toutes celles qu'on a voulu lui assigner, c'est en faveur de celle-là qu'il semble y avoir le plus d'indices, y compris, bien entendu, le nom même de Las Casas ; mais il faudrait alors admettre que son père était déjà établi en France avant sa naissance, et que peut-être même c'est en France qu'il s'était marié. Ceci trouve d'ailleurs une confirmation dans l'acte de mariage de Martines, car le nom de sa mère, tel qu'il y est indiqué, « dame Suzanne Dumas de Rainau », ne peut, guère, à ce qu'il nous semble, être autre chose qu'un nom français, tandis que celui de « Delatour de la Case » peut être simplement francisé. Au fond, la seule raison vraiment sérieuse qu'on puisse avoir de douter que Martines soit né en France (car on ne peut guère prendre en considération les assertions contradictoires des uns et des autres, qui ne représentent toutes que de simples suppositions), ce sont les particularités de langage qu'on relève dans ses écrits ; mais, en somme, ce fait peut très bien s'expliquer en partie par l'éducation reçue d'un père espagnol, et en partie aussi par les séjours qu'il fit probablement en divers pays ; nous reviendrons plus tard sur ce dernier point.

Par une coïncidence assez curieuse, et qui ne contribue guère à simplifier les choses, il paraît établi qu'il y avait à Grenoble, à la même époque, une famille dont le nom était réellement Pascalis ; mais Martines, à en juger par les noms portés sur les actes qui le concernent, doit lui avoir été complètement étranger. Peut-être est-ce à cette famille qu'appartenait l'ouvrier carrossier Martin Pascalis, qu'on a appelé aussi Martin Pascal ou même Pascal Martin (car, là-dessus non plus, on n'est pas très bien fixé), si toutefois celui-ci est bien véritablement un personnage distinct, et si ce n'est pas tout simplement Martines lui-même qui, à un certain moment, dut exercer ce métier pour vivre, car apparemment, sa situation de fortune ne fut jamais très brillante , c'est là encore une chose qui semble n'avoir jamais été éclaircie d'une façon bien satisfaisante.

D'autre part, beaucoup ont pensé que Martines était Juif ; il ne l'était certainement pas de religion, puisqu'il est surabondamment prouvé qu'il était catholique ; mais il est vrai que, comme le dit M. van Rijnberk, « cela ne préjuge en rien de la question de race ».

Il y a bien en effet, dans la vie de Martines, quelques indices qui pourraient tendre à faire supposer qu'il était d'origine juive, mais qui n'ont pourtant rien de décisif, et qui peuvent tout aussi bien s'expliquer par des affinités d'un tout autre genre qu'une communauté de race. Franz von Baader dit que Martines fut « à la fois juif et chrétien » ; cela ne rappelle-t-il pas les rapports du Juif Éléazar avec la famille chrétienne de Las Casas ? Mais le fait même de présenter Éléazar comme un « Juif espagnol » peut très bien être une allusion, non pas à l'origine personnelle de Martines, mais à l'origine de sa doctrine, dans laquelle, en effet, les éléments judaïques prédominent incontestablement.

Quoiqu'il en soit, il reste toujours, dans la biographie de Martines, un certain nombre d'incohérences et de contradictions, parmi lesquelles la plus frappante est sans doute celle qui se rapporte à son âge ; mais peut-être M. van Rijnberk indique-t- il la solution, sans s'en douter, en suggérant que « Martines de Pasqually » était un « hiéronyme » c'est-à-dire un nom initiatique. En effet, pourquoi ce même « hiéronyme » n'aurait-il pas servi, comme cela s'est produit dans d'autres cas similaires, à plusieurs individualités différentes ? Et qui sait même si les « grandes obligations » que le personnage que Saint-Martin appelle le Juif Éléazar avait à la famille de Las Casas n'étaient pas dues à ce que celle-ci avait fourni, d'une façon ou d'une autre, une sorte de « couverture » à son activité initiatique ? Il serait sans doute imprudent de vouloir préciser davantage ; nous verrons cependant si ce qu'on peut savoir de l'origine des connaissances de Martines ne serait pas susceptible d'apporter encore quelques nouveaux éclaircissements.

Dans la même lettre, datée de juillet 1821, où Willermoz affirme que Martines est mort « avancé en âge », il y a un autre passage digne de remarque, d'après lequel l'initiation aurait été transmise à Martines par son père lui-même : « Dans son Ministère, il avait succédé à son père, homme savant, distinct et plus prudent que son fils, ayant peu de fortune et résidant en Espagne. Il avait placé son fils Martines encore jeune dans les gardes wallonnes, où il eut une querelle qui provoqua un duel dans lequel il tua son adversaire ; il fallait s'enfuir promptement, et le père se hâta de le consacrer son successeur avant son départ. Après une longue absence, le père, sentant approcher sa fin, fit promptement revenir le fils et lui remit les dernières ordinations ». À vrai dire, cette histoire des gardes wallonnes, dont il a été impossible de trouver aucune confirmation par ailleurs, nous paraît assez suspecte, surtout si elle devait, comme le dit M. van Rijnberk, « impliquer que Martines était né en Espagne », ce qui n'est cependant pas absolument évident ; il ne s'agit d'ailleurs pas là d'un point sur lequel Willermoz ait pu apporter un témoignage direct, car il déclare ensuite qu'il « n'a connu le fils qu'en 1767 à Paris, longtemps après la mort du père »[1]. Quoi qu'il en soit de cette question secondaire, il reste l'assertion que Martines aurait reçu de son père non seulement l'initiation, mais même la transmission de certaines fonctions initiatiques, car le mot « ministère » ne peut guère s'interpréter autrement ; et, à ce propos, M. Van Rijnberk signale une lettre écrite en 1779 par le Maçon Falcke, et dans laquelle on lit ceci : « Martinez Pascalis, un Espagnol, prétend posséder les connaissances secrètes comme un héritage de sa famille, qui habite l'Espagne et les posséderait ainsi depuis trois cents ans ; elle les aurait acquises de l'Inquisition, auprès de laquelle ses ancêtres auraient servi. » Il y a ici une forte invraisemblance, car on ne voit vraiment pas quel dépôt initiatique l'Inquisition aurait jamais pu posséder et communiquer ; mais rappelons que, dans le passage du Crocodile que nous avons reproduit, c'est Las Casas qui dénonce à l'Inquisition son ami le Juif Éléazar, précisément à cause des connaissances secrètes de celui-ci ; ne dirait-on pas qu'il y a là encore quelque chose qui a été brouillé à dessein[2] ?

Maintenant, on pourrait assurément se demander ceci : quand

---

[1] Cette année 1767 est celle même du mariage de Martines ; il est donc très probable que les deux frères domiciliés à Saint-Domingue, pour lesquels il serait venu alors à Paris solliciter la croix de Saint-Louis, ne sont autres en réalité que les deux beaux-frères « puissamment riches » dont il est question, comme nous l'avons déjà dit, dans la lettre des 17 et 30 avril 1772 citée par Papus (Martines de Pasqually p. 58). Cela est d'ailleurs encore confirmé par le fait que, dans une autre lettre du 1er novembre 1772, on trouve cette phrase : « Je vous fais part que j'ai enfin obtenu la croix de Saint-Louis de mon beau-frère » (ibid., p. 55) ; il ne l'avait donc pas, tout au moins pour l'un d'eux, obtenue immédiatement en 1767, contrairement à ce qu'écrit Willermoz, dont la mémoire a assurément bien pu le tromper sur ce point ; il est étonnant que M. van Rijnberk n'ait pas songé à faire ces rapprochements, qui nous paraissent élucider suffisamment cette question, du reste tout fait accessoire.

[2] Remarquons encore une bizarrerie, dont nous ne prétendons d'ailleurs tirer aucune conséquence : Falcke parle au présent de Martines, qui pourtant devait alors être mort depuis cinq ans déjà.

Martines, ou le personnage que Willermoz connut sous ce nom à partir de 1767, parle de son père, faut-il l'entendre littéralement, ou bien ne s'agit-il pas plutôt uniquement de son « père spirituel », quel qu'ait pu être celui-ci ? On peut fort bien, en effet, parler de « filiation » initiatique, et il est évident qu'elle ne coïncide pas forcément avec la filiation au sens ordinaire de ce mot ; on pourrait même peut-être évoquer, encore ici, la dualité de Las Casas et du Juif Éléazar… Il faut dire cependant qu'une transmission initiatique héréditaire, impliquant même en outre l'exercice d'une certaine fonction, ne représenterait pas un cas tout à fait exceptionnel ; mais, en l'absence de données suffisantes, il est bien difficile de décider si ce cas fut effectivement celui de Martines. Tout au plus pourrait-on trouver un indice, en faveur de l'affirmative, dans certaines particularités concernant la succession de Martines : celui-ci donna à son fils aîné, aussitôt après le baptême, la première consécration dans la hiérarchie des Élus Coens, ce qui peut faire penser qu'il le destinait à devenir son successeur. Ce fils disparut à l'époque de la Révolution, et Willermoz dit n'avoir pas pu savoir ce qu'il était devenu ; quant au second, chose encore plus singulière, on connaît la date de sa naissance, mais il n'en fut plus jamais fait mention par la suite. En tout cas, quand Martines mourut en 1774, le fils aîné était certainement vivant ; ce n'est cependant pas lui qui lui succéda comme « Grand Souverain » mais Caignet de Lestère, puis, quand celui-ci mourut à son tour en 1778, Sébastien de Las Casas ; que devient, dans ces conditions, l'idée d'une transmission héréditaire ? Le fait que le fils était trop jeune pour pouvoir remplir ces fonctions (il n'avait que six ans) ne saurait d'ailleurs être invoqué, car Martines aurait fort bien pu lui désigner un substitut jusqu'à sa majorité, et on ne voit pas qu'il en ait jamais été question. Pourtant, ce qui est encore curieux, il semble bien d'autre part qu'il y ait eu quelque parenté entre Martines et ses deux successeurs : en effet, il parle dans une lettre de « son cousin Cagnet » qui, en tenant compte des variations orthographiques habituelles à l'époque, doit être le même que Caignet de Lestère [1] ; et, quant à Sébastien de Las Casas, nous avons déjà indiqué qu'une telle parenté était suggérée par son nom même : mais, de toute façon, cette transmission

---

1 « Je vous instruis encore que j'ai livré les patentes constitutives à mon cousin Cagnet » (lettre du 1er novembre 1771, citée par Papus, Martines de Pasqually, p. 56).

à des parents plus ou moins éloignés, alors qu'il existait un héritier direct, ne peut guère être assimilée à la « succession dynastique » dont parle M. van Rijnberk, et à laquelle il attribue même « une certaine importance ésotérique » que nous ne nous expliquons pas très bien.

Que Martines ait été initié par son père ou par quelqu'un d'autre, ce n'est pas là qu'est la question essentielle, car cela ne jette pas beaucoup de lumière sur ce qui seul importe vraiment au fond : de quelle tradition relevait cette initiation ? Ce qui pourrait peut-être fournir là-dessus quelques indications plus nettes, ce sont les voyages que fit probablement Martines avant le début de son activité initiatique en France ; malheureusement, sur ce point encore, on n'a que des renseignements tout à fait vagues et douteux, et l'assertion même d'après laquelle il serait allé en Orient ne signifie rien de bien défini, d'autant plus que bien souvent, en pareil cas, il ne s'agit que de voyages légendaires ou plutôt symboliques. À ce sujet, M. van Rijnberk estime pouvoir faire état d'un passage du Traité de la Réintégration des Êtres où Martines semble dire qu'il est allé en Chine, alors qu'il n'y a rien de tel pour des pays beaucoup moins lointains ; mais ce voyage, s'il a eu lieu réellement, est peut-être le moins intéressant de tous au point de vue où nous nous plaçons en ce moment, car il est clair que, ni dans les enseignements de Martines ni dans ses « opérations » rituelles, il n'y a rien qui présente le moindre rapport direct avec la tradition extrême-orientale. Il y a cependant, dans une lettre de Martines, cette phrase assez remarquable : « Mon état et ma qualité d'homme véritable m'a toujours tenu dans la position où je suis »[1] ; il semble qu'on n'ait jamais relevé cette expression d'« homme véritable », qui est spécifiquement taoïste, mais qui est sans doute la seule de ce genre qu'on puisse trouver chez Martines[2].

Quoi qu'il en soit, si Martines était né vers 1727, ses voyages ne purent pas durer de bien longues années, même s'il n'y a pas lieu d'en retrancher le temps de son passage supposé aux gardes wallonnes, car son activité initiatique connue commence en 1754, et,

---

1 Extrait publié par Papus, *Martines de Pasqually*, p. 124.
2 Il ne faudrait d'ailleurs pas croire que, quand Martines parle de la Chine, cela doive toujours être pris à la lettre, car, ainsi que l'a signalé M. Le Forestier, il emploie le mot « Chinois » comme une sorte d'anagramme de « Noachites »

à cette date, il n'aurait eu encore que 27 ans [1]. On admet volontiers qu'il dut aller en Espagne, surtout si ses origines familiales l'y rattachaient, et peut-être aussi en Italie ; c'est très plausible en effet, et il a pu rapporter d'un séjour dans ces deux pays quelques-unes des singularités les plus frappantes de son langage : mais, à part l'explication de ce détail tout extérieur, cela n'avance pas à grand-chose, car, à cette époque, que pouvait-il bien subsister dans ces pays au point de vue initiatique ? Il faut certainement chercher ailleurs, et, à notre avis, l'indication la plus exacte est celle que donne ce passage d'une note du prince Christian de Hesse-Darmstadt : « Pasquali prétendait que ses connaissances venaient de l'Orient, mais il est à présumer qu'il les avait reçues de l'Afrique », par quoi il faut entendre, selon toute probabilité, les Juifs séphardites établis dans l'Afrique du Nord depuis leur expulsion d'Espagne [2]. Ceci peut en effet expliquer beaucoup de choses : d'abord, la prédominance des éléments judaïques dans la doctrine de Martines ; ensuite, les relations qu'il paraît avoir eues avec les Juifs également séphardites de Bordeaux, aussi bien, comme nous l'avons déjà fait remarquer précédemment, que la présentation d'Éléazar comme un « Juif espagnol » par Saint-Martin ; enfin, la nécessité qu'il y avait, pour un travail initiatique à accomplir dans un milieu non juif, de « greffer » pour ainsi dire la doctrine reçue de cette source sur une forme initiatique répandue dans le monde occidental, et qui, au XVIIIe siècle, ne pouvait être que la Maçonnerie.

Le dernier point soulève encore d'autres questions sur lesquelles nous allons avoir à revenir ; mais, auparavant, nous devons faire remarquer que le fait même que Martines ne mentionne jamais l'origine exacte de ses connaissances, ou qu'il la rapporte vaguement à l'« Orient », est parfaitement compréhensible : dès lors qu'il ne pouvait transmettre telle quelle l'initiation qu'il avait reçue lui-même, il n'avait pas à en indiquer la provenance, ce qui eût été tout au moins inutile ; il semble que, dans ses livres, il n'ait jamais fait expressément allusion qu'une seule fois à ses « prédécesseurs »,

---

1 Ceci bien entendu, sous la réserve que les voyages en question au lieu d'être attribués entièrement à ce seul personnage, devraient peut-être l'être en partie à son initiateur.

2 Les trois cent ans dont parle Falck coïncideraient approximativement avec l'époque où les Juifs furent expulsés d'Espagne ; nous ne voulons cependant pas dire qu'il y ait lieu d'attacher une grande importance à ce rapprochement.

et cela sans y ajouter la moindre précision, donc sans affirmer en somme rien de plus que l'existence d'une transmission initiatique quelconque [1]. Il est bien certain, en tout cas, que la forme de cette initiation n'était pas celle de l'Ordre des Élus Coens, puisque celui-ci n'existait pas avant Martines lui-même, et que nous le voyons l'élaborer peu à peu, de 1754 à 1774, sans que même il ait jamais pu arriver à finir de l'organiser complètement [2].

Ici se place naturellement la réponse à une objection qui peut venir à la pensée de certains : si Martines était « missionné » par quelque organisation initiatique, comment se fait-il que son Ordre n'ait pas été en quelque sorte tout « préformé » dès le début, avec ses rituels et ses grades, et que, en fait, il soit même toujours resté à l'état d'ébauche imparfaite, sans rien d'arrêté définitivement ? Sans doute, beaucoup des systèmes maçonniques de hauts grades qui virent le jour vers la même époque furent dans le même cas, et certains n'existèrent guère que « sur le papier » ; mais, s'ils représentaient simplement les conceptions particulières d'un individu ou d'un groupe, il n'y a rien d'étonnant à cela, tandis que, pour l'œuvre du représentant autorisé d'une organisation initiatique réelle, les choses, semble-t-il, auraient dû se passer tout autrement. C'est là n'envisager la question que d'une façon assez superficielle ; en réalité, il faut considérer au contraire que la « mission » de Martines comportait précisément le travail d'« adaptation » qui devait aboutir à la formation de l'Ordre des Élus Coens, travail que ses « prédécesseurs » n'avaient pas eu à faire parce que, pour une raison ou pour une autre, le moment n'était pas encore venu, et que peut-être même ils n'auraient pas pu faire, nous dirons tout à l'heure pourquoi. Ce travail, Martines ne put le mener entièrement à bonne fin, mais cela ne prouve rien contre ce qui se trouvait au point de départ ; à la vérité, deux causes paraissent avoir concouru à cet échec partiel : il se peut, d'une part, qu'une série de circonstances défavorables ait fait continuellement obstacle à ce que se proposait

---

[1] « Je n'ai jamais cherché à induire personne en erreur, ni tromper les personnes qui sont venues à moi de bonne foi pour prendre quelques connaissances que mes prédécesseurs m'ont transmis. » (cité par Papus, *Martines de Pasqually*, p. 122).

[2] Quand Willermoz dit qu'« il avait succédé à son père dans son ministère », il ne faut donc pas traduire, ainsi que le fait trop hâtivement M. van Rijnberk, « comme Souverain Maître de l'Ordre », dont, à ce moment, il ne pouvait encore être aucunement question.

Martines ; et il se peut aussi, d'autre part, que lui-même ait été inférieur à sa tâche, malgré les « pouvoirs » d'ordre psychique qu'il possédait manifestement et qui devaient la lui faciliter, soit qu'il les ait eus d'une façon toute naturelle et spontanée, ainsi que cela se rencontre parfois, soit que, plus probablement, il ait été « préparé » spécialement à cet effet. Willlermoz reconnaît lui-même que « ses inconséquences verbales et ses imprudences lui ont suscité des reproches et beaucoup de désagréments »[1] ; il semble que ces imprudences aient consisté surtout à faire des promesses qu'il ne pouvait pas tenir, ou du moins pas immédiatement, et aussi à admettre parfois trop facilement des individus qui n'étaient pas suffisamment « qualifiés ». Sans doute, comme bien d'autres, dut-il, après avoir reçu la « préparation » voulue, travailler par lui-même à ses risques et périls ; du moins, il ne paraît pas avoir jamais commis de fautes telles qu'elles aient pu lui faire retirer sa « mission », puisqu'il poursuivit activement son œuvre jusqu'au dernier moment et en assura la transmission avant de mourir.

Nous sommes d'ailleurs bien loin de penser que l'initiation qu'avait reçu Martines ait été au delà d'un certain degré encore assez limité, et ne dépassant pas en tout cas le domaine des « petits mystères », ni que ses connaissances, quoique très réelles, aient eu vraiment le caractère « transcendant » que lui-même semble leur avoir attribué ; nous nous sommes déjà expliqué là-dessus en une autre occasion[2] et nous avons signalé, comme traits caractéristiques à cet égard, l'allure de « magie cérémonielle » que revêtent les « opérations » rituelles, et l'importance attachée à des résultats d'ordre purement « phénoménique ». Ce n'est pas une raison, cependant, pour réduire ceux-ci, ni à plus forte raison les « pouvoirs » de Martines, au rang de simples « phénomènes métapsychiques » tels qu'on les entend aujourd'hui ; M. van Rijnberk, qui semble être de cet avis, se fait évidemment, sur la portée de ces derniers, aussi bien que sur celle des théories psychologiques modernes, de bien grandes illusions, que, quant à nous, il nous est tout à fait impossible de partager.

D'autre part, il faut encore ajouter une remarque qui a une importance toute particulière : c'est que le fait même que l'Ordre

---
[1] Lettre déjà citée au baron de Türkheim (juillet 1821).
[2] Un nouveau livre sur l'Ordre des Élus Coens, n° de décembre 1929.

des Élus Coens était une forme nouvelle ne lui permettait pas de constituer, par lui seul et d'une façon indépendante, une initiation valable et régulière ; il ne pouvait, pour cette raison, recruter ses membres que parmi ceux qui appartenaient déjà à une organisation initiatique, à laquelle il venait ainsi se superposer comme un ensemble de grades supérieurs ; et, comme nous l'avons dit plus haut, cette organisation, lui fournissant la base indispensable qui autrement lui aurait manqué, devait être inévitablement la Maçonnerie. Par conséquent, une des conditions requises par la « préparation » de Martines, en outre de l'enseignement reçu par ailleurs, devait être l'acquisition des grades maçonniques ; cette condition faisait vraisemblablement défaut à ses « prédécesseurs », et c'est pourquoi ceux-ci n'auraient pas pu faire ce qu'il fit. C'est en effet comme Maçon, et non autrement, que Martines se présenta dès le début, et c'est « à l'intérieur » de Loges préexistantes que, comme tout fondateur d'un système de hauts grades, il entreprit, avec plus ou moins de succès suivant les cas, d'édifier les « Temples » où quelques membres de ces mêmes Loges, choisis comme les plus aptes, travailleraient suivant le rite des Élus Coens. Sur ce point tout au moins, il ne saurait y avoir aucune équivoque : si Martines reçut une « mission », ce fut celle de fonder un rite ou « régime » maçonnique de hauts grades, dans lequel il introduirait, en les revêtant d'une forme appropriée, les enseignements qu'il avait puisés à une autre source initiatique.

Quand on examine l'activité initiatique de Martines, il ne faut jamais perdre de vue ce que nous avons indiqué en dernier lieu, c'est-à-dire son double rattachement à la Maçonnerie et à une autre organisation beaucoup plus mystérieuse, le premier étant indispensable pour qu'il pût jouer le rôle qui lui était assigné par la seconde. Il y a d'ailleurs quelque chose d'énigmatique jusque dans son affiliation maçonnique, sur laquelle on ne peut rien préciser (ce qui, du reste, n'est pas absolument exceptionnel à cette époque, où il y avait une incroyable variété de rites et de « régimes »), mais qui, en tout cas, est antérieure à 1754, puisqu'il apparaît dès lors, non seulement comme Maçon ainsi que nous l'avons dit, mais comme déjà pourvu de hauts grades « écossais » [1]. C'est là ce qui lui

---

1 Nous devons cependant, à ce sujet, formuler un doute sur le caractère maçonnique attribué par le « Chevalier de la Rose Croissante » au titre d'« Écuyer » : il est bien exact que c'était le nom d'un grade écossais, qui a d'ailleurs subsisté jusqu'à nos jours

permit d'entreprendre la constitution de ses « Temples » avec plus ou moins de succès suivant les cas, « à l'intérieur » des Loges de diverses villes du Midi de la France, jusqu'au moment où, en 1761, il s'établit finalement à Bordeaux ; nous n'avons pas à retracer ici toutes les vicissitudes connues, et nous rappellerons seulement que l'Ordre des Élus Coens était alors bien loin d'avoir reçu sa forme définitive, puisque même, en fait, ni la liste des grades ni à plus forte raison leurs rituels n'arrivèrent jamais à être complètement fixés.

L'autre côté de la question est le plus important à notre point de vue ; et, à cet égard, il est essentiel de remarquer avant tout que Martines lui-même n'eut jamais la prétention de se poser en chef suprême d'une hiérarchie initiatique. Son titre de « Grand Souverain » ne constitue pas ici une objection valable, car le mot « Souverain » figure aussi dans les titres de divers grades et fonctions maçonniques, sans impliquer aucunement en réalité que ceux qui les portent soient exempts de toute subordination ; parmi les Élus Coens eux-mêmes, les « Réaux-Croix » étaient aussi qualifiés de « Souverains » et Martines était « Grand Souverain » ou « Souverain des Souverains » parce que sa juridiction s'étendait sur eux tous. D'ailleurs, la preuve la plus nette de ce que nous venons de dire se trouve dans ce passage d'une lettre de Martines à Willermoz, datée du 2 octobre 1768 : « L'ouverture des circonférences que j'ai faite le 12 septembre dernier est pour ouvrir seul l'opération des équinoxes prescrits, afin de n'être point en arrière de mon obligation spirituelle et temporelle ; ils sont ouverts jusqu'aux solstices et poursuivis par moi, afin de pouvoir être prêt à opérer et prier en faveur de la santé et de la tranquillité d'âme et d'esprit de ce principal chef qui vous est ignoré de même qu'à tous vos frères Réaux-Croix, et que je dois taire jusqu'à ce que lui-même se fasse connaître. Je ne crains aucun évènement fâcheux, ni pour moi en particulier, ni pour aucun de nos frères en général, mais bien de l'Ordre en général en ce que l'Ordre perdrait beaucoup s'il perdait un pareil chef. Je ne puis vous parler à ce sujet qu'allégoriquement » [1]. Ain-

---

dans le Régime Rectifié ; mais, dans le cas de Martines, sa mention dans les documents officiels profanes semblerait plutôt indiquer qu'il s'agissait tout simplement d'un titre nobiliaire ; il est vrai que, évidemment, l'un n'exclut pas l'autre.

[1] Cité par M. P. Vulliaud, Les Rose-Croix lyonnais au XVIIIe siècle, p. 72. Nous ne savons vraiment pourquoi M. Vulliaud parle à ce propos de « Supérieurs Inconnu »,

si, Martines, d'après ses propres déclarations, n'était nullement le « principal chef » de l'Ordre des Élus Coëns ; mais, puisque nous le voyons constituer lui-même celui-ci en quelque sorte sous nos yeux, il fallait que ce chef fût celui (ou un de ceux) de l'organisation qui inspirait cette nouvelle formation ; et la crainte exprimée par Martines ne serait-elle pas celle que la disparition de ce personnage ne put entraîner l'interruption prématurée de certaines communications ? Il est d'ailleurs bien évident que la façon dont il en est parlé ne peut en tout cas s'appliquer qu'à un homme vivant, et non point à quelque entité plus ou moins fantasmagorique ; les occultistes ont répandu tant d'idées extravagantes de cette sorte qu'une telle remarque n'est pas entièrement superflue.

On pourrait peut-être dire encore qu'il ne s'agissait là que du chef caché de quelque organisation maçonnique [1] ; mais cette hypothèse se trouve écartée par un autre document que donne M. van Rijnberk, et qui est le résumé, fait par le baron de Turkheim, d'une lettre que Willermoz lui avait adressée le 25 mars 1822 ; en voici en effet le début : « Quant à ce qui concernoit Pasqualy, il avoit toujours dit qu'en sa qualité de Souverain Réaux établi tel pour sa région, dans laquelle étoit comprise toute l'Europe, il pouvoit faire et maintenir successivement douze Réaux, qui seroient dans sa dépendance et qu'il nommoit ses Émules » [2]. Il résulte de là que Martines tenait ses « pouvoirs », d'ailleurs soigneusement délimités, d'une organisation qui s'étendait ailleurs qu'en Europe, ce qui

---

et dit même que Martines en parle dans cette lettre, alors qu'il n'y est pas fait la moindre allusion à une désignation de ce genre. D'autre part, quand Martines écrit ici « allégoriquement » il est très probable que c'est « énigmatiquement » qu'il veut dire, car il n'y a pas trace d'« allégorie » dans tout cela.

1 S'il en était ainsi, ce personnage s'identifierait peut-être, aux yeux de certains, au prétendant Charles-Édouard Stuart, auquel on a, à tort ou à raison, attribué un pareil rôle ; si nous y faisons allusion, c'est que la chose pourrait prendre quelque vraisemblance du fait que le « Chevalier de la Rose Croissante » parle « des marques d'estime et de reconnaissance que le prétendant Stuart semblait témoigner à Martines » à l'époque où celui-ci se présenta devant les Loges de Toulouse, c'est-à-dire en 1760, huit ans avant la lettre que nous venons de citer ; mais ce qui va suivre montrera qu'il doit s'agir réellement de tout autre chose.

2 Ce sont ceux-là qui étaient aussi appelés « Souverains » ainsi que nous l'avons dit plus haut ; on remarquera ce nombre de douze, qui reparaît constamment quand il s'agit de la constitution de centres initiatiques, quelle que soit la forme traditionnelle dont ils relèvent.

n'était pas le cas de la Maçonnerie à cette époque [1], et qui même devait y avoir son siège principal, car, si celui-ci se fût trouvé en Europe même, la « délégation » reçue par Martines pour cette région n'eût pas pu impliquer une véritable « souveraineté ». Par contre, si ce que nous avons dit précédemment de l'origine séphardite de l'initiation de Martines est exact, ce siège pouvait fort bien être dans l'Afrique du Nord, et c'est même là, de beaucoup, la supposition la plus vraisemblable qu'on puisse faire ; mais, en ce cas, il est bien clair qu'il ne saurait s'agir d'une organisation maçonnique, et que ce n'est pas de ce côté qu'il faut chercher la « puissance » par laquelle Martines avait été établi « Souverain Réaux » pour une région coïncidant avec le domaine d'influence de la Maçonnerie dans son entier, ce qui justifiait par ailleurs la fondation par lui, sous la forme spéciale d'un « régime » de hauts grades, de l'Ordre des Élus Coens [2].

La fin de cet Ordre n'est guère moins enveloppée d'obscurité que ses débuts ; les deux successeurs de Martines n'exercèrent pas longtemps les fonctions de « Grand Souverain » puisque le premier, Caignet de Lestère, mourut en 1778, quatre ans après Martines, et que le second, Sébastien de Las Casas, se retira deux ans plus tard, en 1780 ; que subsista-t-il après cela en tant qu'organisation régulièrement constituée ? Il semble bien qu'il ne resta pas grand'chose, et que, si quelques « Temples » se maintinrent encore un peu après 1780, ils ne tardèrent guère à cesser toute activité. Quant à la désignation d'un autre « Grand Souverain » après la retraite de Sébastien de Las Casas, il n'en est question nulle part ; il y aurait cependant une lettre de Bacon de La Chevalerie, datée du 26 janvier 1807, parlant du « silence absolu des Élus Coens toujours agissant sous la plus grande réserve en exécution des ordres suprêmes du Souverain Maître, le G. Z. W. J. » ; mais que tirer de cette indication aussi bizarre qu'énigmatique et peut-être tout à fait fantaisiste ? En

---

1 Il est inutile de parler ici de l'Amérique, qui, au point de vue maçonnique, ne représentait alors rien de plus qu'une simple dépendance de l'Europe.

2 Les termes employés par Willermoz paraissent indiquer que la région placée sous l'autorité de Martines ne comprenait pas uniquement l'Europe ; elle devait en effet comprendre aussi l'Amérique comme le montre l'importance prise ultérieurement par Saint-Domingue dans l'histoire de sa vie et de son Ordre ; et ceci confirme bien encore la coïncidence du champ d'action qui lui était attribué avec l'ensemble des pays où la Maçonnerie existait, et où elle était même la seule organisation initiatique actuellement subsistante et pouvant fournir une base au travail dont il était chargé.

tout cas dans la lettre de 1822 que nous venons de citer, Willermoz déclare que, « de tous les Réaux qu'il a connu particulièrement, il n'en restoit point de vivant, ainsi qu'il lui étoit impossible d'en indiquer un après lui » ; et, s'il n'y avait plus de « Réaux- Croix » aucune transmission n'était plus possible pour perpétuer l'Ordre des Élus Coens.

En dehors de la « survivance directe » suivant l'expression de M. van Rijnberk, celui-ci envisage pourtant une « survivance indirecte » qui aurait consisté dans ce qu'il appelle les deux « métamorphoses willermosiste et martiniste » ; mais il y a là une équivoque qu'il est utile de dissiper. Le Régime Écossais Rectifié n'est point une métamorphose des Élus Coens, mais bien une dérivation de la Stricte Observance, ce qui est totalement différent ; et, s'il est vrai que Willermoz, par la part prépondérante qu'il eut dans l'élaboration des rituels de ses grades supérieurs, et particulièrement de celui de « Chevalier Bienfaisant de la Cité Sainte » put y introduire quelques-unes des idées qu'il avait puisées dans l'organisation de Martines, il ne l'est pas moins que les Élus Coens, en grande majorité, lui reprochèrent fortement l'intérêt qu'il portait ainsi de préférence à un autre rite, ce qui, à leurs yeux, était presque une trahison, tout aussi bien qu'ils reprochèrent à Saint-Martin un changement d'attitude d'un autre genre.

Ce cas de Saint-Martin doit nous retenir un peu plus longtemps ne serait-ce qu'à cause de tout ce qu'on a prétendu faire sortir de là à notre époque ; la vérité est que, si Saint-Martin abandonna tous les rites maçonniques auxquels il avait été rattaché, y compris celui des Élus Coens, ce fut pour adopter une attitude exclusivement mystique, donc incompatible avec le point de vue initiatique, et que, par conséquent, ce ne fut certainement pas pour fonder luimême un nouvel Ordre. En fait, le nom de « Martinisme » usité uniquement dans le monde profane, ne s'appliquait qu'aux doctrines particulières de Saint-Martin et à leurs adhérents, que ceux-ci fussent ou non en relations directes avec lui, et, qui plus est, il est arrivé à Saint-Martin lui-même de qualifier de « Martinistes », non sans quelque ironie, les simples lecteurs de ses ouvrages. Il semblerait cependant que quelques-uns de ses disciples aient reçu de lui, individuellement, un certain « dépôt », qui d'ailleurs, à vrai dire, n'était constitué que « par deux lettres et quelques points » ; et c'est cette transmission qui aurait été à l'origine du « Martinisme » moderne ; mais, même si la chose est réelle, en quoi une telle communication, effectuée sans aucun rite, aurait- elle bien pu représenter une initiation quelconque ? Les deux lettres en question, ce sont les lettres S. I., qui, quelle que soit l'interprétation qu'on leur donne (et il en est de multiples), paraissent avoir exercé sur certains une véritable fascination ; mais, dans le cas présent, d'où pouvaient-elles bien venir ? Ce n'était sûrement pas une réminiscence des « Supérieurs Inconnus » de la Stricte Observance ; du reste, il n'est pas besoin de chercher si loin, car quelques Élus Coens faisaient figurer ces lettres dans leur signature ; et M. van Rijnberk émet à ce sujet une hypothèse fort plausible, suivant laquelle elles auraient été le signe distinctif des membres du « Tribunal Souverain » chargé de l'administration de l'Ordre (et dont Saint-Martin lui-même fit partie, ainsi que Willermoz) ; elles auraient donc été l'indication, non d'un grade mais simplement d'une fonction. Dans ces conditions, il pourrait malgré tout sembler étrange que Saint-Martin ait songé à adopter ces lettres, plutôt que celles de R. C. par exemple, si elles n'avaient eu par elles-mêmes quelque signification symbolique propre, dont, en définitive, leurs différents usages n'étaient que dérivés. Quoi qu'il en soit, il est un fait curieux qui montre que Saint-Martin y attachait effectivement une certaine importance : c'est que, dans le Crocodile, il a formé sur ces initiales la dénomination d'une imaginaire « Société des Indépendants », qui d'ailleurs n'est véritablement ni une société ni même une organisation quelconque, mais plutôt une sorte de communion mystique à laquelle préside Madame Jof, c'est-à-dire la Foi personnifiée [1]. Chose assez singulière encore, vers la fin de l'histoire, le Juif Éléazar est admis dans cette « Société des Indépendants » sans doute faut-il voir là une allusion, non à quelque chose se rapportant à Martines personnellement, mais bien plutôt au passage de Saint-Martin de la doctrine des Élus Coens à ce mysticisme où il devait se renfermer pendant toute la dernière partie de sa vie ; et, en communiquant à ses plus proches disciples les lettres S. I. comme une sorte de signe de reconnaissance, ne voulait-il pas dire aussi par là, d'une certaine façon, qu'ils pouvaient se considérer comme des membres de ce

---

1 Willermoz, de son côté se servit aussi des mêmes initiales pour donner le nom de « Société des Initiés » au groupement, très réel celui-là qu'il fonda pour l'étude de certains phénomènes de somnambulisme.

qu'il avait voulu représenter par la « Société des Indépendants » ?

Ces dernières observations feront comprendre pourquoi nous sommes bien loin de pouvoir partager les vues trop « optimistes » de M. van Rijnberk, lorsque, se demandant si l'Ordre des Élus Coëns « appartient complètement et exclusivement au passé », il incline à répondre négativement, tout en reconnaissant pourtant l'absence de toute filiation directe, ce qui seul est à considérer dans le domaine initiatique. Le Régime Écossais Rectifié existe bien toujours, contrairement à ce qu'il semble croire, mais ne procède à aucun titre de ce dont il s'agit ; et, quant au « Martinisme » moderne, nous pouvons l'assurer qu'il n'a qu'assez peu de chose à voir avec Saint-Martin, et absolument rien avec Martines et les Élus Coëns.

Chapitre IX : MAÇONS ET CHARPENTIERS

Publié dans « *Etudes Traditionnelles* », décembre 1946.

Il y a toujours eu, parmi les initiations de métier, une sorte de querelle de préséance entre les maçons et tailleurs de pierre et les charpentiers ; et, si l'on envisage les choses, non pas sous le rapport de l'importance actuelle de ces deux professions dans la construction des édifices, mais sous celui de leur ancienneté respective, il est bien certain que les charpentiers peuvent effectivement revendiquer le premier rang. En effet, comme nous l'avons déjà fait remarquer en d'autres occasions, les constructions, d'une façon très générale, furent en bois avant d'être en pierre, et c'est ce qui explique que, dans l'Inde notamment, on ne retrouve aucune trace de celles qui remontent au-delà d'une certaine époque. De tels édifices étaient évidemment moins durables que ceux qui sont construits en pierre ; aussi l'emploi du bois correspond-il, chez les peuples sédentaires, à un état de moindre fixité que celui de la pierre, ou, si l'on veut, à un moindre degré de « solidification », ce qui est bien en accord avec le fait qu'il se rapporte à une étape antérieure dans le cours du processus cyclique [1].

---

[1] Voir les considérations que nous avons exposées à ce sujet dans Le Règne de la Quantité et les Signes des Temps, notamment ch. XXI et XXII. – Naturellement, le changement dont il s'agit ne peut pas être regardé comme s'étant produit simultanément chez tous les peuples, mais il y a toujours là des étapes correspondantes dans le

Cette remarque, si simple qu'elle puisse paraître en elle-même, est fort loin d'être sans importance pour la compréhension de certaines particularités du symbolisme traditionnel : c'est ainsi que, dans les plus anciens textes de l'Inde, toutes les comparaisons se référant au symbolisme constructif sont toujours empruntées au charpentier, à ses outils et à son travail ; et Vishwakarma, le « Grand Architecte » lui-même, est désigné aussi par le nom de Twashtri, qui est littéralement le « Charpentier ». Il va de soi que le rôle de l'architecte (Sthapati, qui d'ailleurs est primitivement le maître charpentier) n'est en rien modifié par là, puisque, sauf l'adaptation exigée par la nature des matériaux employés, c'est toujours du même « archétype » ou du même « modèle cosmique » qu'il doit s'inspirer, et cela qu'il s'agisse de la construction d'un temple ou d'une maison, de celle d'un char ou d'un navire (et, dans ces derniers cas, le métier de charpentier n'a jamais rien perdu de son importance première, du moins jusqu'à l'emploi tout moderne des métaux qui représentent le dernier degré de la « solidification ») [1]. Evidemment aussi, que certaines parties de l'édifice soient réalisées en bois ou en pierre, cela ne change rien, sinon à leur forme extérieure, du moins à leur signification symbolique ; peu importe à cet égard, par exemple, que l'« œil » du dôme, c'est-à-dire son ouverture centrale, soit recouvert par une pièce de bois ou par une pierre travaillée d'une certaine façon, l'une et l'autre constituant également et dans un sens identique le « couronnement » de l'édifice, suivant ce que nous avons exposé dans de précédentes études ; et à plus forte raison en est-il de même pour les pièces de la charpente qui sont demeurées telles après que la pierre a été substituée au bois pour la plus grande partie de la construction, comme les poutres qui, partant de cet œil du dôme, représentent les rayons solaires avec toutes leurs correspondances symboliques [2]. On peut

---

cours de l'existence de ceux-ci.
1 Il est bien entendu que des métiers tels que ceux du charron et du menuisier doivent être regardés comme n'étant que des particularisations ou des « spécialisations » ultérieures de celui du charpentier, qui, dans son acception la plus générale, qui est en même temps la plus ancienne, comprend tout ce qui concerne le travail du bois.
2 Si même, plus tard encore, ces poutres sont remplacées dans certains cas par des « nervures » en pierre (et nous pensons surtout ici aux voûtes gothiques), cela encore ne change rien au symbolisme. En anglais, le mot beam signifie à la fois « rayon » et « poutre », et, comme M. Coomaraswamy l'a fait remarquer en diverses occasions,

donc dire que le métier du charpentier et celui du maçon, parce qu'il procède en définitive d'un même principe, fournissent deux langages pareillement appropriés à l'expression des mêmes vérités d'ordre supérieur ; la différence n'est qu'une simple question d'adaptation secondaire, comme l'est toujours la traduction d'une langue dans une autre ; mais, bien entendu, quand on a affaire à un certain symbolisme déterminé, comme dans le cas des textes traditionnels de l'Inde auxquels nous faisions allusion plus haut, il faut, pour en comprendre entièrement le sens et la valeur, savoir d'une façon précise quel est, de ces deux langages, celui auquel il se rapporte proprement.

À ce propos, nous signalerons un point qui nous paraît avoir une importance toute particulière ; on sait que, en grec, le mot hulê signifie primitivement « bois », et qu'il est en même temps celui qui sert à désigner le principe substantiel ou la materia prima du Cosmos, et aussi par une application dérivée de celle-là, toute materia secunda, c'est-à-dire tout ce qui joue en un sens relatif, dans tel ou tel cas, un rôle analogue à celui du principe substantiel de toute manifestation [1]. Ce symbolisme, suivant lequel ce dont le monde est fait est assimilé au bois, est d'ailleurs très général dans les plus anciennes traditions, et, par ce que nous venons de dire, il est facile d'en comprendre la raison par rapport au symbolisme constructif : en effet, dès lors que c'est du « bois » que sont tirés les éléments de la construction cosmique, le « Grand Architecte » doit être regardé avant tout comme un « maître charpentier », comme il l'est effectivement en pareil cas, et comme il est naturel qu'il le soit là où les constructeurs humains, dont l'art, au point de vue traditionnel, est essentiellement une « imitation » de celui du « Grand Architecte », sont eux-mêmes des charpentiers [2]. Il

---

ce double sens n'a assurément rien de fortuit ; il est malheureusement intraduisible en français, où cependant, par contre, on parle couramment des « rais » ou des « rayons » d'une roue, qui jouent par rapport au moyeu de celle-ci le même rôle que les poutres en question par rapport à l'« œil » du dôme.

1 Il est assez curieux que, en espagnol, le mot madera, dérivé directement de materia, soit encore employé pour désigner le bois, et même plus spécialement le bois de charpente.

2 Il n'est peut-être pas sans intérêt de noter que, au 22ᵉ degré de la Maçonnerie écossaise, qui représente, suivant l'interprétation hermétique, « la préparation des matériaux nécessaires au Grand œuvre », ces matériaux sont figurés, non par les pierres comme dans les grades qui constituent l'initiation proprement maçonnique,

n'est pas sans importance non plus, en ce qui concerne plus spécialement la tradition chrétienne, de remarquer, comme l'a fait déjà M. Coomaraswamy, qu'on peut facilement comprendre par là que le Christ devait apparaître comme le « fils du charpentier » ; les faits historiques, comme nous l'avons dit bien souvent, ne sont en somme qu'un reflet de réalités d'un autre ordre, et c'est cela seul qui leur donne toute la valeur dont ils sont susceptibles ; aussi y a-t-il là un symbolisme beaucoup plus profond qu'on ne le pense d'ordinaire (si tant est que l'immense majorité des Chrétiens aient même encore, si vaguement que ce soit, l'idée qu'il puisse y avoir là un symbolisme quelconque). Que d'ailleurs ce ne soit là qu'une filiation apparente, cela même est encore exigé par la cohérence du symbolisme, puisqu'il s'agit en cela de quelque chose qui n'est en rapport qu'avec l'ordre extérieur de la manifestation, et non point avec l'ordre principiel ; c'est de la même façon exactement que, dans la tradition hindoue, Agni, en tant qu'il est l'Avatâra par excellence, a aussi Twashtri pour père adoptif lorsqu'il prend naissance dans le Cosmos ; et comment pourrait-il en être autrement quand ce Cosmos lui-même n'est pas autre chose, symboliquement, que l'œuvre même du « maître charpentier » ?

Chapitre X : HEREDOM

Publié dans « *Etudes Traditionnelles* », octobre 1947.

Ayant vu récemment des notes sur le mot Heredom [1] qui, tout en

---

mais par le bois de construction ; on pourrait donc voir dans ce grade, quelle que puisse être en fait son origine historique, comme une sorte de « vestige » de l'initiation des charpentiers, d'autant plus que la hache, qui en est le symbole ou l'attribut principal, est essentiellement un outil de charpentier. – Il faut d'ailleurs remarquer que le symbolisme de la hache est ici tout différent de celui, beaucoup plus énigmatique, suivant lequel, dans la Craft Masonry, elle est associée à la « pierre cubique à pointe », et dont nous avons donné l'explication dans un précédent article (Un hiéroglyphe du Pôle, dans le n° de mai 1937). Il convient de rappeler aussi, d'autre part, la relation symbolique que la hache a, d'une façon générale, avec le vajra (cf. nos articles sur Les pierres de foudre, dans le n° de mai 1929, et sur Les armes symboliques, dans le n° d'octobre 1936). [Note de l'éditeur : les articles de renvois ci-dessus sont maintenant, dans l'ordre, les chapitres XV, XXV et XXVI de Symbole fondamentaux de la Science sacrée.]
1 *The Speculative Mason*, n° d'octobre 1947.

indiquant quelques-unes des explications qui en ont été proposées, n'apportent aucune conclusion quant à son origine réelle, il nous a paru qu'il pouvait n'être pas sans intérêt de réunir ici quelques remarques sur ce sujet. On sait que ce mot énigmatique (qui est parfois écrit aussi Herodom, et dont on trouve même diverses autres variantes qui, à vrai dire, semblent plus ou moins incorrectes) est employé comme désignation d'un haut grade maçonnique, et aussi, par extension, de l'ensemble du Rite dont ce grade constitue l'élément le plus caractéristique. À première vue, il peut sembler que Heredom ne soit pas autre chose qu'une forme légèrement altérée de heirdom, c'est-à-dire « héritage » ; dans l'« Ordre Royal d'Ecosse », l'héritage dont il s'agit serait celui des Templiers qui, suivant la « légende », s'étant réfugiés en Ecosse après la destruction de leur Ordre, y auraient été accueillis par le roi Robert Bruce et auraient fondé la Mère-Loge de Kilwinning [1]. Cependant, cette étymologie est fort loin de tout expliquer, et il est très possible que ce sens soit seulement venu s'adjoindre secondairement, par suite d'une similitude phonétique, à un mot dont la véritable origine était toute différente.

Nous en dirons autant de l'hypothèse suivant laquelle Heredom serait dérivé du grec *hieros domos*, « demeure sacrée » ; assurément, cela non plus n'est pas dépourvu de signification, et peut même se prêter à des considérations moins « extérieures » qu'une allusion d'ordre simplement historique. Cependant, une telle étymologie n'en est pas moins fort douteuse ; elle nous fait d'ailleurs penser à celle par laquelle on a parfois prétendu faire du nom de Jérusalem, à cause de sa forme grecque Hierosolyma, un composé hybride dans lequel entrerait aussi le mot hieros, alors qu'il s'agit en réalité d'un nom purement hébraïque, signifiant « demeure de la paix » ou, si l'on prend pour sa première partie une racine un peu différente (yara au lieu de yarah), « vision de la paix ». Cela nous rappelle aussi l'interprétation du symbole du grade de Royal Arch, qui est un triple tau, comme formé par la superposition des deux lettres T et h, qui seraient alors les initiales des mots Tem-

---

[1] Il nous paraît tout à fait inutile de faire intervenir ici l'héritage des Stuarts comme le voulait Ragon ; même s'il est vrai que certains aient fait cette application, celle-ci ne pourrait être en tout cas que tardive et occasionnelle, et elle serait presque aussi détournée que celle par laquelle Hiram aurait été, dit-on aussi, considéré comme figurant Charles Ier d'Angleterre.

plum Hierosolymae ; et, précisément, le hieros domos dont il s'agit serait également, pour ceux qui ont envisagé cette hypothèse, le Temple de Jérusalem. Nous ne voulons certes pas dire que des rapprochements de ce genre, qu'ils soient basés sur la consonance des mots ou sur la forme des lettres et des symboles, soient forcément privés de tout sens et de toute raison d'être, et il en est même qui sont loin d'être sans intérêt et dont la valeur traditionnelle n'est pas contestable ; mais il est évident qu'il faudrait avoir bien soin de ne jamais confondre ces sens secondaires, qui peuvent d'ailleurs être plus ou moins nombreux, avec le sens originel qui, lorsqu'il s'agit d'un mot, est le seul auquel peut s'appliquer proprement le nom d'étymologie.

Ce qui est peut-être le plus singulier, c'est qu'on a prétendu assez souvent faire de Heredom le nom d'une montagne d'Ecosse ; or il est à peine besoin de dire que, en fait, il n'a jamais existé aucune montagne portant ce nom, ni en Ecosse ni en aucun autre pays ; mais l'idée de la montagne doit être ici associée à celle d'un « lieu saint », ce qui nous ramène d'une certaine façon au *hieros domos*. Cette montagne supposée n'a d'ailleurs pas dû être constamment située en Ecosse, car une telle localisation ne serait guère conciliable, par exemple, avec l'affirmation qui se trouve dans les rituels de la Maçonnerie adonhiramite, et suivant laquelle la première Loge fut tenue dans « la vallée profonde où règnent la paix, les vertus (ou la vérité) et l'union, vallée qui était comprise entre les trois montagnes Moriah, Sinaï et Heredon (sic) ». Maintenant, si l'on se reporte aux anciens rituels de la Maçonnerie opérative, qui constituent assurément une « source » plus sûre et traditionnellement plus authentique [1], on y constate ceci, qui rend cette dernière assertion encore plus étrange : les trois montagnes sacrées y étaient le Sinaï, le Moriah et le Thabor ; ces « hauts lieux » étaient représentés dans certains cas par les places occupées par les trois principaux officiers de la Loge, de sorte que l'emplacement même de celle-ci pouvait alors être assimilé en effet à une « vallée » située entre ces trois montagnes. Celles-ci correspondent assez manifes-

---

1 C'est dans les rituels adonhiramites qu'on rencontre, entre autres bizarreries, la Shekinah transformée en « le Stekenna », évidemment par une erreur due à l'ignorance de quelque copiste ou « arrangeur » de rituels manuscrits plus anciens ; cela montre suffisamment que de tels documents ne peuvent être utilisés sans quelques précautions.

tement à trois « révélations » successives : celle de Moïse, celle de David et de Salomon (on sait que le Moriah est la colline de Jérusalem sur laquelle fut édifié le Temple), et celle du Christ ; il y a donc dans leur association quelque chose qui est assez facilement compréhensible ; mais où, quand et comment a bien pu s'opérer la curieuse substitution de Heredom au Thabor (incompatible du reste avec l'identification de ce hieros domos au Temple de Jérusalem, puisqu'il est ici distingué expressément du mont Moriah) ? Nous ne nous chargeons pas de résoudre cette énigme, n'ayant d'ailleurs pas à notre disposition les éléments nécessaires, mais nous tenons du moins à la signaler à l'attention.

Pour en revenir maintenant à la question de l'origine du mot Heredom, il importe de remarquer que, dans l'« Ordre Royal d'Ecosse », il est d'usage d'écrire certains mots par leurs seules consonnes, à la façon de l'hébreu et de l'arabe, de sorte que Heredom, ou ce qu'on a pris l'habitude de prononcer ainsi, est toujours écrit en réalité h. R.D. M. ; il va de soi que les voyelles peuvent alors être variables, ce qui rend d'ailleurs compte des différences orthographiques qui ne sont pas dues à de simples erreurs. Or H. R. D. M. peut parfaitement se lire Harodim, nom d'un des grades supérieurs de la Maçonnerie opérative ; ces grades de Harodim et de Menatzchim, qui étaient naturellement inconnus des fondateurs de la Maçonnerie « spéculative » [1], rendaient apte à exercer les fonctions de surintendant des travaux [2]. Le nom de Harodim convenait donc fort bien à la désignation d'un haut grade, et ce qui nous paraît de beaucoup le plus vraisemblable, c'est que, pour cette raison, il aura été appliqué après coup à une des formes les plus anciennement connues, mais cependant évidemment récente par rapport à la Maçonnerie opérative, du grade maçonnique de Rose-Croix.

---

[1] Ceux-ci possédaient seulement le grade de compagnon en qualité de Maçons « acceptés » ; quant à Anderson, il avait dû, selon toute vraisemblance, recevoir l'initiation spéciale des Chapelains dans une Lodge of Jakin (cf. Aperçus sur l'Initiation, ch. XXIX).

[2] On pourrait peut-être en trouver comme un vestige, à cet égard, dans la désignation du grade d'« intendant des Bâtiments ». 8ᵉ degré du Rite Écossais Ancien et Accepté.

Chapitre XI : INITIATION FÉMININE ET INITIATION DE MÉTIER

Publié dans « Etudes Traditionnelles », juillet-août 1948.

On nous fait souvent remarquer qu'il semble n'y avoir pour les femmes, dans les formes traditionnelles occidentales qui subsistent actuellement, aucune possibilité d'ordre initiatique, et beaucoup se demandent quelles peuvent être les raisons de cet état de choses, qui est assurément fort regrettable, mais auquel il serait sans doute bien difficile de remédier. Cela devrait d'ailleurs donner à réfléchir à ceux qui s'imaginent que l'Occident a accordé à la femme une place privilégiée quelle n'a jamais eue dans aucune autre civilisation ; c'est peut-être vrai à certains égards, mais surtout en ce sens que, dans les temps modernes, il l'a fait sortir de son rôle normal en lui permettant d'accéder à des fonctions qui devraient appartenir exclusivement à l'homme, de sorte que ce n'est là encore qu'un cas particulier du désordre de notre époque. À d'autres points de vue plus légitimes, au contraire, la femme y est en réalité beaucoup plus désavantagée que dans les civilisations orientales, où il lui a toujours été possible, notamment, de trouver une initiation qui lui convienne dès lors qu'elle possède les qualifications requises ; c'est ainsi, par exemple, que l'initiation islamique a toujours été accessible aux femmes, ce qui, notons-le en passant, suffit pour réduire à néant quelques-unes des absurdités qu'on a l'habitude de débiter en Europe au sujet de l'Islam.

Pour en revenir au monde occidental, il va de soi que nous n'entendons pas parler ici de l'antiquité, où il y eut très certainement des initiations féminines, et où certaines l'étaient même exclusivement, tout aussi bien que d'autres étaient exclusivement masculines ; mais qu'en fut-il au moyen âge ? Il n'est assurément pas impossible que les femmes aient été admises alors dans quelques organisations possédant une initiation qui relevait de l'ésotérisme chrétien, et cela est même très vraisemblable [1] ; mais, comme ces organisations sont de celles dont, depuis longtemps, il ne reste plus aucune trace, il est bien difficile d'en parler avec certitude et d'une

---
1 Un cas comme celui de Jeanne d'Arc paraît très significatif à cet égard, en dépit des multiples énigmes dont il est entouré.

façon précise, et, en tout cas, il est probable qu'il n'y eut jamais là que des possibilités fort restreintes. Quant à l'initiation chevaleresque, il est trop évident que, par sa nature même, elle ne saurait aucunement convenir aux femmes ; et il en est de même des initiations de métier, ou tout au moins des plus importantes d'entre elles et de celles qui, d'une façon ou d'une autre, se sont continuées jusqu'à nos jours. Là est précisément la véritable raison de l'absence de toute initiation féminine dans l'Occident actuel : c'est que toutes les initiations qui y subsistent sont essentiellement basées sur des métiers dont l'exercice appartient exclusivement aux hommes ; et c'est pourquoi, comme nous le disions plus haut, on ne voit pas trop comment cette fâcheuse lacune pourrait être comblée, à moins qu'on ne trouve quelque jour le moyen de réaliser une hypothèse que nous envisagerons tout à l'heure.

Nous savons bien que certains de nos contemporains ont pensé que, dans le cas où l'exercice effectif du métier avait disparu, l'exclusion des femmes de l'initiation correspondante avait par la même perdu sa raison d'être ; mais c'est là un véritable non-sens, car la base d'une telle initiation n'est aucunement changée pour cela, et, ainsi que nous l'avons déjà expliqué ailleurs [1], cette erreur implique une complète méconnaissance de la signification et de la portée réelles des qualifications initiatiques. Comme nous le disions alors, la connexion avec le métier, tout à fait indépendamment de son exercice extérieur, demeure nécessairement inscrite dans la forme même de cette initiation et dans ce qui la caractérise et la constitue essentiellement comme telle, de sorte qu'elle ne saurait en aucun cas être valable pour quiconque est inapte à exercer le métier dont il s'agit. Naturellement, c'est la Maçonnerie que nous avons particulièrement en vue ici, puisque, pour ce qui est du Compagnonnage, l'exercice du métier n'a pas cessé d'y être considéré comme une condition indispensable ; du reste, en fait, nous ne connaissons sous aucun autre exemple d'une telle déviation que la « Maçonnerie mixte », qui, pour cette raison, ne pourra jamais être admise comme « régulière » par personne de ceux qui comprennent tant soit peu les principes mêmes de la Maçonnerie. Au fond, l'existence de cette « Maçonnerie mixte » (ou Co-Masonry, comme elle est appelée dans les pays de langue anglaise)

---

[1] *Aperçus sur l'Initiation*, ch. XIV.

représente tout simplement une tentative de transporter, dans le domaine initiatique lui-même qui devrait encore plus que tout autre en être exempt, la conception « égalitaire » qui, se refusant à voir les différences de nature qui existent entre les êtres, arrive à attribuer aux femmes un rôle proprement masculin, et qui est d'ailleurs manifestement à la racine de tout le « féminisme » contemporain [1].

Maintenant, la question qui se pose est celle-ci : pourquoi tous les métiers qui sont inclus dans le Compagnonnage sont-ils exclusivement masculins, et pourquoi aucun métier féminin ne paraît-il avoir donné lieu à une semblable initiation ? Cette question, à vrai dire, est assez complexe, et nous ne prétendons pas la résoudre ici entièrement ; en laissant de côté la recherche des contingences historiques qui ont pu intervenir à cet égard, nous dirons seulement qu'il peut y avoir certaines difficultés particulières, dont une des principales est peut-être due au fait que, au point de vue traditionnel, les métiers féminins doivent normalement s'exercer à l'intérieur de la maison, et non pas au dehors comme les métiers masculins. Cependant, une telle difficulté n'est pas insurmontable et pourrait seulement requérir quelques modalités spéciales dans la constitution d'une organisation initiatique ; et, d'autre part, il n'est pas douteux qu'il y a des métiers féminins qui sont parfaitement susceptibles de servir de support à une initiation. Nous pouvons citer, à titre d'exemple très net sous ce rapport, le tissage, dont nous avons exposé dans un de nos ouvrages le symbolisme particulièrement important [2] ; ce métier est d'ailleurs de ceux qui peuvent être exercés à la fois par des hommes et par des femmes ; comme exemple d'un métier plus exclusivement féminin, nous citerons la broderie, à laquelle se rattachent directement les considérations sur le symbolisme de l'aiguille dont nous avons parlé en diverses occasions, ainsi que quelques-unes de celles qui concernent le sû-

---

1 Il est bien entendu que nous parlons ici d'une Maçonnerie où les femmes sont admises au même titre que les hommes, et non de l'ancienne « Maçonnerie d'adoption », qui avait seulement pour but de donner satisfaction aux femmes qui se plaignaient d'être exclues de la Maçonnerie, en leur conférant un simulacre d'initiation qui, s'il était tout illusoire et n'avait aucune valeur réelle, n'avait du moins ni les prétentions ni les inconvénients de la « Maçonnerie mixte ».
2 *Le Symbolisme de la Croix*, ch. XIV.

trâtmâ [1]. Il est facile de comprendre qu'il pourrait y avoir de ce côté, en principe tout au moins, des possibilités d'initiation féminine qui ne seraient nullement négligeables ; mais nous disons en principe parce que malheureusement, dans les conditions actuelles, il n'existe en fait aucune transmission authentique permettant de réaliser ces possibilités ; et nous ne redirons jamais trop, puisque c'est là une chose que beaucoup semblent toujours perdre de vue, que, en dehors d'une telle transmission, il ne saurait y avoir aucune initiation valable, celle-ci ne pouvant nullement être constituée par des initiatives individuelles, qui, quelles qu'elles soient, ne peuvent par elles-mêmes aboutir qu'à une pseudo-initiation, l'élément supra-humain, c'est-à-dire l'influence spirituelle, faisant forcément défaut en pareil cas.

Pourtant, on pourrait peut-être entrevoir une solution si l'on songe à ceci : les métiers appartenant au Compagnonnage ont toujours eu la faculté, en tenant compte de leurs affinités plus spéciales, d'affilier tels ou tels autres métiers et de conférer à ceux-ci une initiation qu'ils ne possédaient pas antérieurement, et qui est régulière par là même qu'elle n'est qu'une adaptation d'une initiation préexistante ; ne pourrait-il se trouver quelque métier qui soit susceptible d'effectuer une telle transmission à l'égard de certains métiers féminins ? La chose ne semble pas absolument impossible et peut-être même n'est-elle pas entièrement sans exemple dans le passé [2] ; mais il ne faut d'ailleurs pas se dissimuler qu'il y aurait alors de grandes difficultés en ce qui concerne l'adaptation nécessaire, celle-ci étant évidemment beaucoup plus délicate qu'entre deux métiers masculins : où trouverait-on aujourd'hui des hommes qui soient suffisamment compétents pour réaliser cette adaptation dans un esprit rigoureusement traditionnel, et en se gardant d'y introduire la moindre fantaisie qui risquerait de compromettre

---

1 Voir notamment Encadrements et labyrinthes, dans le numéro d'octobre-novembre 1947 : les dessins de Dürer et de Vinci dont il est question pourraient être considérés, et l'ont d'ailleurs été par quelques-uns, comme représentant des modèles de broderies. [Note de l'éditeur : dans *Symboles fondamentaux de la Science sacrée*, cet article forme le chapitre LXVI.)]
2 Nous avons vu autrefois mentionner quelque part le fait que, au XVIIIe siècle, une corporation féminine au moins, celle des épinglières, aurait été affiliée ainsi au Compagnonnage ; malheureusement, nos souvenirs ne nous permettent pas d'apporter plus de précision à ce sujet.

la validité de l'initiation transmise [1] ? Quoi qu'il en soit, nous ne pouvons naturellement formuler rien de plus qu'une simple suggestion, et ce n'est pas à nous qu'il appartient d'aller plus loin en ce sens ; mais nous entendons si souvent déplorer l'inexistence d'une initiation féminine occidentale qu'il nous a semblé qu'il valait la peine d'indiquer tout au moins ce qui, dans cet ordre, nous paraît bien constituer l'unique possibilité actuellement subsistante.

Chapitre XII : PAROLE PERDUE ET MOTS SUBSTITUÉS

Publié dans « *Etudes Traditionnelles* », juillet à décembre 1948.

On sait que, dans presque toutes les traditions, il est fait allusion à une chose perdue ou disparue, qui, quelles que soient les façons diverses dont elle est symbolisée, a toujours la même signification au fond ; nous pourrions dire les mêmes significations, car, comme dans tout symbolisme, il en est plusieurs, mais qui sont d'ailleurs étroitement liées entre elles. Ce dont il s'agit en tout cela, c'est toujours, en réalité, l'obscuration spirituelle survenue, en vertu des lois cycliques, au cours de l'histoire de l'humanité ; c'est donc avant tout la perte de l'état primordial, et c'est aussi, par une conséquence directe, celle de la tradition correspondante, car cette tradition ne fait qu'un avec la connaissance même qui est essentiellement impliquée dans la possession de cet état. Nous avons déjà indiqué ces considérations dans un de nos ouvrages [2], en nous référant plus spécialement au symbolisme du Graal, dans lequel se trouvent d'ailleurs très nettement les deux aspects que nous venons de rappeler, se rapportant respectivement à l'état primordial et à la tradition primordiale. À ces deux aspects, on pourrait encore en ajouter un troisième, concernant le séjour primordial ; mais il va de soi que la résidence dans le « Paradis terrestre », c'est-à-dire propre-

---

[1] Le danger serait en somme de faire dans le Compagnonnage, ou à côté de lui, quelque chose qui n'aurait pas plus de valeur réelle que la « Maçonnerie d'adoption » dont nous parlions plus haut ; encore ceux qui instituèrent celle-ci savaient-ils au moins à quoi s'en tenir là-dessus, tandis que, dans notre hypothèse, ceux qui voudraient instituer une initiation compagnonnique féminine sans tenir compte de certaines conditions nécessaires seraient, par suite de leur incompétence, les premiers à se faire illusion.

[2] *Le Roi du monde*, chap. V.

ment au « Centre du Monde », ne diffère en rien de la possession même de l'état primordial.

D'autre part, il faut remarquer que l'obscuration ne s'est pas produite subitement et une fois pour toutes, mais que, après la perte de l'état primordial, elle a eu plusieurs autres étapes successives, correspondant à autant de phases ou d'époques dans le déroulement du cycle humain ; et la « perte » dont nous parlons peut aussi représenter chacune de ces étapes, un symbolisme similaire étant toujours applicable à ces différents degrés. Ceci peut s'exprimer ainsi : à ce qui avait été perdu tout d'abord, il a été substitué quelque chose qui devait en tenir lieu dans la mesure du possible, mais qui, par la suite, fut aussi perdu à son tour, ce qui nécessita encore d'autres substitutions. On peut l'entendre notamment de la constitution de centres spirituels secondaires lorsque le centre suprême fut caché aux regards de l'humanité, tout au moins dans son ensemble et en tant qu'il s'agit des hommes ordinaires ou « moyens », car il y a nécessairement toujours des cas d'exception sans lesquels, toute communication avec le centre étant rompue, la spiritualité elle-même à tous ses degrés aurait entièrement disparu. On peut dire aussi que les formes traditionnelles particulières, qui correspondent précisément aux centres secondaires dont nous venons de parler, sont des substituts plus ou moins voilés de la tradition primordiale perdue ou plutôt cachée, substituts adaptés aux conditions des différents âges successifs ; et, qu'il s'agisse des centres ou des traditions, la chose substituée est comme un reflet, direct ou indirect, proche ou éloigné suivant les cas, de celle qui a été perdue. En raison de la filiation continue par laquelle toutes les traditions régulières se rattachent en définitive à la tradition primordiale, on pourrait encore dire qu'elles sont, par rapport à celle-ci, comme autant de rejetons issus d'un arbre unique, celui-là même qui symbolise l'« Axe du Monde » et s'élève au centre du « Paradis terrestre », comme dans les légendes du moyen âge où il est question de divers rejetons de l'« Arbre de Vie » [1].

Un exemple de substitution suivie d'une seconde perte se trouve notamment dans la tradition mazdéenne ; et, à ce sujet, nous devons dire que ce qui a été perdu n'est pas représenté seulement par

---

[1] Il est assez significatif à cet égard que, d'après certaines de ces légendes, ce soit d'un de ces rejetons qu'aurait été tiré le bois de la croix.

la coupe sacrée, c'est-à-dire par le Graal ou quelqu'un de ses équivalents, mais aussi par son contenu, ce qui se comprend d'ailleurs sans peine, car ce contenu, par quelque nom qu'il soit désigné, n'est en définitive pas autre chose que le « breuvage d'immortalité », dont la possession constitue essentiellement un des privilèges de l'état primordial. C'est ainsi qu'il est dit que le soma védique devint inconnu à partir d'une certaine époque, de sorte qu'il fallut alors lui substituer un autre breuvage qui n'en était qu'une figure ; il semble même bien, quoique ce ne soit pas formellement indiqué, que ce substitut dut ultérieurement se perdre à son tour [1]. Chez les Perses, où le haoma est la même chose que le soma hindou, cette seconde perte, par contre, est expressément mentionnée : le haoma blanc ne pouvait être recueilli que sur l'Alborj, c'est-à-dire sur la montagne polaire qui représente le séjour primordial ; il fut ensuite remplacé par le haoma jaune, de même que, dans la région où s'établirent les ancêtres des Iraniens, il y eut un autre Alborj qui n'était plus qu'une image du premier ; mais, plus tard, ce haoma jaune fut perdu à son tour et il n'en resta plus que le souvenir. Pendant que nous en sommes à ce sujet, nous rappellerons que le vin est aussi, dans d'autres traditions, un substitut du « breuvage d'immortalité » ; c'est d'ailleurs pourquoi il est pris généralement, ainsi que nous l'avons expliqué ailleurs [2], comme un symbole de la doctrine cachée ou réservée, c'est-à-dire de la connaissance ésotérique et initiatique.

Nous en viendrons maintenant à une autre forme du même symbolisme, qui d'ailleurs peut correspondre à des faits s'étant produits très réellement au cours de l'histoire ; mais il est bien entendu que, comme pour tous les faits historiques, c'est leur valeur symbolique qui en fait pour nous tout l'intérêt. D'une façon générale, toute tradition a normalement pour moyen d'expression une certaine langue, qui revêt par là même le caractère de langue sacrée ; si cette tradition vient à disparaître, il est naturel que la langue sacrée correspondante soit perdue en même temps ; même s'il en subsiste quelque chose extérieurement, ce n'est plus qu'une sorte de « corps

---

1 Il est donc parfaitement vain de chercher quelle pouvait être la plante qui produisait le soma ; aussi sommes- nous toujours tenté, indépendamment de toute autre considération, de savoir quelque gré à un orientaliste qui, en parlant du soma, nous fait grâce du « cliché » conventionnel de l'asclepias acida ?
2 *Le Roi du Monde*, ch. VI.

mort », son sens profond n'étant plus connu désormais et ne pouvant plus l'être véritablement. Il dut en être ainsi tout d'abord de la langue primitive par laquelle s'exprimait la tradition primordiale, et c'est pourquoi on trouve en effet, dans les récits traditionnels, de nombreuses allusions à cette langue primitive et à sa perte ; ajoutons que, quand telle ou telle langue sacrée particulière et actuellement connue paraît cependant, comme il arrive parfois, être identifiée à la langue primitive elle-même, il faut seulement entendre par là qu'elle en est effectivement un substitut, et qu'elle en tient par conséquent la place pour les adhérents de la forme traditionnelle correspondante. D'après certains des récits qui s'y rapportent, il semblerait pourtant que la langue primitive ait subsisté jusqu'à une époque qui, si éloignée qu'elle puisse paraître relativement à nous, n'en est pas moins fort éloignée des temps primordiaux : c'est le cas de l'histoire biblique de la « confusion des langues », qui, autant qu'il est possible de la rapporter à une période historique déterminée, ne peut guère correspondre qu'au début du Kali-Yuga ; or il est certain que, bien antérieurement, il y eut déjà des formes traditionnelles particulières, dont chacune dut avoir sa propre langue sacrée ; cette persistance de la langue unique des origines ne doit donc pas être entendue littéralement, mais plutôt en ce sens que, jusque-là, la conscience de l'unité essentielle de toutes les traditions n'avait pas encore disparu [1].

Dans certains cas, au lieu de la perte d'une langue, il est parlé seulement de celle d'un mot, tel qu'un nom divin par exemple, caractérisant une certaine tradition et la représentant en quelque sorte synthétiquement ; et la substitution d'un nouveau nom remplaçant celui-là marquera alors le passage de cette tradition à une autre. Quelquefois aussi, il est fait mention de « pertes » partielles s'étant produites, à certaines époques critiques, dans le cours de l'existence d'une même forme traditionnelle : lorsqu'elles furent réparées par la substitution de quelque équivalent, elles signifient qu'une réadaptation de la tradition considérée fut alors nécessitée par les circonstances ; dans le cas contraire, elles indiquent un amoindrissement plus ou moins grave de cette tradition auquel il ne peut être remédié ultérieurement. Pour nous en tenir à l'exemple le plus

[1] On pourrait remarquer à ce propos que ce qui est désigné comme le « don des langues » (voir *Aperçus sur l'Initiation*, ch. XXXVII) s'identifie à la connaissance de la langue primitive entendue symboliquement.

connu, nous citerons seulement la tradition hébraïque, où l'on trouve précisément l'un et l'autre de ces deux cas : après la captivité de Babylone, une nouvelle écriture dut être substituée à l'ancienne qui s'était perdue [1], et, étant donnée la valeur hiéroglyphique inhérente aux caractères d'une langue sacrée, ce changement dut forcément impliquer quelque modification dans la forme traditionnelle elle-même, c'est-à-dire une réadaptation [2]. D'autre part, lors de la destruction du Temple de Jérusalem et de la dispersion du peuple juif, la véritable prononciation du Nom tétragrammatique fut perdue ; il y eut bien un nom substitué, celui d'Adonaï, mais il ne fut jamais regardé comme l'équivalent réel de celui qu'on ne savait plus prononcer. En effet, la transmission régulière de la prononciation exacte du principal nom divin [3], désigné comme ha-Shem ou le Nom par excellence, était essentiellement liée à la continuation du sacerdoce dont les fonctions ne pouvaient s'exercer que dans le seul Temple de Jérusalem ; dès lors que celui-ci n'existait plus, la tradition hébraïque devenait irrémédiablement incomplète, comme le prouve d'ailleurs suffisamment la cessation des sacrifices, c'est-à-dire de ce qui constituait la partie la plus « centrale » des rites de cette tradition, de même que le Tétragramme, lui aussi, y occupait une position véritablement « centrale » par rapport aux autres noms divins ; et, effectivement, c'est bien le centre spirituel de la tradition qui était perdu [4]. Il est d'ailleurs particulièrement manifeste, dans un exemple comme celui-là, que le fait historique lui-même, qui n'est aucunement contestable comme tel, ne saurait être séparé de sa signification symbolique, en laquelle réside au fond toute sa raison d'être, et sans laquelle il deviendrait complètement inintelligible.

La notion de la chose perdue, sous l'un ou l'autre de ses diffé-

---

1 Il est à peine besoin de faire remarquer combien la chose serait invraisemblable si l'on voulait la prendre à la lettre : comment une courte période de 70 ans aurait-elle pu suffire pour que personne n'ait plus gardé le souvenir des anciens caractères ? Mais ce n'est certes pas sans raison que cela se passait à cette époque de réadaptations traditionnelles que fut le VIe siècle avant l'ère chrétienne.

2 Il est très probable que les changements survenus à plusieurs reprises dans la forme des caractères chinois doivent aussi s'interpréter de la même façon.

3 Cette transmission est exactement comparable à celle d'un mantra dans la tradition hindoue.

4 Le terme de diaspora ou « dispersion » (en hébreu galûth) définit très bien l'état d'un peuple dont la tradition est privée de son centre normal.

rents symboles, existe, comme on a pu le voir par ce qui précède, dans l'exotérisme même des diverses formes traditionnelles ; et l'on pourrait même dire que c'est à ce côté exotérique qu'elle se réfère, plus précisément et avant tout, car il est évident que c'est là que la perte s'est produite et est véritablement effective, et qu'elle peut être considérée en quelque sorte comme définitive et irrémédiable, puisqu'elle l'est en effet pour la généralité de l'humanité terrestre tant que durera le cycle actuel. Il est quelque chose qui, par contre, appartient en propre à l'ordre ésotérique et initiatique : c'est la recherche de cette chose perdue, ou, comme on disait au moyen âge, sa « queste » ; et cela se comprend sans peine, puisque l'initiation, dans sa première partie, celle qui correspond aux « petits mystères », a en effet pour but essentiel la restauration de l'état primordial. Il faut d'ailleurs remarquer que, de même que la perte n'a eu lieu en réalité que graduellement et en plusieurs étapes, ainsi que nous l'avons expliqué, avant d'en arriver finalement à l'état actuel, la recherche devra aussi se faire graduellement, en repassant en sens inverse par les mêmes étapes, c'est-à-dire en remontant en quelque sorte le cours du cycle historique de l'humanité, d'un état à un autre état antérieur, et ainsi, de proche en proche, jusqu'à l'état primordial lui-même ; et à ces différentes étapes pourront naturellement correspondre autant de degrés dans l'initiation aux « petits mystères »[1]. Nous ajouterons tout de suite que, par là même, les substitutions successives dont nous avons parlé peuvent également être reprises alors dans un ordre inverse ; c'est ce qui explique que, dans certains cas, ce qui est donné comme la « parole retrouvée » ne soit pourtant encore en réalité qu'un « mot substitué », représentant l'une ou l'autre des étapes intermédiaires. Il est d'ailleurs bien évident que tout ce qui peut être communiqué extérieurement ne saurait être véritablement la « parole perdue », et que ce n'en est qu'un symbole, toujours plus ou moins inadéquat comme toute expression des vérités transcendantes ; et ce symbolisme est souvent très complexe, en raison même de la multiplicité des sens qui y sont attachés, ainsi que des degrés qu'il comporte dans son application.

Il y a, dans les initiations occidentales, au moins deux exemples bien connus (ce qui ne veut certes pas dire qu'ils soient toujours

---

1 Sur ce point, voir *Aperçus sur l'Initiation*, ch. XXXIX.

bien compris de ceux qui en parlent) de la recherche dont il s'agit : la « queste du Graal » dans les initiations chevaleresques du moyen âge, et la « recherche de la parole perdue » dans l'initiation maçonnique, qu'on pourrait prendre respectivement comme types des deux principales formes de symbolisme que nous avons indiquées. En ce qui concerne la première, A. E. Waite a fait remarquer avec raison qu'il s'y trouve beaucoup d'allusions plus ou moins explicites à des formules et à des objets substitués ; du reste, ne pourrait-on pas dire que la « Table Ronde » elle-même n'est en définitive qu'un « substitut », puisque, bien qu'elle soit destinée à recevoir le Graal, celui-ci n'y prend pourtant jamais place effectivement ? Cela ne signifie d'ailleurs pas, comme certains pourraient être tentés de le croire trop facilement, que la « queste » ne peut jamais être terminée, mais seulement que, même alors qu'elle l'est pour quelques-uns en particulier, elle ne peut pas l'être pour l'ensemble d'une collectivité, quand bien même celle-ci possède le caractère initiatique le plus incontestable. La « Table Ronde » et sa chevalerie, comme nous l'avons vu ailleurs [1], présentent toutes les marques qui indiquent qu'il s'agit bien de la constitution d'un centre spirituel authentique ; mais, redisons-le encore, tout centre spirituel secondaire, n'étant qu'une image ou un reflet du centre suprême, ne peut jouer réellement qu'un rôle de « substitut » par rapport à celui-ci, de même que toute forme traditionnelle particulière n'est proprement qu'un « substitut » de la tradition primordiale.

Si nous en venons à la « parole perdue » et à sa recherche dans la Maçonnerie, nous devons constater que, tout au moins dans l'état actuel des choses, ce sujet est entouré de bien des obscurités ; nous ne prétendons assurément pas les dissiper entièrement, mais les quelques remarques que nous formulerons seront peut-être suffisantes pour faire disparaître ce qui risquerait d'être pris au premier abord pour des contradictions. La première chose qu'il y a lieu de remarquer à cet égard, c'est que le grade de Maître, tel qu'il est pratiqué dans la Craft Masonry, insiste sur la « perte de la parole », qui y est présentée comme une conséquence de la mort d'Hiram, mais paraît ne contenir aucune indication expresse quant à sa recherche, et qu'il y est encore moins question de la « parole retrouvée ». Cela peut sembler vraiment étrange, puisque la Maîtrise, étant le der-

---

1 *Le Roi du Monde*, ch. IV et V.

nier des grades qui constituent la Maçonnerie proprement dite, doit nécessairement correspondre, tout au moins virtuellement, à la perfection des « petits mystères », sans quoi sa désignation même serait d'ailleurs injustifiée. On peut, il est vrai, répondre que l'initiation à ce grade, en elle-même, n'est proprement qu'un point de départ, ce qui est en somme tout à fait normal ; mais encore faudrait-il qu'il y ait dans cette initiation même quelque chose qui permette d'« amorcer », si l'on peut s'exprimer ainsi, la recherche constituant le travail ultérieur qui devra conduire à la réalisation effective de la Maîtrise ; or nous pensons que, malgré les apparences, il en est bien réellement ainsi. En effet, le « mot sacré » du grade est manifestement un « mot substitué », et il n'est d'ailleurs donné que comme tel ; mais, en outre, ce « mot substitué » est d'une sorte très particulière : il a été déformé de plusieurs façons différentes, au point d'en être devenu méconnaissable [1], et on en donne des interprétations diverses, qui peuvent présenter accessoirement quelque intérêt par leurs allusions à certains éléments symboliques du grade, mais dont aucune ne peut se justifier par une étymologie hébraïque quelconque. Maintenant, si l'on restitue la forme correcte de ce mot, on s'aperçoit que son sens est tout autre que ceux qui lui sont ainsi attribués : ce mot, en réalité, n'est pas autre chose qu'une question, et la réponse à cette question serait le vrai « mot sacré » ou la « parole perdue » elle-même, c'est-à-dire le véritable nom du Grand Architecte de l'Univers [2]. Ainsi, la question étant posée, la recherche est bien « amorcée » par là même comme nous le disions tout à l'heure ; il appartiendra dès lors à chacun, s'il en est capable, de trouver la réponse et de parvenir à la Maîtrise effective par son propre travail intérieur.

Un autre point à considérer est celui-ci : la « parole perdue » est, le plus généralement, en conformité avec le symbolisme hé-

---

[1] Ces déformations ont même fourni deux mots soi-disant distincts, un « mot sacré » et un « mot de passe » interchangeables suivant les différents rites, et qui en réalité ne sont qu'un

[2] Nous n'avons pas à chercher si les déformations multiples, tant en ce qui concerne le mot lui-même que sa signification, ont été voulues ou non, ce qui serait sans doute difficile, faute de précisions sur les circonstances où elles se sont produites en fait ; mais ce qui est certain en tous cas, c'est qu'elles ont pour effet de dissimuler entièrement ce qu'on peut regarder comme le point le plus essentiel du grade de Maître, dont elles ont fait ainsi une sorte d'énigme sans aucune solution apparemment possible.

braïque, assimilée au Nom tétragrammatique ; il y a là, si l'on voulait prendre les choses à la lettre, un anachronisme évident, car il est bien entendu que la prononciation du Nom ne fut pas perdue à l'époque de Salomon et de la construction du Temple. Cependant, on aurait tort de regarder cet anachronisme comme constituant une difficulté réelle, car il ne s'agit nullement ici de l'« historicité » des faits comme tels, qui, à ce point de vue, importe peu en elle-même, et le Tétragramme n'y est pris que pour la valeur de ce qu'il représente traditionnellement ; il peut d'ailleurs fort bien n'avoir été lui-même, en un certain sens, qu'un « mot substitué », puisqu'il appartient en propre à la révélation mosaïque et que, à ce titre, il ne saurait, non plus que la langue hébraïque elle-même, remonter réellement jusqu'à la tradition primordiale [1]. Si nous avons signalé cette question, c'est surtout pour attirer l'attention sur ceci, qui est beaucoup plus important au fond : dans l'exotérisme judaïque, le mot qui est substitué au Tétragramme qu'on ne sait plus prononcer est, comme nous l'avons déjà dit précédemment, un autre nom divin, Adonaï, qui est formé également de quatre lettres, mais qui est considéré comme moins essentiel ; il y a là quelque chose qui implique qu'on se résigne à une perte jugée irréparable, et qu'on cherche seulement à y remédier dans la mesure où les conditions présentes le permettent encore. Dans l'initiation maçonnique, au contraire, le « mot substitué » est une question qui ouvre la possibilité de retrouver la « parole perdue », donc de restaurer l'état antérieur à cette perte ; là est en somme, exprimée symboliquement d'une façon assez frappante, une des différences fondamentales qui existent entre le point de vue exotérique et le point de vue initiatique [2].

Avant d'aller plus loin, une digression est nécessaire pour que la suite puisse être bien comprise : l'initiation maçonnique, se rap-

---
1 Sur le « premier nom de Dieu » suivant certaines traditions initiatiques, voir *La Grande Triade*, ch. XXV.
2 Nous signalerons incidemment que, dans le grade de Maître, il n'y a pas seulement un « mot substitué », mais aussi un « signe substitué » ; si la « parole perdue » est identifiée symboliquement au Tétragramme, certains indices donnent lieu de supposer que, corrélativement, le « signe perdu » devrait l'être à celui de la bénédiction des Kohanim. Là encore, il ne faudrait pas voir l'expression littérale d'un fait historique, car, en réalité, ce signe n'a jamais été perdu ; mais on pourrait du moins se demander légitimement si, lorsque le Tétragramme ne fut plus prononcé, il a pu conserver encore effectivement toute sa valeur rituelle.

portant essentiellement aux « petits mystères » comme toutes les initiations de métier, s'achève par là même avec le grade de Maître, puisque la réalisation complète de celui-ci implique la restauration de l'état primordial ; mais on est alors amené à se demander quels peuvent être, dans la Maçonnerie, le sens et le rôle de ce qu'on appelle les hauts grades, dans lesquels certains, pour cette raison précisément, n'ont voulu voir que des « superfétations » plus ou moins vaines et inutiles. En réalité, il faut ici faire avant tout une distinction entre deux cas [1] : d'une part, celui des grades qui ont un lien direct avec la Maçonnerie [2], et, d'autre part, celui des grades qui peuvent être considérés comme représentant des vestiges ou des souvenirs [3], venus se greffer sur la Maçonnerie ou se « cristalliser » en quelque sorte autour d'elle, d'anciennes organisations initiatiques occidentales autres que celle-ci. La raison d'être de ces derniers grades, si on ne les considère pas comme n'ayant qu'un intérêt simplement « archéologique » (ce qui serait évidemment une justification tout à fait insuffisante au point de vue initiatique), est en somme la conservation de ce qui peut encore être maintenu des initiations dont il s'agit, de la seule façon qui soit restée possible après leur disparition en tant que formes indépendantes ; il y aurait certainement beaucoup à dire sur ce rôle « conservateur » de la Maçonnerie et sur la possibilité qu'il lui donne de suppléer dans une certaine mesure à l'absence d'initiations d'un autre ordre dans le monde occidental actuel ; mais ceci est entièrement en dehors du sujet que nous étudions présentement, et c'est seulement l'autre cas, celui des grades dont le symbolisme se rattache plus ou moins étroitement à celui de la Maçonnerie proprement dite, qui nous concerne ici directement.

D'une façon générale, ces grades peuvent être considérés comme constituant proprement des extensions ou des développements du grade de Maître ; il n'est pas contestable que, en principe, celui-ci

---

[1] Nous laissons naturellement de côté les grades, trop nombreux dans certains « systèmes », qui n'ont qu'un caractère plutôt fantaisiste et ne reflètent manifestement que les conceptions particulières de leurs auteurs.
[2] On ne peut cependant pas dire strictement qu'ils en fassent partie intégrante, à la seule exception du Royal Arch.
[3] Nous ajoutons ici le mot « souvenirs » pour n'avoir à entrer dans aucune discussion sur la filiation plus ou moins directe de ces grades, ce qui risquerait de nous entraîner bien loin, surtout en ce qui concerne les organisations se rattachant à diverses forme de l'initiation chevaleresque.

se suffit à lui-même, mais, en fait, la trop grande difficulté qu'il y a à dégager tout ce qui s'y trouve contenu implicitement justifie l'existence de ces développements ultérieurs [1]. Il s'agit donc d'une aide apportée à ceux qui veulent réaliser ce qu'ils ne possèdent encore que d'une façon virtuelle ; du moins est-ce là l'intention fondamentale de ces grades, quelles que soient les réserves qu'il pourrait y avoir lieu de faire sur la plus ou moins grande efficacité pratique de cette aide, dont le moins qu'on puisse dire est que, dans la plupart des cas, elle est fâcheusement diminuée par l'aspect fragmentaire et trop souvent altéré sous lequel se présentent actuellement les rituels correspondants ; nous n'avons à envisager que le principe, qui est indépendant de ces considérations contingentes. À vrai dire, d'ailleurs, si le grade de Maître était plus explicite, et aussi si tous ceux qui y sont admis étaient plus véritablement qualifiés, c'est à son intérieur même que ces développements devraient trouver place, sans qu'il soit besoin d'en faire l'objet d'autres grades nominalement distincts de celui-là [2].

Maintenant, et c'est là que nous voulions en venir, parmi les hauts grades en question, il en est un certain nombre qui insistent plus particulièrement sur la « recherche de la parole perdue », c'est-à-dire sur ce qui, suivant ce que nous avons expliqué, constitue le travail essentiel de la Maîtrise ; et il en est même quelques-uns qui donnent une « parole retrouvée », ce qui semble impliquer l'achèvement de cette recherche ; mais, en réalité, cette « parole retrouvée » n'est jamais qu'un nouveau « mot substitué », et, par les considérations que nous avons exposées précédemment, il est facile de comprendre qu'il ne puisse en être autrement, puisque la

---

1 Il faut ajouter aussi, tout au moins comme raison subsidiaire, la réduction à trois des sept grades de l'ancienne Maçonnerie opérative : ceux-ci n'étant pas tous connus des fondateurs de la Maçonnerie spéculative, il en est résulté de graves lacunes qui, malgré certaines « reprises » postérieures, n'ont pas pu être comblées entièrement dans le cadre des trois grades symboliques actuels ; et il est quelques hauts grades qui paraissent avoir été surtout des tentatives pour remédier à ce défaut, bien qu'on ne puisse d'ailleurs pas dire qu'ils y aient pleinement réussi, faute de posséder la véritable transmission opérative qui aurait été indispensable à cet effet.
2 Le Maître, par là même qu'il possède « la plénitude des droits maçonniques », a notamment celui d'accéder à toutes les connaissances incluses dans la forme initiatique à laquelle il appartient ; c'est ce qu'exprimait d'ailleurs assez nettement l'ancienne conception du « Maître à tous grades », qui semble complètement oubliée aujourd'hui.

véritable « parole » est rigoureusement incommunicable. Il en est notamment ainsi du grade de Royal Arch, le seul qui doive être regardé comme strictement maçonnique à proprement parler, et dont l'origine opérative directe ne puisse soulever aucun doute : c'est en quelque sorte le complément normal du grade de Maître, avec une perspective ouverte sur les « grands mystères » [1]. Le mot qui représente dans ce grade la « parole retrouvée » apparaît, comme tant d'autres, sous une forme assez altérée, ce qui a donné naissance à des suppositions diverses quant à sa signification ; mais, suivant l'interprétation la plus autorisée et la plus plausible, il s'agit en réalité d'un mot composite, formé par la réunion de trois noms divins appartenant à autant de traditions différentes. Il y a là tout au moins une indication intéressante à deux points de vue : d'abord, cela implique évidemment que la « parole perdue » est bien considérée comme étant un nom divin ; ensuite, l'association de ces différents noms ne peut s'expliquer que comme une affirmation implicite de l'unité fondamentale de toutes les formes traditionnelles ; mais il va de soi qu'un tel rapprochement opéré entre des noms provenant de plusieurs langues sacrées n'est encore que tout extérieur et ne saurait en aucune façon symboliser adéquatement une restitution de la tradition primordiale elle-même, et que, par conséquent, ce n'est bien réellement qu'un « mot substitué » [2].

Un autre exemple, qui est d'ailleurs d'un genre très différent, est celui du grade écossais de Rose-Croix, dans lequel la « parole retrouvée » se présente comme un nouveau Tétragramme devant remplacer l'ancien qui a été perdu ; en fait, ces quatre lettres, qui ne sont du reste que des initiales ne formant pas un mot à proprement parler, ne peuvent exprimer ici autre chose que la situation de la

---

1 Nous renverrons à ce que nous avons déjà dit sur ce sujet en diverses occasions, et surtout dans notre étude sur La pierre angulaire (n° d'avril et mai 1940). [note de l'éditeur : voir aussi chapitre XLIII de Symboles fondamentaux de la Science sacrée.]
2 Il doit être bien entendu que ce que nous disons ici se rapporte au Royal Arch du Rite anglais, qui, malgré la similitude de titre, n'a qu'assez peu de rapport avec le grade appelé Royal Arch of Henoch, dont une des versions est devenue le 13ᵉ degré du Rite Ecossais Ancien et Accepté, et dans lequel la « parole retrouvée » est représentée par le Tétragramme lui-même, inscrit sur une plaque d'or déposée dans la « neuvième voûte » ; l'attribution de ce dépôt à Hénoch constitue d'ailleurs, en ce qui concerne le Tétragramme hébraïque, un anachronisme évident, mais elle peut être prise comme l'indice d'une intention de remonter jusqu'à la tradition primordiale ou tout au moins « antédiluvienne ».

tradition chrétienne vis-à-vis de la tradition hébraïque, ou le remplacement de l'« Ancienne Loi » par la « Nouvelle Loi », et il serait difficile de dire qu'elles représentent un état plus proche de l'état primordial, à moins qu'on ne veuille l'entendre en ce sens que le Christianisme a accompli une « réintégration » ouvrant certaines possibilités nouvelles pour le retour à celui-ci, ce qui est d'ailleurs vrai en quelque façon pour toute forme traditionnelle constituée à une certaine époque et en conformité plus particulière avec les conditions de cette époque même. Il convient d'ajouter que, à la signification simplement religieuse et exotérique, il se superpose naturellement ici d'autres interprétations, d'ordre principalement hermétique, qui sont loin d'être sans intérêt en elles-mêmes ; mais, outre qu'elles s'éloignent de la considération des noms divins qui est essentiellement inhérente à la « parole perdue », c'est là quelque chose qui relève de l'hermétisme chrétien beaucoup plus que de la Maçonnerie proprement dite, et, quelles que soient les affinités qui existent entre l'un et l'autre, il n'est cependant pas possible de les considérer comme identiques, car, même lorsqu'ils font jusqu'à un certain point usage des mêmes symboles, ils n'en procèdent pas moins de « techniques » initiatiques notablement différentes à bien des égards. D'autre part, la « parole » du grade de Rose-Croix se réfère manifestement au seul point de vue d'une forme traditionnelle déterminée, ce qui nous laisse en tout cas bien loin du retour à la tradition primordiale, qui est au-delà de toutes les formes particulières ; sous ce rapport comme sous beaucoup d'autres, le grade de Royal Arch aurait assurément plus de raisons que celui-là de s'affirmer comme le nec plus ultra de l'initiation maçonnique.

Nous pensons en avoir dit assez sur ces « substitutions » diverses, et, pour terminer cette étude, nous devrons maintenant revenir au grade de Maître, afin de chercher la solution d'une autre énigme qui se pose à son sujet et qui est celle-ci : comment se fait-il que la « perte de la parole » y soit présentée comme résultant de la mort du seul Hiram, alors que, d'après la légende même, d'autres que lui devaient la posséder également ? Il y a là, en effet, une question qui rend perplexes beaucoup de Maçons, parmi ceux qui réfléchissent quelque peu sur le symbolisme, et certains vont même jusqu'à y voir une invraisemblance qu'il leur paraît tout à fait impossible d'expliquer d'une façon acceptable, alors que, comme on le verra, il en est tout autrement en réalité.

La question que nous posions à la fin de la précédente partie de cette étude peut se formuler plus précisément ainsi : lors de la construction du Temple, la « parole » des Maîtres était, suivant la légende même du grade, en la possession de trois personnages qui avaient le pouvoir de la communiquer : Salomon, Hiram, roi de Tyr, et Hiram-Abi ; ceci étant admis, comment la mort de ce dernier peut-elle suffire pour entraîner la perte de cette parole ? La réponse est que, pour la communiquer régulièrement et dans la forme rituelle, il fallait le concours des « trois premiers Grands-Maîtres », de sorte que l'absence ou la disparition d'un seul d'entre eux rendait cette communication impossible, et cela aussi nécessairement qu'il faut trois côtés pour former un triangle ; et ce n'est pas là, comme pourraient le penser ceux qui n'ont pas une habitude suffisante de certaines correspondances symboliques, une simple comparaison ou un rapprochement plus ou moins imaginatif et dénué de fondement réel. En effet, une Loge opérative ne peut être ouverte que par le concours de trois Maîtres [1], ayant en leur possession trois baguettes dont les longueurs respectives sont dans le rapport des nombres 3, 4 et 5 ; c'est seulement quand ces trois baguettes ont été rapprochées et assemblées de façon à former le triangle rectangle pythagoricien que l'ouverture des travaux peut avoir lieu. Cela étant, il est facile de comprendre que, d'une façon similaire, un mot sacré peut être formé de trois parties, telle que trois syllabes [2], dont chacune ne peut être communiquée que par un des trois Maîtres, de sorte que, en l'absence d'un de ceux-ci, le mot aussi bien que le triangle resterait incomplet, et que rien de valable ne pourrait plus être accompli ; nous reviendrons d'ailleurs tout à l'heure sur ce point.

Nous signalerons incidemment un autre cas où l'on retrouve aussi un symbolisme du même genre, du moins sous le rapport qui nous

---

1 Les Maîtres sont ici ceux qui possèdent le septième et dernier degré opératif, auquel appartenait primitivement la légende d'Hiram ; c'est d'ailleurs pourquoi celle-ci était inconnue des Compagnons « acceptés » qui fondèrent de leur propre initiative la Grande Loge d'Angleterre en 1717, et qui ne pouvaient naturellement transmettre rien de plus que ce qu'ils avaient eux-mêmes reçu.

2 La syllabe est l'élément réellement indécomposable de la parole prononcée ; il est d'ailleurs à remarquer que le « mot substitué » lui-même, sous ses différentes formes, est toujours composé de trois syllabes qui sont énoncées séparément dans sa prononciation rituelle.

intéresse présentement : dans certaines corporations du moyen âge, le coffre qui contenait le « trésor » était muni de trois serrures, dont les clefs étaient confiées à trois officiers différents, si bien qu'il fallait la présence simultanée de ceux-ci pour que ce coffre put être ouvert. Naturellement, ceux qui n'envisagent les choses que d'une façon superficielle peuvent ne voir là qu'une mesure de précaution contre une infidélité possible ; mais, comme il arrive toujours en pareil cas, cette explication tout extérieure et profane est tout à fait insuffisante, et, même en admettant qu'elle soit légitime dans son ordre, elle n'empêche aucunement que le même fait ait une signification symbolique autrement profonde et qui en fait toute la valeur réelle ; penser autrement équivaut à méconnaître entièrement le point de vue initiatique, et, du reste, la clef a par elle-même un symbolisme assez important pour justifier ce que nous disons ici [1].

Pour revenir au triangle rectangle dont nous parlions plus haut, on peut, d'après ce que nous avons vu, dire que la mort du « troisième Grand-Maître » le laisse incomplet ; c'est à quoi correspond en un certain sens, et indépendamment de ses significations propres en tant qu'équerre, la forme de l'équerre du Vénérable, qui est à branches inégales, et normalement dans le rapport de 3 à 4, de sorte qu'elles peuvent être considérées comme les deux côtés de l'angle droit de ce triangle, dont l'hypoténuse est alors absente ou, si l'on veut, « sous-entendue » [2]. Il est à remarquer que la reconstitution du triangle complet, tel qu'il figure dans les insignes du Past Master, implique, ou du moins devrait théoriquement impliquer,

---

[1] Nous ne pouvons insister sur les différents aspects du symbolisme de la clef, et notamment sur son caractère « axial » (voir ce que nous en avons dit dans *La Grande Triade*, ch. VI) ; mais nous devons du moins signaler ici que, dans les anciens « catéchismes » maçonniques, la langue est représentée comme la « clef du cœur ». Le rapport du cœur et de la langue symbolise celui de la « Pensée » et de la « Parole », c'est-à-dire, suivant la signification kabbalistique de ces termes envisagés principiellement, celui des deux aspects intérieur et extérieur du Verbe ; c'est de là que résultait aussi, chez les anciens Egyptiens (qui d'ailleurs faisaient usage de clefs de bois ayant précisément la forme d'une langue), le caractère sacré de l'arbre perséa, dont le fruit a la forme d'un cœur et la feuille celle d'une langue (cf. Plutarque, Isis et Osiris, 68 ; traduction Mario Meunier, p.198).

[2] À titre de curiosité, nous signalerons à ce propos que, dans la Maçonnerie mixte ou Co-Masonry, on a jugé bon de faire l'équerre du Vénérable à branches égales pour représenter l'égalité de l'homme et de la femme, ce qui n'a pas le moindre rapport avec sa véritable signification ; c'est là un assez bel exemple de l'incompréhension du symbolisme et des innovations fantaisistes qui en sont l'inévitable conséquence.

que celui-ci est parvenu à accomplir la restitution de ce qui était perdu [1].

Quant au mot sacré qui ne peut être communiqué que par le concours de trois personnes, il est assez significatif que ce caractère se rencontre précisément pour celui qui, au grade de Royal Arch, est considéré comme représentant la « parole retrouvée », et dont la communication régulière n'est effectivement possible que de cette façon. Les trois personnes dont il s'agit forment elles-mêmes un triangle, et les trois parties du mot, qui sont alors les trois syllabes correspondant à autant de noms divins dans des traditions différentes, ainsi que nous l'avons expliqué précédemment, « passent » successivement, si l'on peut dire, de l'un à l'autre des côtés de ce triangle, jusqu'à ce que la parole soit entièrement « juste et parfaite ». Bien que ce ne soit là encore en réalité qu'un « mot substitué », le fait que le Royal Arch est, sous le rapport de la filiation opérative, le plus « authentique » de tous les grades supérieurs, n'en donne pas moins à ce mode de communication une importance incontestable pour confirmer l'interprétation de ce qui reste obscur à cet égard dans le symbolisme du grade de Maître tel qu'il est pratiqué actuellement.

À ce propos, nous ajouterons encore une remarque en ce qui concerne le Tétragramme hébraïque : puisque celui-ci est un des noms divins qui sont le plus souvent assimilés à la « parole perdue », il doit s'y retrouver aussi quelque chose qui correspond à ce que nous venons de dire, car le même caractère, dès lors qu'il est vraiment essentiel, doit exister en quelque manière dans tout ce qui figure cette parole d'une façon plus ou moins adéquate. Ce que nous voulons dire par là, c'est que, pour que la correspondance symbolique soit exacte, la prononciation du Tétragramme devait être trisyllabique ; comme d'autre part il s'écrit naturellement en quatre lettres, on pourrait dire que, suivant le symbolisme numérique, 4 se rapporte ici à l'aspect « substantiel » de la parole (en tant que celle-ci est écrite, ou épelée conformément à l'écriture qui joue le rôle d'un « support » corporel), et 3 à son aspect « essentiel » (en tant qu'elle est prononcée intégralement par la voix qui seule lui donne l'« esprit » et la « vie »). Il résulte de là que, tout en ne pouvant aucunement être regardé comme la vraie prononciation du

---
1 Cf. *La Grande Triade*, pp. 110 et 146.

Nom, qui n'est plus connue de personne, la forme Jehovah, par là même qu'elle est en trois syllabes, la représente du moins beaucoup mieux (ce que son ancienneté même, en tant que transcription approximative dans les langues occidentales, pourrait du reste déjà donner à penser) que la forme purement fantaisiste Yahveh, inventée par les exégètes et les « critiques » modernes, et qui, n'ayant que deux syllabes, est évidemment impropre à une transmission rituelle comme celle dont il s'agit.

Il y aurait assurément beaucoup à dire encore sur tout cela, mais nous devons arrêter là ces considérations déjà trop longues, et qui, redisons-le encore en terminant, n'ont d'autre prétention que d'éclairer un peu quelques-uns des aspects de cette question si complexe de la « parole perdue »

Chapitre XIII : LE CHRISME ET LE CŒUR DANS LES ANCIENNES MARQUES CORPORATIVES

Publié dans « *Regnabit* », novembre 1925
Repris dans « *Etudes Traditionnelles* », janvier-février 1951.

Dans un article, d'un caractère d'ailleurs purement documentaire, consacré à l'étude d'Armes avec motifs astrologiques et talismaniques, et paru dans la Revue de l'Histoire des Religions (juillet-octobre 1924), M. W. Deonna, de Genève, comparant les signes qui figurent sur ces armes avec d'autres symboles plus ou moins similaires, est amené à parler notamment du « quatre de chiffre » qui fut « usuel aux XVIe et XVIIe siècles [1], comme marque de famille et de maison pour les particuliers, qui le mettent sur leurs dalles tombales, sur leurs armoiries ». Il note que ce signe « se prête à toutes sortes de combinaisons, avec la croix, le globe, le cœur, s'associe aux monogrammes des propriétaires, se complique de barres adventices », et il en reproduit un certain nombre d'exemples. Nous pensons que ce fut essentiellement une « marque de maîtrise », commune à beaucoup de corporations diverses, auxquelles les

---
[1] Le même signe fut déjà fort employé au XVe siècle, tout au moins en France, et notamment dans les marques d'imprimeurs. Nous en avons relevé les exemples suivants : Wolf (Georges), imprimeur-libraire à Paris, 1489 ; Syber (Jehan), imprimeur à Lyon, 1478 ; Rembolt (Bertholde), imprimeur à Paris, 1489.

particuliers et les familles qui se servirent de ce signe étaient sans doute unis par quelques liens, souvent héréditaires.

M. Deonna parle ensuite, assez sommairement, de l'origine et de la signification de cette marque : « M. Jusselin, dit-il, la dérive du monogramme constantinien, déjà librement interprété et défiguré sur les documents mérovingiens et carolingiens [1], mais cette hypothèse apparaît tout à fait arbitraire, et aucune analogie ne l'impose ». Tel n'est point notre avis, et cette assimilation doit être au contraire fort naturelle, car, pour notre part, nous l'avions toujours faite de nous-même, sans rien connaître des travaux spéciaux qui pouvaient exister sur la question, et nous n'aurions même pas cru qu'elle pouvait être contestée, tant elle nous semblait évidente. Mais continuons, et voyons quelles sont les autres explications proposées : « Serait-ce le 4 des chiffres arabes, substitués aux chiffres romains dans les manuscrits européens avant le XIe siècle ?... Faut-il supposer qu'il représente la valeur mystique du chiffre 4, qui remonte à l'antiquité, et que les modernes ont conservée ? » M. Deonna ne rejette pas cette interprétation, mais il en préfère une autre : il suppose « qu'il s'agit d'un signe astrologique », celui de Jupiter.

À vrai dire, ces diverses hypothèses ne s'excluent pas forcément : il peut fort bien y avoir eu, dans ce cas comme dans beaucoup d'autres, superposition et même fusion de plusieurs symboles en un seul, auquel se trouvent par là même attachées des significations multiples ; il n'y a là rien dont on doive s'étonner, puisque, comme nous l'avons dit précédemment, cette multiplicité de sens est comme inhérente au symbolisme, dont elle constitue même un des plus grands avantages comme mode d'expression. Seulement, il faut naturellement pouvoir reconnaître quel est le sens premier et principal du symbole ; et, ici, nous persistons à penser que ce sens est donné par l'identification avec le Chrisme, tandis que les autres n'y sont associés qu'à titre secondaire.

---

[1] Origine du monogramme des tapissiers, dans le « *Bulletin monumental* », 1922, pp. 433-435.

Fig. 1

Il est certain que le signe astrologique de Jupiter, dont nous donnons ici les deux formes principales (fig. 1), présente, dans son aspect général, une ressemblance avec le chiffre 4 ; il est certain aussi que l'usage de ce signe peut avoir un rapport avec l'idée de « maîtrise », et nous y reviendrons plus loin ; mais, pour nous, cet élément, dans le symbolisme de la marque dont il s'agit, ne saurait venir qu'en troisième lieu. Notons, du reste, que l'origine même de ce signe de Jupiter est fort incertaine, puisque quelques-uns veulent y voir une représentation de l'éclair, tandis que pour d'autres, il est simplement l'initiale du nom de Zeus.

Fig. 2

D'autre part, il ne nous paraît pas niable que ce que M. Deonna appelle la « valeur mystique » du nombre 4 a également joué ici un rôle, et même un rôle plus important, car nous lui donnerions la seconde place dans ce symbolisme complexe. On peut remarquer, à cet égard, que le chiffre 4, dans toutes les marques où il figure, a une forme qui est exactement celle d'une croix dont deux extrémités sont jointes par une ligne oblique (fig. 2) ; or la croix était dans l'antiquité, et notamment chez les pythagoriciens, le symbole du quaternaire (ou plus exactement un de ses symboles, car il y en avait un autre qui était le carré) ; et, d'autre part, l'association de la croix avec le monogramme du Christ a dû s'établir de la façon la plus naturelle.

Fig. 3   **Fig. 4**

Cette remarque nous ramène au Chrisme ; et, tout d'abord, nous devons dire qu'il convient de faire une distinction entre le Chrisme constantinien proprement dit, le signe du Labarum, et ce qu'on appelle le Chrisme simple. Celui-ci (fig. 3) nous apparaît comme le symbole fondamental d'où beaucoup d'autres sont dérivés plus ou moins directement ; on le regarde comme formé par l'union des lettres I et X, c'est-à-dire des initiales grecques des deux mots Iêsous Christos, et c'est là, en effet, un sens qu'il a reçu dès les premiers temps du Christianisme ; mais ce symbole, en lui-même, est fort antérieur, et il est un de ceux que l'on trouve répandus un peu partout et à toutes les époques. Il y a donc là un exemple de cette adaptation chrétienne de signes et de récits symboliques préchrétiens, que nous avons déjà signalée à propos de la légende du Saint Graal ; et cette adaptation doit apparaître, non seulement comme légitime, mais en quelque sorte comme nécessaire, à ceux qui, comme nous, voient dans ces symboles des vestiges de la tradition primordiale. La légende du Graal est d'origine celtique ; par une coïncidence assez remarquable, le symbole dont nous parlons maintenant se retrouve aussi en particulier chez les Celtes, où il est un élément essentiel de la « rouelle » (fig. 4) ; celle-ci, d'ailleurs, s'est perpétuée à travers le moyen âge, et il n'est pas invraisemblable d'admettre qu'on peut y rattacher même la rosace des cathédrales [1]. Il existe, en effet, une connexion certaine entre la figure de la roue et les symboles floraux à significations multiples, tels que la rose et le lotus, auxquels nous avons fait allusion dans de précédents articles ; mais ceci nous entraînerait trop loin de notre sujet. Quant à

---

1 Dans un article antérieur, M. Deonna a reconnu lui-même une relation entre la « rouelle » et le Chrisme (Quelques réflexions sur le symbolisme en particulier dans l'art préhistorique, dans la « *Revue de l'Histoire des Religions* », janvier-avril 1924) ; nous sommes d'autant plus surpris de le voir nier ensuite la relation, pourtant plus visible, qui existe entre le Chrisme et le « quatre de chiffre ».

la signification générale de la roue, où les modernes veulent d'ordinaire voir un symbole exclusivement « solaire », suivant un genre d'explication dont ils usent et abusent en toutes circonstances, nous dirons seulement, sans pouvoir y insister autant qu'il le faudrait, qu'elle est tout autre chose en réalité, et qu'elle est avant tout un symbole du Monde, comme on peut s'en convaincre notamment par l'étude de l'iconographie hindoue. Pour nous en tenir à la « rouelle » celtique [1], nous signalerons encore, d'autre part, que la même origine et la même signification doivent très probablement être attribuées à l'emblème qui figure dans l'angle supérieur du pavillon britannique (fig. 6), emblème qui n'en diffère en somme qu'en ce qu'il est inscrit dans un rectangle au lieu de l'être dans une circonférence, et dans lequel certains Anglais veulent voir le signe de la suprématie maritime de leur patrie [2].

Fig. 5   **Fig. 6**

Nous ferons à cette occasion une remarque extrêmement importante en ce qui concerne le symbolisme héraldique : c'est que la forme du Chrisme simple est comme une sorte de schéma général suivant lequel ont été disposées, dans le blason, les figures les plus diverses. Que l'on regarde, par exemple, un aigle ou tout autre oiseau héraldique, el il ne sera pas difficile de se rendre compte qu'on y trouve effectivement cette disposition (la tête, la queue, les extrémités des ailes et des pattes correspondant aux six pointe de la figure 3) ; que l'on regarde ensuite un emblème tel que la fleur de

---

1 Il existe deux types principaux de cette « rouelle », l'un à six rayons (fig. 4) et l'autre à huit (fig. 5), chacun de ces nombres ayant naturellement sa raison d'être et sa signification. C'est au premier qu'est apparenté le Chrisme ; quant au second il est intéressant de noter qu'il présente une similitude très nette avec le lotus hindou à huit pétales.
2 La forme même de la « rouelle » se retrouve d'une façon frappante lorsque le même emblème est tracé sur le bouclier que porte la figure allégorique d'Albion.

lys, et l'on fera encore la même constatation. Peu importe d'ailleurs, dans ce dernier cas, l'origine réelle de l'emblème en question, qui a donné lieu à tant d'hypothèses : que la fleur de lys soit vraiment une fleur, ce qui nous ramènerait aux symboles floraux que nous rappelions tout à l'heure (le lys naturel a d'ailleurs six pétales), ou qu'elle ait été primitivement un fer de lance, ou un oiseau, ou une abeille, l'antique symbole chaldéen de la royauté (hiéroglyphe sâr), ou même un crapaud [1], ou encore, comme c'est plus probable, qu'elle résulte de la synthèse de plusieurs de ces figures, toujours est-il qu'elle est strictement conforme au schéma dont nous parlons.

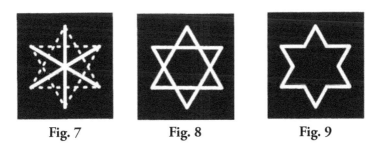

Fig. 7   Fig. 8   Fig. 9

Une des raisons de cette particularité doit se trouver dans l'importance des significations attachées au nombre 6, car la figure que nous envisageons n'est pas autre chose, au fond, qu'un des symboles géométriques qui correspondent à ce nombre. Si l'on joint ses extrémités de deux en deux (fig. 7), on obtient un autre symbole sénaire bien connu, le double triangle (fig. 8), auquel on donne le plus souvent le nom de « sceau de Salomon » [2]. Cette figure est très fréquemment usitée chez les Juifs et chez les Arabes, mais elle est aussi un emblème chrétien ; elle fut même, ainsi que M. Charbonneau-Lassay nous l'a signalé, un des anciens symboles du Christ, comme le fut aussi une autre figure équivalente, l'étoile à six branches (fig. 9), qui n'en est en somme qu'une simple va-

---

1 Cette opinion, si bizarre qu'elle puisse paraître, a dû être admise assez anciennement, car, dans les tapisseries du XVe siècle de la cathédrale de Reims, l'étendard de Clovis porte trois crapauds. – Il est d'ailleurs fort possible que, primitivement, ce crapaud ait été en réalité une grenouille, antique symbole de résurrection.
2 Cette figure est appelée aussi quelquefois « bouclier de David », et encore « bouclier de Michaël » ; cette dernière désignation pourrait donner lieu à des considérations très intéressantes.

riante, et comme l'est, bien entendu, le Chrisme lui-même, ce qui est encore une raison d'établir entre ces signes un étroit rapprochement. L'hermétisme chrétien du moyen âge voyait, entre autres choses, dans les deux triangles opposés et entrelacés, dont l'un est comme le reflet ou l'image inversée de l'autre, une représentation de l'union des deux natures divine et humaine dans la personne du Christ ; et le nombre 6 a parmi ses significations celles d'union et de médiation, qui conviennent parfaitement au Verbe incarné. D'autre part, ce même nombre est, suivant la Kabbale hébraïque, le nombre de la création (l'œuvre des six jours), et, sous ce rapport, l'attribution de son symbole au Verbe ne se justifie pas moins bien : c'est comme une sorte de traduction graphique du « per quem omnia facta sunt » du Credo [1].

Maintenant, ce qui est à noter tout spécialement au point de vue où nous nous plaçons dans la présente étude, c'est que le double triangle fut choisi, au XVIe siècle ou peut-être même antérieurement, comme emblème et comme signe de ralliement par certaines corporations ; il devint même à ce titre, surtout en Allemagne, l'enseigne ordinaire des tavernes ou brasseries où lesdites corporations tenaient leurs réunions [2]. C'était en quelque sorte une marque générale commune tandis que les figures plus ou moins complexes où apparaît le « quatre de chiffre » étaient des marques personnelles, particulières à chaque maître ; mais n'est-il pas logique de supposer que, entre celles-ci et celle-là, il devait y avoir une certaine parenté, celle même dont nous venons de montrer l'existence entre le Chrisme et le double triangle ?

Fig. 10   Fig. 11   Fig. 12

1 En Chine, six traits autrement disposés constituent pareillement un symbole du Verbe ; ils représentent aussi le terme moyen de la Grande Triade, c'est-à-dire le Médiateur entre le Ciel et la Terre, unissant en lui les deux natures céleste et terrestre.
2 À ce propos, signalons en passant un fait curieux et assez peu connu : la légende de Faust, qui date à peu près de la même époque, constituait le rituel d'initiation des ouvriers imprimeurs.

Fig. 13 **Fig. 14**

Le Chrisme constantinien (fig. 10), qui est formé par l'union des deux lettres grecques X et P, les deux premières de Christos, apparaît à première vue comme immédiatement dérivé du Chrisme simple, dont il conserve exactement la disposition fondamentale, et dont il ne se distingue que par l'adjonction, à sa partie supérieure, d'une boucle destinée à transformer l'I en P. Or, si l'on considère le « quatre de chiffre » sous ses formes les plus simples et les plus courantes, sa similitude, nous pourrions même dire son identité avec le Chrisme constantinien, est tout à fait indéniable ; elle est surtout frappante lorsque le chiffre 4, ou le signe qui en affecte la forme et qui peut aussi être en même temps une déformation du P, est tourné vers la droite (fig. 11) au lieu de l'être vers la gauche (fig. 12), car on rencontre indifféremment ces deux orientations [1]. En outre, on voit apparaître là un second élément symbolique, qui n'existait pas dans le Chrisme constantinien : nous voulons parler de la présence d'un signe de forme cruciale, qui se trouve introduit tout naturellement par la transformation du P en 4. Souvent, comme on le voit sur les deux figures ci-contre que nous empruntons à M. Deonna, ce signe est comme souligné par l'adjonction d'une ligne supplémentaire, soit horizontale (fig. 13), soit verticale (fig. 14), qui constitue une sorte de redoublement de la croix [2]. On remarquera que, dans la seconde de ces figures, toute la partie inférieure du Chrisme a disparu et a été remplacée par un monogramme personnel, de même qu'elle l'est ailleurs par divers symboles ; c'est peut-être ce qui a donné lieu à certains doutes sur l'identité du signe qui demeure constamment à travers tous ces

1 La figure 12 est donnée par M. Deonna avec cette mention : « Marque Zachariæ Palthenii, imprimeur, Francfort, 1599 ».
2 Figure 13 : « Marque avec la date 1540, Genève ; sans doute Jacques Bernard, premier pasteur réformé de Satigny ». figure 14 : « Marque de l'imprimeur Carolus Morellus, Paris, 1631 ».

changements ; mais nous pensons que les marques qui contiennent le Chrisme complet sont celles qui représentent la forme primitive, tandis que les autres sont des modifications ultérieures, où la partie conservée fut prise pour le tout, probablement sans que le sens en fût jamais entièrement perdu de vue. Cependant, il semble que, dans certains cas, l'élément crucial du symbole soit alors passé au premier plan ; c'est du moins ce qui nous paraît résulter de l'association du « quatre de chiffre » avec d'autres signes, et c'est ce point qu'il nous reste maintenant à examiner.

Fig. 15 **Fig. 16**

Parmi les signes dont il s'agit, il en est un qui figure dans la marque d'une tapisserie du XVIe siècle conservée au musée de Chartres (fig. 15), et dont la nature ne peut faire aucun doute : c'est évidemment, sous une forme à peine modifiée, le « globe du Monde » (fig. 16), symbole formé du signe hermétique du règne minéral surmonté d'une croix ; ici, le « quatre de chiffre » a pris purement et simplement la place de la croix [1]. Ce « globe du Monde » est essentiellement un signe de puissance, et il l'est à la fois du pouvoir temporel et du pouvoir spirituel, car, s'il est un des insignes de la dignité impériale, on le trouve aussi à chaque instant placé dans la main du Christ, et cela non seulement dans les représentations qui évoquent plus particulièrement la Majesté divine, comme celles du Jugement dernier, mais même dans les figurations du Christ enfant. Ainsi, quand ce signe remplace le Chrisme (et qu'on se souvienne ici du lien qui unit originairement ce dernier à la « rouelle », autre symbole du Monde), on peut dire en somme que c'est encore un attribut du Christ qui s'est substitué à un autre ; en

---

1 Nous avons vu également ce signe du « globe du Monde » dans plusieurs marques d'imprimeurs du début du XVIe siècle.

même temps, à ce nouvel attribut est rattaché assez directement l'idée de « maîtrise », comme au signe de Jupiter, auquel la partie supérieure du symbole peut faire penser surtout en de pareils cas, mais sans qu'elle cesse pour cela de garder sa valeur cruciale, à l'égard de laquelle la comparaison des deux figures ci-dessus ne permet pas la moindre hésitation.

Fig. 17   Fig. 18

Fig. 19   Fig. 20   Fig. 21

Nous arrivons ensuite à un groupe de marques qui sont celles qui ont motivé directement cette étude : la différence essentielle entre ces marques et celle dont nous venons de parler en dernier lieu, c'est que le globe y est remplacé par un cœur. Chose curieuse, ces deux types apparaissent comme étroitement liés l'un à l'autre, car, dans certaines d'entre elles (fig. 17 et 18), le cœur est divisé par des lignes qui sont exactement disposées comme celles qui caractérisent le « globe du Monde » [1] ; n'y a-t-il pas là l'indication d'une sorte d'équivalence, au moins sous un certain rapport, et ne se-

---

[1] Figure 17 : « Marque de tapisserie du XVIe siècle, musée de Chartres ». Figure 18 : « Marque de maîtrise de Samuel de Tournes, sur un pot d'étain de Pierre Royaume, Genève, 1609 ».

rait-ce pas déjà suffisant pour suggérer qu'il s'agit ici du « Cœur du Monde » ? Dans d'autres exemples, les lignes droites tracées à l'intérieur du cœur sont remplacées par des lignes courbes qui semblent dessiner les oreillettes, et dans lesquelles sont enfermées les initiales (fig. 19 et 20) ; mais ces marques semblent être plus récentes que les précédentes [1] de sorte qu'il s'agit vraisemblablement d'une modification assez tardive, et peut-être destinée simplement à donner à la figure un aspect moins géométrique et plus ornemental. Enfin, il existe des variantes plus compliquées, où le symbole principal est accompagné de signes secondaires qui, manifestement, n'en changent pas la signification ; et même, dans celle que nous reproduisons (fig. 21), il est permis de penser que les étoiles ne font que marquer plus nettement le caractère céleste qu'il convient de lui reconnaître [2]. Nous voulons dire par là qu'on doit, à notre avis, voir dans toutes ces figures le Cœur du Christ, et qu'il n'est guère possible d'y voir autre chose, puisque ce cœur est surmonté d'une croix, et même, pour toutes celles que nous avons sous les yeux, d'une croix redoublée par l'adjonction au chiffre 4 d'une ligne horizontale.

Fig. 22   **Fig. 23**

Nous ouvrirons ici une parenthèse pour signaler encore un curieux rapprochement : la schématisation de ces figures donne un symbole hermétique connu (fig. 22), qui n'est autre chose que la position renversée de celui du soufre alchimique (fig. 23). Nous retrouvons ici le triangle inversé, dont nous avons déjà indiqué

---

1 Figure 19 : « Marque de Jacques Eynard, marchand genevois, sur un vitrail du XVIIe siècle ». Figure 20 : « Marque de maîtrise, sur un plat d'étain de Jacques Morel, Genève, 1719 ».
2 Figure 21 : « Marque de maitrise, sur un plat d'étain de Pierre Royaume. Genève, 1609 ».

l'équivalence avec le cœur et la coupe ; isolé, ce triangle est le signe alchimique de l'eau, tandis que le triangle droit, la pointe dirigée vers le haut, est celui du feu. Or, parmi les différentes significations que l'eau a constamment dans les traditions les plus diverses, il en est une qu'il est particulièrement intéressant de retenir ici : elle est le symbole de la Grâce et de la régénération opérée par celle-ci dans l'être qui la reçoit ; qu'on se rappelle seulement, à cet égard, l'eau baptismale, les quatre fontaines d'eau vive du Paradis terrestre, et aussi l'eau s'échappant du Cœur du Christ, source inépuisable de la Grâce. Enfin, et ceci vient encore corroborer cette explication, le renversement du symbole du soufre signifie la descente des influences spirituelles dans le « monde d'en bas », c'est-à-dire dans le monde terrestre et humain ; c'est, en d'autres termes, la « rosée céleste » dont nous avons déjà parlé [1]. Ce sont là les emblèmes hermétiques auxquels nous avions fait allusion, et l'on conviendra que leur vrai sens est fort éloigné des interprétations falsifiées que prétendent en donner certaines sectes contemporaines !

Fig. 24

Fig. 25

Cela dit, revenons à nos marques corporatives, pour formuler en quelques mots les conclusions qui nous paraissent se dégager le plus clairement de tout ce que nous venons d'exposer. En pre-

---

[1] La figure 24, qui est le même symbole hermétique accompagné d'initiales, provient d'une dalle funéraire de Genève (collections lapidaires n° 573). La figure 25, qui en est une modification, est mentionnée en ces termes par M. Deonna : « Clef de voûte d'une maison au Molard, Genève, démolie en 1889, marque de Jean de Villard, avec la date 1576 ».

mier lieu, nous croyons avoir suffisamment établi que c'est bien le Chrisme qui constitue le type fondamental dont ces marques sont toutes issues, et dont, par conséquent, elles tirent leur signification principale. En second lieu, quand on voit, dans certaines de ces marques, le cœur prendre la place du Chrisme et d'autres symboles qui, d'une façon indéniable, se rapportent tous directement au Christ, n'a-t-on pas le droit d'affirmer nettement que ce cœur est bien le Cœur du Christ ? Ensuite, comme nous l'avons déjà fait remarquer tout à l'heure, le fait que ce même cœur est surmonté de la croix, ou d'un signe sûrement équivalent à la croix, ou même, mieux encore, de l'une et de l'autre réunis, ce fait, disons-nous, appuie cette affirmation aussi solidement que possible, car, en toute autre hypothèse, nous ne voyons pas bien comment on pourrait en fournir une explication plausible. Enfin, l'idée d'inscrire son nom, sous forme d'initiales ou de monogramme, dans le Cœur même du Christ, n'est-elle pas une idée bien digne de la piété des chrétiens des temps passés ? [1]

Nous arrêterons notre étude sur cette dernière réflexion, nous contentant pour cette fois d'avoir, tout en précisant quelques points intéressants pour le symbolisme religieux en général, apporté à l'iconographie ancienne du Sacré-Cœur une contribution qui nous est venue d'une source quelque peu imprévue, et souhaitant seulement que, parmi nos lecteurs, il s'en trouve quelques-uns qui puissent la compléter par l'indication d'autres documents du même genre, car il doit certainement en exister çà et là en nombre assez considérable, et il suffirait de les recueillir et de les rassembler pour former un ensemble de témoignages réellement impressionnant [2].

---

1 Il est à remarquer que la plupart des marques que nous avons reproduites, étant empruntées à la documentation de M. Deonna, sont de provenance genevoise et ont dû appartenir à des protestants ; mais il n'y a peut-être pas lieu de s'en étonner outre mesure, si l'on songe d'autre part que le chapelain de Cromwell, Thomas Goodwin, consacra un livre à la dévotion au Cœur de Jésus. Il faut se féliciter, pensons-nous, de voir les protestants eux-mêmes apporter ainsi leur témoignage en faveur du culte du Sacré-Cœur.

2 Il serait particulièrement intéressant de rechercher si le cœur se rencontre parfois dans les marques de maîtres maçons et tailleurs de pierre qui se voient sur beaucoup d'anciens monuments, et notamment de monuments religieux. M. Deonna reproduit quelques marques de tailleurs de pierre, relevées à la cathédrale Saint-Pierre de Genève, parmi lesquelles se trouvent des triangles inversés, quelques-uns accompa-

Chapitre XIV
À PROPOS DES SIGNES CORPORATIFS ET DE LEURS SENS ORIGINEL

Publié dans « *Regnabit* », février 1926
Repris dans « *Études Traditionnelles* », avril-mai 1951.

L'article dans lequel nous avons parlé des anciennes marques corporatives (Regnabit, novembre 1925) semblant avoir intéressé particulièrement un certain nombre de lecteurs, nous allons revenir sur ce sujet trop peu connu et donner quelques précisions nouvelles dont les réflexions qui nous ont été soumises de divers côtés nous ont montré l'utilité.

Tout d'abord, une confirmation nous a été apportée depuis lors sur ce que nous avions dit en terminant à propos des marques des maçons et tailleurs de pierre et des symboles hermétiques auxquels elles paraissent se rattacher directement. Le renseignement dont il s'agit se trouve dans un article relatif au Compagnonnage, qui, par une coïncidence assez curieuse, était publié précisément en même temps que le nôtre. Nous en extrayons ce passage : « Le Christianisme arrivé à son apogée voulut un style résumant sa pensée, et aux dômes, au plein cintre, aux tours massives, substitua les flèches élancées et l'ogive qui prit progressivement son essor. C'est alors que les Papes créèrent à Rome l'Université des Arts où les monastères de tous les pays envoyèrent leurs élèves et leurs laïcs constructeurs. Ces élites fondèrent ainsi la Maîtrise universelle, où tailleurs de pierre, imagiers, charpentiers et autres métiers d'Art reçurent la conception constructive qu'ils appelaient le Grand Œuvre. La réunion de tous les Maîtres d'Œuvres étrangers forma l'association symbolique, la truelle surmontée de la croix ; la croix aux bras de laquelle se suspendaient l'équerre et le compas, les marques universelles » [1].

La truelle surmontée de la croix, c'est exactement le symbole hermétique que nous avions reproduit dans notre figure 22 (article

---

gnés d'une croix placée au-dessous ou à l'intérieur ; il n'est donc pas improbable que le cœur ait aussi figuré parmi les emblèmes en usage dans cette corporation.
1 Auguste Bonvous, La Religion de l'Art, dans « *Le Voile d'Isis* », numéro spécial consacré au Compagnonnage, novembre 1925.

précédent) ; et la truelle, à cause de sa forme triangulaire, était prise ici pour un emblème de la Trinité : « Sanctissima Trinitas Conditor Mundi » [1]. Du reste, il semble que le dogme trinitaire ait été mis particulièrement en évidence par les anciennes corporations ; et la plupart des documents qui en émanent commencent par cette formule : « Au nom de la Très Sainte et Indivisible Trinité ».

Puisque nous avons déjà indiqué l'identité symbolique du triangle inversé et du cœur, il n'est pas inutile de noter qu'un sens trinitaire peut être également attaché à ce dernier. Nous en trouvons la preuve dans une estampe dessinée et gravée par Callot pour une thèse soutenue en 1625, et dont le R. P. Anizan a donné une explication autrefois dans cette Revue (décembre 1922). Au sommet de la composition est figuré le Cœur du Christ, contenant trois iod, la première lettre du nom de Jehovah en hébreu ; ces trois iod étaient d'ailleurs considérés comme formant par eux-mêmes un nom divin, qu'il est assez naturel de regarder comme une expression de la Trinité [2]. « Aujourd'hui, écrivait à ce propos le R. P. Anizan, nous adorons le « Cœur de Jésus, Fils du Père Eternel » ; le Cœur de Jésus, uni substantiellement au Verbe de Dieu » ; le « Cœur de Jésus, formé par le Saint-Esprit dans le sein de la Vierge Marie ». Comment s'étonner que dès 1625 ait été affirmé le contact auguste du Cœur de Jésus avec la Trinité Sainte ? Au XIIe siècle, des théologiens ont vu ce Cœur comme « le Saint des Saint », et comme « l'Arche du Testament » [3]. Cette vérité ne pouvait se perdre : son expression même emporte l'adhésion de l'esprit ; Elle ne se perdit point. Dans un Diurnal paru à Anvers en 1616, on lit cette belle prière : « O Cœur très doux de Jésus, où se trouve tout bien, organe de la toujours adorable Trinité, à vous je me confie, en vous je me remets tout entier. » L'« Organe de la Très Sainte Trinité », le

---

1 Le mot Conditor renferme une allusion au symbolisme de la « pierre angulaire ». À la suite du même article est reproduite une curieuse figuration de la Trinité, où le triangle inversé tient une pince importante.
2 Les trois iod placés dans le Cœur du Christ sont disposés 2 et 1, de telle façon qu'ils correspondent aux trois sommets d'un triangle inversé. On peut remarquer que cette même disposition est très fréquente pour les pièces du blason ; elle est notamment celle des trois fleurs de lys dans les armoiries des rois de France.
3 Les assimilations ont un rapport assez étroit avec la question des « centres spirituels » dont nous avons parlé dans notre étude sur le Saint Graal ; nous nous expliquerons plus complètement sur ce point lorsque nous exposerons le symbolisme du cœur dans les traditions hébraïques.

voilà bien sous nos yeux : c'est le Cœur aux trois iod. Et ce Cœur du Christ, organe de la Trinité, notre estampe nous dit d'un mot qu'il est le « principe de l'ordre » : Prœstinatio Christi est ordinis origo. »

Sans doute aurons-nous l'occasion de revenir sur d'autres aspects de ce symbolisme, notamment en ce qui concerne la signification mystique de la lettre iod ; mais nous avons tenu à mentionner dès maintenant ces rapprochements très significatifs.

*
* *

Plusieurs personnes, qui approuvent notre intention de restituer aux symboles anciens leur sens originel et qui ont bien voulu nous le faire savoir, ont en même temps exprimé le vœu de voir le Catholicisme revendiquer nettement tous ces symboles qui lui appartiennent en droit, y compris ceux, comme les triangles par exemple, dont se sont emparées des organisations telles que la Maçonnerie. L'idée est tout à fait juste et correspond bien à notre pensée ; mais il peut y avoir sur un point, dans l'esprit de certains, une équivoque et même une véritable erreur historique qu'il est bon de dissiper.

À la vérité, il n'y a pas beaucoup de symboles qui soient proprement et exclusivement « maçonniques » ; nous l'avons déjà fait remarquer à propos de l'acacia (décembre 1925, p. 26). Les emblèmes plus spécialement « constructifs » eux-mêmes, comme l'équerre et le compas, ont été, en fait, communs à un grand nombre de corporations, nous pourrions même dire à presque toutes [1], sans parler de l'usage qui en a été fait aussi dans le symbolisme purement hermétique [2]. La Maçonnerie emploie des symboles d'un caractère assez varié, en apparence tout au moins, mais dont elle ne s'est pas emparée, comme on semble le croire, pour les détourner de leur vrai sens ; elle les a reçus, comme les autres corporations (car elle en fut une tout d'abord), à une époque où elle était bien différente de ce qu'elle est devenue aujourd'hui, et elle les a conservés, mais,

---

1 Le compagnonnage interdit seulement aux cordonniers et aux boulangers de porter le compas.
2 C'est ainsi que l'équerre et le compas figurent, au moins depuis le début du XVIIe Siècle, dans les mains du Rebis hermétique (voir par exemple les Douze Clefs d'Alchimie de Basile Valentin).

depuis longtemps déjà, elle ne les comprend plus.

« Tout annonce, a dit Joseph de Maistre, que la Franc-Maçonnerie vulgaire est une branche détachée et peut-être corrompue d'une tige ancienne et respectable » [1]. C'est bien ainsi qu'il faut envisager la question : on a trop souvent le tort de ne penser qu'à la Maçonnerie moderne, sans réfléchir que celle-ci est simplement le produit d'une déviation, Les premiers responsables de cette déviation, à ce qu'il semble, ce sont les pasteurs protestants, Anderson et Desaguliers, qui rédigèrent les Constitutions de la Grande Loge d'Angleterre, publiées en 1723, et qui firent disparaître tous les anciens documents sur lesquels ils purent mettre la main, pour qu'on ne s'aperçût pas des innovations qu'ils introduisaient, et aussi parce que ces documents contenaient des formules qu'ils estimaient fort gênantes, comme l'obligation de « fidélité à Dieu, à la Sainte Eglise et au Roi », marque incontestable de l'origine catholique de la Maçonnerie [2]. Ce travail de déformation, les protestants l'avaient préparé en mettant à profit les quinze années qui s'écoulèrent entre la mort de Christophe Wren, dernier Grand-Maître de la Maçonnerie ancienne (1702), et la fondation de la nouvelle Grande Loge d'Angleterre (1717). Cependant, ils laissèrent subsister le symbolisme, sans se douter que celui-ci, pour quiconque le comprenait, témoignait contre eux aussi éloquemment que les textes écrits, qu'ils n'étaient d'ailleurs pas parvenus à détruire tous. Voilà, très brièvement résumé, ce que devraient savoir tous ceux qui veulent combattre efficacement les tendances de la Maçonnerie actuelle [3].

Nous n'avons pas à examiner ici dans son ensemble la question si complexe et si controversée des origines multiples de la Maçonnerie ; nous nous bornons à en considérer ce qu'on peut appeler le côté corporatif, représenté par la Maçonnerie opérative, c'est-à-dire par les anciennes confréries de constructeurs. Celles-ci, comme les autres corporations, possédaient un symbolisme religieux, ou, si

---
1 Mémoire au duc de Brunswick (1782).
2 Au cours du XVIIIe siècle, la Maçonnerie écossaise fut un essai de retour à la tradition catholique, représentée par la dynastie des Stuarts, par opposition à la Maçonnerie anglaise, devenue protestante et dévouée à la Maison d'Orange.
3 Il y a eu ultérieurement une autre déviation dans les pays latins, celle-ci dans un sens antireligieux, mais c'est sur la « protestantisation » de la Maçonnerie anglo-saxonne qu'il convient d'insister en premier lieu.

l'on préfère, hermético-religieux, en rapport avec les conceptions de cet ésotérisme catholique qui fut si répandu au moyen âge, et dont les traces se retrouvent partout sur les monuments et même dans la littérature de cette époque. En dépit de ce que prétendent de nombreux historiens, la jonction de l'hermétisme avec la Maçonnerie remonte bien plus loin que l'affiliation d'Elias Ashmole à cette dernière (1646) ; nous pensons même qu'on chercha seulement, au XVIIe siècle, à reconstituer à cet égard une tradition dont une grande partie s'était déjà perdue. Quelques-uns, qui semblent bien informés de l'histoire des corporations, fixent même avec beaucoup de précision à 1459 la date de cette perte de l'ancienne tradition [1]. Il nous paraît incontestable que les deux aspects opératif et spéculatif ont toujours été réunis dans les corporations du moyen âge, qui employaient d'ailleurs des expressions aussi nettement hermétiques que celle de « Grand Œuvre », avec des applications diverses, mais toujours analogiquement correspondantes entre elles [2].

D'ailleurs, si l'on voulait aller vraiment aux origines, à supposer que la chose soit possible avec les informations nécessairement fragmentaires dont on dispose en pareille matière, il faudrait sans doute remonter au-delà du moyen âge, et même au-delà du Christianisme. Ceci nous amène à compléter sur un point ce que nous avons dit ici même du symbolisme de Janus dans un précédent article (décembre 1925), car il se trouve précisément que ce symbolisme a un lien fort étroit avec la question qui nous occupe maintenant [3]. En effet, dans l'ancienne Rome, les Collegia fabrorum ren-

---

1 Albert Bernet, Des Labyrinthes sur le sol des églises, dans le numéro déjà cité du Voile d'Isis. Cet article contient cependant à ce propos une petite inexactitude : ce n'est pas de Strasbourg, mais de Cologne, qu'est datée la charte maçonnique d'avril 1459.
2 Notons aussi qu'il exista, vers le XIVe siècle, sinon plus tôt, une Massenie du Saint Graal, par laquelle les confréries de constructeurs étaient reliées à leurs inspirateurs hermétistes, et dans laquelle Henri Martin (Histoire de France, I. III, p. 398) a vu avec raison une des origines réelles de la Franc-Maçonnerie.
3 Nous feront remarquer à cette occasion que nous n'avons pas eu l'intention de faire une étude complète sur Janus ; il nous aurait fallu pour cela exposer les symbolismes analogues qui se rencontrent chez divers peuples, notamment celui de Ganésha dans l'Inde, ce qui nous eût entraîné à de très longs développements. La figure de Janus qui avait servi de point de départ à notre note a été reproduite de nouveau dans l'article de M. Charbonneau-Lassay contenu dans le même numéro de Regnabit (décembre 1925, p. 15).

daient un culte spécial à Janus, en l'honneur duquel ils célébraient les deux fêtes solsticiales correspondant à l'ouverture des deux moitiés ascendante et descendante du cycle zodiacal, c'est-à-dire aux points de l'année qui, dans le symbolisme astronomique auquel nous avons déjà fait allusion, représentent les portes des deux voies céleste et infernale (*Janua Cœli* et *Janua Inferni*). Par la suite, cette coutume des fêtes solsticiales s'est toujours maintenue dans les corporations de constructeurs ; mais, avec le Christianisme, ces fêtes se sont identifiées aux deux Saint-Jean d'hiver et d'été (d'où l'expression de « Loge de Saint-Jean » qui s'est conservée jusque dans la Maçonnerie moderne), et il y a encore là un exemple de cette adaptation des symboles préchrétiens que nous avons signalée à plusieurs reprises.

Du fait que nous venons de rapporter, nous tirerons deux conséquences qui nous semblent dignes d'intérêt. D'abord, chez les Romains, Janus était, nous l'avons déjà dit, le dieu de l'initiation aux mystères ; il était en même temps le dieu des corporations d'artisans ; et cela ne peut être l'effet d'une simple coïncidence plus ou moins fortuite. Il devait nécessairement y avoir une relation entre ces deux fonctions rapportées à la même entité symbolique ; en d'autres termes, il fallait que les corporations en question fussent dès lors, aussi bien qu'elles le furent plus tard, en possession d'une tradition de caractère réellement « initiatique ». Nous pensons d'ailleurs qu'il ne s'agit pas en cela d'un cas spécial et isolé, et qu'on pourrait faire chez bien d'autres peuples des constatations du même genre ; peut-être même cela conduirait-il, sur la véritable origine des arts et des métiers, à des vues tout à fait insoupçonnées des modernes, pour qui de telles traditions sont devenues lettre morte.

L'autre conséquence est celle-ci : la conservation, chez les constructeurs du moyen âge, de la tradition qui se rattachait anciennement au symbole de Janus, explique entre autres choses l'importance qu'avait pour eux la figuration du Zodiaque qu'on voit si fréquemment reproduit au portail des églises, et généralement disposé de façon à rendre très apparent le caractère ascendant et descendant de ses deux moitiés. Il y avait même là, à notre avis, quelque chose de tout à fait fondamental dans la conception des constructeurs de cathédrales, qui se proposaient de faire de leurs œuvres comme une sorte d'abrégé synthétique de l'Univers. Si le Zodiaque n'apparaît pas toujours, il y a bien d'autres symboles qui lui sont équivalents, en un certain sens tout au moins, et qui sont susceptibles d'évoquer des idées analogues sous le rapport que nous envisageons (sans préjudice de leurs autres significations plus particulières) : les représentations du Jugement dernier sont elles-mêmes dans ce cas, certains arbres emblématiques aussi, comme nous l'avons expliqué. Nous pourrions aller plus loin encore et dire que cette conception est en quelque sorte impliquée dans le plan même de la cathédrale ; mais nous dépasserions de beaucoup les limites de cette simple note si nous voulions entreprendre de justifier cette dernière affirmation [1].

Deuxième partie : Comptes rendus de livres

COMPTES RENDUS
DE LIVRES
parus de 1929 à 1950
dans « *Le Voile d'Isis* »,
devenu
« Études Traditionnelles »
en 1937

Juillet 1929

1 L'Élue du Dragon (« Les Étincelles »)

Ce roman fantastique et anonyme, autour duquel on fait grand bruit en ce moment dans certains milieux antimaçonniques, se

---

1 Nous tenons à rectifier une inexactitude qui s'est glissée dans une note de notre article consacré aux marques corporatives (novembre 1925, p. 395), et que des amis provençaux nous ont obligeamment signalée L'étoile qui figure dans les armes de la Provence n'a pas huit rayons, mais sept seulement ; elle se rattache donc à une série de symboles (les figures du septénaire) autre que celle à propos de laquelle nous en avions parlé. Seulement, il y a aussi en Provence, d'autre part, l'étoile des Baux, qui a seize rayons ; deux fois huit) ; et celle-ci a même une importance symbolique assez particulière, marquée par l'origine légendaire qui lui est attribuée, car les anciens seigneurs des Baux se disaient descendants du Roi-Mage Balthazar.

donne pour un extrait plus ou moins « arrangé » des mémoires d'une certaine Clotilde Bersone, soi-disant haute dignitaire d'une « Grande Loge des Illuminés » qui dirigerait occultement toutes les branches de la Maçonnerie universelle, puis convertie à la suite de diverses mésaventures et réfugiée dans un couvent. On prétend qu'il existe, dans la bibliothèque de ce couvent qu'on ne désigne pas autrement, un double manuscrit authentique de ces mémoires, datés de 1885 ; et on ajoute que « ceux-ci ont été notamment copiés, compilés et enrichis de notes critiques d'une rare pertinence, par le R. P. X***, de la Compagnie de Jésus, récemment décédé ». Les Études, dont les rédacteurs doivent savoir à quoi s'en tenir, tout au moins sur ce dernier point, ont déjà mis leurs lecteurs en garde contre ce qu'elles qualifièrent très justement de « fables malsaines », évoquant à ce propos les inventions de Léo Taxil et les « révélations » de l'imaginaire Diana Vaughan. Il y a, en effet, une étrange ressemblance entre celle-ci et Clotilde Bersone, dont l'existence ne nous paraît guère moins problématique ; mais il est des gens qui sont incorrigibles, qui ont continué à croire aux récits de Taxil après que lui-même eut fait l'aveu de ses mensonges, comme ils croient encore à l'authenticité des « Protocoles des Sages de Sion » malgré toutes les précisions apportées sur leur origine réelle, et ceux-là ne manqueront pas d'ajouter foi pareillement à cette nouvelle extravagance.

Que l'auteur du roman ait tout inventé lui-même ou qu'il ait été dupé par d'autres, il est bien évident, dans tous les cas, qu'il s'agit d'une mystification pure et simple ; d'ailleurs, les supercheries de ce genre, si habiles qu'elles soient, portent toujours des marques qui ne permettent pas de s'y méprendre quand on est quelque peu au courant de certaines choses. Nous avons relevé effectivement plusieurs de ces marques, notamment dans la description de l'organisation de la prétendue « Haute Loge » dont il s'agit : que penser, par exemple, du titre de « Grand Orient » donné a son chef, et qui, appliqué ainsi à un homme, est totalement dépourvu de signification ? Que penser de cette hiérarchie fantaisiste dans laquelle les « adeptes » occupent le rang le plus inférieur, au-dessous des « affiliés » et des « initiés » ? Nous avons eu précisément l'occasion de signaler, dans notre article de février dernier, la méprise que les « profanes » commettent presque constamment au sujet de ce terme d'« adeptes », qui désigne en réalité le grade suprême d'une hiérarchie initiatique ; naturellement, notre auteur n'a pas manqué d'y tomber ! Il y a mieux encore : on fait mentionner par Clotilde Bersone (p. 61) « le Nekam Adonaï des Rose-Croix » (sic) ; ainsi, cette « initiée » d'une Maçonnerie supérieure ne connaissait même pas les grades de la Maçonnerie ordinaire !

Si ces détails caractéristiques peuvent, en raison de leur caractère « technique », échapper à la plupart des lecteurs, ceux-ci devraient du moins être frappés des invraisemblances un peu trop fortes qu'offre le coté « historique » du récit. Comment une organisation vraiment secrète pourrait-elle compter des membres aussi nombreux, et aussi médiocres à tous égards, et comment, dans de pareilles conditions, aucune indiscrétion ne se serait-elle jamais produite pour en faire connaître l'existence au dehors ? À qui, à part les naïfs dont nous parlions tout à l'heure, peut-on espérer faire croire que tout le personnel gouvernemental de la troisième République se livre à des évocations diaboliques, et que des politiciens bornés comme Grévy ou Jules Ferry, qui n'ont certes rien des « Supérieurs Inconnus », étaient des mystiques lucifériens de haut rang ? Mais voici quelque chose qui est encore plus décisif : au chapitre II de la troisième partie, l'empereur Guillaume 1er est dépeint, en 1879, comme entièrement étranger à la Maçonnerie et ignorant tout de celle-ci ; or la vérité est que, à l'époque indiquée, ce soi-disant « profane » était Maçon depuis trente-neuf ans ! En effet, c'est le 22 mai 1840, quelques semaines avant la mort de son père Frédéric-Guillaume III, qu'il fut initié dans la Grande Loge Nationale d'Allemagne à Berlin ; il reçut les trois degrés symboliques le même jour, puis fut nommé membre des trois Grandes Loges et patron de toutes les Loges de Prusse ; il joua d'ailleurs un rôle maçonnique actif, et c'est lui-même qui initia son fils, le futur Frédéric III, le 6 novembre 1853, et qui le désigna comme député patron des Loges prussiennes lorsqu'il devint roi, en 1861. Voilà donc une erreur historique de belle taille, d'après laquelle on pourra juger de la valeur de toutes les autres assertions, plus ou moins invérifiables, contenues dans le même volume.

Nous ne nous serions pas arrêté si longuement à cette mauvaise plaisanterie, si certains, comme nous le disions au début, ne s'efforçaient de la faire prendre au sérieux ; mais nous estimons que c'est un véritable devoir de dénoncer les mystifications, lorsque l'occasion s'en présente, et de quelque côté qu'elles viennent ; surtout à une époque comme la nôtre, tout ce qui risque d'accroître le déséquilibre mental ne saurait être regardé comme inoffensif.

Octobre 1930

l Léon de Poncins
– Les Forces secrètes de la Révolution
Nouvelle édition revue et mise à jour (Éditions Bossard).

C'est un ouvrage antimaçonnique du type que nous pourrions appeler « raisonnable », en ce sens que, se tenant à peu près exclusivement sur le terrain politique, il nous épargne les diableries à la Léo Taxil. L'auteur est même assez prudent pour ne pas faire état de certains documents suspects ; mais sa thèse de l'unité de la Maçonnerie est bien peu solide, et il exagère beaucoup l'influence juive. En outre, il se fait une idée tout à fait fantaisiste des hauts grades, qu'il lui arrive même parfois de confondre avec certaines organisations non maçonniques.

l **Lettera di Giovanni Pontano sul « Fuoco Filosofico »,
introduzione, traduzione e note di Mario Mazzoni**
Casa Editrice Toscana, San Gimignano, Siena.

Dans cet opuscule, le second d'une série consacrée à l'hermétisme et dont nous avons signalé le premier précédemment, le texte proprement dit tient peu de place : cette lettre est fort courte en effet, mais importante par le sujet qu'elle traite. Elle est placée entre une introduction qui, tout en contenant beaucoup d'indications intéressantes, n'éclaire peut-être pas suffisamment la question du « Feu Philosophique », et divers appendices dans lesquels nous trouvons d'abord la traduction d'un extrait du livre de Mme David-Neel, Mystiques et Magiciens du Thibet, puis une note sur la fabrication de l'« Or Philosophique » d'après les « Illuminés d'Avignon », et enfin la suite de l'étude des symboles hermétiques commencée dans le premier opuscule. Il est regrettable que les noms propres soient trop souvent défigurés, et qu'on ait à relever dans les notes quelques erreurs historiques surprenantes, faisant de Nicolas Flamel un médecin, de Guillaume Postel un ami (donc un contemporain) d'Eliphas Lévi, et faisant vivre l'alchimiste Geber au VIIIe siècle avant l'ère chrétienne !

Juin 1932

l Henri-Jean Bolle
– Le Temple, Ordre initiatique du moyen âge
Association Maçonnique Internationale, Genève.

Cette brochure donne d'abord un bref aperçu de l'histoire de l'Ordre du Temple, après quoi l'auteur cherche à déterminer ce que pouvait être sa doctrine, afin de voir « dans quelle mesure il s'apparente, soit par filiation historique, soit spirituellement, à la Maçonnerie qui, selon plusieurs de ses systèmes, le considère comme l'un de ses ancêtres ». La conclusion est que, même si elle n'est que légendaire, « cette tradition a du moins le mérite de ne pas être anachronique », qu'« elle est de plus fort belle et pleine d'un sens profond », et que son défaut de fondement historique, si même il était prouvé, « ne saurait constituer un argument contre les hauts grades ». Il y a là bien des insuffisances à certains égards (et nous ne parlons pas seulement de lacunes inévitables en pareil sujet), car l'auteur ne se rend peut-être pas très bien compte de ce qu'est l'initiation véritable, qui implique bien autre chose que des idées de « tolérance » ou de « liberté de conscience » ; mais, tel qu'il est, ce travail n'en témoigne pas moins de préoccupations que, étant donnée son origine, il est intéressant de signaler.

l Léon de Poncins – Refusé par la Presse
Éditions Alexis Redier.

Ce volume fait suite à un autre intitulé Les Forces secrètes de la

Révolution, dont nous avons rendu compte ici en son temps ; son titre s'explique par le fait que les chapitres qui le composent, présentés d'abord comme articles séparés à divers journaux ou revues, ne furent acceptés par aucun d'eux. Nous aurions mauvaise grâce à critiquer un ouvrage où nous sommes longuement cité, en tout ce qui concerne la « crise du monde moderne » et les questions qui s'y rattachent, et qui porte même en épigraphe une phrase de notre Théosophisme. Nous dirons seulement que les préoccupations spéciales de l'auteur, trop exclusivement politiques à notre gré, lui font parfois présenter certains textes dans une intention qui n'est pas exactement celle où nous les avons écrits : ainsi, dans le passage qu'il cite à la page 55, ce n'est point du tout la Maçonnerie que nous avions en vue… Mais il n'en est pas moins vrai que ces citations faites avec sympathie nous changent agréablement des insultes et des manifestations haineuses de certains autres « anti-maçons » !

Octobre 1933

1 Roger Duguet – La Cravate blanche
Nouvelles Éditions Latines, Paris.

Dans ce roman qui se présente comme « une sorte de réplique à l'Élue du Dragon », de fantastique mémoire, l'ancien rédacteur de la R.I.S.S. a voulu montrer certains dessous vrais ou supposés de la politique contemporaine ; mais là n'est pas, à notre avis, le côté le plus intéressant de son livre. On sera sans doute tenté d'y voir un « roman à clef », en quoi on n'aura pas entièrement tort ; pourtant, il serait probablement vain de vouloir mettre un nom sur chacun des personnages, car, dans le principal d'entre eux, le général de Bierne, nous avons reconnu bien des traits visiblement empruntés à la figure de Mgr Jouin, à côté d'autres qui, non moins évidemment, ne conviennent nullement à celui-ci ; il faut donc admettre que nous sommes en présence de personnages « composites ». Quoi qu'il en soit, on trouve là un édifiant récit d'intrigues qui ont dû se passer très réellement autour de la R.I.S.S. ; et, par moments, on a l'impression que l'auteur a voulu ainsi se venger d'avoir été évincé de certains milieux ; les documents d'Aleister Crowley, les interventions d'agents secrets anglais et américains, l'espionnage dissimulé « sous le masque de l'ésotérisme », tout cela nous rappelle bien des choses... On voit aussi apparaître là-dedans une « voyante » (en fait, il y en a presque toujours en de semblables aventures) ; et, comme par hasard, les rôles les plus odieux sont attribués à des prêtres ! Quant à ce qui fait la trame de l'histoire, nous avouons que nous ne croyons guère à l'existence d'une société secrète dite des « Optimistes », qui aurait pour Grand-Maître M. Pierre Laval, et qui donnerait le mot d'ordre à tout le monde, y compris les plus hauts dignitaires de l'Église ; fantasmagorie à part, cela n'est pas beaucoup plus vraisemblable que la « Grande Loge des Illuminés », et il y a sûrement, pour répandre certaines suggestions à travers le monde, des moyens plus subtils ; et puis pourquoi faut-il que ce nom d'« Optimistes », par sa consonance tout au moins (et même si ce rapprochement n'est imputable qu'à la « malice des choses »), évoque de façon plutôt fâcheuse les « Optimates » de feu Léo Taxil ?

l Pierre de Dienval – La Clé des Songes
Imprimerie Centrale de la Bourse, Paris.

« Le monde dans lequel nous nous mouvons est beaucoup plus truqué qu'un décor de théâtre » : rien n'est plus vrai, mais l'est-il exactement de la façon que prétend l'auteur de ce livre ? Sa thèse est qu'il existe un certain « secret monétaire », qui serait selon lui la véritable « pierre philosophale », et qui serait détenu à la fois par deux groupes d'« initiés », l'un anglais et l'autre juif, luttant entre eux pour la domination occulte du monde, tout en s'entendant occasionnellement contre des tiers ; et ce secret serait celui de la Maçonnerie, laquelle ne serait qu'un instrument créé par le groupe anglais pour assurer son influence dans tous les pays. Il y a là des idées qui, à première vue, rappellent étrangement celles qui furent exposées jadis dans les publications du Hiéron de Paray-le-Monial et les ouvrages de Francis André (Mme Bessonnet-Favre) ; et ce rapprochement se poursuit sur des points plus particuliers, à travers beaucoup de considérations historiques ou soi-disant telles : rôle attribué aux Templiers d'une part, à Jeanne d'Arc de l'autre, prétendu « celtisme » représenté par la race « française » (?), et ainsi de suite. Il y a pourtant une différence essentielle : c'est que ce livre, loin d'être d'esprit catholique, est assez nettement irréligieux ; non seulement l'auteur, emporté par son antijudaïsme, nie furieusement l'inspiration divine de la Bible (qui, dit-il, « n'est nullement un livre religieux dans le sens que les Français attachent à ce mot »... comme s'il devait y avoir une conception spécifiquement « française » de la religion !), mais on sent très bien qu'au fond toute religion n'est pour lui qu'une chose purement humaine... et politique. Par ailleurs, il envisage froidement l'hypothèse où le rôle joué jusqu'ici par la Maçonnerie serait confié à l'Église catholique, grâce à la « domestication du Pape » (sic) ; et même, à l'entendre, cette hypothèse serait déjà en partie réalisée : ne dénonce-t-il pas en effet la canonisation de Jeanne d'Arc, qui a à ses yeux le tort de lui enlever « son caractère d'héroïne nationale », comme « une manœuvre menée avec le concours odieux des chefs officiels de l'Église catholique, passés progressivement au service des maîtres occultes de l'Angleterre » ? Mais laissons cela, et, sans nous attarder à relever les trop nombreuses fantaisies pseudo-historiques dont l'ouvrage est rempli, venons-en à l'essentiel : d'abord, l'auteur n'a évidemment pas la moindre notion de ce qu'est l'initiation ; et, si les « hauts initiés » (qu'il se représente comme formant un « comité supérieur », sans doute à la façon des administrateurs d'une société financière) n'avaient d'autres préoccupations que celles qu'il leur prête, ils seraient tout simplement les derniers des profanes. Ensuite, le prétendu « secret », tel qu'il l'expose, est, il le reconnaît lui-même, d'une simplicité enfantine ; s'il en était ainsi, comment ce « secret » aurait-il pu être si bien gardé, et comment beaucoup d'autres, à toutes les époques, ne l'auraient-ils pas découvert tout aussi bien que lui ? Il ne s'agit, en fait, que d'une loi élémentaire concernant les changes ; l'auteur en trace même un graphique dans lequel, chose amusante, il veut trouver l'explication du « triangle équilatéral entrelacé d'un compas » (?) qu'il croit être « l'emblème de la Maçonnerie » laquelle, notons-le en passant, ne fut point « fondée par Ashmole en 1646 » ; voilà du moins qui est peu banal comme symbolisme ! Nous sommes fort loin de contester qu'il existe, ou qu'il ait existé, une « science monétaire » traditionnelle, et que cette science ait des secrets ; mais ceux-ci, encore qu'ils n'aient rien à voir avec la « pierre philosophale », sont d'une tout autre nature que ce que nous voyons ici ; bien plus, en répétant à satiété que la monnaie est chose purement « matérielle » et « quantitative », on va précisément dans le sens voulu par ceux que l'on croit viser, et qui sont en réalité les destructeurs de cette science traditionnelle aussi bien que de toute autre connaissance ayant le même caractère, puisque ce sont eux qui ont arraché de l'esprit moderne toute notion dépassant le domaine de la « matière » et de la « quantité ». Ceux-là, quoiqu'ils ne soient point des « initiés » (car c'est de la « contre-initiation » qu'ils relèvent) ne sont nullement dupes eux-mêmes de ce « matérialisme » qu'ils ont imposé au monde moderne, pour des fins qui sont tout autres qu'« économiques » ; et, quels que soient les instruments dont ils se servent suivant les circonstances, ils sont un peu plus difficiles à découvrir que ne le serait un « comité » ou un « groupe » quelconque d'Anglais ou de Juifs… Pour ce qui est de la véritable « science monétaire », nous dirons simplement ceci : si elle était d'ordre « matériel », il serait parfaitement incompréhensible que, tant qu'elle a eu une existence effective, les questions qui s'y rapportent n'aient point été laissées à la discrétion du pouvoir temporel (comment celui-ci aurait-il jamais pu être accusé d'« altérer les monnaies » s'il avait été souverain à cet égard ?), mais, au contraire, soumises au contrôle d'une autorité spirituelle (nous y avons fait allusion dans Autorité spirituelle et pouvoir temporel), contrôle qui s'affirmait par des marques dont on retrouve un dernier vestige incompris dans les inscriptions qui, il n'y a pas bien longtemps encore, figuraient sur la tranche des monnaies ; mais comment faire comprendre cela à quelqu'un qui pousse le « nationalisme » (encore une de ces suggestions destinées à la destruction systématique de tout esprit traditionnel) jusqu'à se livrer à un éloge dithyrambique de Philippe le Bel ? Au surplus, c'est une erreur de dire que les métaux « monétaires » n'ont pas par eux-mêmes de valeur propre ; et, si leur valeur est essentiellement symbolique (or et argent, Soleil et Lune), elle n'en est que plus réelle, car ce n'est que par le symbolisme que les choses de ce monde sont rattachées aux réalités supérieures. À ces objections fondamentales, nous devons ajouter quelques constatations plutôt étranges : le chapitre consacré à l'Intelligence Service est fort décevant, pour ne pas dire troublant, car, s'il s'y trouve des constructions ingénieuses, mais hypothétiques, notamment au sujet de l'affaire Dreyfus, il n'y est pas cité un seul fait précis et certain, alors qu'il n'en manque pourtant pas, même de notoriété publique, et qu'on n'aurait eu, à vrai dire, que l'embarras du choix… D'autre part, l'auteur renvoie à une étude qu'il a déjà consacrée précédemment à des questions connexes de celles qu'il traite ici ; comment se fait-il que ce farouche antimaçon ait fait paraître cette étude dans une publication dont les attaches maçonniques nous sont parfaitement connues ? Nous n'entendons pas en cela mettre en doute la bonne foi de quiconque, car nous ne savons que trop combien de gens sont « menés » sans s'en douter le moins du monde ; mais nous considérons que ce livre est encore de ceux qui sont plus propres à égarer l'opinion qu'à l'éclairer ; et, nous qui observons ces choses d'une façon fort désintéressée, nous ne pouvons nous empêcher de constater que les ouvrages de ce genre se multiplient actuellement dans des proportions anormales et assez inquiétantes… Quoi qu'il en soit, la meilleure preuve que l'auteur n'a point vraiment mis la main sur le « grand arcane » qu'il s'imagine dévoiler, c'est, tout simplement, que son volume a pu paraître sans encombre !

Janvier 1935

1 L. Fry – Léo Taxil et la Franc-Maçonnerie
British-American Press, Chatou.

Ce gros volume, publié par les « Amis de Mgr Jouin », qui sont vraisemblablement les anciens collaborateurs de la R.I.S.S., contient les lettres adressées à l'abbé de Bessonies par Léo Taxil et par diverses personnes qui furent mêlées de près ou de loin à la singulière histoire que l'on sait ; on y trouvera également le fameux discours où Taxil fit l'aveu de sa « mystification », et les explications de l'éditeur des Mémoires de Diana Vaughan. A la vérité, « mystification » est bien vite dit, mais la question est plus complexe et n'est pas si facile a résoudre ; il semble bien qu'il y ait tout de même eu là autre chose, et que Taxil n'ait fait que mentir une fois de plus en déclarant avoir tout inventé de sa propre initiative. On trouve là-dedans un habile mélange de vrai et de faux, et il est exact que, comme il est dit dans l'avant-propos, « l'imposture n'existe qu'autant qu'elle est basée sur certains côtés de la vérité propres à inspirer confiance » ; mais quel est au juste le « fond de vérité » contenu dans tout cela ? Qu'il y ait par le monde des « satanistes » et des « lucifériens », et même beaucoup plus qu'on ne le croit généralement, cela est incontestable ; mais ces choses n'ont rien à voir avec la Maçonnerie ; n'aurait-on pas, en imputant à celle-ci ce qui se trouve réellement ailleurs, eu précisément pour but de détourner l'attention et d'égarer les recherches ? S'il en est ainsi, qui peut avoir inspiré Taxil et ses collaborateurs connus, sinon des agents plus ou moins directs de cette « contre-initiation » dont relèvent toutes ces choses ténébreuses ? Il y a d'ailleurs dans tout cela une étrange atmosphère de « suggestion » ; on peut s'en rendre compte en voyant, par exemple, un homme d'une aussi incontestable bonne foi que M. de La Rive (nous l'avons assez connu pour en être certain) en arriver à traduire sans hésiter par « A Notre Dieu Lucifer Très Saint et Infini Toujours » une « formule inédite » qui signifie tout simplement « Au Nom de la Très Sainte et Indivisible Trinité » ! Nous ne pouvons pas songer à examiner ici tous les procédés de déformation employés dans les ouvrages taxiliens ; l'un des plus courants est celui qui consiste à se servir de termes existant véritablement, mais en leur attribuant un sens imaginaire : ainsi, il y eut bien un « Rite du Palladium », mais qui n'eut jamais rien de luciférien ; et les « Triangles » en Maçonnerie, ne sont point des « arrières-Loges », mais de simples Loges en formation, n'ayant pas encore le nombre de membres requis pour être « justes et parfaites » ; nous nous contenterons de citer ces deux mots comme exemples, en raison du rôle particulièrement important qu'ils jouèrent dans toute l'affaire. Quant à ce qu'on semble considérer, à tort ou à raison, comme le point central, c'est-à-dire l'existence de Diana Vaughan, l'énigme n'est guère éclaircie et ne le sera peut-être jamais : qu'une ou plusieurs personnes aient dû se présenter sous ce nom en diverses circonstances, cela est plus que probable ; mais comment pourrait-on espérer les identifier ? On a reproduit à la fin du volume, sous le titre Le Mystère de Léo Taxil et la vraie Diana Vaughan, les articles parus jadis sur ce sujet dans la R.I.S.S. et dont nous avons déjà parlé en leur temps ; il est assez curieux que la « preuve » nouvelle qu'on prétend y apporter soit en relation avec l'histoire des religieuses de Loigny, mais elle n'en est pas plus convaincante ; au fond, tout cela n'est pas très concluant, ni dans un sens ni dans l'autre... Maintenant, une question se pose, qui est peut-être d'un intérêt plus actuel que toutes les autres : pourquoi semble-t-on tenir tellement, d'un certain côté, à ressusciter cette vieille affaire ? C'est, explique-t-on, que « le Palladium, mis en sommeil en 1897, pourrait-on dire, semble être sur le point de se réveiller » ; « légende peut-être, ajoute-t-on, mais reposant sur une base faite de théories et de faits reconnus » ; devons-nous nous attendre à assister à une tentative pour dégager enfin cette base réelle, ou seulement à voir la légende prendre, comme dans L'Élue du Dragon, une nouvelle forme non moins « mythique » que la première ? En tout cas, l'avant-propos mélange bizarrement les choses les plus diverses, mettant sur le même plan les plus vulgaires groupements « pseudo-initiatiques » et des organisations d'un caractère assurément beaucoup plus suspect, sans parler de quelques assertions de pure fantaisie, comme celle qui fait de Ram Mohun Roy « un disciple des Lamas du Thibet » et du Brahma-Samaj « un cercle d'occultisme oriental et de mystique fondé en Angleterre en 1830 » ! Mais la dernière pièce du recueil est la reproduction d'un article de la R.I.S.S. intitulé Les Missionnaires du Gnosticisme, et consacré en réalité à l'O.T.O. ; cet article, qui semble n'avoir aucun rapport avec tout le reste, n'en serait-il pas, au contraire, en quelque sorte la « clef » ? Nous nous bornons à poser ici un point d'interrogation ; si la question devait être résolue affirmativement, cela pourrait jeter un singulier jour sur bien des choses ; et sans doute n'en avons-nous pas encore fini avec toutes ces « diableries » !

Décembre 1935

l Camille Savoire
– Regards sur les Temples de la Franc-Maçonnerie
« Les Éditions Initiatiques », Paris.

Ce livre comprend des chapitres d'un caractère assez divers : les uns surtout « autobiographiques », où l'auteur montre notamment comment il a été amené à modifier peu à peu ses conceptions, dans un sens les rapprochant notablement de l'esprit traditionnel ; les autres d'une portée plus générale, où il expose la façon dont il envisage la Maçonnerie à différents points de vue ; l'intention en est certainement excellente, quoique, sous le rapport proprement initiatique et symbolique, les considérations qui y sont développées demeurent encore quelque peu « extérieures ». A la fin sont reproduits un certain nombre de documents destinés à donner de la Maçonnerie une idée plus juste que celle qu'on s'en fait d'ordinaire dans le monde profane ; et un appendice indique les raisons du réveil en France du « Régime Rectifié », dont l'auteur est le principal promoteur : « un foyer maçonnique soustrait à toute influence politique », comme il le dit, est assurément, dans les circonstances présentes, une chose des plus souhaitables, si l'on ne veut pas voir se perdre irrémédiablement les derniers vestiges d'initiation occidentale qui subsistent encore… – Nous nous permettrons de signaler une erreur historique assez singulière (p. 282) : L.-Cl. de Saint-Martin ne fut jamais « chanoine de la Collégiale » (de Lyon ?), mais officier, et, s'il fut membre de plusieurs rites maçonniques, il n'en fonda lui-même aucun ; au surplus, il n'y eut jamais de « système maçonnique » portant authentiquement le nom de « Martinisme », et la vérité est que, lorsque Saint-Martin se retira des différentes organisations dont il avait fait partie, ce fut pour adopter une attitude beaucoup plus mystique qu'initiatique, et certainement incompatible avec la constitution d'un « Ordre » quelconque.

Juillet 1936

l Albert Lantoine – Histoire de la Franc-Maçonnerie française : La Franc-Maçonnerie dans l'État
Émile Nourry, Paris.

Ce livre fait suite à un premier volume intitulé La Franc-Maçonnerie chez elle, paru il y a une dizaine d'années, mais il peut aussi fort bien se lire séparément. L'auteur, en y étudiant les rapports qu'a eut la Maçonnerie avec les divers gouvernements qui se sont succédés en France depuis Louis XV jusqu'à la troisième République, fait preuve d'une remarquable impartialité, et cette qualité est d'autant plus louable qu'elle se rencontre plus rarement quand il s'agit d'un pareil sujet, qui n'est généralement traité qu'avec un parti-pris fortement accentué dans un sens ou dans l'autre. Aussi lui arrivera-t-il sans doute de déplaire à la fois à la plupart des Maçons et à leurs adversaires, par exemple lorsqu'il démolit la légende qui veut que la Maçonnerie ait joué un rôle considérable dans la préparation de la Révolution, car, chose curieuse cette légende, qui doit sa naissance à des écrivains antimaçonniques tels que l'abbé Barruel, a fini par être adoptée, beaucoup plus tard, par les Maçons eux-mêmes. À ce propos, il est à remarquer que, parmi les personnages du XVIIIe siècle qui sont communément regardés comme ayant été rattachés à la Maçonnerie, il en est beaucoup pour lesquels il n'y a pas le moindre indice sérieux qu'ils l'aient jamais été réellement ; c'est le cas, entre autres, de la très grande majorité des Encyclopédistes. Où l'auteur se départit un peu de son attitude impartiale, à ce qu'il nous semble, c'est quand il parle de ce qu'il appelle la « responsabilité des hauts grades » à l'origine de la légende susdite ; il le fait à la façon de quelqu'un qui ne paraît pas penser qu'il puisse y avoir dans ces grades quelque sens plus ou moins profond, à tel point qu'il va jusqu'à les qualifier de « jeux sans importance », mais « d'une maladresse insigne », ce qui est une vue bien « profane » ; et pourquoi, tout au moins, ne relève-t-il pas l'énorme fantaisie des interprétations de mots hébraïques figurant dans un rituel reproduit (p. 152) d'après un adversaire ? Ceci se rattache d'ailleurs à une critique plus générale que nous pourrions formuler à l'égard de cet ouvrage : c'est qu'on y sent parfois percer une tendance à traiter trop légèrement tout ce qui touche au symbolisme et au rituel ; mais, en raison du sujet même, ce défaut n'est pas très apparent, et, en somme, il n'enlève rien au mérite et à l'intérêt très réels que présente un tel travail au point de vue proprement historique, qui est bien celui où l'auteur a entendu se placer.

l André Lebey – La Vérité sur la Franc-Maçonnerie
par des documents, avec le Secret du Triangle
Éditions Eugène Figuière, Paris.

Ce livre est un recueil de discours prononcés au Grand Chapitre du Grand-Orient de France ; et l'auteur, en les réunissant ainsi simplement sans y ajouter aucun commentaire, s'est proposé de montrer ce que sont les travaux des hauts grades, et de rectifier par la même les idées fausses que le public se fait généralement à ce sujet. Nous ne pouvons songer ici à résumer ni même à énumérer toutes les questions d'ordre divers qui y sont abordées ; signalons seulement, parmi celles que l'auteur propose à l'étude des Ateliers des hauts grades comme particulièrement importantes, celle des rapports de l'Orient et de l'Occident, sur laquelle il développe des considérations intéressantes, bien qu'on puisse regretter qu'une connaissance trop indirecte de l'Orient lui fasse accorder un peu trop d'importance à certaines vues occidentales contestables, comme celles de Spengler et de Keyserling par exemple, ou aux déclarations de quelques Orientaux beaucoup moins « représentatifs » qu'il ne paraît le croire. Ajoutons à ce propos que l'idée d'une entente entre les différentes civilisations basée sur la constitution d'un « nouvel humanisme », étendu fort au-delà des étroites limites de la seule « culture gréco-latine », tout en étant assurément très louable, apparaîtra toujours comme tout à fait insuffisante au point de vue oriental, comme tout ce qui ne fait appel qu'à des éléments d'ordre purement « humain ». – Le dernier chapitre, Le Secret du Temple, rappelle à l'attention des Maçons, aujourd'hui trop oublieux de ces choses, les liens, certainement plus qu'« idéaux » quoi que certains puissent en dire, qui les rattachent aux Templiers ; ce n'est qu'une esquisse historique assez rapide, mais néanmoins très digne d'intérêt. Il ne paraît pas douteux que, comme le dit l'auteur, et bien qu'il ait pu y avoir encore autre chose dont cela même n'était qu'une conséquence, les Templiers aient possédé un « grand secret de réconciliation » entre le Judaïsme, le Christianisme et l'Islamisme ; comme nous l'avons déjà dit nous-même en une autre occasion, ne buvaient-ils pas le même « vin » que les Kabbalistes et les Soufis, et Boccace, leur héritier en tant que « Fidèle d'Amour », ne fait-il pas affirmer par Melchissédec que la vérité des trois religions est indiscutable… parce qu'elles ne sont qu'une en leur essence profonde ?

1 Emmanuel Malynski et Léon de Poncins
– La Guerre occulte
Gabriel Beauchesne, Paris.

Ici comme dans les précédents ouvrages de M. Léon de Poncins dont nous avons déjà eu l'occasion de parler, il y a, pour tout ce qui se rapporte à la critique du monde moderne, beaucoup de considérations très justes ; les auteurs, qui dénoncent avec raison des erreurs communes comme celle qui consiste à croire que les révolutions sont des « mouvements spontanés », sont de ceux qui pensent que la déviation moderne, dont ils étudient plus spécialement les étapes au cours du XIXe siècle, doit nécessairement répondre à un « plan » bien arrêté, et conscient tout au moins chez ceux qui dirigent cette « guerre occulte » contre tout ce qui présente un caractère traditionnel, intellectuellement ou socialement. Seulement, quand il s'agit de rechercher des « responsabilités », nous avons bien des réserves à faire ; la chose n'est d'ailleurs pas si simple ni si facile, il faut bien le reconnaître, puisque, par définition même, ce dont il s'agit ne se montre pas au dehors, et que les pseudo- dirigeants apparents n'en sont que des instruments plus ou moins inconscients. En tout cas, il y a ici une tendance à exagérer considérablement le rôle attribué aux Juifs, jusqu'à supposer que ce sont eux seuls qui en définitive mènent le monde, et sans faire à leur sujet certaines distinctions nécessaires ; comment ne s'aperçoit-on pas, par exemple, que ceux qui prennent une part active à certains événements ne sont que des Juifs entièrement détachés de leur propre tradition, et qui, comme il arrive toujours en pareil cas, n'ont guère gardé que les défauts de leur race et les mauvais côtés de sa mentalité particulière ? Il y a pourtant des passages (notamment pp. 105-110) qui touchent d'assez près à certaines vérités concernant la « contre-initiation » : il est tout à fait exact qu'il ne s'agit pas là d'« intérêts » quelconques, qui ne peuvent servir qu'à mouvoir de vulgaires instruments, mais d'une « foi » qui constitue « un mystère métapsychique insondable pour l'intelligence même élevée de l'homme ordinaire » ; et il ne l'est pas moins qu'« il y a un courant de satanisme dans l'histoire »… Mais ce courant n'est pas seulement dirigé contre le Christianisme (et c'est peut-être cette façon trop restreinte d'envisager les choses qui est la cause de bien des « erreurs d'optique ») ; il l'est aussi, exactement au même titre, contre toute tradition, qu'elle soit d'Orient ou d'Occident, et sans en excepter le Judaïsme. Quant à la Maçonnerie, nous étonnerons peut-être beaucoup les auteurs si nous disons que l'infiltration des idées modernes, au détriment de l'esprit initiatique, en a fait, non point un des agents de la « conspiration », mais au contraire une de ses premières victimes ; et cependant, en réfléchissant à certains efforts actuels de « démocratisation » du Catholicisme lui-même, qui ne leur ont certainement pas échappé, ils devraient pouvoir arriver, par analogie, à comprendre ce que nous entendons par là… Et oserons-nous ajouter qu'une certaine volonté d'égarer les recherches, en suscitant et en entretenant diverses « hantises » (peu importe que ce soit celle de la Maçonnerie, des Juifs, des Jésuites, du « péril jaune », ou quelque autre encore), fait précisément aussi partie intégrante du « plan » qu'ils se proposent de dénoncer, et que les « dessous » réels de certaines équipés antimaçonniques sont tout particulièrement instructifs à cet égard ? Nous ne savons que trop bien que, en insistant là-dessus, on risque fort de n'être agréable à personne, de quelque côté que ce soit ; mais est-ce là une raison suffisante pour ne point dire la vérité ?

Octobre 1936

l Léon de Poncins
– La mystérieuse Internationale juive
Gabriel Beauchesne, Paris.

Ce que nous avons dit ici dernièrement, à propos de La Guerre occulte dont M. Léon de Poncins est aussi l'un des auteurs, quant à certaines exagérations concernant le rôle des Juifs dans le monde, et quant à la nécessité de faire en tout cas certaines distinctions, s'applique encore à ce nouveau volume. Il y a assurément beaucoup de vrai dans ce qui y est exposé au sujet de deux « Internationales », l'une révolutionnaire et l'autre financière, qui sont sans doute beaucoup moins opposées réellement que ne pourrait le croire l'observateur superficiel ; mais tout cela, qui fait d'ailleurs partie d'un ensemble beaucoup plus vaste, est-il vraiment sous la direction des

Juifs (il faudrait dire plutôt de certains Juifs), ou n'est-il pas utilisé en réalité par « quelque chose » qui les dépasse ? Il y aurait du reste, pensons-nous, une étude bien curieuse à faire sur les raisons pour lesquelles le Juif, quand il est infidèle à sa tradition, devient plus facilement qu'un autre l'instrument des « influences » qui président à la déviation moderne ; ce serait là, en quelque sorte, l'envers de la « mission des Juifs », et cela pourrait peut-être mener assez loin… L'auteur a tout à fait raison de parler d'une « conspiration de silence » à l'égard de certaines questions ; mais que serait-ce s'il lui arrivait de toucher directement à des choses beaucoup plus vraiment « mystérieuses » encore, et auxquelles, disons-le en passant, les publications « anti-judéomaçonniques » sont les premières à bien se garder de faire jamais la moindre allusion ?

l Hiram – J. -B. Willermoz
et le Rite Templier à l'O. de Lyon
Fédération Nationale Catholique, Paris.

Le contenu de ce livre avait paru précédemment sous la forme d'une série d'articles dans la R.I.S.S. ; c'est assez dire dans quel esprit il a été conçu… Assurément, les documents qui y sont publiés, et dont l'essentiel est constitué par la correspondance de Willermoz au cours des négociations longues et compliquées qui devaient finalement aboutir à la constitution du Directoire Écossais Rectifié de la Province d'Auvergne, ces documents, disons-nous, gardent toujours en eux-mêmes leur intérêt historique ; mais que dire des commentaires dont on a jugé bon de les accompagner ? Il est des invraisemblances tellement énormes qu'elles en deviennent comiques ; c'est bien le cas de la présentation de Willermoz et de certains autres personnages (parmi lesquels les chanoines lyonnais d'alors sont plus particulièrement maltraités) comme des serviteurs du « culte du démon » et des gens qui conspiraient pour amener un « retour au paganisme » ! Nous ne sommes certes pas de ceux qui sont disposés à nier « l'intervention du démon dans les choses de ce monde » bien au contraire ; mais qu'on la cherche où elle est réellement ; il est vrai que ce serait un peu plus difficile et plus dangereux que de suivre tout simplement les fausses pistes sur lesquelles ledit démon ou certains de ses représentants ont estimé avantageux de lancer les « chercheurs » plus ou moins naïfs, pour empêcher précisément qu'ils ne risquent de découvrir la vérité…

l John Charpentier – Le Maître du Secret :
Un complot maçonnique sous Louis XVI
H. -G. Peyre, Paris.

Il ne s'agit pas, comme on pourrait être tenté de le croire, de la fameuse « affaire du Collier » mais d'une histoire toute fictive, où l'on voit bien apparaître un certain nombre de personnages réels, mais où ceux qui tiennent les principaux rôles sont, eux aussi, purement imaginaires. Ce n'est en somme, ainsi que le sous-titre l'indique d'ailleurs assez clairement, qu'une sorte de roman antimaçonnique, qui se distingue surtout par le caractère « anachronique » de certains discours : le langage pourrait en être celui de quelques Maçons politiciens d'aujourd'hui, mais il n'est sûrement pas celui de Maçons du XVIIIe siècle ! Il y a aussi une bizarre histoire de « sujets Templiers initiés ou spéculatifs » (sic), qui se seraient perpétués après la destruction de leur Ordre, et dont le chef serait désigné comme le « Maître du Secret » ; ils auraient rompu toutes relations avec les autres Templiers survivants, qui, eux, auraient fondé la Maçonnerie pour poursuivre leur vengeance ; l'auteur (à qui nous signalerons à ce propos une grosse erreur en ce qui concerne le symbolisme templier du nombre 11, dont nous avons parlé dans L'Ésotérisme de Dante) serait probablement bien en peine de justifier quelque peu sérieusement toutes ces assertions…

Avril 1937

l Maurice Favone – Les disciples d'Hiram en province :
La Franc- Maçonnerie dans la Marche
Dorbon Aîné, Paris.

Ce petit volume a surtout en lui-même, un intérêt d'« histoire locale », et il faudrait assurément beaucoup de « monographies » de ce genre pour qu'il soit possible d'en tirer des conclusions d'ordre général ; cependant, quelques idées exprimées dans l'introduction ont une portée qui dépasse ce cadre restreint. D'abord, en ce qui concerne les origines de la Maçonnerie, le fait que les habitants de la Marche « se sont distingués dans l'art de construire dès les temps les plus reculés » ne nous paraît pas, quoi qu'il en soit dit ici, avoir un rapport très direct avec le développement, dans cette région, de la Maçonnerie « spéculative » ; l'auteur semble oublier que cette dernière fut importée d'Angleterre, et que ce qui représentait en France l'ancienne Maçonnerie « opérative » s'est toujours continué dans le Compagnonnage, spécialement celui des tailleurs de pierre, et non pas ailleurs. Une autre vue beaucoup plus juste est celle qui se rapporte au rôle de la Maçonnerie au XVIIIe siècle : ses recherches l'ont convaincu qu'elle n'a nullement préparé la Révolution, contrairement à la légende propagé d'abord par les antimaçons, puis par certains Maçons eux-mêmes ; seulement, ce n'est point une raison pour conclure que « la Révolution est l'œuvre du peuple », ce qui est de la plus parfaite invraisemblance ; elle ne s'est certes pas faite toute seule, bien que ce qui l'a faite ne soit pas la Maçonnerie, et nous ne comprenons même pas comment il est possible, à qui réfléchit tant soit peu, d'ajouter foi à la duperie « démocratique » des révolutions spontanées… Enfin, nous ne pouvons nous dispenser de relever certaines inexactitudes assez singulières : ainsi, l'auteur ne paraît pas se douter qu'une Loge et un Chapitre sont deux choses tout à fait différentes ; et nous lui signalons aussi que les « Loges d'Adoption » qui dépendent actuellement de la Grande Loge de France ne sont pas le moins du monde « sous le signe du Droit Humain ».

1 Dr R. Swinburne Clymer
– The Rosicrucian Fraternity in America, Vol. I
« The Rosicrucian Foundation », Quakertown, Pennsylvania.

Ce gros volume est formé de la réunion de plusieurs fascicules qui paraissent avoir été tout d'abord publiés séparément : les uns se rapportent à l'histoire des organisations « rosicruciennes » ou soi-disant telles en Amérique ; les autres fournissent un exemple bien typique des querelles qui se produisent parfois entre lesdites organisations et auxquelles nous avons fait allusion dans un récent article. On pourrait d'ailleurs se demander pourquoi l'auteur se borne à dénoncer exclusivement une seule organisation rivale de la sienne, celle qui est connue sous la désignation d'A.M.O.R.C., alors qu'il en existe certainement plus d'une douzaine d'autres qu'il doit logiquement regarder comme tout aussi « illégitimes », puisqu'elles font pareillement usage d'un titre dont il revendique le monopole ; serait-ce parce que la « concurrence » se complique, dans ce cas, du fait que les deux adversaires prétendent l'un et l'autre constituer sous leurs auspices une « Fédération universelle des Ordres et Sociétés initiatiques », ce qui en fait évidemment une de trop ? Quoi qu'il en soit, on ne comprend guère comment des associations qui se disent initiatiques peuvent être registered ou incorporated, et porter leurs différends devant les tribunaux profanes, ni en quoi des certificats délivrés par des administrations de l'État peuvent établir autre chose qu'une simple « priorité » dans l'usage public d'une dénomination, ce qui assurément n'a rien à voir avec la preuve de sa légitimité ; tout cela témoigne d'une mentalité plutôt étrange, et en tout cas bien « moderne »… Mais, cela dit, ce n'est certes point donner raison aux propres revendications du Dr Clymer que de reconnaître qu'il apporte une documentation fort édifiante sur les « plagiats » de son adversaire, notamment en montrant que ses soi-disant « enseignements secrets » sont extraits textuellement de livres publiés et connus, comme ceux de Franz Hartmann et d'Eckartshausen. À propos de ce dernier, il y a quelque chose d'assez amusant : l'auteur déclare qu'il « a fait de soigneuses recherches, mais qu'il n'a pu trouver aucun écrivain, reconnu comme une autorité ou non, qui cite ou classe Eckartshausen comme un Rosicrucien » ; nous lui signalons bien volontiers la « source » qui lui a échappé : c'est dans l'Histoire des Rose-Croix de Sédir que, parmi des notices biographiques sur divers personnages présumés « rosicruciens », il s'en trouve une, la dernière de la série, qui est consacrée à Eckartshausen (1ère édition, pp. 169-160 ; 2e édition, p. 359) ; là encore, l'Imperator de l'A.M.O.R.C. n'a donc pas même le mérite de l'invention ! On pourrait du reste, à la condition d'être au courant de certaines choses, relever encore à sa charge d'autres « plagiats » d'un genre quelque peu différent : ainsi, nous voyons la reproduction d'un diplôme dont l'en-tête est libellé au nom d'un soi-disant « Grand Collège des Rites » ; or ce titre n'a jamais appartenu proprement qu'au Grand-Orient de France ; sachant fort bien en quelle circonstance l'Imperator en a eu connaissance, et constatant que la date du diplôme en question lui est postérieure, l'« emprunt » ne peut faire pour nous le moindre doute, sans même parler des détails, très significatifs à cet égard, d'un sceau plus ou moins adroitement modifié... Il y a cependant des choses d'un caractère plus purement fantaisiste, comme le diplôme d'une inexistante « Rose-Croix d'Égypte », quoique, à vrai dire, la « chaîne lybique » dont il s'entoure nous paraisse bien s'inspirer aussi de quelque modèle préexistant ; mais, à ce propos, pourquoi le Dr Clymer voudrait-il que, dans une inscription rédigée en français (d'ailleurs approximatif), on dise Rose-Cross et non Rose-Croix ? Il est vrai qu'on ne peut pas s'attendre à de bien grandes connaissances linguistiques de la part de quelqu'un qui écrit les titres de sa propre organisation en un latin que nous croyons plus charitable de ne pas reproduire !

Passons à quelque chose de plus important : il apparaît bien que l'Imperator a d'abord fabriqué de toutes pièces son A.M.O.R.C., en dépit de la fantastique histoire d'une charte qu'il aurait reçue à Toulouse en 1915, et dont le signataire supposé n'a jamais pu être découvert ; mais, par la suite, il est entré en contact avec les multiples organisations dirigées par le fameux Aleister Crowley, dont il est devenu en quelque sorte un des lieutenants ; cela montre bien que, de la « pseudo-initiation » à la « contre-initiation », le passage n'est souvent que trop facile... Ce n'est certes pas « diffamer » Crowley que de le qualifier de « magicien noir », puisque, en fait, cette qualité lui a été reconnue pour ainsi dire « officiellement » par un jugement rendu contre lui à Londres il y a quelques années ; disons pourtant, en toute impartialité, que cette imputation gagnerait à être appuyée par des arguments plus solides que ceux qu'invoque le Dr Clymer, qui fait même preuve ici d'une assez étonnante ignorance du symbolisme. Nous avons souvent fait remarquer que les mêmes symboles peuvent être pris en des sens opposés : ce qui importe en pareil cas, c'est l'intention dans laquelle ils sont employés et l'interprétation qui en est donnée, mais il est évident que cela ne saurait se reconnaître à leur aspect extérieur, qui n'en subit aucun changement ; et c'est même une habileté élémentaire, de la part d'un « magicien noir », que de tirer parti d'une telle équivoque. De plus, il faut aussi tenir compte des « plagiats » purs et simples, qui ne manquent pas non plus chez Crowley : ainsi, son emblème de la colombe du Graal vient en droite ligne de Péladan… Ce qui est particulièrement curieux, chez le Dr Clymer, c'est ce que nous pourrions appeler l'obsession du triangle renversé : il ne paraît pas se douter que celui-ci a, dans le symbolisme le plus orthodoxe, d'importantes significations que nous exposerons peut-être quelque jour ; et comment ne sait-il pas tout au moins que ce triangle figure dans les hauts grades de la Maçonnerie écossaise, où il n'y a assurément pas trace de « magie noire » ? Un problème que nous nous avouons incapable de résoudre, c'est celui de savoir comment un cordon porté « en sautoir » pourrait bien ne pas avoir la pointe en bas ; mais nous ne croyons pas que, avant le Dr Clymer, personne ait jamais eu l'idée de voir dans la forme d'un tel cordon (ou d'un camail de chanoine, si l'on veut) la figure d'un triangle renversé. Il n'y a pas grandes conséquences à tirer non plus, si ce n'est comme exemple de « contrefaçon », du fait que les chefs d'organisations pseudo-maçonniques font précéder leur signature d'une triple croix uniquement pour imiter les membres des authentiques Suprêmes Conseils ; cela n'a rien à voir avec un « symbole de l'Antéchrist » ! Crowley, et l'Imperator à sa suite, emploient une croix surchargée de signes variés ; mais, en l'examinant attentivement, on n'y découvre en somme que des lettres hébraïques, des symboles alchimiques et astrologiques, toutes choses qui n'ont rien d'original ni de caractéristique ; et, dès lors que parmi ces signes figurent ceux des quatre éléments, comment pourrait-il ne pas s'y trouver de triangles renversés ? Il y a bien aussi un prétendu « coq noir » dont, à première vue, l'aspect peut donner une impression plus « sinistre » ; mais celui-là encore est tout simplement… la reproduction assez fidèle d'une de ces bizarres figures composites appelées « grylles » par les archéologues, et dont l'origine est attribuée, à tort ou à raison, aux Gnostiques basilidiens ; précisons que le « grylle » en question a été publié dans le recueil de Rossi et Maffai, Gemme antiche, Tome 1, n° 21, et reproduit dans l'Histoire critique du Gnosticisme de Matter, planche I f, fig. 2 b. Tout cela ne prouve qu'une chose : c'est qu'on devrait toujours être bien sûr de connaître exactement ce dont on parle, et qu'il est imprudent de se laisser entraîner par son imagination ; mais en voilà assez sur toutes ces « curiosités »… Quant à certains procédés de « réclame » plus ou moins charlatanesques que dénonce le Dr Clymer, il va sans dire que nous sommes entièrement de son avis là-dessus ; seulement, lui-même se souvient-il, bien que cela date d'un quart de siècle environ, d'une petite revue qui s'intitulait *The Egyptian*, et dans laquelle on pouvait lire des annonces dont le style ne différait pas très sensiblement de celui-là ?

Sur le côté « historique » du livre, nous insisterons beaucoup moins longuement, pour le moment du moins ; nous noterons seulement tout d'abord, que la *Militia Crucifera Evangelica*, qui est une des « origines » dont se recommande le Dr Clymer, était une organisation spécifiquement luthérienne, non point rosicrucienne ni initiatique ; il est d'ailleurs douteux que sa récente « reconstitution » américaine puisse se prévaloir d'une filiation authentique, car, entre 1598 et 1901 il y a une lacune qui semble assez difficile à combler… Il y a aussi, parmi les « autorités » invoquées, Georges Lippard, auteur peu connu de certaines fictions à tendances à peu près uniquement politiques et sociales, dont quelques chapitres sont reproduits ici, et où sont mis en scène de prétendus Rose-Croix dont tout ce qu'on peut dire est qu'ils font beaucoup moins figure d'initiés que de simples conspirateurs ; et pourtant c'est là-dessus que repose en définitive toute l'histoire d'une introduction de l'Ordre en Amérique au XVIIIe siècle ; sans vouloir se montrer trop difficile, on pourrait assurément souhaiter mieux ! Comme « rattachement » plus certain, il ne reste finalement, après cela que les liens unissant le Dr Clymer et son organisation à P. L. Randolph et à ses successeurs ; cela même, au point de vue rosicrucien surtout, puisque c'est là ce dont il s'agit, peut-il être considéré comme constituant une garantie suffisante et réellement valable ? Nous ne répondrons pas présentement à cette question, bien que nos lecteurs puissent facilement se douter de ce que nous en pensons au fond ; nous mentionnerons seulement, pour terminer, un chapitre consacré aux relations de Randolph avec quelques-uns de ses contemporains (relevons en passant une erreur assez singulière : l'ouvrage de notre directeur Paul Chacornac sur Éliphas Lévi y est attribué à… Paul Redonnel), et, comme cette histoire n'est somme toute pas dépourvue de quelque intérêt, nous y reviendrons peut-être une autre fois.

Janvier 1938

1 Victor-Émile Michelet
– Les Compagnons de la Hiérophanie
Dorbon Aîné, Paris.

Sous ce titre un peu étrange, l'auteur a réuni, comme l'indique le sous-titre, ses « souvenirs du mouvement hermétiste à la fin du XIXe siècle » ; à la vérité, il faudrait, pour plus d'exactitude, remplacer « hermétiste » par « occultiste », car c'est proprement de cela qu'il s'agit ; mais ce ne fut bien en effet, faute de bases sérieuses, qu'un simple « mouvement » et rien de plus : qu'en reste-t-il aujourd'hui ? Le livre intéressera ceux qui ont connu ce milieu disparu depuis assez longtemps déjà, et aussi ceux qui, n'ayant pu le connaître, voudront s'en faire une idée d'après les impressions d'un témoin direct ; il ne faudrait d'ailleurs pas y chercher la moindre appréciation doctrinale, l'auteur s'étant borné au côté uniquement « pittoresque » et anecdotique, que même il présente d'une façon quelque peu incomplète, car il semble qu'il n'ait vu dans ce monde que des « écrivains », ou que du moins il n'ait considéré que sous cet aspect les personnages qu'il y a rencontrés, tant il est vrai que chacun envisage toujours les choses suivant son « optique » particulière ! En outre, il y aurait peut-être des réserves à faire sur quelques points dont il ne parle que par ouï-dire : ainsi, pour ce qui est de l'entrée en relations de Papus et de « Monsieur Philippe » avec la cour de Russie, il n'est pas bien sûr que les choses se soient passées tout à fait comme il le dit ; en tout cas, ce qui est hautement fantaisiste, c'est l'assertion que « Joseph de Maistre avait créé un Centre Martiniste à Saint-Pétersbourg », et que le tsar Alexandre 1er fut « initié au Martinisme » qui n'existait certes pas encore à cette époque… La vérité est que Joseph de Maistre et Alexandre 1er furent l'un et l'autre « Chevaliers Bienfaisants de la Cité Sainte » ; mais cette désignation n'est point celle d'un « vieil Ordre dont on attribue vulgairement la création soit à Louis-Claude de Saint-Martin, soit à Martines de Pasqually, mais qui, en réalité, compte six siècles d'existence » ; c'est, tout simplement, celle du dernier grade du Régime Écossais Rectifié, tel qu'il fut intitulé au Convent de Lyon en 1778, sous l'inspiration de Willermoz, puis adopté définitivement à celui de Wilhelmsbad en 1782, ce qui est fort loin de dater de six siècles ! Nous pourrions relever encore d'autres passages qui témoignent d'une information plus ou moins insuffisante, par exemple celui qui est consacré au Dr Henri Favre, dont il est dit notamment qu'« il n'a guère publié que ses Batailles du Ciel » ; or nous avons de lui un énorme volume intitulé Les Trois Testaments, examen méthodique, fonctionnel, distributif et pratique de la Bible, paru en 1872 et dédié à Alexandre Dumas fils, nous devons d'ailleurs reconnaître que nous n'avons jamais vu cet ouvrage mentionné nulle part, et c'est pourquoi nous le signalons ici à titre de curiosité. Notons aussi que la fameuse histoire de l'abbé Boullan apparaît, dans ce livre, réduite à des proportions singulièrement diminuées ; ce n'est pas, sans doute, que le rôle des occultistes en cette affaire doive être pris trop au sérieux (le point de départ réel en fut surtout une plaisanterie de Papus, qui montrait à tout venant une bûche qui était censée représenter Boullan et dans laquelle il avait planté un sabre japonais, soi-disant pour l'envoûter) ; mais la figure même de ce successeur de Vintras est certainement plus inquiétante que ne le serait celle d'un simple « primaire de la sorcellerie », et il y avait chez lui autre chose que les « quelques notions élémentaires de magie » qu'il avait pu prendre « dans l'enseignement des séminaires » ; en fait, cette histoire du « Carmel » vintrasien se rattache à tout un ensemble d'événements fort ténébreux qui se déroulèrent au cours du XIXe siècle, et dont nous n'oserions même pas affirmer, en constatant certaines « ramifications » souterraines, qu'ils n'ont pas une suite aujourd'hui encore…

Février 1938

1 Alfred Dodd – Shakespeare Creator of Freemasonry
Rider and Co., London.

L'auteur de ce livre avait déjà publié, il y a quelques années, une édition des sonnets de Shakespeare visant à reconstituer leur arrangement primitif et à prouver qu'ils sont en réalité les poèmes « personnels » de Francis Bacon, lequel aurait été, suivant lui, le fils de la reine Élisabeth ; en outre, Lord Saint-Alban, c'est-à-dire ce même Bacon, aurait été l'auteur du rituel de la Maçonnerie moderne et son premier Grand-Maître. Ici, par contre, il n'est plus question de l'identité de Shakespeare, qui a donné et donne encore lieu à tant de controverses ; il s'agit seulement de montrer que celui-ci, quel qu'il ait été, a introduit dans ses œuvres, d'une façon plus ou moins cachée et parfois tout à fait cryptographique, d'innombrables allusions à la Maçonnerie. A vrai dire il n'y a là rien qui puisse étonner ceux qui n'admettent pas l'opinion trop « simpliste » d'après laquelle la Maçonnerie aurait été créée de toute pièce au début du XVIIIe siècle ; tous les « déchiffrements » de l'auteur ne sont pas également convaincants, et, en particulier, les initiales, sauf là où elles se présentent nettement en groupes formant des abréviations dont l'usage maçonnique est bien connu, pouvant évidemment toujours se prêter à de multiples interprétations plus ou moins plausibles ; mais, même en écartant ces cas douteux, il paraît en rester encore suffisamment pour donner raison à l'auteur quant à cette partie de sa thèse. Malheureusement, il en va tout autrement pour ce qui est des conséquences excessives qu'il veut en tirer, en s'imaginant avoir découvert par là le « fondateur de la Maçonnerie moderne » : si Shakespeare, ou le personnage connu sous ce nom, fut Maçon, il dut être forcément un Maçon opératif (ce qui ne veut nullement dire un ouvrier), car la fondation de la Grande Loge d'Angleterre marque bien le début, non point de la Maçonnerie sans épithète, mais de cet « amoindrissement », si l'on peut dire, qu'est la Maçonnerie spéculative ou moderne. Seulement, pour comprendre cela, il ne faudrait pas partir de cette singulière idée préconçue que la Maçonnerie opérative était quelque chose d'assez semblable aux « syndicats » de notre époque, et que ses membres étaient uniquement préoccupés de « questions de salaires et d'heures de travail » ! L'auteur n'a évidemment pas la moindre notion de la mentalité et des connaissances du moyen âge, et, par surcroît, il va à l'encontre de tous les faits historiques quand il affirme que la Maçonnerie opérative aurait cessé d'exister dès le XVe siècle, et par conséquent n'aurait pu avoir aucune continuité avec la Maçonnerie spéculative, même si celle-ci remonte, suivant son hypothèse, à la fin du XVIe siècle ; nous ne voyons vraiment pas pourquoi certains édits auraient eu plus d'effet contre la Maçonnerie, en Angleterre, que des édits similaires n'en eurent en France contre le Compagnonnage ; et d'ailleurs, qu'on le veuille ou non, c'est un fait que des Loges opératives ont toujours existé avant et même après 1717. Cette façon d'envisager les choses entraîne encore bien d'autres invraisemblances : ainsi, les manuscrits des Old Charges ne seraient que des faux, fabriqués par ceux-là mêmes qui auraient composé le rituel, afin d'égarer les recherches et de faire croire à une filiation inexistante, dissimulant leur véritable but qui aurait été de faire revivre les mystères antiques sous une forme modernisée ; l'auteur ne s'aperçoit pas que cette opinion, qui revient à nier l'existence d'une transmission régulière et à n'admettre à sa place qu'une simple reconstitution « idéale », enlèverait par là-même à la Maçonnerie toute valeur initiatique réelle ! Passons sur ses remarques concernant les « ouvriers illettrés » dont se serait composée exclusivement l'ancienne Maçonnerie opérative, alors que, en réalité, celle-ci « acceptа » toujours des membres qui n'étaient ni ouvriers ni illettrés (dans chacune de ses Loges, il y avait tout au moins obligatoirement un ecclésiastique et un médecin) ; de plus, en quoi le fait de ne savoir ni lire ni écrire (ce qui, entendu littéralement et non symboliquement, est sans aucune importance au point de vue initiatique) peut-il bien empêcher d'apprendre et de pratiquer un rituel qui, précisément, ne devait jamais être confié à l'écriture ? Il semblerait, à en croire l'auteur, que les constructeurs anglais du moyen âge n'avaient même pas à leur disposition un langage quelconque dans lequel ils pussent s'exprimer ! Même s'il est vrai que les termes et les phrases du rituel, sous sa forme actuelle, portent la marque de l'époque d'Élisabeth, cela ne prouve nullement qu'il ne s'agisse pas tout simplement d'une nouvelle version faite alors d'un rituel beaucoup plus ancien, et conservée telle quelle par la suite parce que la langue n'a plus changé très notablement à partir de cette époque ; prétendre que le rituel ne remonte pas plus loin, c'est à peu près comme si l'on voulait soutenir que la Bible ne date également que de cette même époque, en invoquant à l'appui de cette assertion le style de la « version autorisée », que certains, par une curieuse coïncidence, attribuent d'ailleurs aussi à Bacon, lequel, disons-le en passant, aurait dû vivre bien longtemps pour pouvoir écrire tout ce qui lui est ainsi attribué… L'auteur a parfaitement raison de penser que « les questions maçonniques doivent être étudiées maçonniquement » ; mais c'est bien pour cela, précisément, qu'il aurait dû lui-même se garder avant tout du préjugé essentiellement profane des « grands hommes » ; si la Maçonnerie est vraiment une organisation initiatique, elle ne peut pas avoir été « inventée » à un moment donné, et son rituel ne saurait être l'œuvre d'un individu déterminé (non plus, bien entendu, que d'un « comité » ou groupement quelconque) ; que cet individu soit un écrivain célèbre et même « génial », cela n'y change absolument rien. Quant à dire que Shakespeare n'aurait pas osé mettre dans ses pièces des allusions maçonniques s'il n'avait été, en tant que fondateur, au-dessus de l'obligation du secret, c'est là une raison plus que faible, surtout si l'on songe que bien d'autres que Shakespeare en ont fait tout autant, et même d'une façon beaucoup moins déguisée : le caractère maçonnique de la Flûte enchantée de Mozart, par exemple, est certainement beaucoup plus apparent que celui de la Tempête... Un autre point sur lequel l'auteur semble se faire bien des illusions, c'est la valeur des connaissances que pouvaient posséder les fondateurs de la Grande Loge d'Angleterre ; il est vrai qu'Anderson a pris soin de dissimuler bien des choses, et peut-être plutôt « par ordre » que de sa propre initiative, mais pour des fins qui n'avaient certes rien d'initiatique ; et, si la Grande Loge gardait réellement certains secrets concernant l'origine de la Maçonnerie, comment expliquer que de nombreux historiens, qui en furent des membres éminents, aient fait preuve d'une si complète ignorance à cet égard ? Au surplus, deux ou trois remarques de détail achèveront de montrer combien on a tort de ne pas se défier suffisamment de son imagination (et peut-être aussi de certaines révélations « psychiques », auxquelles le précédent ouvrage du même auteur semblait se référer discrètement) : ainsi, il n'y a pas lieu de se demander, à propos d'un passage d'Anderson, « quel est le degré qui fait un Expert Brother », comme s'il s'agissait là de quelque chose de mystérieux (et l'auteur a d'ailleurs des idées tout à fait fantaisistes sur les hauts grades), car cette expression d'Expert Brother était alors employée tout simplement comme un synonyme de Fellow Craft ; le Compagnon était « expert » au sens latin du mot, tandis que l'Apprenti ne l'était pas encore. Le « jeune homme de talents extraordinaires » auquel fait allusion Thomas de Quincey n'est point Shakespeare ou Bacon, mais, de façon tout à fait évidente, Valentin Andreae ; et les lettres A.L. et A.D., qui, suivies de dates, figurent sur un bijou de Royal Arch, n'ont certes pas été mises là pour former les mots a lad, qui s'appliqueraient au « jeune homme » en question ; comment peut-on, surtout quand on se fait en quelque sorte une « spécialité » d'interpréter des initiales, ne pas savoir que ces lettres ne signifient rien d'autre qu'Anno Lucis et Anno Domini ? Nous pourrions relever bien d'autres choses du même genre, mais nous croyons peu utile d'y insister davantage ; remarquons seulement encore qu'il est bien difficile de savoir au juste ce que l'auteur entend par Rosicrosse Masons ; il en parle comme d'une « société littéraire », ce qui, fût-elle secrète, est quelque chose de fort peu initiatique ; il est vrai que la Maçonnerie elle-même n'est pour lui qu'un « système éthique », ce qui ne va guère plus loin et n'est pas d'un ordre beaucoup plus profond ; et que penser du sérieux d'une organisation qui n'aurait pas de plus grand secret à garder que celui de l'identité de son fondateur ? Ce n'est certes pas par le nom d'une individualité quelconque, quand bien même ce serait celui d'un « grand homme », qu'on répondra jamais valablement à la question posée par un « mot » qui a été déformé de tant de façons diverses, question qui d'ailleurs, chose curieuse, se lit en arabe encore plus clairement qu'en hébreu : Mâ el-Bannâ ?

Mars 1938

l André Lebey
– La Fayette ou le Militant Franc-Maçon
Librairie Mercure, Paris.

Ces deux volumes constituent une étude fort consciencieuse, et remarquablement impartiale, non pas seulement d'un homme comme le titre pourrait le donner à penser, mais en réalité de toute une époque, et d'une époque qui fut particulièrement mouvementée et chargée d'événements. L'auteur n'est pas de ceux pour qui l'histoire n'est qu'une simple affaire de curiosité et d'érudition plus ou moins vaine ; il estime au contraire, très justement, qu'on doit y chercher des enseignements pour le présent, et il déplore que, en France notamment, on sache si peu profiter des leçons qu'il conviendrait d'en tirer : mais, au fond, n'est-il pas naturel et en quelque sorte logique qu'il en soit ainsi à une époque comme la nôtre, où une aveugle croyance au « progrès » incite bien plutôt à dédaigner le passé qu'à s'en inspirer ? Il ne dissimule aucunement les faiblesses de son héros, qui, ayant commencé sa vie en homme d'action, laissa par la suite échapper presque toutes les occasions d'agir qui s'offrirent à lui, et qui se laissa le plus souvent entraîner par les événements bien plus qu'il ne les dirigea ; s'il en fut ainsi, il semble bien que c'est surtout parce que l'action politique exige trop de compromissions inconciliables avec la fidélité à des convictions bien définies et nettement arrêtées, et aussi parce qu'il faut tenir compte des multiples contingences qui paraissent négligeables à celui qui s'en tient à une vue trop « idéale » des choses. D'un autre côté, par son honnêteté et sa sincérité mêmes, un homme comme La Fayette risquait de n'être que trop facilement le jouet de gens moins scrupuleux ; en fait, il apparaît assez clairement qu'un Talleyrand et un Fouché le « manœuvrèrent » à peu près comme ils le voulurent ; et d'autres sans doute, en le mettant en avant, ne songèrent qu'à s'abriter derrière son nom et à profiter de la popularité qui l'entourait. On pourrait se demander s'il n'était pas arrivé à s'en rendre compte dans une certaine mesure, vers la fin de sa vie, lorsqu'il écrivait une phrase comme celle-ci : « Il a été dans ma destinée personnelle, depuis l'âge de dix-neuf ans, d'être une sorte de type de certaines doctrines, de certaine direction, qui, sans me mettre au-dessus, me tiennent néanmoins à part des autres ». Un « type », un personnage plus « représentatif » que vraiment agissant, voilà bien, en effet, ce qu'il fut pendant tout le cours de sa longue carrière… Dans la Maçonnerie même, il ne semble pas avoir jamais joué un rôle tellement important et c'est encore au « type » que s'adressaient les honneurs qui lui furent décernés ; si par contre la Charbonnerie le mit à la tête de sa Haute Vente, il s'y comporte comme partout ailleurs, « se ralliant toujours à la majorité, se persuadant qu'elle tenait compte de ses vues, qu'elle acceptait d'ailleurs d'abord, quitte ensuite à les tourner ou à les dépasser », ce qui, du reste, ne constitue peut-être pas un cas tellement exceptionnel : que de « dirigeants » apparents dont on en pourrait dire autant !

Certaines allusions aux « forces équivoques, policières et autres, qui agissent derrière les gouvernements », montrent d'ailleurs que l'auteur soupçonne l'existence de bien des « dessous », tout en reconnaissant que, malheureusement, il n'a jamais pu réussir à savoir exactement, d'une façon sûre et précise, à quoi s'en tenir à ce sujet, sur lequel, cependant, « il serait indispensable d'être renseigné avec certitude pour redresser la politique et la débarrasser de l'abjection qui la mine en menant le monde à la débâcle » ; et, ajouterons-nous ; c'est même dans tous les domaines, et non pas seulement dans celui de la politique, qu'une telle opération serait aujourd'hui nécessaire…

1 E. Gautheron
– Les Loges maçonniques dans la Haute-Loire
Éditions de la Main de Bronze, Le Puy.

Ce volume est, comme le dit l'auteur, « à la fois une page d'histoire locale et une contribution à l'histoire de la Franc-Maçonnerie en France » ; il est d'ailleurs presque exclusivement « documentaire », si bien que ce n'est guère que dans la conclusion que se laisse deviner une certaine tendance antimaçonnique. En fait, les documents qui y sont publiés n'apportent rien d'imprévu ou de spécialement important ; ce n'est pourtant pas à dire qu'ils soient sans intérêt, car ils font connaître tout au moins quelques personnages assez curieux à divers égards. L'auteur se fait une idée un peu trop simple des origines de la Maçonnerie : les constructeurs du moyen âge constituaient tout autre chose qu'une vulgaire association « de protection et d'entr'aide mutuelle » ; en outre, il y eut de tout temps des Maçons « acceptés », qui n'étaient nullement de « faux Maçons », ni des personnages ayant à dissimuler une activité politique quelconque ; la prépondérance acquise par ces éléments non professionnels dans quelques Loges rendit possible la dégénérescence « spéculative », mais leur existence même n'était point un fait nouveau ni anormal. D'autre part, nous devons relever au moins une erreur de détail : une « Loge chapitrale » n'est pas une Loge « dont les membres peuvent arriver au grade de Rose-Croix », ce que peut tout Maçon, mais une Loge sur laquelle, suivant un mode d'organisation d'ailleurs spécial au Grand-Orient de

France, est « souché » un Chapitre de Rose-Croix, où peuvent être reçus aussi des membres d'autres Loges ; à un autre endroit, la dénomination de « Souverain Chapitre » se trouve, sans doute du fait d'une abréviation mal déchiffrée, transformée.

Novembre 1938

l Oswald Wirth – Qui est régulier ?
Le pur Maçonnisme sous le régime
des Grandes Loges inauguré en 1717
Éditions du Symbolisme, Paris.

Ce volume est la réunion d'articles parus précédemment dans le Symbolisme ; nous avons déjà parlé de la plupart de ces articles lors de leur première publication, ce qui nous dispense d'y revenir en détail. Il s'agit de la querelle qui divise la Maçonnerie anglo-saxonne et la Maçonnerie dite « latine », et plus particulièrement française ; l'auteur reproche à la première de n'être pas restée fidèle au « pur Maçonnisme », de sorte que l'accusation d'« irrégularité » qu'elle porte contre la seconde devrait se retourner contre elle. Ce « pur Maçonnisme », pour lui, est comme on le sait, représenté essentiellement par les Constitutions d'Anderson ; mais c'est précisément là ce qu'il y aurait lieu de contester si l'on voulait placer la question sur son véritable terrain : l'authentique expression du « pur Maçonnisme », ce ne peuvent être que les Old Charges de la Maçonnerie opérative, dont les Constitutions d'Anderson s'écartaient fort. Que la Grande Loge d'Angleterre s'en soit, par la suite, rapprochée dans une certaine mesure, cela ne semble pas douteux ; mais on ne saurait faire grief à quelqu'un de réparer une erreur, fût-ce partiellement et tardivement (que d'ailleurs cette erreur ait été volontaire ou involontaire, ou plutôt en partie l'un et l'autre, peu importe ici). Seulement, la Maçonnerie française, de son côté, n'a fait au contraire qu'accentuer davantage la même erreur ; ainsi, partis du même point, les deux adversaires actuels sont allés toujours en divergeant de plus en plus, ce qui leur rend évidemment bien difficile de s'entendre. Au fond, le seul tort de la Grande Loge d'Angleterre, en la circonstance, est de ne pas reconnaître nettement sa véritable position présente vis-à-vis des Constitutions d'Anderson, ce qui couperait court à toute discussion en faisant tomber l'unique argument qu'on lui oppose avec quelque apparence de fondement ; mais le pourrait-elle sans avouer par là même son propre défaut originel, qui est en fait celui de tout le régime des Grandes Loges, c'est-à-dire de la Maçonnerie spéculative elle-même ? Et cet aveu, si elle s'y résignait quelque jour, devrait logiquement l'amener à envisager une restauration intégrale de l'ancienne tradition opérative ; mais où sont ceux qui actuellement seraient capables d'accomplir une telle restauration ? Ces quelques réflexions, assurément fort éloignées du point de vue de l'auteur du livre qui en est l'occasion, montrent suffisamment toute la difficulté de la question, difficulté qui, en somme, vient surtout de ce qu'aucune des deux parties en présence ne peut dire où est réellement le « pur maçonnisme », soit parce qu'elle l'ignore, soit parce que ce serait se condamner elle-même en même temps que la partie adverse, ou s'obliger à entreprendre une tâche probablement impossible. En tout cas, tant qu'on s'obstinera à ne pas vouloir remonter au-delà de 1717 pour retrouver les véritables principes, il est bien certain qu'on ne pourra jamais arriver à une solution satisfaisante ; il resterait d'ailleurs à savoir s'il se trouve quelqu'un qui veuille vraiment y arriver, et, malheureusement, les préoccupations assez étrangères au point de vue initiatique qui se font jour en tout cela permettent d'en douter…

Janvier 1939

l G. Persigout – Rosicrucisme et Cartésianisme :
« X Novembris 1619 »,
Essai d'exégèse hermétique du Songe cartésien
Éditions « La Paix », Paris.

Cette brochure, qui ne représente d'ailleurs qu'un fragment d'un travail plus étendu, se rapporte à une question dont nous avons eu déjà l'occasion de parler, il y a un certain temps (n° d'avril 1938, pp. 155-156), à propos d'un article d'un autre auteur paru dans le Mercure de France ; nous n'avons donc pas besoin de redire ici toutes les raisons qui rendent inadmissible l'hypothèse d'une initiation rosicrucienne de Descartes. L'auteur de la présente étude n'est d'ailleurs pas aussi affirmatif que certains autres ; parfois, il parle même seulement d'une « ambiance rosicrucienne » qui existait en Allemagne à cette époque et par laquelle Descartes aurait pu être influencé à un certain moment, celui même où il eut son fameux songe ; réduite à ces proportions, la chose est assurément beaucoup moins invraisemblable, surtout si l'on ajoute que cette influence n'aurait été en somme que passagère, donc très superficielle. Cependant, cela n'expliquerait pas que les différentes phases du songe correspondent aux épreuves initiatiques, car ce sont là des choses qui ne peuvent pas se découvrir par la simple imagination, sauf dans les rêveries des occultistes ; mais une telle correspondance existe-t-elle bien réellement ? En dépit de toute l'ingéniosité dont l'auteur fait preuve dans ses interprétations, nous devons dire qu'elle n'est pas très frappante, et qu'elle présente même une fâcheuse lacune, car, avec la meilleure volonté du monde, on ne voit vraiment pas bien en quoi la présentation d'un melon peut tenir lieu de l'épreuve de l'eau... Il est bien peu probable, d'autre part, que ce songe ne soit qu'une fiction, ce qui au fond serait plus intéressant, car cela montrerait tout au moins chez Descartes une intention symbolique consciente, si imparfaitement qu'il l'ait exprimée ; en ce cas, il aurait pu tenter sous cette forme une description déguisée d'épreuves initiatiques ; mais encore de quelle initiation s'agirait-il alors ? Tout ce qu'il serait possible d'admettre à la rigueur, c'est qu'il ait été reçu, comme le fut plus tard Leibnitz, dans quelque organisation d'inspiration plus ou moins rosicrucienne, dont il se serait d'ailleurs retiré par la suite (et la rupture, s'il en était ainsi, aurait même dû avoir un caractère plutôt violent, à en juger par le ton de la dédicace de « Polybius le Cosmopolite ») ; encore faudrait-il qu'une telle organisation eût été déjà bien dégénérée pour admettre ainsi à la légère des candidats aussi peu « qualifiés »... Mais, tout bien examiné, et pour les raisons que nous avons déjà exposées, nous continuons à penser que Descartes, qu'il est d'ailleurs vraiment par trop paradoxal de vouloir défendre de l'imputation de « rationalisme », ne connut sans doute, en fait d'idées rosicruciennes, que ce qui pouvait circuler alors dans le monde profane, et que, si certaines influences s'exercèrent sur lui d'une autre façon, consciemment ou plus probablement inconsciemment, la source dont elles émanaient était en réalité tout autre chose qu'une initiation authentique et légitime ; la place même que tient sa philosophie dans l'histoire de la déviation moderne n'est-elle pas un indice amplement suffisant pour justifier un tel soupçon ?

Avril 1939

l C. Chevillon
– Le vrai visage de la Franc-Maçonnerie :
Ascèse, apostolat, culture
Édition des Annales Initiatiques, Librairie P. Derain et L. Raclet, Lyon).

L'auteur de cette brochure est peu satisfait de l'état présent de la Maçonnerie, ou plutôt des organisations maçonniques, et il est de ceux qui voudraient trouver un remède à leur dégénérescence ; malheureusement, il est bien difficile de découvrir, dans les réflexions auxquelles il se livre à ce propos, quelque chose de plus et de mieux que cette bonne intention, qui ne suffit certes pas pour aboutir à un résultat effectif. Nous pensons que, par « ascèse », il faudrait entendre proprement, surtout si l'on veut appliquer ce mot dans l'ordre initiatique, une méthode de développement spirituel ; mais ici, en fait, il n'est guère question que de développer les « facultés psychologiques », envisagées suivant leur classification la plus banalement « universitaire » : sensibilité, intelligence, volonté ; il est bien entendu qu'intelligence, en pareil cas, ne veut dire que raison ; ce qui est plus curieux est que l'auteur croit pouvoir mettre la volonté en rapport avec le « monde des idées pures »… Quant à son idée d'« apostolat », elle semble procéder surtout d'une confusion de la « réalisation » avec l'action extérieure, ce qui est aussi peu initiatique que possible ; et, au fond, nous ne voyons pas une bien grande différence entre ses préoccupations sociales et celles dont l'intrusion dans la Maçonnerie moderne a largement contribué à produire la déviation qu'il déplore. Enfin, la « culture », c'est-à-dire en somme l'éducation tout extérieure, conçue à la manière profane, n'a aucun rapport avec l'obtention de la véritable connaissance ; et, s'il est assurément très bien de dire que « le Maçon doit acquérir le sens de l'Éternel », encore faudrait-il pour donner une valeur réelle à cette affirmation, ne pas s'en tenir à un « verbalisme » plus ou moins vide, qui est peut-être « philosophique », mais qui ne reflète rien de vraiment initiatique, ni d'ailleurs de spécifiquement maçonnique, si l'on entend ce dernier mot suivant la conception traditionnelle, et non suivant ce qu'il représente pour la plupart de nos contemporains, y compris la grande majorité des Maçons eux-mêmes !

Juin 1939

l Alice Joly – Un Mystique lyonnais et les secrets
de la Franc-Maçonnerie (1730-1824)
Protat Frères, Mâcon.

Ce gros volume est une biographie aussi complète que possible de Jean-Baptiste Willermoz, fort consciencieusement faite et sérieusement documentée, mais qui n'est pourtant pas exempte de certains défauts, probablement inévitables d'ailleurs quand on veut, comme c'est le cas, étudier des questions comme celles dont il s'agit ici en se plaçant à un point de vue tout profane. Il ne suffit certes pas, dans cet ordre de choses, d'une sorte de sympathie extérieure ni d'une curiosité allant jusqu'à la recherche des moindres détails anecdotiques pour parvenir à une compréhension véritable ; nous admirons la patience qu'il faut pour traiter ainsi un sujet pour lequel on n'éprouve pas un intérêt plus profond, mais nous avouons que, à l'accumulation des faits purs et simples, nous préférerions une vue plus « synthétique » permettant d'en dégager le sens, et aussi d'éviter bien des erreurs et des confusions plus ou moins graves. Une de ces confusions apparaît dans le titre même, où Willermoz est défini comme « mystique », alors que rien de tel ne se dégage de ce qui est exposé dans le livre, et que d'ailleurs la vérité est qu'il ne le fut nullement ; si on peut lui reprocher d'avoir paru délaisser les Élus Coëns, ce n'est point parce qu'il se tourna vers le mysticisme comme Saint-Martin, mais seulement parce qu'il s'intéressa alors plus activement à d'autres organisations initiatiques. D'autre part, l'auteur manque trop évidemment de toute connaissance « technique » des choses dont elle parle, d'où de curieuses méprises : ainsi, par exemple, elle prend les différents Rites maçonniques pour autant de « sociétés » ; elle ignore la différence qui existe entre une « Grande Loge et un Grand-Orient » ; elle appelle « rectification » le rattachement d'une Loge à la Stricte Observance, alors qu'au contraire ce terme désigne la modification que subirent les Loges mêmes de la Stricte Observance lorsque celle-ci cessa d'exister comme telle et fut remplacée par ce qui, précisément pour cette raison, s'appela (et s'appelle encore) le Régime Écossais Rectifié, dans l'élaboration duquel Willermoz prit une part prépondérante. Cela dit, nous reconnaissons volontiers que cet ouvrage contient une somme de renseignements auxquels il sera toujours utile de se référer quand on voudra étudier les organisations dans lesquelles Willermoz joua un rôle ; mais la partie la plus intéressante, à notre avis, est celle qui concerne l'intérêt qu'il prit au magnétisme et les conséquences plutôt fâcheuses qui en résultèrent, car ce n'est assurément pas là l'épisode le plus heureux de sa carrière. Il y a d'ailleurs dans cette histoire quelque chose de vraiment singulier, et qui appelle une réflexion d'une portée plus générale : quoi qu'il faille penser du caractère de Mesmer, sur lequel on a formulé les appréciations les plus opposées, il paraît bien avoir été « suscité » tout exprès pour faire dévier les organisations maçonniques qui, en dépit de tout ce qui leur faisait défaut comme connaissance effective, travaillaient encore sérieusement et s'efforçaient de renouer le fil de la véritable tradition ; au lieu de cela, la plus grande partie de leur activité fut alors absorbée par des expériences plutôt puériles et qui n'avaient en tout cas rien d'initiatique, sans parler des troubles et des dissensions qui s'ensuivirent. La « Société des Initiés » organisée par Willermoz n'avait en elle-même aucun caractère maçonnique, mais, en raison de la qualité de ses membres, elle n'en exerça pas moins une sorte d'influence directrice sur les Loges de Lyon, et cette influence n'était, en définitive, que celle de somnambules qu'on y consultait sur toutes choses ; comment pourrait-on s'étonner, dans ces conditions, que les résultats aient été lamentables ? Nous avons toujours pensé que le fameux « Agent Inconnu » qui dicta tant d'élucubrations confuses et souvent même tout à fait inintelligibles, était tout simplement une de ces somnambules, et nous nous souvenons de l'avoir écrit ici même il y a déjà un certain nombre d'années, à propos du livre de M. Vulliaud ; Mme Joly en apporte une confirmation qui ne saurait plus laisser place à aucun doute, car elle a réussi à découvrir l'identité de la personne en question : c'est Mme de Vallière, sœur du commandeur de Monspey, par qui ses messages étaient transmis à Willermoz ; ne serait-ce que parce qu'elles apportent la solution définitive de cette énigme et coupent court ainsi à certaines légendes « occultistes », les recherches de l'auteur n'auront certes pas été inutiles. – Nous nous permettrons encore une petite remarque accessoire : certains noms propres sont déformés d'une façon assez étonnante ; nous ne voulons pas parler de ceux des personnages du XVIIIe siècle, sachant combien leur orthographe est parfois difficile à établir exactement ; mais pourquoi, dans les références, MM. Vulliaud et Dermenghem sont-ils appelés constamment « Vuilland » et « Dermenghen » ? Cela n'a pas une importance capitale, sans doute, mais, surtout dans un travail d'« archiviste », c'est tout de même un peu gênant…

l Dr Gérard Van Rijnbeerk
– Un Thaumaturge au XVIIIe siècle : Martines de Pasqually, sa vie, son œuvre, son Ordre. Tome second.
P. Derain et L. Raclet, Lyon.

Nous avons longuement examiné en son temps le premier volume de cet ouvrage ; le second n'est en somme qu'un complément que l'auteur a pensé devoir y ajouter en raison de quelques faits qui sont venus à sa connaissance dans l'intervalle ; il en a profité pour compléter la bibliographie, et il y a joint la reproduction intégrale des lettres de Martines à Willermoz qui sont actuellement conservées à la Bibliothèque de Lyon, et dont il n'avait été publié jusqu'ici que des fragments plus ou moins étendus. Il cite les articles au cours desquels nous avons parlé de son livre, mais il semble n'avoir guère compris notre position, car il nous qualifie d'« essayiste », ce qui est proprement incroyable, et il prétend que nous nous « efforçons d'exprimer des idées originales et des vues personnelles », ce qui est l'exact opposé de nos intentions et de notre point de vue rigoureusement traditionnel. Il trouve « étonnante » notre remarque que « le Régime Écossais Rectifié n'est point une métamorphose des Élus Coëns, mais bien une dérivation de la Stricte Observance » ; c'est pourtant ainsi, et quiconque a la moindre idée de l'histoire et de la constitution des Rites maçonniques ne peut avoir le moindre doute là-dessus ; même si Willermoz, en rédigeant les instructions de certains grades, y a introduit des idées plus ou moins inspirées des enseignements de Martines, cela ne change absolument rien à la filiation ni au caractère général du Rite dont il s'agit ; en outre, le Régime Rectifié n'est nullement de la « Maçonnerie Templière » comme le dit M. van Rijnberk, puisque, tout au contraire, un des points principaux de la « rectification » consistait précisément dans la répudiation de l'origine templière de la Maçonnerie.

Un chapitre assez curieux est celui où l'auteur cherche à éclaircir la filiation du « Martinisme », qui, malgré tout, reste encore bien obscure et douteuse sur certains points ; la question, en dehors du point de vue simplement historique, n'a d'ailleurs pas l'importance que certains veulent lui attribuer, car il est bien clair, en tout cas, que ce que Saint-Martin pouvait avoir à transmettre à ses disciples, en dehors de toute organisation régulièrement constituée, ne saurait en aucune façon être regardé comme ayant le caractère d'une initiation. Un point intéressant, d'autre part, est celui qui concerne la signification des lettres S.I., interprétées le plus souvent par « Supérieur Inconnu », et qui en réalité ont servi à beaucoup de choses : nous avons déjà fait remarquer qu'elles sont notamment les initiales de la « Société des Indépendants » dont il est question dans le Crocodile, ainsi que de la « Société des Initiés » de Willermoz ; comme le dit M. van Rijnberk, on pourrait multiplier les exemples semblables ; lui-même remarque qu'elles sont aussi l'abréviation de « Souverain Juge », titre des membres du « Tribunal Souverain » des Élus Coëns ; nous ajouterons que, dans un autre Rite de la même époque, il y eut un grade de « Sage Illuminé », et que, dans le Rite Écossais Ancien et Accepté lui-même, il y a celui de « Secrétaire Intime », qui se trouve être le sixième, ce qui est assez curieux comme rapprochement avec les « six points » (et notons en passant, pour les amateurs de « coïncidences », que, dans la Stricte Observance, l'acte d'obédience aux « Supérieurs Inconnus » était aussi en six points !) ; mais pourquoi ces deux lettres ont-elles joui d'une telle faveur ? L'auteur a tout à fait raison de penser qu'elles le doivent à leur valeur symbolique propre, qu'il a d'ailleurs entrevue en se reportant à une des planches de Khunrath ; seulement, il a oublié de faire une distinction entre deux symboles connexes, mais cependant quelque peu différents, celui du « serpent d'airain », qui donne en réalité les lettres S.T. (initiales, elles aussi de « Souverain Tribunal »), et celui où l'arbre ou le bâton autour duquel est enroulé le serpent est représenté uniquement par un axe vertical ; c'est ce dernier qui donne les lettres S.I., dont une autre forme se retrouve dans le serpent et la flèche qui figurent sur le sceau de Cagliostro. Puisque nous avons été amené à parler de cette question, nous ajouterons que, essentiellement, la lettre S représente la multiplicité et la lettre I l'unité ; il est évident que leur correspondance respective avec le serpent et l'arbre axial concorde parfaitement avec cette signification ; et il est tout à fait exact qu'il y a là quelque chose qui « procède d'un ésotérisme profond », bien autrement profond et authentique que la « Sainte Initiation »… martiniste, qui n'a certes pas plus de titres à revendiquer la propriété de cet antique symbole que celle du nombre 6 et du sceau de Salomon !

Mai 1940

l Charles Clyde Hunt – Masonic Symbolism
Laurance Press Co., Cedar Rapids, Iowa.

L'auteur, Grand Secrétaire de la Grande Loge d'Iowa, avait publié il y a une dizaine d'années un livre intitulé Some Thoughts on Masonic Symbolism ; le présent volume en est une réédition, mais considérablement augmentée par l'addition d'un nombre presque double de nouveaux chapitres ; ceux-ci avaient paru séparément, dans l'intervalle, sous forme d'articles dans le Grand Lodge Bulletin, et nous avons eu déjà l'occasion d'en mentionner la plupart à mesure de cette apparition. Il eût peut-être mieux valu, nous semble-t-il, garder au livre son titre primitif, car il n'y a pas là, comme le nouveau titre pourrait le faire croire, un traité d'ensemble sur le symbolisme maçonnique ; c'est plutôt une série d'études portant toutes sur des points plus ou moins particuliers. D'autre part, ce qui frappe tout d'abord en voyant ces études ainsi réunies, c'est que les interprétations qui y sont données sont à peu près exclusivement basées sur un certain sens, puisque la Maçonnerie représente une forme initiatique proprement occidentale ; pourtant, beaucoup de questions pourraient être grandement éclairées par une comparaison avec les données d'autres traditions. En outre, les textes bibliques eux-mêmes ne sont guère envisagés que dans leur sens le plus littéral, c'est-à-dire que les explications qui en sont tirées sont surtout d'ordre historique d'une part et moral de l'autre ; cela est manifestement insuffisant, dès lors qu'il devrait s'agir ici, non pas du point de vue religieux, mais du point de vue initiatique ; il semble y avoir là une certaine tendance à confondre les deux domaines, qui n'est d'ailleurs que trop répandue dans la Maçonnerie anglo-saxonne. L'auteur paraît assigner pour but principal à la Maçonnerie ce qu'il appelle la « construction du caractère » (character-building) ; cette expression ne représente au fond qu'une simple « métaphore », bien plutôt qu'un véritable symbole ; le mot « caractère » est bien vague, et, en tout cas, il ne semble rien indiquer qui dépasse l'ordre psychologique ; c'est donc là encore quelque chose de bien exotérique, tandis que, si l'on parlait de « construction spirituelle », cela pourrait avoir un sens bien autrement profond, surtout si l'on y ajoutait les précisions plus proprement « techniques » qu'il serait facile de dégager à cet égard du symbolisme maçonnique, pourvu qu'on sache se garder de « moraliser » purement et simplement à propos des symboles, ce qui n'a certes rien d'initiatique et ne justifie guère l'affirmation du caractère ésotérique de la Maçonnerie. Tout cela n'enlève d'ailleurs rien au mérite et à l'intérêt du livre dans le domaine plus particulier où il se tient de préférence, c'est-à-dire surtout en ce qui concerne la contribution qu'il apporte à l'élucidation d'un certain nombre de points obscurs ou généralement mal compris, comme il y en a trop dans l'état présent de la tradition maçonnique, nous voulons dire depuis que celle-ci a été réduite à n'être plus que « spéculative ».

1 Giuseppe Leti et Louis Lachat
– L'Ésotérisme à la scène : La Flûte Enchantée ;
Parsifal ; Faust
Derain et Raclet, Lyon.

Le titre de ce livre est peut-être insuffisamment précis, car les trois pièces qui y sont étudiées sont envisagées (ou du moins telle a été l'intention des auteurs) au point de vue plus spécial du symbolisme maçonnique, plutôt qu'à celui de l'ésotérisme en général. Il y a d'ailleurs là quelque chose qui peut soulever tout de suite une objection, car, si le caractère maçonnique de la Flûte Enchantée est bien connu et ne peut être mis en doute, il n'en est pas de même pour les deux autres ; et, si l'on peut du moins faire valoir que Goethe fut Maçon tout comme Mozart, on ne saurait en dire autant de Wagner. Il semble bien que, s'il peut y avoir dans Parsifal des points de comparaison avec le symbolisme maçonnique, cela vient de la légende même du Graal, ou du « courant » médiéval auquel elle se rattache, beaucoup plus que de l'adaptation qu'en a faite Wagner, qui n'a pas été forcément conscient de son caractère initiatique originel, et à qui on a même parfois reproché d'avoir altéré ce caractère en y substituant un mysticisme quelque peu nébuleux. Toutes les similitudes qu'indiquent les auteurs peuvent en somme s'expliquer par ce qu'ils appellent l'« héritage des hermétiques » dans la Maçonnerie, ce qui correspond bien à ce que nous venons de dire ; ils y mêlent d'ailleurs trop souvent des considérations assez vagues, qui ne relèvent plus du symbolisme ni de l'ésotérisme, mais seulement d'une « idéologie » qui, si elle représente la conception qu'ils se font de la Maçonnerie, n'est certes nullement inhérente à la Maçonnerie elle-même, et n'a même pu s'introduire dans certaines de ses branches que du fait de la dégénérescence dont nous avons souvent parlé. Quant au cas de Goethe, il est assez complexe ; il y aurait lieu d'examiner de plus près dans quelle mesure son poème de Faust est réellement « marqué de l'esprit maçonnique » comme l'a dit un critique cité ici, et pour lequel l'« esprit maçonnique » n'était peut-être, au fond, que l'idée qu'on s'en fait communément dans le public ; c'est certainement plus contestable que pour d'autres œuvres du même auteur, comme Wilhelm Meister ou le conte énigmatique du Serpent Vert ; et même, à vrai dire, il y a dans Faust, qui constitue un ensemble quelque peu « chaotique », des parties dont l'inspiration semble plutôt antitraditionnelle ; les influences qui se sont exercées sur Goethe n'ont sans doute pas été exclusivement maçonniques, et il pourrait n'être pas sans intérêt de chercher à les déterminer plus exactement… Par ailleurs, il y a dans le présent livre une multitude de remarques intéressantes, mais tout cela, qui aurait grand besoin d'être clarifié et mis en ordre, ne pourrait l'être que par quelqu'un qui ne serait pas affecté, comme les auteurs le sont trop visiblement, par les idées modernes, « progressistes » et « humanitaires », qui sont aux antipodes de tout véritable ésotérisme.

Mai 1946

l Pierre Lhermier
– Le mystérieux Cte de Saint-Germain,
Rose-Croix et diplomate
Editions Colbert, Paris.

Ce livre, publié après la mort de son auteur, est une étude historique assez superficielle et qui, à vrai dire, n'éclaircit pas beaucoup le « mystère » dont il s'agit. M. Lhermier expose tout d'abord les multiples hypothèses qui ont été émises au sujet du comte de Saint-Germain ; il ne se prononce pour aucune d'elles, mais semble cependant incliner à admettre qu'il pouvait appartenir à la famille des Stuart, ou tout au moins à leur entourage. Une des raisons qu'il en donne repose d'ailleurs sur une confusion assez étonnante : « Saint-Germain était Rose-Croix, écrit-il textuellement, c'est-à-dire qu'il appartenait à la Franc-Maçonnerie de rite écossais, à tendance catholique et stuartiste… ». Faut-il dire que la Maçonnerie « jacobite » n'était nullement le Rite écossais et ne comportait aucun grade de Rose-Croix, et aussi, d'autre part, que ce grade, en dépit de son titre, n'a rien à voir avec le Rosicrucianisme dont Saint-Germain aurait été un des derniers représentants connus ? La plus grande partie du volume est consacrée au récit entremêlé d'anecdotes diverses, des voyages au cours desquels le héros aurait rempli, pour le compte de Louis XV, des missions secrètes en rapport avec diverses affaires politiques et financières ; dans tout cela encore, il y a bien des points douteux, et ce n'est là, en tout cas, que le côté le plus extérieur de cette existence énigmatique. Signalons que, d'après l'auteur, certains propos extraordinaires tenus par Saint-Germain, notamment au sujet de l'âge qu'il s'attribuait, devraient en réalité être mis sur le compte d'un mystificateur nommé Gauve, qui se faisait passer pour lui, paraît-il, à l'instigation du duc de Choiseul, lequel voulait par là discréditer un homme en qui il voyait un dangereux rival. Nous passerons sur l'identification de Saint-Germain avec quelques autres personnages mystérieux, ainsi que sur bien d'autres choses plus ou moins hypothétiques ; mais nous devons tout au moins faire remarquer qu'il lui est prêté, sur la foi de quelques indices plutôt vagues, une sorte de philosophie « panthéiste » et « matérialiste » qui n'aurait certes rien d'initiatique ! Dans les dernières pages, l'auteur revient sur ce qu'il appelle la « secte des Rose-Croix », d'une façon qui semble quelque peu contradictoire avec l'assertion que nous citons plus haut ; comme il en parle d'ailleurs d'après des « sources » telles que Mme Besant et F. Wittemans, voire même Spencer Lewis, Imperator de l'A.M.O.R.C., sans compter un certain « Fr. Syntheticus, écrivain occultiste dont l'œuvre fait loi » (!), il n'y a certes pas lieu de s'étonner qu'il ait là-dessus des notions prodigieusement confuses, et que, même au point de vue historique auquel il veut s'en tenir, ce qu'il en dit n'ait guère de rapport avec la vérité. Cela prouve encore une fois de plus qu'un certain scepticisme n'est pas toujours ce qui garantit le mieux du danger d'accepter sans contrôle les pires rêveries ; quelques connaissances traditionnelles, fussent-elles d'un ordre élémentaire, seraient assurément beaucoup plus efficaces à cet égard.

J G. DE CHATEAURHIN
– Bibliographie du Martinisme
Derain et Raclet, Lyon.

Cette bibliographie (dont l'auteur nous paraît avoir une très étroite parenté avec M. Gérard van Rijnberk, dont nous avons examiné en son temps l'ouvrage sur Martines de Pasqually) comprend sous la dénomination commune de « Martinisme », suivant l'habitude qui s'est établie surtout du fait des occultistes contemporains et de leur ignorance de l'histoire maçonnique du XVIIIe siècle, plusieurs choses tout à fait différentes en réalité : l'Ordre des Elus Coëns de Martines de Pasqually, le Régime Ecossais Rectifié avec J.-B. Willermoz, le mysticisme de L.-Cl. de Saint-Martin, et enfin le Martinisme proprement dit, c'est-à-dire l'organisation récente fondée par Papus. Nous pensons qu'il aurait été préférable de la diviser en sections correspondant à ces différents sujets, plutôt qu'en « ouvrages consacrés spécialement au Martinisme » et « ouvrages dans lesquels il est traité du Martinisme incidemment », ce qui aurait pu être plutôt une simple subdivision de chacune de ces sections ; quant aux « sources doctrinales » qui sont ici mentionnées à part, ce sont uniquement les écrits de Martines de Pasqually et de L.-Cl. de Saint-Martin, et, en fait, il ne pouvait guère y en avoir d'autres. Il aurait été bon aussi de marquer d'une façon quelconque, surtout pour les ouvrages récents, une distinction entre ceux qui ont un caractère soit martiniste, soit maçonnique, ceux qui sont au contraire écrits dans un esprit d'hostilité (ce sont surtout des ouvrages antimaçonniques), et ceux qui se placent à un point de vue « neutre » et purement historique ; le lecteur aurait pu ainsi s'y reconnaître beaucoup plus aisément. La liste nous paraît en somme assez complète, bien que le Discours d'*initiation* de Stanislas de Guaita, qui eût mérité d'y trouver place, en soit absent ; mais nous ne voyons vraiment pas très bien quel intérêt il y avait à y faire figurer cette invraisemblable mystification qui s'appelle Le Diable au XIXe siècle (sans mentionner d'ailleurs la brochure intitulée Le Diable et l'*Occul*tisme que Papus écrivit pour y répondre), d'autant plus que, par contre, on a négligé de citer le Lucifer démasqué de Jean Kostka (Jules Doinel), où le Martinisme est pourtant visé beaucoup plus directement.

1 Dr Swinburne Clymer
– The Rosicrucian Fraternity in America. Vol. II
« The Rosicrucian Fondation », Quakertown, Pennsylvania.

Nous avons rendu compte précédemment (n° d'avril 1937) du premier volume publié sous ce titre ; quant au second, qui est véritablement énorme (près de mille pages !), les circonstances ne nous ont pas encore permis d'en parler jusqu'ici. Le principal adversaire du Dr Clymer, l'Imperator de l'A.M.O.R.C., est mort entre temps, mais cela n'enlève évidemment rien à l'intérêt que cet ouvrage présente à un point de vue spécial, puisqu'il s'agit là d'un cas typique de charlatanisme pseudo-initiatique, auquel viennent même s'adjoindre, ainsi que nous l'avons déjà expliqué, des influences d'un caractère encore plus suspect. Il faut d'ailleurs reconnaître que, comme d'autres l'ont déjà noté avant nous, le Dr Clymer fait grand tort à sa cause en employant trop souvent un langage « argotique » et injurieux, dont le moins qu'on puisse dire est qu'il manque totalement de dignité ; mais peu nous importe au fond, car nous ne sommes nullement tenté de prendre parti dans une telle querelle. Quoi qu'on puisse penser du bien-fondé de ses prétentions, son exposé est en tout cas fort « instructif » à divers égards : c'est ainsi qu'on y voit, entre autres choses, comment un avocat peut s'entendre avec celui de la partie adverse pour arranger une affaire à l'insu de son client et au détriment des intérêts de celui-ci ; il est malheureusement probable que de telles mœurs ne sont pas particulières à l'Amérique ! Il est d'ailleurs, redisons-le encore à ce propos, vraiment difficile de comprendre comment des organisations qui se disent initiatiques peuvent porter ainsi leurs différends devant une juridiction profane ; même si elles ne le sont pas réellement, cela ne change rien en l'occurrence, car, en bonne logique, elles devraient tout au moins se comporter comme si elles étaient ce pour quoi elles veulent se faire passer. Il arrive nécessairement de deux choses l'une : ou bien le juge est profane lui-même, et alors il est incompétent par définition ; ou bien il est Maçon, et, comme des questions maçonniques sont aussi mêlées à toutes ces histoires, il doit, entre ses obligations de discrétion initiatique et les devoirs de sa charge publique, se trouver dans une situation plutôt fausse et singulièrement embarrassante… Au sujet des questions auxquelles nous venons de faire allusion, nous devons remarquer que le Dr Clymer a sur la régularité maçonnique des idées tout à fait spéciales : de deux organisations pareillement irrégulières, et d'ailleurs de même origine, il n'a que des éloges pour l'une, tandis qu'il accable l'autre d'injures et de dénonciations ; la raison en est tout simplement que la première a adhéré à sa propre « Fédération » et la seconde à la « Fédération » rivale. Ces motifs plutôt mesquins n'empêchent pas, à vrai dire, la documentation concernant cette dernière, dénommée F.U.D.O.S.I., autrement dit Federatio Universalis Dirigens Ordines Societatesque Initiationis (quel latin !), d'être, toujours au même point de vue, une des choses les plus intéressantes parmi toutes celles que contient le livre ; que les agissements de ces milieux soi-disant « fraternels » sont donc édifiants ! Nous avons retrouvé là-dedans de vieilles connaissances, parmi lesquelles quelques survivants de l'ancien mouvement occultiste français, qui semble ne pas vouloir se décider à disparaître tout à fait… Naturellement, il est de nouveau question aussi de Theodor Reuss, alias « Frater Peregrinus », d'Aleister Crowley et de leur O.T.O., sans parler de beaucoup d'autres personnages (réels et imaginaires) et d'autres groupements d'un caractère non moins étrange ; tout cela, qui ne saurait se résumer, constitue un important recueil de documents que devrait consulter quiconque se proposera d'écrire quelque jour en détail la fantastique histoire des pseudo-initiations modernes.

Octobre-novembre 1946

l Albert Lantoine – Les Sociétés secrètes actuelles
en Europe et en Amérique
Presses Universitaires de France, Paris.

Ce petit volume, qui était prêt à paraître en 1940, mais dont la sortie a été retardée de cinq ans par les événements, fait partie d'une collection qui est manifestement destinée au « grand public », ce qui explique son caractère quelque peu superficiel. Il s'y trouve cependant une très louable distinction entre « sociétés secrètes initiatiques » et « sociétés secrètes politiques », d'où sa division en deux parties « n'ayant rien de commun entre elles que la similitude de leurs étiquettes ». Quant à dire que les premières se distinguent des autres en ce que « la solidarité n'y est pas d'ordre sentimental, mais d'ordre spirituel », cela est assurément juste, mais insuffisant, d'autant plus que le « spirituel » semble bien n'être conçu ici que comme une simple affaire de « pensée », ce qui est fort loin du véritable point de vue initiatique ; en tout cas, la question est beaucoup plus complexe en fait, et nous nous permettrons de renvoyer à ce que nous en avons dit dans nos *Aperçus sur l'Initiation* (chap. XII). D'un autre côté, il nous est absolument impossible de partager certaines vues sur une prétendue opposition entre la religion et tout ce qui a un caractère secret en général et initiatique en particulier ; une distinction nette entre l'exotérisme et l'ésotérisme suffit à remettre chaque chose à sa place et à faire disparaître toute opposition, car la vérité est qu'il s'agit de deux domaines entièrement différents. La première partie débute par un court chapitre sur les « petites sociétés initiatiques », dont l'absence n'aurait rien fait perdre à l'ouvrage, car les quelques renseignements qu'il contient sont empruntés à des sources fort profanes, et, de plus, il s'y trouve une phrase plutôt malheureuse, qui paraît admettre les prétentions des organisations pseudo-initiatiques de tout genre : ce n'est certes pas parce qu'un groupement pratique un simulacre ou une parodie d'initiation qu'il a « le droit de se dire initiatique » ! Ajoutons tout de suite que le chapitre sur le Compagnonnage, bien que ne renfermant rien d'inexact, est aussi d'une regrettable insuffisance ; est-ce parce qu'on le regarde plutôt comme une « chose du passé », donc « inactuelle », qu'on n'a pas jugé à propos de lui accorder un peu plus de place dans ce livre ? Ce qu'il y a de plus intéressant et de mieux fait, c'est certainement le résumé de l'histoire de la Maçonnerie en Europe et plus particulièrement en France, et cela se comprend sans peine, puisque c'est là en quelque sorte la « spécialité » de l'auteur ; mais ce qui concerne les origines est terriblement simplifié ; et pourquoi toujours cette sorte de crainte de remonter au-delà de 1717 ? Quant à la Maçonnerie américaine, il est visible que l'auteur n'en a qu'une connaissance assez incomplète ; pour les hauts grades, notamment, il semble ignorer jusqu'à l'existence de tout ce qui n'est pas le Rite Ecossais Ancien et Accepté, qui est pourtant bien loin d'être le plus répandu dans les pays anglo-saxons… On trouvera aussi dans ce livre, pour l'Amérique, quelques indications historiques sur les Odd Fellows et les Knights of Pythias, ainsi que sur certaines associations de nègres dont le caractère est assez mal défini : ici encore, nous retrouvons la fâcheuse tendance à croire qu'il suffit que l'admission des membres s'accompagne de « cérémonies » pour qu'il soit permis de parler d'initiation. La seconde partie, consacrée aux « sociétés secrètes politiques », passe en revue, pour l'Europe, les sociétés irlandaises, les Comitadjis de Macédoine, les Oustachis de Croatie ; pour l'Amérique, les « Chevaliers de Colomb », l'« Ordre des Hiberniens », le Ku-Klux-Klan (dont il n'est d'ailleurs dit que fort peu de chose), les sociétés juives et quelques autres organisations de moindre importance. – La conclusion a un ton « détaché », voire même quelque peu sceptique, qui est plutôt décevant ; mais, somme toute, il est peut-être à peu près inévitable qu'il en soit ainsi chez ceux qui, sous l'état actuel des organisations initiatiques occidentales, n'ont pas réussi à découvrir ce qu'est véritablement l'initiation.

l John Charpentier – L'Ordre des Templiers
« La Colombe », Paris.

L'auteur de ce livre a publié précédemment quelques romans dans lesquels il fait jouer aux Templiers, ou à leurs continuateurs réels ou supposés, un rôle qui semble témoigner d'idées plutôt singulières sur ce sujet ; aussi craignions-nous de retrouver encore ici des fantaisies du même genre, mais heureusement il n'en est rien : il s'agit cette fois d'une étude historique sérieusement faite, ce qui vaut certainement beaucoup mieux. Ce qui est seulement à regretter, et d'autant plus que c'est là le côté le plus intéressant de la question, c'est qu'il est à peu près impossible de comprendre quelle est la pensée exacte de l'auteur en ce qui concerne l'ésotérisme des Templiers : à l'origine, il n'y aurait eu chez eux « aucun ésotérisme » (mais la chevalerie elle-même, d'une façon générale, n'avait-elle pas cependant un certain caractère initiatique ?) ; il se serait donc introduit plus tard, mais d'où serait-il venu ? De l'Orient sans doute ; pourtant, de leurs relations avec les Ismaéliens, ils n'auraient guère recueilli que l'idée d'une certaine hiérarchie de grades (qu'on semble d'ailleurs confondre ici avec les fonctions) et celle d'un « universalisme pacifiste » (sic) qui est peut-être, en fait, la conception de l'Empire telle que Dante l'exposa. En discutant la question de la prétendue « hérésie » des Templiers, M. Charpentier utilise largement les articles de MM. Probst-Biraben et Maitrot de la Motte-Capron : comme nous avons déjà examiné ceux-ci en détail (n° d'octobre-novembre 1945), nous n'y reviendrons pas. Il ne croit pas qu'ils aient été réellement hérétiques, mais il admet qu'ils aient pu être « gnostiques » ; il fait d'ailleurs remarquer très justement, à ce propos, que « sous cette étiquette se trouvent rassemblées bien des notions hétéroclites, sans rapport les unes avec les autres, et parfois même inconciliables », et qu'au surplus « on ne possède guère sur le gnosticisme d'autres renseignements que ceux qui ont été fournis par ses adversaires ». Mais voici maintenant où les choses se compliquent étrangement : d'une part, c'est au gnosticisme valentinien que « les Templiers se rattachent lointainement » ; d'autre part, « pour parler du gnosticisme des Templiers, il faudrait qu'il eût existé une Gnose active à l'époque où ils vécurent. », ce qui n'est pas. Par surcroît, il ne devait pas s'agir d'une doctrine, car « on n'en a recueilli aucun témoignage probant », et les Templiers « ne se sont fait propagandistes (?) que d'idées sociales et politiques fondées sur la solidarité ». Pourtant, il y aurait eu chez eux une transmission orale (mais sur quoi portait-elle ?), finalement, il se trouve qu'ils possédaient un ésotérisme d'origine pythagoricienne, sans qu'on puisse deviner d'où ni comment ils l'avaient reçu ; il est vraiment bien difficile de s'y reconnaître dans tout cela ! Nous ne comprenons pas très bien non plus comment on peut penser que le « Johannisme » procède, non de saint Jean l'Evangéliste, mais de saint Jean-Baptiste ; mais, pour ce qui est du Pythagorisme, nous signalerons que c'est peut-être dans les relations des Templiers avec les corporations de constructeurs (qui ne sont mentionnées ici qu'incidemment) qu'on pourrait trouver la clef de l'énigme... Dans un dernier chapitre, il est question de la Maçonnerie « templière », qui est « liquidée » d'une façon vraiment bien sommaire (et notons en passant le curieux lapsus qui a fait écrire « Magnus Grecus » pour « Naymus Grecus »), puis des Néo-Templiers de Fabré-Palaprat ; et ici nous avons éprouvé un bien vif étonnement en nous voyant nommé parmi ceux qui « ont accrédité la thèse selon laquelle Larménius aurait bien été le légitime successeur de Molay » ! Or, autant que nous puissions nous en souvenir, nous n'avons jamais écrit nulle part un seul mot sur cette question ; et, en tout cas, nous serions d'autant moins tenté de soutenir cette thèse que nous ne sommes même pas du tout certain que ledit Larménius ait existé réellement, car nous tenons pour extrêmement suspect tout ce qui (y compris l'« alphabet secret ») provient d'une source néo-templière ; nous espérons qu'on voudra bien, à l'occasion, tenir compte de cette rectification.

l Jean Mallinger – Pythagore et les Mystères
Editions Niclaus, Paris.

Quand on sait que l'auteur de ce livre fut un des promoteurs de la F.U.D.O.S.I.) dont nous avons eu à parler récemment (n° de mai 1946), certaines choses, qui autrement pourraient paraître plutôt énigmatiques, s'éclairent d'un jour très particulier. Ainsi, on s'explique sans peine la dédicace à la mémoire du chef des « Pythagoriciens de Belgique » ; ceux-ci, en effet, sont constitués en un « Ordre d'Hermès Trismégiste » (dénomination qui n'a certes rien de spécifiquement pythagoricien), lequel fut un des premiers à adhérer à la susdite F.U.D.O.S.I. Ainsi encore, ce qui s'appelle normalement « état primordial » est appelé ici « état ancien et primitif » ; or c'est là, non pas une simple bizarrerie de langage comme pourrait le croire un lecteur non averti, mais une façon discrète de faire allusion au titre d'une organisation maçonnique irrégulière dont M. Mallinger est un des dignitaires ; et, s'il eût appartenu à telle autre organisation du même genre, il eût sans doute dit de même « état primitif et originel » ! Une curieuse sortie contre le « tablier de peau », qui ne s'appuie d'ailleurs que sur une confusion entre deux choses tout à fait différentes au point de vue symbolique, semble bien aussi n'être due en réalité qu'à un désir de se singulariser vis-à-vis de la Maçonnerie régulière... Quant au fond même de l'ouvrage, la partie proprement historique, c'est-à-dire la biographie de Pythagore, faite d'après les « sources » connues, n'apporte en somme rien de bien nouveau ; peut-être les faits y sont-ils présentés parfois d'une façon un peu « tendancieuse », par exemple quand on attribue à Pythagore un souci très moderne de « propagande », ou quand on décrit l'organisation de son Ordre d'une façon qui donne à penser que le point de vue « social » y était comme l'aboutissement de tout le reste. Dans la seconde partie, il est question d'abord des différentes sortes de mystères qui existaient, en Grèce et ailleurs, au temps de Pythagore, puis des mystères pythagoriciens ; là encore, on sent que l'exposé est influencé dans une certaine mesure par l'idée que l'auteur se fait de l'initiation, idée qui est fortement teintée d'« humanitarisme » et dans laquelle les « pouvoirs » jouent aussi un rôle important. A la façon dont il parle d'un « retour à Pythagore », il est bien à craindre, malgré ce qu'il dit ailleurs de la « chaîne apostolique » (sic) et de la nécessité d'un « rite immuable et traditionnel », qu'il ne soit encore de ceux qui croient qu'une transmission continue et sans interruption n'est pas indispensable à la validité de l'initiation ; et, quand il parle de la « permanence de l'Ordre » et de « ses pulsations encore sensibles aujourd'hui » il est permis de se demander comment il l'entend au juste, surtout quand on a vu tant d'occultistes s'imaginer qu'une « chaîne » initiatique peut se perpétuer tout simplement « en astral » !

Juin 1947

1 Paul Chacornac – Le Cte de Saint-Germain
Chacornac Frères, Paris.

Ce nouveau livre de notre Directeur représente le résultat de longues et patientes recherches poursuivies pendant bien des années ; on s'étonne en voyant quelle prodigieuse quantité d'ouvrages et de documents de toute sorte il a fallu consulter pour arriver à contrôler soigneusement chaque renseignement, et l'on ne saurait trop rendre hommage à la scrupuleuse probité d'un tel travail. Si tous les points ne sont pas entièrement éclaircis, ce qui était sans doute impossible, il en est du moins un bon nombre qui le sont, et d'une façon qui semble bien définitive. Pour cela, il a fallu avant tout dissiper les confusions qui ont été commises avec divers autres personnages, notamment avec le lieutenant-général Claude-Louis de Saint-Germain ; celle-là est une des plus fréquentes, mais, en dépit de la similitude de nom et de titre par laquelle elle s'explique, ce n'est pas la moins étonnante, car il s'agit là d'un homme ayant joué un rôle historique parfaitement connu et dans lequel il n'y a rien d'obscur ni de mystérieux. Il y a aussi le prince Rakoczi, dont certains à notre époque ont tiré un grand parti, mais dont l'histoire prétendue n'est qu'un tissu d'invraisemblances ; le plus probable est que ce nom a simplement servi, dans certaines circonstances, à dissimuler la véritable origine du comte de Saint-Germain. Il y a encore un certain nombre d'autres personnages réels ou supposés, et dont une partie ne doivent un semblant d'existence qu'aux fantaisies imaginatives auxquelles ont donné lieu les noms pris par le comte de Saint-Germain lui-même à diverses époques et en différents pays. Le terrain étant ainsi déblayé, il devient beaucoup plus facile de suivre le héros depuis sa première apparition connue à Londres en 1745 jusqu'à sa mort « officielle » chez le prince de Hesse en 1784 ; et, quand il a été fait bonne justice des racontars de Casanova et d'autres « mémorialistes » aussi peu dignes de foi, des mystifications de l'illusionniste Gauve et de quelques autres histoires encore qui furent imputées faussement au comte de Saint-Germain, comme le rôle que certains lui ont attribué dans la révolution russe de 1762, ce qui du reste n'a certes guère de ressemblance avec l'« aventurier » et le « charlatan » que tant de gens ont dépeint, on voit là en réalité un homme doué de talents remarquables en divers genres, possédant sur beaucoup de choses des connaissances peu communes, de quelque source qu'il les ait tirées, et qui, s'il eut des amis et des admirateurs partout où il passa, eut aussi, comme il arrive bien souvent en pareil cas, des ennemis acharnés à faire échouer ses entreprises, qu'il s'agisse de sa mission diplomatique en Hollande ou de l'industrie qu'il voulut plus tard monter en Flandre sous le nom de M. de Surmont... Mais, à côté de cette vie proprement « historique », ou à sa suite, il y a aussi la « légende », qui n'a pas cessé de se développer jusqu'à nos jours, surtout en ce qui concerne la « survivance » du comte de Saint-Germain et les manifestations qui lui ont été attribuées après la date de ce que, pour cette raison précisément, nous avons appelé tout à l'heure sa mort « officielle ». Il y a sûrement là-dedans bien des extravagances, dont les moindres ne sont pas celles que les théosophistes, prenant à leur compte l'identification avec le prince Rakoczi, ont répandues au sujet de leur « Maître R. » ; mais il est aussi d'autres choses qu'il semble plus difficile de rejeter purement et simplement, et dont, même si elles ont été déformées ou mal interprétées, on peut se demander si elles ne renferment pas tout au moins une certaine part de vérité. Il subsiste donc là une énigme, et même, à vrai dire, il y en a encore une autre, celle-là d'ordre purement historique, car, jusqu'ici, le mystère de la naissance du comte de Saint-Germain n'a pas été éclairci ; sur ce dernier point, l'auteur envisage une solution qu'il ne présente que comme une hypothèse, mais qui est en tout cas rendue fort vraisemblable par tout un ensemble de rapprochements assez frappants. D'après cette hypothèse, le comte de Saint-Germain aurait été le fils naturel de Marie-Anne de Neubourg, veuve du roi Charles II d'Espagne, et du comte de Melgar, amirante de Castille, que son immense fortune avait fait surnommer « le banquier de Madrid », ce qui a pu donner lieu à la confusion qui a fait prétendre à certains qu'il était le fils d'un banquier juif. Si cette supposition est exacte, bien des choses s'expliquent sans peine, notamment les ressources considérables dont disposait manifestement le comte de Saint-Germain, les pierreries et les tableaux de maîtres dont il était possesseur, et aussi, ce qui est encore plus important, la confiance que lui témoignèrent toujours les souverains et les grands personnages qui, de Louis XV au prince de Hesse, durent avoir connaissance de cette origine par laquelle il leur était apparenté, mais qui, constituant en quelque sorte un « secret d'Etat », devait être soigneusement dissimulée à tout autre qu'eux. Quant à l'autre énigme, celle de la « légende », elle est expliquée autant qu'il est possible et interprétée à la lumière des doctrines traditionnelles dans le chapitre final ; comme celui-ci a paru tout d'abord ici même (n° de décembre 1945), nous nous contenterons d'en rappeler le grand intérêt sans y insister davantage. Nous pensons que, à moins qu'on ne veuille s'en tenir encore aux rêveries dont on n'a que trop abusé jusqu'ici dans certains milieux, il ne sera plus possible désormais de parler du comte de Saint-Germain sans se reporter à cet ouvrage, pour lequel nous adressons à son auteur nos vives félicitations.

l Emile Dermenghem – Joseph de Maistre mystique
« La Colombe », Paris).

Il vient de paraître de ce livre une nouvelle édition revue, à laquelle ont été ajoutées d'assez nombreuses notes précisant certains points et indiquant les travaux qui, consacrés à des questions connexes, ont paru depuis sa première publication. Pour ceux de nos lecteurs qui ne connaîtraient pas encore cet ouvrage, nous dirons qu'il expose d'une façon aussi complète que possible la carrière maçonnique de Joseph de Maistre, ses rapports avec les organisations initiatiques rattachées à la Maçonnerie de son temps et avec divers personnages appartenant à ces organisations, et l'influence considérable que leurs doctrines exercèrent sur sa pensée. Le tout est fort intéressant, et d'autant plus que les idées religieuses et sociales de Joseph de Maistre ont été le plus souvent fort mal comprises, voire même parfois entièrement dénaturées et interprétées dans un sens qui ne correspondait nullement à ses véritables intentions ; la connaissance des influences dont il s'agit pouvait seule permettre la mise au point nécessaire. La principale critique que nous aurions à formuler est en somme celle qui porterait sur le titre même du livre, car, à vrai dire, nous ne voyons rien de « mystique » dans tout cela, et, même lorsque Joseph de Maistre se tint à l'écart de toute activité d'ordre initiatique, il n'apparaît pas qu'il se soit jamais tourné pour cela vers le mysticisme comme d'autres le firent quelquefois ; il ne semble même pas qu'il y ait eu là chez lui un changement réel d'orientation, mais une simple attitude de réserve qu'il estimait, à tort ou à raison, lui être imposée par ses fonctions diplomatiques ; mais peut-on espérer que, dans l'esprit de certains, la confusion des deux domaines initiatique et mystique puisse jamais être entièrement dissipée ?

1 Louis-Claude de Saint-Martin
– Tableau naturel des rapports qui existent entre Dieu,
l'Homme et l'Univers. Introduction de Philippe Lavastine.
Editions du Griffon d'Or, Rochefort-sur-Mer.

Cette réédition est certainement plus soignée que l'édition « martiniste » de 1900, mais il y est pourtant resté encore bien des fautes qu'il eût été, semble-t-il, assez facile de faire disparaître. L'auteur de l'introduction y a résumé en quelques pages les principaux traits de la doctrine de Saint-Martin ; mais ne cherche-t-il pas un peu trop à atténuer la différence entre les deux périodes de son existence, nous voulons dire entre son activité initiatique du début et son mysticisme ultérieur ?

Juillet-août 1947

1 J.-M. Ragon – De la Maçonnerie occulte

et de l'Initiation hermétique. Introduction de A. Volguine. Editions des Cahiers Astrologiques, Nice.

C'est là encore un autre livre qui « date », lui aussi, quoique d'une façon quelque peu différente du précédent, et surtout dans sa première partie, où sont passées en revue les différentes choses qu'on a l'habitude de ranger sous la dénomination assez vague de « sciences occultes ». A part certaines considérations sur les nombres et sur les mots sacrés, il n'y a là, à vrai dire, rien de spécialement maçonnique, si ce n'est l'idée que les Maçons devraient faire entrer ces sciences dans l'objet de leurs études ; l'auteur avait même formé le projet de constituer trois grades ou « écoles d'instruction » qui y auraient été plus particulièrement consacrés et qui auraient en quelque sorte « doublé » les trois grades symboliques ; ce qui est plutôt singulier, c'est qu'il ait pu penser qu'ils auraient été, par rapport à ceux-ci, ce que les « grands mystères » étaient par rapport aux « petits mystères » ; voilà qui témoigne assurément d'une conception initiatique bien limitée... D'autre part, il importe de noter la place prépondérante qui est donnée là-dedans au magnétisme, car nous y trouvons encore une confirmation de l'influence véritablement néfaste que celui-ci exerça sur les milieux maçonniques, et cela, comme nous l'avons déjà fait remarquer en d'autres occasions, dès la fin du XVIIIe siècle, c'est-à-dire dès l'époque même de Mesmer, dont le « Rite de l'Harmonie Universelle » est évoqué ici, et dont le rôle semble même avoir été surtout, quoique peut-être inconsciemment, de détourner les Maçons de préoccupations plus sérieuses et plus réellement initiatiques ; on ne voit d'ailleurs que trop, chez Ragon, à quelle conception grossièrement matérialisée du « monde invisible » aboutissaient ces théories « fluidiques ». La seconde partie, sur l'initiation hermétique, est d'un intérêt plus direct au point de vue proprement maçonnique, surtout pour la documentation qu'elle contient, et malgré la forme plutôt bizarre et fantaisiste qu'y prennent certains mythes, notamment ceux de l'Egypte, dont l'« interprétation philosophique » ressemble d'ailleurs beaucoup à celle de Pernéty et s'en inspire manifestement pour une bonne part. Quant à la conception que Ragon lui-même se faisait de l'hermétisme, il serait difficile de dire jusqu'où elle pouvait aller exactement, mais, quoiqu'il paraisse reconnaître que les symboles alchimiques avaient un double sens, il est à craindre qu'elle n'ait pas été bien loin ; la façon dont il parle parfois à ce propos des « sciences utiles », aussi bien que celle dont il cherche d'autre part à justifier son intérêt pour le magnétisme, semblerait même indiquer que, pour lui, l'initiation ne devait guère viser à autre chose qu'à former des « bienfaiteurs de l'humanité ». – Dans son introduction, M. Volguine insiste surtout sur l'astrologie et ses rapports avec le symbolisme maçonnique, et cela se comprend facilement, puisque c'est en somme sa « spécialité » ; mais il reproche à Ragon de nier l'astrologie et de ne la considérer que comme une « superstition ». Or nous devons dire que, en nous reportant au chapitre indiqué à ce sujet, ce que nous y avons trouvé est assez sensiblement différent : il y est dit que l'astrologie « est certainement la première et, par conséquent, la plus antique des sciences et des superstitions », et il résulte assez clairement du contexte que ces deux derniers mots se rapportent respectivement à la véritable astrologie et aux abus plus ou moins charlatanesques auxquels elle a donné lieu. Quant à l'affirmation que la première est disparue depuis longtemps, nous n'y contredirions certes pas pour notre part, et nous ajouterions seulement que les tentatives qui sont faites actuellement pour la reconstituer, bien que ne rentrant assurément pas dans la catégorie des abus dont il vient d'être question, n'en sont pourtant encore que des déformations d'un autre genre … À un autre point de vue, il est vraiment étonnant qu'on puisse croire que les anciens grades hermétiques dont Ragon cite les rituels aient jamais fait partie de l'« échelle des 33 degrés », qui appartient exclusivement au Rite Ecossais Ancien et Accepté et n'a rien à voir avec les autres « systèmes » de hauts grades passés ou présents ; nous voulons pourtant penser que cette confusion n'est qu'apparente et résulte seulement d'une rédaction peu claire et insuffisamment explicite. Il y a encore un autre point que nous devons signaler et qui ne peut malheureusement donner lieu au même doute : il s'agit d'un certain « Ordre Maçonnique Astrologique Humaniste », en sept degrés, qui fut fondé en Belgique, en 1927, par des membres de la Maçonnerie Mixte, et qui est qualifié de « parfaitement régulier » ; comment une organisation essentiellement irrégulière aurait-elle bien pu donner naissance à un Rite régulier ? C'est là un problème que nous ne nous chargeons certes pas de résoudre ; à notre avis, il y a là tout simplement la preuve que certains ont des idées bien peu nettes sur les questions de régularité maçonnique !

Septembre 1947

l Albert Lantoine – La Franc-Maçonnerie
Extrait de l'Histoire générale des Religions. Aristide Quillet, Paris.

Cette étude, abondamment illustrée d'intéressantes reproductions de documents anciens, débute par les considérations sur la « genèse du concept de tolérance » dont nous avons déjà parlé à propos de leur publication sous la forme d'un article à part dans le Symbolisme (voir n° d'avril-mai 1947, p. 136). Le plan général de l'ouvrage dans lequel elle devrait entrer exigeait sans doute que la Maçonnerie y fut présentée comme une sorte de « religion », alors qu'elle est pourtant tout autre chose en réalité, et cela implique forcément une certaine confusion entre les deux domaines exotérique et ésotérique. Nous ne croyons d'ailleurs pas que ce soit uniquement pour cette raison que l'auteur prend un peu trop facilement son parti des infiltrations de l'esprit profane qui se produisirent à partir de 1717 ; se rend-il suffisamment compte que des influences de ce genre ne pourraient aucunement s'exercer dans une organisation initiatique qui serait restée tout ce qu'elle doit être vraiment ? Quoi qu'il en soit, il faut le louer de ne pas déprécier outre mesure, comme le font tant d'autres, l'ancienne Maçonnerie opérative ; seulement, quand il estime que, dès le XVIIe siècle, celle-ci était déjà réduite à presque rien et tombée entre les mains d'une majorité de Maçons « acceptés » qui auraient préparé les voies à sa transformation en Maçonnerie spéculative, il y a bien des raisons de douter de l'exactitude de telles suppositions… Nous préférons les parties qui se rapportent à des époques plus récentes et mieux connues ; l'auteur y est davantage sur son véritable terrain, qui est en somme celui de l'historien, et, comme tel, il fait d'ailleurs preuve, ainsi qu'à son ordinaire, d'une remarquable impartialité. Il fait notamment justice, d'excellente façon, de la légende trop répandue sur le rôle que la Maçonnerie française du XVIIIe siècle aurait joué dans la préparation de la Révolution et au cours même de celle-ci, légende qui fut d'abord lancée par des adversaires de la Maçonnerie, mais ensuite admise, et peut-être même encore amplifiée, par des Maçons trop affectés par l'esprit moderne. Il reconnaît nettement, d'autre part, que l'intrusion de la politique dans les temps postérieurs, quelles que soient les raisons qui peuvent l'expliquer en fait, ne saurait être regardée que comme une déviation « vers des buts trop terrestres » ; mais il semble espérer qu'un redressement à cet égard est toujours possible, et, assurément, nul ne souhaite plus que nous qu'il en soit ainsi. Quant à sa conclusion, où la Maçonnerie est envisagée comme pouvant devenir la « future citadelle des religions », beaucoup penseront probablement que ce n'est là qu'un beau rêve ; pour notre part, nous dirions plutôt que ce rôle n'est pas tout à fait celui d'une organisation initiatique qui se tiendrait strictement dans son domaine propre, et que, si celle-ci peut réellement « venir au secours des religions » dans une période d'obscuration spirituelle presque complète, c'est d'une façon assez différente de celle-là, mais qui du reste, pour être moins apparente extérieurement, n'en serait cependant que d'autant plus efficace.

l C. Chevillon – La Tradition universelle
Paul Derain, Lyon.

À cause de la mort tragique de l'auteur en 1944, nous voudrions pouvoir ne dire que du bien de ce livre posthume ; mais, malheureusement, nous y retrouvons encore ce même caractère vague et inconsistant que nous avions toujours remarqué dans ses précédents ouvrages. Il ya pourtant une certaine amélioration en ce sens que, dès lors qu'il en est arrivé à parler de « Tradition universelle », il semble par là même avoir renoncé finalement à l'attitude « anti-orientale » que nous lui avions connue jadis ; mais cela ne va pas bien loin, car il ne s'agit guère en somme que de vues qu'on peut dire « philosophiques », donc demeurant tout à fait extérieures. Ce n'est pas à dire, assurément, qu'il n'y ait pas çà et là certaines réflexions parfaitement justes, par exemple sur le caractère purement négatif de la science moderne ; mais ce que nous ne comprenons pas, c'est que certains puissent penser qu'il y ait dans tout cela l'expression d'un point de vue plus ou moins ésotérique. En outre, l'exposé de ce que l'auteur croit être « l'esprit de la sagesse antique », tel qu'il se dégagerait de l'ensemble des différentes doctrines traditionnelles, est fortement affecté par des idées qui en sont fort éloignées en réalité, et plus particulièrement par la conception « réincarnationniste » ; aussi l'ensemble donne-t-il une impression plutôt décevante, et mieux vaut ne pas y insister davantage.

l G. Persigout – Le Cabinet de Réflexion.
— Considérations historiques et philosophiques
sur le contenu et la portée ésotériques
de l'*Epreuve de la Terre*
R. Méré, Paris.

Ce gros volume est constitué par la réunion, avec quelques adjonctions, des articles sur ce sujet qui ont paru autrefois dans le Symbolisme, et dont nous avons déjà parlé à mesure de leur publication. L'auteur a d'ailleurs voulu, dans son avant-propos, répondre à certaines objections que nous avions formulées alors ; mais nous devons lui dire franchement que la façon dont il le fait n'est aucunement de nature à nous faire modifier notre avis à cet égard. Il cherche surtout à justifier ses fréquentes références à des conceptions philosophiques et scientifiques des plus profanes : « Nous adressant au monde profane, dit-il, force est bien de partir des sciences profanes pour l'amener sur le plan des sciences traditionnelles », Or, d'une part, c'est là une chose tout à fait impossible, parce que le point de vue même des sciences profanes est incompatible avec celui des sciences traditionnelles, et que, par suite, les premières, bien loin d'acheminer vers les secondes, ne peuvent au contraire que constituer un obstacle à leur compréhension ; d'autre part, nous ne voyons vraiment pas comment ni pourquoi, quand on traite des questions d'ordre initiatique, on peut vouloir « s'adresser au monde profane » et c'est là une idée que, pour notre part, nous n'avons certes jamais eue ! En outre, nous nous demandons qui prétend viser cette autre phrase : « En définitive, ce n'est pas en voulant les orientaliser à tout prix qu'on induira les esprits modernes d'Occident à penser autrement qu'en Occidentaux ». Cela ressemble fort à certaines insinuations que nous avons déjà parfois rencontrées ailleurs, mais dans lesquelles il nous est impossible de nous reconnaître, car nous n'avons jamais eu la moindre intention d'« orientaliser à tout prix » qui que ce soit ; ce que nous voudrions plutôt, c'est tout simplement induire ceux qui en sont capables « à penser autrement qu'en modernes », puisque l'esprit moderne ne fait réellement qu'un avec l'esprit anti-traditionnel. Qu'après cela ils adhèrent à une tradition orientale ou occidentale, suivant ce qui convient le mieux à leurs aptitudes, c'est l'affaire de chacun, et cela ne saurait nous concerner en aucune façon ; est-ce d'ailleurs de notre faute si tout ce qui est tradition est tellement affaibli actuellement en Occident que beaucoup peuvent estimer plus avantageux de chercher d'un autre côté ? Nous n'insisterons pas davantage, et nous ajouterons seulement que, malgré l'apparence d'un plan rigoureusement établi, l'ouvrage, dans son ensemble, demeure assez confus à bien des égards, ce qui arrive d'ailleurs toujours quand on veut mettre trop de choses dans un seul livre, et aussi que les quelques explications supplémentaires concernant la théorie du « Panpsychisme universel » ne réussissent malheureusement pas à rendre celle-ci beaucoup plus claire ; nous craignons bien, en tout cas, que les vues particulières de l'auteur n'aient dans cette théorie une plus grande part que les données traditionnelles.

Avril-mai 1948

l J.-H. Probst-Biraben – Les Mystères des Templiers
Editions des Cahiers Astrologiques, Nice.

Dans ce volume, l'auteur a repris en grande partie le contenu des articles sur le même sujet qui avaient paru il y a quelques années dans le Mercure de France et dont nous avons parlé précédemment (voir n° d'octobre-novembre 1946). Il s'est efforcé de préciser davantage certains points et a donné à l'exposé proprement historique un développement plus « suivi » ; il ne semble plus aussi disposé à tout ramener à des questions d'opérations financières (peut-être cette façon de voir était-elle surtout le fait de son collaborateur disparu), mais il fait, entre le rôle des Templiers en Orient et certaines conceptions modernes de « politique coloniale », un rapprochement qui nous paraît vraiment bien fâcheux, d'autant plus qu'il va jusqu'à évoquer à ce propos le cas d'agents européens qui entrèrent en relations avec des turuq islamiques pour se livrer plus parfaitement et avec moins de risques à ce que nous ne pouvons considérer que comme une vulgaire et méprisable besogne d'espionnage ! Il est regrettable aussi que sans parler de la transcription plutôt étrange des mots arabes, il n'ait pas rectifié diverses assertions inexactes ou contestables : ainsi, il continue à prendre tout à fait au sérieux le fameux « alphabet secret », sans remarquer la grave objection contre son authenticité que constitue, ainsi que nous l'avons signalé, la distinction des lettres U et V ; et nous ne nous expliquons pas qu'il persiste à qualifier d'« auteur désintéressé » le néo-templier Maillard de Chambure. Sur la question des prétendues idoles et du « Baphomet » également, les choses en sont restées à peu près au même point, et les singulières explications de von Hammer n'ont pas été éclaircies davantage ; nous nous contenterons de renvoyer à ce que nous avons déjà dit sur tout cela. Une partie plus nouvelle, et qui, à notre avis, est peut-être ce qu'il y a de plus intéressant dans le livre, c'est ce qui concerne les relations de l'Ordre du Temple avec les corporations ouvrières, tant orientales qu'occidentales, et particulièrement avec les corporations de constructeurs ; il y a là des choses qui sans doute restent forcément hypothétiques dans une certaine mesure, mais qui sont du moins fort plausibles, et nous pensons qu'il y aurait tout avantage à diriger de ce côté des recherches plus approfondies. Pour des raisons que nous avons indiquées ailleurs, c'est surtout dans le domaine de l'hermétisme et des sciences traditionnelles du même ordre que se trouvait tout naturellement un terrain commun entre l'initiation chevaleresque et les initiations de métiers. A propos d'hermétisme, l'auteur donne de quelques symboles une explication qui demeure malheureusement un peu superficielle, et, en ce qui concerne les « graffiti » du château de Chinon, il prend vraiment trop en considération, malgré quelques réserves, les interprétations plus ou moins bizarres de M. Paul Le Cour ; mais du moins faut-il le louer d'avoir passé sous silence certaine inscription que celui-ci avait cru y relever, et qui, comme nous avons pu le constater nous-même sur place, était entièrement imaginaire… Un dernier chapitre est consacré aux « héritiers et successeurs du Temple », vrais ou supposés ; nous ne reviendrons pas sur ce qui est déjà suffisamment connu à ce sujet, mais nous noterons l'histoire assez énigmatique des « Messieurs du Temple » (cette dénomination même sonne quelque peu étrangement et semble bien profane), dont l'existence, du XVe au XVIIe siècle, est prouvée par les pièces de divers procès où ils intervinrent ; le fait qu'ils étaient reconnus officiellement rend peu vraisemblable la supposition qu'ils aient constitué une sorte de « tiers-ordre » de filiation templière authentique, et nous avouons ne pas voir ce qui a pu suggérer l'idée d'une connexion possible avec l'hypothétique Larmenius ; ne s'agirait-il pas tout simplement d'une association extérieure quelconque, confrérie religieuse ou autre, qui aurait été chargé d'administrer certains biens ayant appartenu à l'Ordre du Temple, et qui en aurait tiré le nom sous lequel elle était connue ? Quant aux documents rédigés en latin et datant du début du XIXe siècle dont l'auteur a eu communication, il nous paraît tout à fait évident, d'après de multiples détails, qu'ils ne peuvent être émanés que des Néo-Templiers de Fabré-Palagrat (les mentions du Cap Vert et autres lieux dans certains titres sont de pure fantaisie), et nous ne comprenons même pas qu'il puisse y avoir le moindre doute là-dessus. Ajoutons que les initiales V.D.S.A. ne signifient point Victorissimus Dominus Supremæ Aulæ (?), mais Vive Dieu Saint Amour, cri de guerre des Templiers, que leurs prétendus successeurs s'étaient approprié, comme tout ce dont ils purent avoir connaissance, pour se donner quelque apparence d'authenticité ; comment, après avoir précisément mentionné par ailleurs ce cri de guerre, a-t-on pu ne pas s'apercevoir que c'était de la même chose qu'il s'agissait ici ? Quoi qu'il en soit, il y a certainement dans ce livre des indications intéressantes à plus d'un point de vue, mais il resterait encore beaucoup à faire, à supposer même que la chose soit possible, pour élucider définitivement les « mystères des Templiers ».

l Rituel de la Maçonnerie Egyptienne de Cagliostro
Annoté par le Dr Marc Haven et précédé
d'une introduction de Daniel Nazib.
Editions des Cahiers Astrologiques, Nice.

Le Dr Marc Haven avait eu depuis longtemps l'intention de publier une édition complète de ce Rituel, qui constitue un document intéressant pour l'histoire de la Maçonnerie ; mais les circonstances ne lui permirent jamais de réaliser ce projet, non plus que d'écrire les commentaires dont il devait l'accompagner ; ses notes, qui se réduisent à fort peu de chose et n'apportent guère d'éclaircissements, ne sont en réalité que de simples indications qu'il avait relevées pour lui-même en vue de ce travail. Quant à l'introduction, elle ne contient rien de nouveau pour ceux qui connaissent les ouvrages de Marc Haven, car elle est faite entièrement d'extraits tirés de ceux-ci, de sorte que, en définitive, c'est le texte même du Rituel qui fait tout l'intérêt de ce volume. Il s'agit en somme d'un « système » de hauts grades comme il y en eut tant dans la seconde moitié du XVIIIe siècle, et sa division en trois degrés, présentant une sorte de parallélisme avec ceux de la Maçonnerie symbolique, procède d'une conception dont on pourrait trouver d'autres exemples. Il est a peine besoin de dire que, en réalité, il n'y a là rien d'« égyptien » qui puisse justifier sa dénomination, à moins qu'on ne considère comme telle la pyramide qui figure dans certains tableaux, sans d'ailleurs qu'il soit donné la moindre explication au sujet de son symbolisme. On ne retrouve même pas ici quelques-unes de ces fantaisies pseudo-égyptiennes qui se rencontrent dans d'autres Rites, et qui, vers cette époque, furent surtout mises à la mode, si l'on peut dire, par le Séthos de l'abbé Terrasson ; au fond, les invocations contenues dans ce Rituel, et notamment l'usage qui y est fait des Psaumes, ainsi que les noms hébraïques qui s'y rencontrent, lui donnent un caractère nettement judéo-chrétien. Ce qu'il présente naturellement de plus particulier, ce sont les « opérations », qu'il pourrait être intéressant de comparer avec celles des Elus Coëns : le but qu'elles visent est apparemment assez semblable, mais les procédés employés sont différents à bien des égards. Il y a là quelque chose qui semble relever surtout de la « magie cérémonielle », et qui, par le rôle qu'y jouent des « sujets » (les enfants désignés sous le nom de « Colombes »), s'apparente aussi au magnétisme ; assurément, au point de vue proprement initiatique, tout cela pourrait donner lieu à d'assez graves objections. Un autre point qui appelle d'ailleurs quelques remarques est le caractère des grades féminins : ils conservent en grande partie le symbolisme habituel de la Maçonnerie d'adoption, mais celle-ci ne représentait à vrai dire qu'un simple simulacre d'initiation, destiné à donner une apparence de satisfaction aux femmes qui reprochaient à la Maçonnerie de les négliger, et, d'une façon générale, elle n'était guère prise au sérieux, son rôle étant limité à des choses d'ordre tout extérieur, telles qu'organisation de fêtes « semi profanes » et aide apportée aux œuvres de bienfaisance. Au contraire, il semble bien que Cagliostro ait eu l'intention de conférer aux femmes une initiation réelle, ou du moins ce qu'il considérait comme tel, puisqu'il les faisait participer à des « opérations » toutes semblables à celles des Loges masculines ; il y a là, non seulement une exception, mais aussi, en tant qu'il s'agit d'un Rite maçonnique, une véritable « irrégularité ». Si l'on voulait entrer dans le détail, on relèverait encore d'autres étrangetés, même dans les grades masculins, par exemple la singulière façon dont y est modifiée et expliquée la légende d'Hiram, et tout cela, dans son ensemble, amènerait assez naturellement à se poser une question : Cagliostro a évidemment voulu, comme bien d'autres, établir un système particulier, quelle qu'en soit d'ailleurs la valeur propre, en se basant sur la Maçonnerie ; mais a-t-il jamais eu réellement de celle-ci une connaissance suffisamment approfondie pour l'y adapter correctement ? Les admirateurs enthousiastes de Cagliostro s'indigneraient peut-être qu'on puisse soulever un tel doute, tandis que ses détracteurs chercheraient probablement à en tirer contre lui des conséquences excessives ; en cela, à notre avis, les uns n'auraient pas plus raison que les autres, et il y a bien des chances pour que la vérité sur ce, personnage énigmatique ne se trouve dans aucune de ces opinions extrêmes.

1 W.-R. Chéttéoui – Cagliostro et Catherine II
Editions des Champs-Elysées, Paris.

Parmi les nombreuses pièces de théâtre qu'écrivit Catherine II, il s'en trouve trois qui sont dirigées contre ce qu'elle appelait les « visionnaires », nom sous lequel elle englobait à la fois les Maçons et les membres de diverses autres organisations initiatiques, aussi bien que les « illuminés » et les « mystiques » plus ou moins indépendants ; et, entre tous, Cagliostro semble avoir attiré plus particulièrement son hostilité. Ces pièces sont ici traduites pour la première fois en français : la première, Le Trompeur, met en scène un personnage qui est évidemment une caricature de Cagliostro ; la seconde, Le Trompé, est une attaque violente contre les organisations maçonniques ou similaires ; quant à la troisième, Le Chaman de Sibérie, elle ne contient aucune allusion directe à celles-ci, quoi que semble en penser le traducteur, mais c'est encore Cagliostro qui y est visé manifestement. A ces trois comédies est joint un petit pamphlet intitulé Le Secret de la Société Anti-Absurde dévoilé par quelqu'un qui n'en est pas, qui parodie les rituels et les catéchismes maçonniques, tout en en prenant en quelque sorte le contrepied au nom du « bon sens ». Le tout témoigne d'une incompréhension et est empreint de l'esprit le plus étroitement rationaliste, comme on pouvait s'y attendre de la part d'une disciple des « philosophes » ; ce n'est donc pas là-dedans qu'il faudrait chercher des informations dignes de foi sur ce dont il s'agit, et ce ne sont certes pas non plus des chefs-d'œuvre au point de vue littéraire, mais c'est incontestablement une véritable curiosité historique. – Cette traduction est précédée d'une longue introduction, dont le début contient des renseignements intéressants sur la Maçonnerie en Russie au XVIIIe siècle ; malheureusement, les connaissances de M. Chettéoui en fait d'histoire maçonnique ne semblent pas parfaitement sûres, car il fait certaines confusions, qui sont d'ailleurs du genre de celles qu'on commet assez communément dans le monde profane : ainsi, la Rose-Croix d'Or, même si elle recrutait ses membres parmi les Maçons, n'avait en elle-même, contrairement à ce qu'il affirme, aucun caractère maçonnique. Quant au mélange de choses fort diverses que dissimule l'appellation vulgaire de « Martinisme », il n'est pas de son fait, assurément, mais il ne paraît pas avoir su le débrouiller très exactement ; et ne croit-il pas qu'il y a eu réellement des « initiés » de Saint-Martin ? Une autre erreur plus étonnante, et même tout à fait inexplicable, est celle qui fait de la Stricte Observance une « forme dérivée de l'Ordre des Templiers anéanti quarante ans auparavant » ! Ajoutons que, après le Convent de Wilhelmsbad, il n'y eut plus de Stricte Observance, et qu'elle fut alors remplacée par le Régime Ecossais Rectifié ; il est assez curieux qu'on ne sache presque jamais faire cette distinction, qui pourtant a bien quelque importance… La suite de l'introduction contient un exposé de la carrière de Cagliostro qui, s'inspirant surtout de

Marc Haven, tend à le présenter comme un véritable « Maître » ; on a d'ailleurs un peu l'impression que, sous le couvert de Cagliostro, l'auteur a peut-être en vue d'autres personnages, comme Marc Haven lui-même quand il écrivit son Maître inconnu. Nous n'insisterons pas sur quelques autres détails, comme les histoires de guérisseurs qui sont bien loin d'avoir l'importance « spirituelle » qui leur est attribuée, ou encore la croyance tout à fait injustifiée à l'authenticité de tels pseudo-Evangiles répandus naguère par les théosophistes et leur « Eglise libre-catholique » ; mais nous devons relever un point qui nous concerne directement, et que des faits récents ont rendu plutôt amusant pour nous, sinon pour tout le monde. En effet, M. Chettéoui a éprouvé le besoin de glisser dans son livre une note ainsi conçue : « N'en déplaise à l'intellectualisme négateur d'un René Guénon, la France a l'insigne privilège de posséder la plus haute Ecole initiatique de l'Occident ; cette Ecole aux méthodes éprouvées est appelée à avoir dans le monde un immense rayonnement. » Et, pour qu'on ne puisse avoir aucun doute sur ce à quoi il fait allusion, le passage auquel se réfère cette note est immédiatement suivi d'une longue citation du fondateur d'une soi-disant « Ecole Divine », qui, hélas ! a eu depuis lors des mésaventures sur lesquelles il vaut mieux ne pas insister, si bien que, en fait d'« immense rayonnement », ladite Ecole n'aura laissé après elle que les plus fâcheux souvenirs. Il est à remarquer qu'il n'y avait aucun motif plausible pour nous mettre en cause, car nous n'avons jamais eu jusqu'ici l'occasion de dire, publiquement tout au moins, quoi que ce soit de la pseudo-initiation en question ; nous reconnaissons cependant très volontiers que notre attitude à son égard n'aurait pas pu être autre que celle qu'on nous supposait, et on devra avouer que les événements ne nous auraient que trop promptement et trop complètement donné raison. M. Chettéoui voudra-t-il nous croire si nous lui disons que précisément, pour parler de son livre, nous n'attendions que ce dénouement que nous prévoyions depuis quelque temps déjà ! Du reste, d'après ce qui nous a été dit de divers côtés ; nous pensons que lui-même doit être maintenant revenu des illusions qu'il se faisait à ce sujet, en attendant (nous le souhaitons du moins pour lui) qu'il revienne également de celles qu'il garde encore sur quelques autres choses ! Sic transit gloria mundi…

Avril-mai 1950

1 J.-H. Probst-Biraben
– Rabelais et les secrets du Pantagruel
Editions des Cahiers Astrologiques, Nice.

On a assez souvent parlé de l'ésotérisme de Rabelais, mais généralement d'une façon plutôt vague, et il faut bien reconnaitre que le sujet est loin d'être facile ; on a bien, dans maints passages de ses œuvres, l'impression de se trouver en présence d'un « langage secret », plus ou moins comparable à celui des *Fedeli d'Amore*, quoique d'un autre genre ; mais il semble bien que, pour pouvoir le traduire, il faudrait une « clef » qui jusqu'ici n'a pas été retrouvée. Cette question est d'ailleurs étroitement liée à celle de l'initiation qu'aurait reçue Rabelais : qu'il se soit rattaché à l'hermétisme, cela ne paraît pas douteux, car les connaissances ésotériques dont il fait preuve appartiennent manifestement à l'ordre « cosmologique » et ne semblent jamais le dépasser ; elles correspondent donc bien au domaine propre de l'hermétisme, mais encore serait-il bon de savoir plus exactement de quel courant hermétique il s'agit, et c'est là quelque chose de fort complexe, car, à cette époque, les hermétistes étaient divisés en des écoles diverses, dont certaines étaient déjà déviées dans un sens « naturaliste » ; sans vouloir entrer plus avant dans cette question, nous devons dire que précisément, sur l'orthodoxie initiatique de Rabelais, les avis sont assez partagés. Quoi qu'il en soit, M, Probst-Biraben s'est montré très prudent, et il faut lui savoir gré de ne s'être pas lancé, comme il arrive souvent en pareil cas, dans des spéculations par trop hypothétiques ; il n'a certes pas eu la prétention de résoudre toutes les énigmes, ce qui serait probablement impossible, mais il a du moins réuni assez de données et d'indices de toute sorte pour en faire un livre fort digne d'intérêt. Nous dirons tout de suite que la partie que nous trouvons la moins convaincante, en ce qui concerne la provenance ésotérique des idées exprimées par Rabelais, est celle qui se rapporte à ses conceptions sociales, car nous n'y voyons pas la marque bien nette d'une influence de cet ordre, et il se pourrait qu'elles soient venues plutôt d'une source exotérique, nous voulons dire de ses origines franciscaines, de même que ses vues sur l'éducation peuvent fort bien lui avoir été inspirées pour la plus grande partie par ses relations profanes avec les « humanistes » contemporains. Par ailleurs, et ceci est beaucoup plus important à notre point de vue, il y a chez lui un grand nombre de symboles qui relèvent nettement de l'hermétisme, et l'énumération en est fort curieuse et pourrait donner lieu à bien des rapprochements ; il y a aussi des allusions éparses à l'astrologie, mais surtout, comme on devait s'y attendre, à l'alchimie, sans compter tout ce qui fait du Pantagruel un véritable « répertoire de sciences conjecturales ». Remarquons à ce propos que, si l'on savait d'une façon précise à quelles écoles appartenaient les divers personnages que Rabelais tourne çà et la en ridicule, cela permettrait peut-être de se rendre compte dans une certaine mesure, par opposition, de ce qu'était celle à laquelle il se rattachait lui-même, car il semble bien qu'il a dû y avoir sous ces critiques quelques rivalités d'écoles ésotériques ; en tout cas, ce qui n'est pas contestable, c'est qu'il sait fort bien faire la distinction entre l'alchimie vulgaire des « faiseurs d'or » et la véritable alchimie spirituelle. Une des choses les plus extraordinaires, mais aussi les plus ouvertement apparentes, ce sont les descriptions d'un caractère évidemment initiatique qui se rencontrent dans le Ve livre de Pantagruel ; il est vrai que certains prétendent que ce livre n'est pas de lui, parce qu'il ne fut publié que dix ans après sa mort, mais le plus vraisemblable est seulement qu'il le laissa inachevé et que des disciples ou des amis le complétèrent d'après les indications qu'ils avaient reçues de lui, car il représente bien réellement le couronnement en quelque sorte normal de l'œuvre tout entière. Une autre question qui présente un intérêt tout particulier est celle des rapports qu'eut Rabelais avec les « gens de métier » et leurs organisations initiatique ; il y a chez lui bien des allusions plus ou moins déguisées, mais malgré tout assez claires encore pour qui connaît ces choses, à certains rites et à certains signes de reconnaissance qui ne peuvent guère avoir une autre provenance que celle-là, car ils ont un caractère « compagnonnique » très marqué, et, ajouterons-nous, ce peut fort bien être aussi de ce côté qu'il recueillit, sur la tradition pythagoricienne, les connaissances que paraît indiquer l'emploi qu'il fait très fréquemment des nombres symboliques ; qu'il ait été affilié à quelqu'une de ces organisations en qualité de chapelain, c'est là une hypothèse très vraisemblable, et, de plus, il ne faut pas oublier qu'il y eut toujours des rapports étroits entre les initiations hermétiques et artisanales, qui, malgré les différences de forme, se réfèrent toutes proprement au même domaine des « petits mystères ». Sur tous les points que nous venons d'indiquer, on trouvera dans l'ouvrage de M. Probst-Biraben d'abondantes précisions de détail, qu'il est naturellement impossible de résumer ; ce livre est certainement de ceux qu'on ne lira pas sans en tirer beaucoup de profit, et, par sa modération même et la méfiance dont il témoigne à l'égard des interprétations trop hasardeuses, il devrait donner à réfléchir aux critiques universitaires négateurs de l'ésotérisme, ou tout au moins à ceux d'entre eux dont le parti pris à cet égard n'est pas tout à fait irrémédiable.

l G. Van Rijnberk – Episodes de la vie ésotérique
[1780-1824]
P. Derain, Lyon.

Ce livre contient un grand nombre de documents inédits et fort intéressants, qui jettent un curieux jour sur certains milieux maçonniques de la fin du XVIIIe siècle, et sur la façon dont s'y infiltrèrent bien des idées et des pratiques qui en réalité n'avaient pas grand'chose de commun avec le véritable ésotérisme, et dont on peut même se demander si elles ne furent pas lancées précisément pour détourner de celui-ci l'attention de ces milieux, ainsi que nous l'avons déjà remarqué en particulier à propos du magnétisme, qui a certainement joué là-dedans un rôle prépondérant. La partie principale est constituée par des extraits de la correspondance de J.-B. Willermoz et du prince Charles de Hesse-Cassel, tous deux titulaires des plus hauts grades de divers Rites maçonniques, et qui tous deux s'intéressèrent, sous des formes un peu différentes, mais à peu près équivalentes au fond, à ces choses auxquelles nous venons de faire allusion. Tout d'abord, à propos de Rites maçonniques, il y aurait quelques inexactitudes à relever dans les commentaires de M. van Rijnberk : ainsi, il paraît ne pas savoir que les Chevaliers Bienfaisants de la Cité Sainte sont le dernier grade du Régime Ecossais Rectifié, dont il ne mentionne même pas le nom (ce qui lui est d'ailleurs commun avec d'autres auteurs qui ont parlé de Willermoz) ; d'autre part, il semble croire que Swedenborg, qui vraisemblablement ne fut jamais Maçon, aurait exercé personnellement une action dans la Maçonnerie suédoise, alors que tout ce qu'il est possible d'admettre à cet égard, c'est que quelques-uns de ses disciples y répandirent certaines de ses idées, et cela à titre de simples vues individuelles. Mais ces questions ne tiennent que peu de place dans le livre, et le plus important est ce qui se rapporte au magnétisme, aux « révélations » des somnambules et autres choses de ce genre ; il est naturellement impossible d'examiner tout cela en détail, et nous nous bornerons à quelques remarques d'ordre général. Certains rapprochements montrent clairement que, sur bien des points et notamment en ce qui concerne leurs descriptions des états posthumes, les somnambules subirent, d'une façon probablement subconsciente, l'influence des conceptions de plusieurs « philosophes mystiques » contemporains ; cela n'est certes pas pour nous étonner, et même, à notre avis, c'est le contraire qui eût été assez surprenant, mais c'est là une constatation qu'il est toujours bon d'enregistrer. À côté des somnambules, et ne s'en distinguant peut-être pas toujours très nettement, il y avait ce que l'auteur appelle les « médiums écrivains », expression qui est ici un anachronisme, puisqu'elle appartient au vocabulaire du spiritisme qui ne prit naissance que bien plus tard ; il lui arrive du reste quelquefois d'employer le mot même de « spiritisme », d'une façon qui est évidemment tout à fait impropre ; ce qui est vrai, c'est que le magnétisme prépara en quelque sorte la voie au spiritisme (c'est même une des raisons qui le rendent le plus nettement suspect), et que les somnambules furent en quelque sorte les précurseurs des médiums, mais il y a tout de même de notables différences dont il ne faudrait pas négliger de tenir compte. Parmi ces « médiums écrivains », celui qui joua sans doute le rôle le plus important est l'« Agent » de Willermoz, sur lequel les occultistes répandirent tant de légendes sans fondement et dont Mme Alice Joly avait déjà découvert et fait connaître la véritable identité ; mais il y eut aussi d'autres cas beaucoup moins connus d'« Ecriture automatique », y compris celui du prince Charles de Hesse lui-même, qui, contrairement à celui de Mme de Vallière, se produisit indépendamment de toute pratique magnétique. Un autre point qui a peut-être un rapport assez étroit avec celui-là, c'est que, d'après certains passages de ses écrits, le prince de Hesse admettait, tout au moins dans des cas particuliers, une sorte de « réincarnation » ; la façon dont il la concevait n'apparaît d'ailleurs pas très clairement, de sorte qu'il serait assez difficile de dire s'il s'agit bien de la réincarnation proprement dite, telle que devaient l'enseigner plus tard les spirites et les théosophistes ; mais ce qui en tout cas n'est pas douteux, c'est que c'est en effet à cette époque, et précisément en Allemagne, que cette idée commença à se faire jour. Nous n'entreprendrons pas de mettre au point les vues de M. van Rijnherk lui-même sur ce sujet, qui se ressentent visiblement des conceptions « néo-spiritualistes » ; mais nous ne pouvons nous empêcher de noter incidemment la méprise assez amusante qui lui a fait confondre nirmâna avec nirvâna ! Chez le prince de Hesse encore, il se produisait des phénomènes bizarres, visions ou manifestations lumineuses (surtout en connexion avec une image du Christ), auxquels il attribuait un caractère « oraculaire » et dont on ne peut guère déterminer dans quelle mesure ils étaient, pour employer la terminologie actuelle, « objectifs » ou seulement « subjectifs ».

Quoi qu'il en soit, ces phénomènes, qui paraissent d'ailleurs avoir été provoqués par des « travaux » accomplis suivant le rituel des Frères Initiés de l'Asie, ne sont pas sans rappeler d'assez près les « passes » des Elus Coëns, chez lesquels, il faut bien le dire, on attribua aussi à ces choses une importance véritablement excessive ; qu'on les prenne, lorsqu'elles se présentent d'une façon plus ou moins accidentelle, comme des « signes » extérieurs de l'acquisition de certains résultats, cela est encore admissible, mais ce qui ne l'est aucunement, c'est de considérer en quelque sorte leur obtention comme le but même d'une organisation initiatique, car il est tout à fait impossible de voir quel intérêt réel tout cela peut avoir au point de vue spirituel. Il y aurait beaucoup à dire là-dessus, car il est bien certain que le goût des phénomènes extraordinaires, auquel se rattache d'ailleurs aussi la passion pour les expériences magnétiques, fut dès lors, comme il l'est toujours resté par la suite pour les Occidentaux, un des principaux écueils qui firent dévier certaines aspirations et les empêchèrent de parvenir à leur aboutissement normal. Nous ajouterons seulement que, chez le prince de Hesse, les phénomènes en question revêtirent parfois un caractère extravagant qu'ils semblent du moins n'avoir jamais eu chez les Elus Coëns ; et nous mentionnerons encore, dans le même ordre d'idées, les opérations évocatoires de von Wächter, que leur allure plus accentuée de « magie cérémonielle » contribue à rendre plus particulièrement suspectes, sans même parler des histoires fabuleuses dont elles furent entourées et don on ne sait trop ce quelles pouvaient bien servir à dissimuler. – Dans une seconde partie, il est question de quelques « personnages énigmatiques et mystérieux » ; un chapitre y est consacré à la marquise de La Croix, qui donne surtout l'impression d'une personne déséquilibrée, et un autre à certains traits de la vie du comte de Saint-Germain et plus particulièrement à ses relations avec le prince Charles de Hesse. Le plus curieux est celui qui retrace la carrière mouvementée du sieur Bernard Müller, alchimiste ou soi-disant tel, qui s'était attribué la mission d'« organe », suivant sa propre expression, d'un « chiliasme » fantastique ; ayant gagné la confiance du célèbre professeur Molitor, il se fit introduire par lui dans les milieux maçonniques allemands, en profita pour entrer en relations avec plusieurs princes, et fut longtemps protégé par le prince Charles de Hesse ; puis, à la suite de diverses mésaventures, il finit par émigrer avec cinquante disciples en Amérique, ou des descendants de ce groupe subsistaient encore il y a peu d'années. La conclusion de M. van Rijn berk nous paraît appeler une réserve : nous pensons tout à fait comme lui que des hommes tels que Willermoz et le prince de Hesse furent sérieux, sincères et bien intentionnés, mais, quand il engage à « suivre leur exemple », il nous semble que cet exemple devrait bien plutôt servir avant tout de leçon pour éviter de commettre les mêmes fautes qu'eux et de se laisser détourner de la droite voie initiatique et de l'ésotérisme authentique pour se lancer à la poursuite de vaines fantasmagories.

Septembre 1950

l Henri-Félix Marcy – Essai sur l'origine
de la Franc-Maçonnerie et l'histoire
du Grand Orient de France. Tome Ier. Des origines
à la fondation du Grand Orient de France
Editions du Foyer Philosophique, Paris.

Ce travail est fort consciencieusement fait, mais uniquement d'après les méthodes de l'histoire profane, qui, en pareil cas surtout, ne peuvent pas donner des résultats entièrement satisfaisants, ne serait-ce qu'en raison de l'absence presque complète de documents écrits. La tournure d'esprit de l'auteur est évidemment très « rationaliste » et se ressent fortement de son éducation universitaire ; aussi bien des choses lui échappent-elles, surtout en ce qui concerne le côté initiatique de la question, et c'est sans doute pourquoi le lien qui unit la Maçonnerie opérative à la Maçonnerie spéculative lui apparaît comme très « lâche », ainsi qu'il le dit au début. Cependant, la suite même de son exposé ne justifie guère cette assertion, car du moins n'est-il pas de ceux qui nient contre toute évidence l'existence d'une filiation directe de l'une à l'autre, même s'il méconnaît l'importance du lien très effectif, nous pourrions même dire tout à fait essentiel, qui est constitué par le symbolisme. Ces réserves faites, il faut reconnaître que cet ouvrage, dans les limites du point de vue où il se renferme, apporte un grand nombre de renseignements intéressants, notamment dans le chapitre qui est consacré à l'histoire de l'architecture au moyen âge, et plus précisément du XIIIe au XVe siècle. Un point curieux à noter, c'est que les « maîtres d'œuvre » français paraissent avoir eu une part prépondérante dans la construction des grandes cathédrales des autres pays, d'où l'auteur croit pouvoir conclure que la Maçonnerie opérative a dû prendre naissance en France ; ce n'est assurément là qu'une hypothèse, mais il en trouve une confirmation dans la similitude que présentent l'organisation des Hütten allemandes et celle des Lodges anglaises et écossaises, alors qu'il est peu vraisemblable qu'elles aient eu des rapports directs entre elles. Il y a peut-être là quelque exagération due à une perspective trop exclusivement « nationale », mais il n'en est pas moins vrai que l'exposé « légendaire » contenu dans certains manuscrits anglais des Old Charges semblerait suggérer lui-même quelque chose de ce genre, tout en le reportant d'ailleurs à une époque notablement antérieure à celle des cathédrales « gothiques » ; nous ajouterons seulement que, si on admet que c'est de France que la Maçonnerie opérative fut importée en Angleterre et en Allemagne, cela ne préjuge pourtant rien quant à son origine même, puisque, d'après les mêmes « légendes », elle serait d'abord venue d'Orient en France, où elle aurait été apparemment introduite par des architectes byzantins. D'autre part, on pourrait, à ce propos, soulever une question importante que l'auteur n'envisage pas, et que d'ailleurs aucun historien maçonnique ne semble avoir cherché à élucider : cette question est celle de la « survivance » possible de la Maçonnerie opérative, en France même, jusque vers la fin du XVIIe siècle ou le début du XVIIIe ; en effet, en présence de certaines particularités par lesquelles les rituels français diffèrent des rituels spéculatifs anglais, et qui ne peuvent manifestement provenir que d'une « source » antérieure à 1717, on peut se demander si elles ont une origine opérative directe ou si, comme certains le pensent, elles sont dues à une importation écossaise qui aurait eu lieu dans les dernières années du XVIIe siècle ; les deux hypothèses sont plausibles, et, en fait, il y a là une énigme qui n'a jamais été résolue.

Le chapitre suivant retrace d'abord, un peu sommairement peut-être, ce qu'on sait de l'histoire de la Maçonnerie opérative en Ecosse et en Angleterre, où du moins on ne perd pas ses traces à la fin du moyen âge comme sur le continent ; il semble d'ailleurs bien que ce soit en Ecosse qu'elle demeura jusqu'au bout plus « vivante » que partout ailleurs. Il expose ensuite comment la prépondérance acquise par les Maçons « acceptés », tout au moins dans certaines Loges, aboutit à la Constitution de la Maçonnerie spéculative, lorsque quatre Loges de Londres se réunirent, en 1717, pour former la Grande Loge d'Angleterre, à côté de laquelle subsistèrent de leur côté les Loges écossaises, et aussi, en Angleterre même, celles qui relevaient de l'ancienne Loge d'York. Ici, il faut louer particulièrement l'auteur de n'avoir pas été dupe de la façon dont on présente habituellement la destruction, en 1720, des documents qui avaient été rassemblés au cours des années précédentes ; il remarque qu'Anderson « évite de donner des précisions sur les manuscrits détruits » et que « son explication sur les causes de la destruction est obscure » ; sans qu'il le dise tout à fait expressément, il est visible qu'il pense qu'Anderson lui-même a bien dû, avec ses « associés » Payne et Desaguliers, être pour quelque chose dans cet « acte de vandalisme », suivant l'expression de Thory. Il est assez clair en effet, comme il le montre ensuite, que les fondateurs de la Maçonnerie spéculative ont eu pour but, en agissant ainsi, non pas d'empêcher « que ces papiers puissent tomber dans des mains étrangères », ainsi qu'on l'a prétendu assez naïvement, mais de faire disparaître tout ce qui pouvait fournir la preuve des changements qu'ils avaient apportés aux anciennes Constitutions ; ils n'y ont d'ailleurs pas entièrement réussi, puisqu'on connaît actuellement une centaine de manuscrits sur lesquels ils n'avaient pu mettre la main et qui ont échappé à la destruction.

Pour en revenir à Anderson, un journal, en annonçant sa mort en 1739, le qualifia de « très facétieux compagnon », ce qui peut se justifier par le rôle suspect qu'il joua dans le schisme spéculatif et par la façon frauduleuse dont il présenta sa rédaction des nouvelles Constitutions comme conforme aux documents « extraits des anciennes archives » ; A. E, Waite a écrit de lui qu'« il était surtout très apte à gâter tout ce qu'il touchait » ; mais sait-on que, à la suite de ces événements, certaines Loges opératives allèrent jusqu'à prendre la décision de n'admettre désormais aucune personne portant le nom d'Anderson ? Quand on songe que c'est là l'homme dont tant de Maçons actuels se plaisent à invoquer constamment l'autorité, le considérant presque comme le véritable fondateur de la Maçonnerie, ou prenant tout au moins pour d'authentiques landmarks tous les articles de ses Constitutions, on ne peut s'empêcher de trouver que cela n'est pas dépourvu d'une certaine ironie… Si l'auteur s'est montré plus clairvoyant que bien d'autres sur cette question de la falsification andersonienne, il est à regretter qu'il ne l'ait pas été autant en ce qui concerne l'origine du grade de Maître, qu'il croit, suivant l'opinion communément répandue, n'être qu'une innovation introduite entre 1723 et 1738 ; mais sans doute ne peut-on pas exiger d'un pur historien une trop grande compétence pour tout ce qui touche directement au rituel et au symbolisme.

Le dernier chapitre contient l'histoire de la Maçonnerie française issue de la Grande Loge d'Angleterre, depuis sa première apparition vers 1725 ou 1726 jusqu'à la mort du comte de Clermont en 1771 ; c'est naturellement la période des débuts qui est la plus obscure, et, à cet égard, nous trouvons ici une excellente mise au point de la question si controversée des premiers Grands-Maîtres. Depuis que l'astronome Lalande publia son « Mémoire historique » en 1773, cette question était brouillée à tel point qu'on pouvait la croire insoluble ; mais la succession semble bien être enfin établie maintenant d'une façon définitive, sauf qu'il faudrait peut-être ajouter encore en tête de la liste un autre nom, celui du duc de Wharton, qui paraît avoir exercé, à une date comprise entre 1730 et 1735, et au nom de la Grande Loge d'Angleterre dont il avait été précédemment Grand-Maître, les fonctions de Grand-Maître provincial pour la France. Il est dommage que l'auteur n'ait pas raconté a la suite de quelles circonstances le Grand Orient fut amené, en 1910, à supprimer les deux premiers noms qui avaient figuré jusque là sur sa liste des Grands-Maîtres, alors qu'une simple rectification aurait suffi ; ce qui est plutôt amusant, c'est que cette suppression n'eut d'autre cause que les pamphlets d'un adversaire occultiste, fort érudit d'ailleurs, mais qui excellait surtout à « truquer » les documents historiques pour leur faire dire tout ce qu'il voulait ; nous avons vu cette affaire d'assez près, et, malgré le temps écoulé, nous avions de bonnes raisons de ne jamais l'oublier, ayant eu nous-même, à cette époque, le privilège d'être en butte à l'hostilité du même personnage ! Quant à la suite de l'histoire de la Maçonnerie, l'importance qui est attribuée au fameux discours de Ramsay est peut-être excessive, et en tout cas il est certainement inexact de dire qu'il « expose la doctrine de la Maçonnerie » ; il n'exprime en réalité, que la conception particulière que s'en faisait son auteur, sur lequel, notons-le en passant, il est donné des détails biographiques fort curieux ; ce qui est vrai, c'est seulement que ce discours exerça par la suite une influence incontestable sur la formation des hauts grades, mais, bien entendu, et en dépit des légendes fantaisistes répandues dans certains milieux, Ramsay lui-même et Fénelon n'y furent pour rien. À propos des hauts grades, nous devons dire que, malgré les précisions données sur quelques points et qui concernent surtout des dates, leur histoire, qui n'est d'ailleurs qu'esquissée très brièvement, demeure bien confuse dans son ensemble ; elle est d'ailleurs réellement d'une complication extrême, et il est très possible qu'on ne réussisse jamais à l'éclaircir complètement ; du reste, quand on sait que la première mention connue de tel grade se trouve dans un document daté de telle année, en est-on véritablement beaucoup plus avancé pour la connaissance de ses origines réelles ? Nous n'insisterons pas sur les autres points, beaucoup plus généralement connus, tels que les tracasseries que les Maçons eurent à subir à diverses reprises de la part des autorités gouvernementales, le refus de tenir compte en France des condamnations lancées par Rome et que les ecclésiastiques eux-mêmes traitèrent comme inexistantes, ou la scission qui fut provoquée dans la Grande Loge par la nomination de Lacorne comme substitut particulier du comte de Clermont, et qui nous amène à la fin de la période étudiée dans ce premier volume. Il est à souhaiter que la seconde partie de ce travail, qui doit contenir l'histoire du Grand Orient, apporte encore une sérieuse contribution à l'étude de ces questions qu'on a souvent traitées d'une façon trop partiale, dans un sens ou dans un autre, et parfois aussi trop imaginative.

Troisième partie : Comptes rendus d'articles de revues

COMPTES RENDUS
D'ARTICLES
DE REVUES
parus de 1929 à 1950
dans « *Le Voile d'Isis* »
devenu
« Études Traditionnelles »
en 1937

Juillet 1929

— Le *Grand Lodge Bulletin* d'Iowa (n° de mars) contient plusieurs notices intéressantes au point de vue symbolique et surtout historique ; l'une d'elles concerne les modifications successives du tablier dans la Maçonnerie anglaise. Dans un autre article, nous voyons que les Maçons américains s'étonnent de la liberté avec laquelle des publications « d'outre-mer » traitent de questions se rapportant à des parties « ésotériques » du rituel.

— La mentalité des Maçons américains, et aussi anglais, est en effet très particulière à bien des égards ; dans *Le Symbolisme* (n° d'avril), un article d'Oswald Wirth, intitulé L'Église maçonnique anglo-saxonne, apporte de curieuses précisions à ce sujet. D'après une information contenue dans la même revue, il vient de se constituer à Berlin une « Loge mystico-magique » intitulée Fraternitas Saturni, qui semble se rattacher plus ou moins directement aux anciennes organisations de Theodor Reuss, fondateur de l'O.T.O. (Ordo Templi Orientis).

— Précisément, la *Revue Internationale des Sociétés Secrètes* (partie occultiste, n° du 1er mai) publie quelques documents sur cet O.T.O., dont le chef actuel, tout au moins pour les pays de langue anglaise, semble être Sir Aleister Crowley, récemment expulsé de France (et qui, d'autre part, a dû aussi recueillir antérieurement l'héritage de l'Ordre S.S.S. et de la Fraternité Z.Z.R.Z.Z., dont la R.I.S.S. paraît ignorer l'existence). Ces documents sont naturellement accompagnés d'un commentaire tendancieux, où l'O.T.O. est présenté comme une « Haute Loge » et Aleister Crowley comme un successeur des « Illuminés » dont il est question dans L'Élue du Dragon ; c'est faire beaucoup d'honneur aux fantaisies plus ou moins suspectes de quelques individualités sans mandat et sans autorité ! Mais il est évident que la chose perdrait beaucoup de son intérêt, au point de vue très spécial où se place cette revue, si l'on devait reconnaître qu'il ne s'agit que d'une simple fumisterie ; pourtant, comment qualifier autrement une organisation dans laquelle n'importe qui, à la seule condition de payer une somme de 20 dollars, se trouve immédiatement admis au troisième degré ? – Dans la note que nous avons consacrée à L'Élue du Dragon et qu'on aura lue d'autre part, nous faisions allusion aux gens qui croient encore aux histoires fantastiques de Leo Taxil ; or, après avoir rédigé cette note, nous avons trouvé dans la Revue Internationale des Sociétés Secrètes (n° du 19 mai) un article dont le but est justement de donner à penser que c'est en s'accusant de mensonge que Taxil a menti ! Nous avons bien connu certaines des personnes dont il est question à cette occasion, et nous avons même en notre possession divers documents se rapportant à cette affaire ; nous pourrions donc, nous aussi, dire quelque chose là-dessus si nous le jugions à propos, mais, pour le moment, nous n'en voyons pas la nécessité. Nous suggérerons seulement à la R.I.S.S. une idée qui nous paraît fort susceptible de rentrer dans son programme : pourquoi ne publierait-elle pas un jour les documents de l'Ordre du Labarum ?

Décembre 1929

La *Revue Internationale des Sociétés secrètes* poursuit la publication de la série intitulée Diana Vaughan a-t-elle existé ? (n°s des 29 septembre et 20 octobre) : on s'attache à montrer la concordance de certaines assertions contenues dans les « Mémoires » avec divers livres anciens et plus ou moins rares sur les Rose-Croix ; la conclusion qui nous paraîtrait s'en dégager le plus naturellement, c'est que l'auteur des « Mémoires », quel qu'il ait été, connaissait aussi bien que le rédacteur de la revue les livres en question ; mais ce serait probablement trop simple, et en tout cas trop peu satisfaisant pour la thèse qu'il s'agit de soutenir coûte que coûte. Dans le numéro du 6 octobre est inséré, sans rectification ni commentaire, un article d'un correspondant de Pologne qui a pris un temple des Old Fellows pour une Loge maçonnique ; admirons une fois de plus la compétence de ces « spécialistes » ! Dans le numéro du 27 octobre, un article intitulé La Mode du Triangle nous rappelle certaines élucubrations taxiliennes sur le symbolisme maçonnique de la Tour Eiffel ; il paraît que les grands magasins vendent des poupées « qui ont été soumises dans les Hautes Loges, à des incantations et à des envoûtements » ; il paraît aussi que le triangle est « le symbole de la religion de Satan », ce dont nous ne nous serions certes pas douté à le voir figurer dans tant d'églises catholiques. Les gens qui sont capables d'écrire de pareilles choses, s'ils sont sincères, sont de véritables obsédés qu'il faut plaindre, mais qu'on devrait bien empêcher de propager leur manie éminemment contagieuse et de détraquer d'autres esprits faibles. – Dans le même numéro, un autre article présente comme un « Sage hindou » Sundar Singh, qui est un Sikh converti au protestantisme, donc doublement « non-hindou » ; notons à ce propos que sâdhou (et non sanhou) n'a jamais voulu dire « moine brâhmane », expression qui ne correspond d'ailleurs à aucune réalité ; qu'il est donc facile d'émettre des affirmations sur des sujets dont on ignore le premier mot ! La « partie occultiste » (n° du 1er octobre) est consacrée cette fois principalement à défendre l'Élue du Dragon contre les Jésuites des Études et de la Civiltà Cattolica, en leur opposant certains de leurs anciens confrères qui ont eu, paraît-il, une façon de voir toute différente (ce qui n'implique pas nécessairement qu'elle ait été plus juste). A cet effet, M. A. Tarannes évoque l'« Hydre aux trois têtes » du R. P. Rinieri, S. J., brochure dans laquelle il n'est d'ailleurs question en réalité ni d'hydre ni de dragon, si ce n'est dans un sens tout figuré. Ensuite viennent Trois lettres du R. P. Harald Richard, S. J., sur l'occultisme contemporain ; leur auteur est ce Jésuite qu'on prétend avoir copié et annoté les manuscrits originaux de Clotilde Bersone ; la première de ces lettres parle de quelques guérisseurs plus ou moins spirites, et tout son intérêt consiste en ce que certains prélats, voire même un cardinal, y sont accusés d'aller trouver lesdits guérisseurs, « non seulement pour se faire soigner, mais pour leur demander conseil sur toutes les grandes affaires ». Une phrase du préambule nous laisse rêveur : il est dit que ces lettres ont été « compilées à l'aide de nombreuses confidences à des familiers » ; alors, est-ce que ce sont bien vraiment des lettres ? Nous saurons peut-être un jour ce qu'il en est, si l'on met à exécution la menace de « donner des facsimilé des pièces authentiques, où apparaîtront plus clairement des noms et des jugements auxquels certaines personnalités ecclésiastiques et religieuses n'ont rien à gagner » ; que tout cela est donc édifiant !

Janvier 1930

— Dans la *Revue Internationale des Sociétés Secrètes*, la suite des articles concernant les Mémoires de Diana Vaughan (10 novembre et 1er décembre) ne nous fait pas modifier en quoi que ce soit les réflexions que nous avons formulées précédemment à ce sujet. Dans le dernier, il y a une méprise assez curieuse : citant un passage où est mentionné le « traité de la Génération et de la Corruption », qui est un ouvrage d'Aristote, l'auteur de l'article a cru qu'il s'agissait d'une « théorie imaginée par Robert Fludd » !
– Autre curiosité relevée dans le compte rendu d'une fête compagnonnique (10 novembre) : il y est dit que « la désignation C\, pour Compagnon, trahit ouvertement l'accointance maçonnique ». Or l'usage des trois points dans les abréviations est au contraire d'origine purement corporative ; c'est de là qu'il est passé dans certaines branches de la Maçonnerie « spéculative », mais il en est d'autres, notamment dans les pays anglo-saxons, qui l'ignorent totalement.
– Les numéros des 17 et 24 novembre contiennent une étude his-

torique sur le Rite de Misraïm, qui, malheureusement, n'éclaircit guère la question assez obscure de ses origines. – Dans la « partie occultiste » (1er novembre), M. A. Tarannes se contente cette fois de reproduire, sans grands commentaires, un certain nombre de signes compagnonniques (marques de tailleurs de pierres) relevés à l'église Saint-Ouen de Rouen. – Un autre collaborateur de la revue traite, à sa façon, de La Musique et l'Ésotérisme ; il semble avoir découvert un peu tardivement le numéro spécial du Voile d'Isis consacré à ce sujet, et il prête à ses rédacteurs les intentions les plus invraisemblables. D'autre part, nous ne nous serions jamais douté qu'une « propagande » pût avoir un caractère ésotérique, ce qui nous paraît une contradiction dans les termes, ni qu'il y eût une « foi à l'ésotérisme », celui-ci étant essentiellement et exclusivement affaire de connaissance. Notons enfin, dans le même numéro, la seconde des Trois lettres du R. P. Harald Richard, S. J., sur l'Occultisme contemporain ; il est question cette fois des sourciers, qui sont dénoncés tout simplement comme des suppôts du diable ; et c'est l'occasion de faire remarquer charitablement qu'« il y a aujourd'hui beaucoup trop de curés et de religieux qui se sont faits sourciers ». Il est aussi parlé dans cette lettre « du pendule de Chevreuil (sic), nom d'un chef spirite vivant, qu'il ne faut pas confondre avec Chevreul, le savant mort centenaire en 1896 » ; le malheur est que c'est bien du pendule de Chevreul qu'il s'agit, et que le spirite Chevreuil, son quasi-homonyme, n'est absolument pour rien là-dedans.

Février 1930

— Dans le *Symbolisme* (numéro de novembre), un article d'Oswald Wirth, intitulé Le respect de la Bible, revient encore sur les divergences qui existent entre les conceptions maçonniques des pays anglo-saxons et celles des pays latins ; nous y retrouvons cette regrettable tendance « rationaliste » que nous avons déjà signalée ; traiter les Écritures sacrées, quelles qu'elles soient d'ailleurs, comme quelque chose de purement humain, c'est là une attitude bien « profane ». – Dans le numéro de décembre, une intéressante étude de M. Armand Bédarride sur L'Initiation maçonnique ; il s'y trouve bien, dans certaines allusions aux doctrines orientales, quelques confusions dues probablement à une information de source surtout théosophique ; mais il est très juste de faire remarquer que l'idée d'une voie unique et exclusive est particulière à l'Occident ; seulement, la « voie du milieu » a un autre sens, beaucoup plus profond, que celui que lui donne l'auteur.

— Nous avons reçu les premiers numéros de la revue allemande *Saturn Gnosis*, organe de cette Fraternitas Saturni dont il a déjà été question ici ; c'est une publication de grand format, très bien éditée ; mais les articles qu'elle contient, en dépit de leur allure quelque peu prétentieuse, ne reflètent guère que les conceptions d'un « occultisme » ordinaire, de tendances très modernes et assez éclectiques, puisque le théosophisme même et l'anthroposophisme steinerien y ont une certaine part. La Fraternitas Saturni, issue d'une scission qui s'est produite au sein d'un mouvement dit « pansophique », se donne comme « la première Loge officielle de l'ère du Verseau » ; décidément, cette ère du Verseau préoccupe beaucoup de gens. Notons aussi qu'il est beaucoup question de « magie » là-dedans, ce qui répond d'ailleurs à un état d'esprit très répandu actuellement en Allemagne, et qu'on y fait une grande place aux enseignements du « Maître Thérion », soi-disant « envoyé de la Grande Fraternité Blanche », lequel n'est autre qu'Aleister Crowley.

— Il est précisément question, une fois de plus, de la *Fraternitas Saturni*, de l'O.T.O. et d'Aleister Crowley dans la « partie occultiste », de la *Revue Internationale des Sociétés Secrètes* (numéro du 1er décembre). À propos de Théodore Reuss, on se déclare disposé « à publier les fac-similés de tous les diplômes, lettres de créance ou affiliation qui rattachent cet excentrique à la Maçonnerie régulière » ; nous serions vraiment curieux de voir cela ; mais, malheureusement, il est bien probable que ces documents émanent tout simplement des organisations de John Yarker ou du fameux Rite Cerneau. – Dans le même numéro, et à deux reprises différentes, on a éprouvé le besoin de lancer contre nous des pointes qui voudraient être désagréables, et qui ne sont qu'amusantes : ainsi, on met à nous traiter d'« érudit » une insistance qui est vraiment comique quand on sait combien nous faisons peu de cas de la simple érudition. Nous tenons seulement à faire remarquer ceci : depuis près d'un quart de siècle que nous nous occupons d'études ésotériques, nous n'avons jamais varié en quoi que ce soit ; que nos articles paraissent à Regnabit, au Voile d'Isis ou ailleurs, ils ont toujours été conçus exactement dans le même sens ; mais, étant entièrement indépendant, nous entendons donner notre collaboration à qui il nous plaît, et personne n'a rien à y voir. Si ces Messieurs estiment « n'avoir pas de leçons à recevoir de nous » (en quoi ils ont grand tort, car cela leur éviterait quelques grosses sottises), nous en avons encore bien moins à recevoir d'eux ; et, s'ils s'imaginent que leurs petites injures peuvent nous atteindre le moins du monde, ils se trompent fort. – Ce numéro débute par un article consacré à l'« Ordre Eudiaque », de M. Henri Durville, que l'on confond d'ailleurs avec ses frères, ce qui montre encore une fois la sûreté des informations de la R.I.S.S. ; et qualifier cette organisation de « nouvelle société secrète » est vraiment excessif. La vérité est beaucoup plus simple ; mais, si on la disait, ce serait trop vite fini, et cela ne satisferait guère la curiosité d'une certaine clientèle… – La dernière des Trois lettres du R. P. Harald Richard, S. J., sur l'occultisme contemporain, intitulée Le double jeu de Satan, n'est comme les précédentes, qu'un ramassis de racontars assez quelconques. – Quant à la suite des articles intitulés Diana Vaughan a-t-elle existé ? (n° du 29 décembre), c'est toujours aussi peu concluant. – À propos de Diana Vaughan, précisément, voici que l'abbé Toumentin, qui avait disparu de la scène antimaçonnique depuis plusieurs années, ressuscite pour donner à la Foi Catholique des souvenirs sur la mystification taxilienne qui ne semblent pas destinés à faire plaisir aux promoteurs du « néo-taxilisme », d'autant plus que la rédaction de cette revue les a fait précéder d'une note fort dure, où nous lisons notamment ceci : « On ne s'explique guère le motif de cet incroyable essai de résurrection du « taxilisme ». On se l'explique d'autant moins que les preuves nouvelles, annoncées, clamées à son de trompe, se réduisent exactement à rien. » C'est tout à fait notre avis ; et la note en question se termine par cette phrase qui pourrait donner la clef de bien des choses : « L'Intelligence Service a prodigué cette année les secrets de cette espèce. Ce n'est pas rassurant. » De tout cela, jusqu'ici, la R.I.S.S. n'a pas soufflé mot.

Juin 1930

— Le *Symbolisme* (n° de mars), publie une conférence de M. A. Dreyfus-Hirtz sur Les forces supérieures de l'esprit, qui contient certaines idées intéressantes, mais exprimées d'une façon quelque peu confuse.

— Dans le *Grand Lodge Bulletin* d'Iowa (février et mars), nous trouvons plusieurs articles sur le symbolisme de l'abeille et de la ruche, d'où il résulte que les idées d'industrie et de charité qu'on y attache actuellement sont assez récentes, et que, à l'origine, l'abeille était surtout un symbole de résurrection et d'immortalité.

— *Le Compagnonnage* (n° de mars) reproduit un procès-verbal de reconnaissance des Compagnons tanneurs-corroyeurs du Devoir, daté de l'an 1300 ; en dépit de l'orthographe archaïque de ce document, il nous paraît quelque peu douteux qu'il remonte authentiquement à une époque aussi lointaine ; ne serait-ce pas plutôt 1500 qu'il faudrait lire ?

— Nous avons reçu les trois premiers numéros (janvier-février-mars) de la revue allemande *Hain der Isis*, dirigée par le Dr Henri Birven, et consacrée « à la Magie comme problème culturel et conception du monde » ; là encore, nous retrouvons quelques écrits du « Maître Thérion », autrement dit Aleister Crowley ; sans doute aurons-nous l'occasion d'y revenir.

— Il paraît que nul n'a le droit de parler favorablement de nos ouvrages ; telle est du moins la prétention de la *Revue Internationale des Sociétés Secrètes* (n° du 9 février), qui se permet de réprimander une revue suisse pour avoir publié un compte-rendu de notre dernier livre, compte rendu qu'elle feint de prendre pour le communiqué d'un « office de publicité », alors qu'elle sait fort bien que nous n'usons pas de ce genre de réclame ; c'est du dernier grotesque ! – Les articles de la série Diana Vaughan a-t-elle existé ? deviennent de plus en plus insignifiants : l'un (9 février) est consacré à des racontars plus ou moins extravagants sur la mort de Spinoza, que les Rose-Croix (?) auraient empoisonné après s'être servis de lui ; un autre (23 février), à propos de Bacon, finit en traitant Joseph de Maistre, au sujet de son Mémoire au duc de Brunswick, de

« naïf gogo » (sic), ce qui est tout de même un peu fort. – Après Léo Taxil, voici maintenant qu'on semble vouloir réhabiliter l'ex- rabbin Paul Rosen (6 avril) ; à quand le tour de Domenico Margiotta et de quelques autres encore ? – Dans la « partie occultiste » (1er mars et 1er avril), nous trouvons le début d'une étude sur Bô Yin Râ, dont la doctrine est appelée « un essai contemporain de mystique nietzschéenne ». Dans le premier de ces deux numéros, M. de Guillebert poursuit ses rêveries malsaines, cette fois à l'occasion du livre de M. L. Hoyack, Retour à l'univers des anciens ; dans le second, il enseigne gravement que l'idolâtrie consiste dans le culte des lettres de l'alphabet, ou plus précisément des consonnes, ce qui est quelque peu inattendu. Enfin, dans le numéro du 1er avril, un autre collaborateur qui signe Jean Claude commente à sa façon un texte alchimique de Basile Valentin, dans lequel il croit trouver des indications remarquables sur les origines de la Maçonnerie ; il est à peine besoin de dire que c'est là un travail de pure imagination.

Juillet 1930

— Le *Grand Lodge Bulletin* d'Iowa (n° d'avril) continue à étudier le symbolisme de la ruche ; il reproduit un ancien article dans lequel le parallélisme entre les travaux de celle-ci et ceux d'une Loge maçonnique semble quelque peu forcé.

— Dans *Le Symbolisme* (n° d'avril), signalons un article d'Oswald Wirth intitulé L'Énigme de la Franc-Maçonnerie, à propos d'un récent livre de M. G. Huard.

— Diana Vaughan a-t-elle existé ? Cette question est toujours à l'ordre du jour de la *Revue Internationale des Sociétés Secrètes* ; il s'agit cette fois (n° du 23 mars) de Philalèthe, autrement dit Thomas Vaughan, soi-disant ancêtre de l'héroïne de Léo Taxil. On reproduit à son sujet quelques passages de l'abbé Lenglet-Dufresnoy et de Louis Figuier, en prétendant qu'ils contiennent des « énigmes indéchiffrables » et qu'« il fallait que Diana Vaughan vînt pour nous en donner la clef » ; et cette clef, c'est… que « le Mercure des Sages ou Satan, c'est tout un » ! A quelle singulière clientèle d'ignorants la R.I.S.S. peut-elle bien espérer faire accepter de pareilles énormités ?

Octobre 1930

— Dans *le Symbolisme* (n° de mai), un article de M. Armand Bédarride, intitulé Un problème de méthode, fait ressortir quelques-unes des différences qui existent entre l'enseignement initiatique et l'enseignement profane. – Dans le n° de juin, Oswald Wirth envisage un Dédoublement de la Franc-Maçonnerie : il y aurait « des Maçons selon la lettre et d'autres selon l'esprit » ; l'intention est assurément excellente, mais, étant donné l'état actuel de la Maçonnerie, elle nous paraît bien difficilement réalisable. – Dans le n° de juillet, autre article d'Oswald Wirth sur L'hérésie biblique (à propos de la Maçonnerie anglo-saxonne), qui procède d'un point de vue bien extérieur : la méconnaissance du véritable caractère des Livres sacrés, quels qu'ils soient d'ailleurs, chez des hommes qui se recommandent d'une tradition initiatique, nous cause toujours quelque étonnement.

— Le *Grand Lodge Bulletin* d'Iowa termine dans son n° de mai l'étude sur le symbolisme de la ruche. – Le n° de juin contient quelques indications intéressantes sur des livres anciens dans lesquels il est fait mention de la Maçonnerie.

— Dans la « partie occultiste » de la *Revue Internationale des Société Secrètes* (n° du 1er mai), M. de Guillebert, dans un article intitulé Science et Magie, s'imagine découvrir des intentions « ésotériques » dans les théories les plus « profanes » de la science contemporaine. Il continue dans un autre article intitulé Occultisme scientifique (n° du 1er juin) où il s'en prend plus spécialement à MM. Maxwell, Jollivet-Castelot et Paul Choisnard, en qui il voit les agents d'une tentative d'annexion de la science officielle par l'« occultisme » ! Il est d'ailleurs obligé, en ce qui concerne M. Choisnard, de se rétracter dans le numéro suivant (n° du 1er juillet), en post-scriptum à un article sur Jacob Boehme inspiré par le numéro spécial du Voile d'Isis, et rédigé de telle façon qu'il est à peu près impossible de distinguer ce qui est un compte rendu de celui-ci et ce qui est réflexions personnelles de l'auteur. Notons-y seulement l'extraordinaire affirmation que Jacob Boehme était Juif ; c'est une véritable hantise ! – Dans les n^os du 1er mai et du 1er juillet, nous trouvons aussi la fin de l'étude sur Bô Yin Râ que nous avons mentionnée précédemment, et, dans celui du 1er juin, une réponse à une réponse de M. Henri Durville au sujet de l'Ordre Eudiaque. Au fond, M. Durville devrait être flatté de se voir considéré comme une « Autorité Supérieure », donnant une « Initiation Supérieure », et plus proche des « Hautes Puissances Occultes » que la Maçonnerie ! Cette querelle ne nous intéresse pas, mais nous devons relever une erreur de fait : les livres d'Éliphas Lévi n'ont jamais été « mis en interdit par l'Église » (cf. P. Chacornac, Éliphas Lévi, p. 184, où cette question est mise au point). En dehors de la « partie occultiste », signalons un article intitulé Les Porte-lumière des Ténèbres (n° du 6 juillet), à propos d'un récent livre anglais consacré à la Stella Matutina, continuation de l'ancienne Golden Dawn, et à quelques autres organisations dépendant plus ou moins d'Aleister Crowley. – Enfin, pour terminer, une chose amusante que nous avons trouvée dans un article sur Un Congrès universel des religions contre la guerre (n° du 20 juillet) : décrivant la couverture du compte rendu des travaux du « Comité préparatoire », on y signale « une inscription espérantiste (ou ido, ou autre chose) : Santi Pax Salaam ». Or cette inscription, c'est tout simplement le mot « Paix » en sanscrit, en latin et en arabe ; quels admirables linguistes que les rédacteurs de la R.I.S.S. !

— Dans *le Symbolisme* (n° d'octobre), un article intitulé La Maçonnerie sacerdotale (mieux eût valu dire « pseudo-sacerdotale ») et signé Diogène Gondeau est une bonne critique des visions du T. III. F. (et Mgr) Leadbeater et de la fantastique histoire du « Chef de tous les vrais Francs-Maçons ». Un autre article de M. A. Siouville, sur L'Oraison dominicale, n'est qu'un morceau d'exégèse moderniste : il paraît que le Pater a « un caractère très purement hébraïque » ; nous ne voyons pas en quoi tout cela peut aider à en pénétrer le sens profond. – Dans le n° de novembre, Oswald Wirth continue à s'en prendre à La Maçonnerie dogmatique, c'est-à-dire à la Maçonnerie anglo-saxonne, à propos des questions de « régularité ». Deux réponses à de précédents articles : Apologie de la Bible, par M. Elie Benveniste, qui ne veut d'ailleurs y voir que le Décalogue, ce qui est un point de vue bien restreint ; Plaidoyer pour l'Occultisme, par M. Marius Lepage, qui nous semble bien enthousiaste pour cet « occultisme » contemporain où l'on trouve un peu de tout, sauf la véritable connaissance initiatique (que la plupart de ses adversaires, d'ailleurs, ne possèdent pas davantage) ; la jeunesse qu'il avoue excuse ses illusions, que le temps se chargera sans doute de dissiper.

— *Hain der Isis* (n^{os} d'août-septembre et d'octobre) continue à se présenter surtout comme l'organe de disciples ou de partisans d'Aleister Crowley. – Signalons à ce propos qu'on a annoncé la disparition de celui-ci, qui se serait noyé volontairement en Portugal, le 24 septembre dernier ; nous ne savons pas si cette nouvelle a été confirmée.

— *Les Cahiers de l'Ordre*, organe antimaçonnique, qui avaient interrompu leur publication au début de l'année, l'ont reprise en septembre. Nous y voyons l'annonce d'un « Parti national-populaire français anti-juif » qui, à l'imitation des « racistes » allemands, a pris pour emblème le swastika ; à quoi les symboles ne peuvent-ils servir quand on ne les comprend plus ?

— Le n° du 1er septembre de la *Revue Internationale des Sociétés secrètes* (« partie occultiste » débute par une étude de M. de Guillebert, intitulée Antisémitisme, moins « excentrique » que beaucoup d'autres du même auteur, mais où l'influence juive est, comme toujours, fort exagérée. Vient ensuite une revue des revues où nous devons relever le procédé appliqué notamment à quelques articles du Voile d'Isis de juin, qui consiste à mettre bout à bout des lambeaux de phrases isolées de leur contexte, ce qui permet évidemment d'y trouver le sens qu'on veut. Signalons aussi qu'on nous fait dire que la connaissance des « petits mystères » s'acquiert en parcourant les « noms des choses », ce qui n'a aucune signification ; nous avions écrit la « roue des choses ». – Toujours dans le même n° un article du Dr G. Mariani, intitulé : Les Doctrines Kaïnites dans la F. M. : un conte symbolique de Gérard de Nerval, attribue une importance bien excessive à une fantaisie dans laquelle son auteur a mêlé des éléments de provenances diverses au produit de sa propre imagination ; il est vrai que ce conte sur la reine de Saba est une « source » à laquelle ont puisé nombre d'antimaçons, qui n'ont pas hésité à le présenter comme l'authentique légende d'Hiram. Quant aux allusions au « Roi du monde » contenues dans l'article, nous nous bornons pour l'instant à en prendre note, en attendant la suite... s'il y en a une. – Dans le n° du 1ᵉʳ octobre (« partie occultiste » également), M. de Guillebert intitule son article Les Polaires ; nous aurons peut-être à parler bientôt de cette bizarre histoire, qui, d'ailleurs, n'est ici qu'un prétexte à des considérations très mêlées sur la « mystique occulte ». Le Dʳ Mariani étudie L'Occultisme dans les pays anglo-saxons, d'après « Light-Bearers of Darkness », par « Inquire Within » ; l'auteur de ce livre, dont il avait déjà été question précédemment, a largement utilisé notre propre ouvrage sur le Théosophisme ; mais, à côté de certains renseignements sérieux et exacts, il en donne beaucoup d'autres qui ne peuvent être acceptés que sous bénéfice d'inventaire. – Notons enfin, à propos de Diana Vaughan (n° du 12 octobre), un article intitulé Puissance dogmatique, dans lequel on s'efforce de prouver que ce qui est ainsi désigné dans la Maçonnerie écossaise serait autre chose que le Suprême Conseil de chaque pays ; l'argumentation ne tient pas debout... et pour cause.

Novembre 1930

— Dans le Symbolisme (n° d'août-septembre). Oswald Wirth donne un article sur L'Étude du Tarot, comme « introduction au déchiffrement des vingt-deux arcanes » ; nous y relevons une appréciation élogieuse sur Eliphas Lévi, qualifié de « génial occultiste », appréciation qui nous semble quelque peu en contradiction avec ce que le même auteur a écrit en d'autres occasions.

— Dans la Revue Internationale des Sociétés Secrètes (« partie occultiste », n° du 1ᵉʳ août), M. de Guillebert intitule Précision un article... fort peu précis. Un certain M. Tozza, ayant publié dans le Lotus Bleu un article qu'on peut, avec quelque bonne volonté, rapprocher de la définition bizarre que M. de Guillebert lui-même a donnée de l'« occultisme », se voit attribuer, « en matière initiatique », une autorité dont il doit assurément être le premier surpris. Quant à la prétention de solidariser, sous le vocable trop commode d'« occultisme », les choses les plus disparates, y compris le spiritisme, c'est de la rêverie pure et simple... ou une mauvaise plaisanterie ; et il est à peine utile d'ajouter que l'auteur de l'article, qui emploie à chaque instant le mot d'« initiation », n'a pas la moindre notion de son véritable sens.

— Dans le numéro du 27 juillet, un nouvel article sur Diana Vaughan retrace quelques épisodes des polémiques auxquelles les Mémoires de celle-ci ont donné lieu dès leur apparition. On veut tirer avantage de ce que M. Waite a cru à l'existence de Diana Vaughan ; il paraît qu'il devait savoir ce qu'il en était... en qualité de membre de la Societas Rosicruciana, d'Angleterre ; quand on sait ce qu'est réellement cette Societas Rosicruciana, on ne peut s'empêcher de sourire (pour ne pas dire plus) de semblables assertions. Dans le numéro du 3 août, une note intitulée La Rose-Croix du XXe siècle, mais où il n'est nullement question de Rose-Croix, débute par un résumé de l'histoire du « Martinisme » en Russie à l'époque même de Saint-Martin, et se termine par une accusation de « luciférianisme » contre le philosophe Vladimir Soloviev et ses « disciples », MM. Dmitri Mérejkovsky, Nicolas Berdiaef et Valentin Spéransky. À force de voir du « diabolisme » partout, les rédacteurs de la R.I.S.S. finiront peut-être par n'être pas bien sûrs de n'en être pas eux-mêmes plus ou moins entachés !

Février 1931

— Le n° de novembre d'*Eudia* est consacré au *Livre du Sômatiste*, qui vient de paraître ; cette désignation de « sômatiste » (du grec sôma, corps) est celle du premier des trois « grades mineurs » de l'« initiation eudiaque » ; le second est celui de « dianoïste » (de dianoia, entendement), et le troisième est celui de « pneumatiste » (de pneuma, souffle) ; quant aux « grades majeurs », on n'en parle pas encore... Beaucoup de fantaisies sur les anciens mystères égyptiens ; ce n'est pas avec des essais de reconstitution de ce genre, sans la moindre transmission régulière (et pour cause), qu'on arrivera jamais à réaliser une initiation authentique et effective.

— Dans *le Symbolisme* de décembre, nouvel article de Diogène Gondeau sur Occultisme et Franc-Maçonnerie, faisant une distinction très juste et raisonnable entre l'occultisme sérieux et... l'autre ; mais, pour éviter toute confusion, ne vaudrait-il pas mieux abandonner purement et simplement à ce dernier cette dénomination si discréditée, et d'ailleurs d'invention fort récente, donc n'ayant même pas ce qu'on pourrait appeler une valeur « historique » ?

— Dans le *Grand Lodge Bulletin* d'Iowa (n° d'octobre), une discussion sur le temps qui est censé s'être écoulé entre la mort d'Hiram et la découverte de son corps par Salomon : certains disent quatorze jours, d'autres quinze. Les extraits cités sur ce sujet contiennent des remarques intéressantes, notamment sur les correspondances astronomiques (il s'agirait de la durée de la demi-lunaison décroissante) et sur le rapprochement qu'il y a lieu de faire avec la légende d'Osiris.

— Le numéro du 1er novembre de la *Revue Internationale des Sociétés Secrètes* (« partie occultiste ») est occupée presque entièrement par un article du Dr G. Mariani sur Le Christ-Roi et le Roi du Monde, qui contient à notre adresse beaucoup de phrases élogieuses recouvrant de fort perfides insinuations. Nous ne relèverons pas en détail, pour le moment du moins, tous les points sur lesquels il y aurait quelque chose à dire, car il y en a trop ; nous nous bornerons aux plus importants. Tout d'abord, est-il possible, après les explications que nous avons données dans notre livre, de soutenir sérieusement que le « Roi du Monde » (désignation d'ailleurs très exotérique, comme nous avons eu soin de le faire remarquer) n'est autre que le Princeps hujus mundi de l'Évangile ? Nous ne le pensons pas, pas plus que nous ne pensons qu'on puisse de bonne foi identifier l'Agarttha à la « Grande Loge Blanche », c'est-à-dire à la caricature qu'en ont imaginée les Théosophistes, ou interpréter dans un sens « infernal » sa situation « souterraine », c'est-à-dire cachée aux hommes ordinaires pendant la durée du Kali-Yuga. Par ailleurs, l'auteur, en disant, à propos de textes hébreux, que ce sont seulement « certains Kabbalistes » qui donnent à « leur Dieu » (sic) le titre de « Roi du Monde », montre qu'il ignore les formules de prières juives les plus courantes, où cette expression Melek ha-Olam revient constamment. Il y a mieux : on soutient ici que le « Roi du Monde » est l'Antéchrist (et la rédaction de la revue a cru bon d'ajouter à ce propos une note invoquant le Secret de la Salette !) ; nous ne nous étions pas douté jusqu'ici que l'Antéchrist existait déjà, ni surtout qu'il avait toujours existé depuis l'origine de l'humanité ! Il est vrai que cela fournit l'occasion de nous présenter, d'une façon à peine dissimulée, comme spécialement chargé de préparer la prochaine manifestation dudit Antéchrist ; nous pourrions nous borner à sourire de ces histoires fantastiques si nous ne savions trop combien elles sont propres à tourner la tête de pauvres gens qui n'ont vraiment pas besoin de cela… D'autre part, on prétend identifier « notre doctrine » (sic) avec l'« hérésie de Nestorius », qui n'a pas pour nous le moindre intérêt en réalité, pour la bonne raison que nous ne nous plaçons jamais au point de vue de la religion exotérique, et avec laquelle ceux qu'on qualifie communément de « Nestoriens » et auxquels nous avons fait allusion n'avaient sans doute eux-mêmes rien à voir ; on oublie, plus ou moins volontairement, que cette doctrine est antérieure de bien des siècles au Christianisme, avec lequel le monde n'a tout de même pas commencé, et aussi que l'initiation des Kshatriyas, dont relevaient apparemment ces prétendus « Nestoriens », en tout état de cause, ne comporte que les applications contingentes et secondaires de ladite doctrine ; nous avons pourtant assez souvent exposé la différence entre les Brâhmanes et les Kshatriyas, et donné à comprendre que le rôle de ces derniers ne saurait en aucun cas être le nôtre. Enfin, nous noterons une allégation véritablement monstrueuse, contre laquelle nous ne saurions protester assez énergiquement : on ose nous accuser (en invoquant l'autorité d'un certain M. Robert Desoille que nous ignorons totalement) de tendances « matérialistes » et « politiques » ! Or, et tout ce que nous avons écrit le prouve surabondamment, nous n'avons que la plus parfaite indifférence pour la politique et tout ce qui s'y rattache de près ou de loin, et nous n'exagérons rien en disant que les choses qui ne relèvent pas de l'ordre spirituel ne comptent pas pour nous ; qu'on estime d'ailleurs qu'en cela nous ayons tort ou raison, peu importe, le fait incontestable est que c'est ainsi et non autrement ; donc, ou l'auteur de l'article est inconscient, ou il trompe ses lecteurs pour un but que nous ne voulons pas chercher à définir. D'autre part, nous avons reçu personnellement, de la part du Dr G. Mariani lui-même, une lettre si étrange que la première de ces deux hypothèses nous en paraît moins invraisemblable ; comme l'article doit avoir une suite, nous y reviendrons s'il y a lieu. – Signalons aussi, dans le numéro du 7 décembre de la même revue, la conclusion de la longue série d'articles intitulée Diana Vaughan a-t-elle existé ? Cette conclusion revient en somme à dire qu'il n'est pas possible que Taxil ait tout inventé ; on sait bien qu'en effet il a pillé un peu partout des documents qu'il a d'ailleurs souvent déformés, et aussi qu'il avait des collaborateurs, ne serait-ce que le fameux Dr Hacks ; quant à prétendre voir dans cette documentation aussi abondante qu'hétéroclite une preuve de l'existence de Diana Vaughan et de ses « papiers de famille », cela n'est vraiment pas sérieux. Il paraît aussi que Taxil n'aurait pas pu faire lui-même « cette révélation sensationnelle que l'essence de l'alchimie est le pacte avec Satan » ; ici, tous ceux qui ont la moindre notion de ce qu'est l'alchimie ne pourront s'empêcher d'éclater de rire !

Mars 1931

— Dans le *Grand Lodge Bulletin* d'Iowa (numéro de décembre), notons un article sur la question des « bijoux mobiles et immobiles », où les rituels anglais et américain sont fort loin d'être d'accord, l'un qualifiant de « mobile » ce que l'autre appelle « immobile » et inversement.

— Nous avons signalé précédemment l'apparition d'un organe intitulé *La Flèche*, qui, dès le premier abord, nous avait paru assez suspect ; nous n'avons pas vu le numéro 2, qui, paraît-il, aurait été saisi ; mais le numéro 3 (15 décembre) contient une profession explicite de « luciférianisme », voire de « satanisme » rédigée en des termes qui semblent empruntés en grande partie aux élucubrations taxiliennes ou à l'Élue du Dragon ; nous ne pouvons assurément prendre ces histoires au sérieux, mais l'intention n'en vaut pas mieux pour cela. Le véritable ésotérisme et la tradition initiatique n'ont absolument rien à voir avec ces divagations malsaines ; et le fait qu'on prétend les y mêler nous amène à nous demander si nous ne serions pas en présence d'un nouveau coup monté à la façon de Diana Vaughan…

— Le numéro du 1er décembre (« partie occultiste ») de la *Revue Internationale des Sociétés Secrètes* contient un article de M. de Guillebert sur la traduction du Siphra di-Tzeniutha de M. Vulliaud ; cet article, dont le ton uniformément élogieux nous a quelque peu surpris, débute par des souvenirs sur feu Le Chartier et son entourage (ce qui nous reporte encore à l'affaire Taxil) ; nous savions depuis fort longtemps que M. de Guillebert avait effectivement été en relations avec cet étrange milieu, mais c'est la première fois, sauf erreur, que nous en trouvons l'aveu sous sa plume ; et pourquoi, lui qui a fort bien connu Jules Doinel, éprouve-t-il le besoin d'en faire un « vintrasien » ? D'autre part, il est curieux de constater que, tandis que cet article affirme tout au moins le sérieux des études kabbalistiques, une note placée à la fin du même numéro parle des « grossières superstitions de la cabale » (sic) ; les rédacteurs devraient bien tâcher de se mettre un peu d'accord entre eux ? Dans ce même numéro encore, un article du Dr Mariani sur Un guérisseur : le « Professeur » Michaux, critique assez amusante et en grande partie justifiée, est suivi des appendices annoncés précédemment à l'article sur Le Christ Roi et le Roi du Monde ; ces appendices, sur l'Asgard des Dialogues philosophiques de Renan et sur le Mundus Subterraneus du P. Kircher, n'ajoutent pas grand'chose à l'article lui-même. – Dans le numéro du 1er janvier (« partie occultiste » également), M. de Guillebert intitule son article Ésotérisme, Érotisme ; il s'agit de l'affaire de La Flèche, qu'on va évidemment exploiter dans le sens des thèses spéciales soutenues par la R.I.S.S. ; mais quel rapport cela a-t-il avec les recherches chimiques ou « hyperchimiques » si l'on veut, de M. Jollivet-Castelot ? Vient ensuite un article de M. Gustave Bord sur Le Serpent Vert de Goethe, essai d'interprétation peut-être plus obscur que le conte lui-même ; nous croyons y comprendre que son auteur s'efforce de ramener tout le symbolisme à une signification exclusivement politique ou sociale, mais nous n'arrivons pas à savoir finalement s'il admet ou n'admet pas l'existence réelle d'un « secret de la Maçonnerie ».

Avril 1931

— Dans le Symbolisme (n° de janvier), sous le titre Le Devoir latin, Oswald Wirth continue à s'en prendre à la Maçonnerie anglo-saxonne ; il lui reproche d'être infidèle à l'esprit des Constitutions de 1723, en lesquelles il veut voir l'expression de la « Maçonnerie traditionnelle », alors qu'elles représentent plutôt une rupture avec la tradition. – Le numéro de février de la même revue est occupé en grande partie par des discussions sur la Bible ; chacun veut dire son mot sur cette question, et il s'en dégage une impression passablement chaotique ; nous doutons fort que du choc de toutes ces idées disparates jaillisse la moindre lumière.

— Dans la *Revue Internationale des Sociétés secrètes* (« partie occultiste », n° du 1ᵉʳ février), le Dʳ G. Mariani intitule Philosophie, Religion, Magie une sorte de sommaire dont il serait bien difficile de tirer la moindre notion précise, et dont l'intention même n'apparaît pas très clairement. Sous le titre Les Revues, M. h. de Guillebert s'occupe surtout du Voile d'Isis, et plus spécialement de nos articles et comptes rendus ; il demeure fidèle à sa méthode des citations tronquées, pour ne pas dire truquées (nous voulons croire que les fautes qui les dénaturent ne sont dues qu'à la négligence des imprimeurs ou des correcteurs) ; et le plus drôle est que c'est à nous qu'il reproche de « tronquer ou truquer les textes des chroniques incriminées, pour en rendre la correction plus facile » ! Cela nous fait penser à l'histoire évangélique de la paille et de la poutre ; peut-être M. de Guillebert voudrait-il nous voir reproduire « in extenso » tous les articles que nous mentionnons, ou tout au moins les siens... Il est pourtant un point sur lequel nous sommes entièrement d'accord avec lui, à savoir que « la discussion n'est pas toujours le meilleur moyen de faire jaillir la lumière » ; mais que cette déclaration fait donc une étrange figure dans un organe de polémique ! Pour le surplus, nous nous bornerons à faire remarquer : 1° Que nous avons relevé le caractère suspect de La Flèche avant même la R.I.S.S. ; 2° Qu'une malpropreté, de quelque côté qu'elle vienne, ne change pas pour cela de caractère à nos yeux, qu'étant entièrement indépendant, nous n'éprouvons aucune gêne à le dire, et que ce n'est certes pas nous qui avons pu qualifier de « faits de connaissance », (sic) une élucubration pornographique comme celle que notre contradicteur ose reproduire ; 3° Que nous répudions hautement toute solidarité avec les théosophistes, occultistes et autres « néo-spiritualistes », de tout genre et de toute école, qui ne présentent que des contrefaçons de l'ésotérisme, que tous nos écrits le prouvent d'ailleurs surabondamment, et que prétendre le contraire ne peut être qu'ignorance ou mauvaise foi ; 4° Enfin, que nous ne connaissons point de « frères en initiation », dans le monde occidental, où nous n'avons d'ailleurs jamais rencontré le moindre initié authentique. Nous prions M. de Guillebert et ses collaborateurs de prendre bonne note de ces observations une fois pour toutes, car la patience a des bornes, et il est des rapprochements dont le caractère diffamatoire ne saurait être contesté.

Juin 1931

— Dans *le Symbolisme* (n^{os} de mars et avril), suite de la discussion sur la présence de la Bible dans les Loges, son remplacement par un « livre blanc » etc. ; discussion pleine de confusion et constamment influencée par les points de vue les plus « profanes » ; ce n'est pas seulement au sens symbolique qu'on peut parler ici de la « Parole perdue » !

— Dans la *Revue Internationale des Sociétés Secrètes* (n° du 1er mars, « partie occultiste »), M. h. de Guillebert intitule Sous le signe du Tétragramme un article dans lequel il continue à exposer ses conceptions très spéciales sur la Kabbale et sur l'alphabet hébraïque. Dans le même numéro et dans le suivant (1er avril), nous trouvons le commencement d'une étude du Dr Mariani ayant pour titre L'Islam et l'Occultisme ; cet emploi du mot « occultisme », que nul ne comprend en Orient, est plutôt fâcheux ; par ailleurs, il y a là de justes critiques à l'égard de quelques orientalistes, et aussi l'indication de certains rapprochements curieux, mais qui auraient grand besoin d'être « clarifiés », et surtout interprétés en dehors de tout parti pris.

— La direction du *Voile d'Isis* a reçu la lettre suivante :

« Monsieur,
Vous avez publié dans le n° 134 du Voile d'Isis quelques lignes que M. Guénon me fait l'honneur de consacrer à mon article, Le Christ-Roi et le Roi du Monde (R.I.S.S.).

M. Guénon, n'ayant sans doute eu le temps que d'apporter une attention superficielle à mon étude, a, sur deux points au moins, mal saisi ma pensée.

1° Il est inexact que je confonde l'Agarttha avec la Grande Loge Blanche. Au contraire, parlant du rôle que celle-ci joue dans l'œuvre de Mme Blavatsky, je cite le passage suivant de M. Guénon (p. 3, note 4, § 3) : « Si les Mahâtmâs ont été inventés, – ce qui pour nous ne fait aucun doute, – non seulement ils l'ont été pour servir de masque aux influences qui agissaient effectivement derrière Mme Blavatsky, mais encore cette invention a été conçue d'après un modèle préexistant. »

Ce dernier membre de phrase m'autorise par conséquent à écrire (p. 9) : « Le Roi du Monde lui-même siège, entouré d'un conseil de douze sages, – que nous identifions à la Grande Loge Blanche. » Il est évident que cette identification n'a été faite que pour la commodité du langage ; j'évitai, en m'en servant, périphrases et redites.

2° Il est inexact que M. R. Desoille et moi ayons jamais prêté à M. Guénon des tendances matérielles et politiques. Voici précisément ce que j'ai écrit, sur une observation de mon ami (p. 25) : « Nous nous trouvons en présence de deux traditions symétriques : l'une dirigeant les destinées spirituelles, mystiques de ce monde ; ce Principe a, en Dieu, pour aspect le Christ-Roi, dont saint Michel est le lieutenant… ; l'autre, relative au principe dirigeant les destinées matérielles, politiques de ce monde ; ce principe a, en Satan, pour aspect l'Anté-christ, dont le Roi du Monde est le lieutenant… M. Guénon, avec son antipathie pour le mysticisme (mysticisme et non pas mystique spéculative), inclinant naturellement vers une interprétation matérialiste, n'a vu que la seconde tradition. »

Il ressort clairement de ce passage que les qualificatifs « matérielles » et « politiques » ne s'appliquent qu'au Roi du Monde et non à M. Guénon ; je n'ai pas encore poussé l'extravagance jusqu'à croire qu'il y ait identité entre ces deux personnalités.

En outre, il est évident que le sens du terme « matérialisme » du dernier alinéa ne doit être entendu que par opposition à celui de « mysticisme » de la ligne précédente.

J'attire enfin l'attention sur le fait que le renvoi 4 (p. 25) où je nomme M. Desoille se rapporte, comme il y est écrit, au paragraphe entier (relatif au double aspect du problème, théorie traditionnelle d'ailleurs), et non au dernier alinéa (relatif à M. Guénon), mon ami, plus encore que moi, répugnant à toute polémique.

Je confesse d'ailleurs bien volontiers ignorer, faute de pratique, les prières israélites ; je maintiens seulement que le titre de Roi du Monde ne se trouve dans aucun texte biblique admis par le Christianisme et cité dans l'encyclique Quas primas sur la Royauté de Jésus.

Je vous demande, Monsieur, de bien vouloir porter cette lettre à la connaissance de vos lecteurs et de M. Guénon : j'ai en effet autant d'estime pour sa personnalité que pour sa valeur intellectuelle, et j'aurais été fâché que cette discussion, au lieu de se maintenir sur un terrain purement spéculatif, versât dans une polémique indigne de lui, et – j'ose l'espérer – de moi-même.

Je vous prie, Monsieur, d'agréer l'expression de ma parfaite considération.

Paris, 1er mars 1931, Christo regnante.

G. Mariani »

Tout en remerciant notre contradicteur du ton courtois de sa lettre, nous devons dire que, au fond, celle-ci n'explique rien et n'apporte pas sur sa pensée plus de précision que son article, que nous avions du reste lu avec toute l'attention nécessaire. Si ce n'est que « pour la commodité du langage » qu'il a parlé de la « Grande Loge Blanche » comme il l'a fait, il a été en cela assez mal inspiré : une chose ne saurait être désigné convenablement par le nom de sa contrefaçon ou de sa parodie ; et n'eût-il pas été plus simple encore de parler de l'Agartha ? D'autre part, nous n'aurions jamais pu supposer qu'il fallait qu'un texte fût « admis par le Christianisme » pour être regardé comme appartenant au Judaïsme authentique ! Enfin, sur le point le plus grave, c'est-à-dire sur le passage de l'article où il était question de « tendances matérielles et politiques », nous constatons d'abord que l'auteur se fait du « Roi du Monde » une idée singulièrement basse, qui en fait, mettrait ce personnage au- dessous du dernier des initiés, puisqu'il lui attribue un caractère et des préoccupations purement « profanes » ; ensuite, qu'il donne au mot « matérialisme » un sens tout à fait arbitraire, en en faisant l'opposé de « mysticisme », alors que personne, à notre connaissance, ne l'a jamais employé ainsi. Quoi qu'il en soit, il reste que c'est bien à nous que s'appliquent les mots « inclinant naturellement vers une interprétation matérialiste », et nous ne pouvons, là-dessus, que renouveler notre protestation la plus indignée. Nous ferons remarquer à cet égard que, alors que le point de vue « matérialiste » est de toutes façons en-deçà du mysticisme, le nôtre est au contraire au-delà, si bien que le mysticisme lui-même nous apparaît comme quelque chose d'assez « matériel » encore, ainsi qu'on aura pu le voir par ce que nous avons écrit plus haut à ce sujet ; la confusion commise ici par le Dr Mariani prouve simplement une fois de plus combien il est difficile à certains de faire la distinction nécessaire entre le domaine initiatique et le domaine profane. Quant à la répugnance qu'il professe à l'égard de la polémique, nous l'en félicitons bien sincèrement, tout en nous demandant comment elle peut se concilier avec sa collaboration à la R.I.S.S. ! Qu'il se rassure en tout cas : nous n'acceptons jamais aucune polémique, ne nous reconnaissant pas le droit de quitter notre terrain pour nous placer sur celui de l'adversaire. Pour ce qui est de M. Desoille, nous ne nous souvenons d'avoir entendu prononcer son nom qu'une seule fois avant de lire l'article du Dr Mariani, mais dans une circonstance tellement bizarre que, en le retrouvant dans la note en question, un rapprochement s'imposait immédiatement à nous ; mais ceci est une autre histoire, qui n'a d'intérêt que pour nous-même, et nous n'avons pas l'habitude d'entretenir nos lecteurs de questions personnelles…

Juillet 1931

— Dans la *Revue Internationale des Sociétés Secrètes* (n° du 1er mai, « partie occultiste »), M. Henri de Guillebert, sous le titre Bons et mauvais procédés, nous prend encore à parti, en prétendant nous opposer le Symbolisme de l'Univers de M. Hoyack, à quoi nous répondrons simplement que les vues de celui-ci n'ont que l'importance de conceptions individuelles sans aucun caractère traditionnel, et qu'elles sont d'autant moins susceptibles de « détruire » ce que nous avons écrit que, pour notre part, nous ne croyons nullement à la valeur des « visions intuitives » ; la véritable intuition intellectuelle n'a rien de « visionnaire ». D'autre part, M. de Guillebert semble fort mécontent de ce que nous avons dit à propos de Le Chartier, et il voudrait bien nous faire passer pour un « nou-

veau venu » dans cette histoire, qu'il croyait sans doute perdue dans la nuit du passé ; mais il ne s'agit ici ni d'intuition ni même de raisonnement, il s'agit de faits, tout simplement. Les questions que notre contradicteur nous pose sur un ton qu'il veut rendre impertinent ne nous embarrassent pas le moins du monde ; si nous n'y répondons pas dès maintenant, c'est qu'il ne nous convient pas d'être questionné par qui n'a aucune qualité pour le faire ; nous entendons être seul juge de ce que nous avons à dire et du moment opportun pour le dire. Nous ferons donc seulement savoir à M. de Guillebert que nous avons en notre possession un important manuscrit de Le Chartier, intitulé Le Gennaïth-Menngog de Rabbi Eliézer ha-Kabir, qui est bien ce qu'on peut imaginer de plus extraordinaire dans le genre « pornographie érudite » et qu'il nous a suffi de rapprocher de certains articles parus dans les tout premiers numéros de la R.I.S.S., il y a à peu près vingt ans, pour identifier aussitôt les origines intellectuelles, si l'on peut dire, de l'auteur desdits articles, qui se dissimulait alors sous l'étrange et « antéchristique » pseudonyme d'Armilous. Nous avons aussi quelques lettres du même Le Chartier, dont une contient la traduction (?) du véritable Gennaïth-Menngog, celui de Taxil-Vaughan, et dont une autre, avec signature en hébreu rabbinique, renferme une bien curieuse allusion à un mystérieux personnage qu'il appelle « son Maître » ; et tout cela ne date pas d'hier… Quant au « vintrasianisme » de Jules Doinel, quoique celui-ci ait effectivement passé par beaucoup de doctrines diverses, nous continuons à n'y pas croire, d'autant plus que les explications données ne concordent nullement avec la réalité des faits et des dates. Ajoutons que, si nous avons parlé d'« aveux », c'est que ce mot, dans le style spécial de la R.I.S.S., est employé à chaque instant pour qualifier les déclarations les plus naturelles, quand elles proviennent d'adversaires ; notre intention ironique n'a pas été comprise. Enfin, si « la R.I.S.S. n'a aucune théorie spéciale », M. de Guillebert en a sûrement, et dont il pourrait être fort instructif de rechercher la provenance !
– Dans le même numéro, suite de l'étude du Dr Mariani intitulée L'Islam et l'Occultisme, où une assez bonne documentation, en dépit de quelques erreurs et confusions, est gâtée par des interprétations d'une révoltante partialité. – Un autre numéro (10-17 mai), est occupé entièrement par un article intitulé Les Missionnaires

du Gnosticisme ; en réalité, il s'agit de l'O.T.O. et de son fondateur, feu Théodore Reuss ; cela n'a rien à voir avec le Gnosticisme, mais il y a des mots qui sont toujours d'un effet sûr quand il s'agit d'impressionner certains esprits, et celui-là en est un, comme celui d'Illuminisme en est un autre. Justement, l'auteur anonyme de l'article voudrait faire prendre au sérieux les nouveaux « Illuminés » de Léopold Engel, dont la prétention à se rattacher à Weishaupt ne reposait absolument sur rien. Et le Dr Mariani, de son côté, n'écrit-il pas que « le soufisme n'est que le nom arabe de l'illuminisme », ce qui ne veut rien dire du tout ?

Octobre 1931

— Dans *le Symbolisme* (n° de juillet), Oswald Wirth décrit l'Initiation chez les Yagans, habitants de la Terre de Feu.

— Dans la *Revue Internationale des Sociétés Secrètes* (n° du 1er juin, « partie occultiste »), M. h. de Guillebert se livre encore à quelques réflexions maussades sur nos articles ; nous lui répondrons simplement cette fois : 1° Que, si nos comptes rendus ont un certain retard, c'est que nous sommes fort loin de toute « salle de rédaction »… et du monde occidental ; 2° Que ni lui ni d'autres ne peuvent « discuter nos idées », pour la bonne raison que nous n'en exposons point qui nous appartiennent en propre, mais seulement des idées traditionnelles ; 3° Que, si étrange que cela puisse lui sembler, « la personnalité de René Guénon » nous importe peut- être encore moins qu'à lui, attendu que les personnalités, ou plutôt les individualités, ne comptent pas dans l'ordre des choses dont nous nous occupons ; et puis, après tout, est-il même bien sûr qu'il y ait actuellement par le monde quelqu'un qui porte ce nom ? Qu'on le prenne pour une pure désignation conventionnelle, adoptée pour la commodité du langage comme aurait pu l'être toute autre signature quelconque, c'est tout ce que nous demandons… – Dans le numéro du 1er juillet (« partie occultiste » également), le même auteur intitule Les deux sciences un article si confus que nous n'avons pas pu deviner de quelles sciences il s'agissait, et, sous le titre Le Pouvoir directeur occulte du Monde, le Dr G. Mariani analyse un livre d'une certaine Mrs Bailey qui semble être un bel exemple de divagations théosophistes sur la « Grande Loge Blanche ». – Dans les deux mêmes numéros, le Dr Mariani continue également son étude intitulée L'Islam et l'Occultisme ; nous admirons sa confiance dans les informations des orientalistes… – Dans le numéro du 28 juin, nous trouvons un soi-disant compte rendu du numéro spécial du Voile d'Isis sur la Tradition rosicrucienne ; l'auteur a bravement signé de la seule initiale H., mais il est facilement reconnaissable à son interprétation délirante de quelques figures symboliques ; à côté de lui, Freud ferait presque figure d'être raisonnable ! Cette fois, c'en est trop, et nous ne nous abaisserons pas à répondre à de grossières plaisanteries. – Le numéro du 5 juillet contient quelques nouveaux documents sur Aleister Crowley et l'O.T.O. Dans le numéro du 12 juillet, le Dr Mariani donne une étude historique sur Cazotte, qu'il appelle Un transfuge de l'Illuminisme au XVIIIe siècle ; une bizarre attaque contre M. Le Forestier, qualifié de M. fort gratuitement, termine cet article d'une façon imprévue.

— À la suite de notre dernière réponse au Dr Mariani, M. Robert Desoille nous a adressé une longue lettre de laquelle il résulte qu'il s'occupe uniquement « de sujet touchant à la physique et à la psychologie », et qu'il professe une sorte d'indifférence à l'égard des questions doctrinales, ce dont nous lui donnons acte bien volontiers.

Il parait que la remarque qu'il avait faite à son ami n'avait pour but que d'éviter à celui-ci « le reproche de traiter le problème en sectaire » (hélas !) ; il nous semble que ce n'est pas tout à fait de cette façon que le Dr Mariani lui-même a présenté les choses, même dans sa lettre, mais cette divergence ne nous regarde en rien ; qu'ils s'en expliquent entre eux…

Quant à l'histoire à laquelle nous avons fait allusion à la fin, puisque M. Desoille paraît tenir à la connaître, la voici en quelques mots : un certain jour, un personnage d'aspect fort louche se présenta chez nous sous prétexte de demander un emploi de secrétaire, se disant envoyé « par un de nos amis » ; comme nous insistions pour savoir le nom de cet « ami », il prononça celui de M. Desoille, que nous ignorions totalement ; puis, devant notre étonnement, il en donna encore un autre qui ne nous était pas moins inconnu ; nous nous empressâmes naturellement d'éconduire l'individu, mais nous n'oubliâmes jamais le nom de M. Desoille.

Novembre 1931

— Dans *le Symbolisme* (n° d'août-septembre), sous le titre Église et Franc-Maçonnerie, une curieuse étude signée François Ménard et Marius Lepage, et où le symbolisme du Tarot est appliqué à la question des rapports entre ces deux puissances. – Dans le numéro d'octobre, un article d'Oswald Wirth sur Rudyard Kipling Franc-Maçon ; un autre du Dr Legrain, intitulé Symbolisme et graphologie, qui nous paraît témoigner chez son auteur d'une conception bien rudimentaire du symbolisme, associée d'ailleurs à tous les préjugés du scientisme évolutionniste.

— Dans la *Revue Internationale des Sociétés Secrètes* (n^{os} du 1er août et du 1er septembre, « partie occultiste »), le Dr G. Mariani, continuant son étude intitulée L'Islam et l'Occultisme, mêle étrangement les organisations initiatiques et les « sectes » hétérodoxes (jusqu'au Béhaïsme occidentalisé inclusivement), suivant un procédé qui, en ce qui concerne le monde chrétien également, a été fréquemment employé par les ennemis de l'ésotérisme, méconnaissant ou feignant de méconnaître que religion et initiation constituent deux domaines parfaitement distincts. – Dans le premier de ces deux numéros, le même auteur parle de notre dernier livre et de celui de M. Émile Dermenghem ; il le fait à sa manière habituelle, dont le moins qu'on puisse dire est qu'elle manque de franchise. Nous ne nous arrêterons pas à relever les assertions plus ou moins bizarres qui nous visent, mais qui ne sauraient nous atteindre ; nous citerons seulement, dans un autre ordre d'idées, cette phrase bien caractéristique d'une certaine mentalité : « Le catholicisme n'a qu'une signification, et nous l'avons apprise au catéchisme. » Si vraiment c'était ainsi, quelle pitié ! L'article se termine par de perfides insinuations au sujet des « Éditions Véga », et dans une intention que nous ne qualifierons pas, mais que nous ne discernons que trop bien, on énonce, en ce qui nous concerne, une « prédiction » qui va exactement au rebours de la vérité ; nous n'en dirons pas davantage pour le moment, car nous aurons sans doute à y revenir... Nous n'ajouterons qu'un mot : nous n'avons jamais songé le moins du monde à faire du Voile d'Isis notre « chose » et, si quelques-uns de ses collaborateurs s'inspirent volontiers de nos travaux, c'est tout à fait spontanément et sans que nous ayons jamais rien fait pour les y amener. Nous ne voyons là qu'un hommage rendu à la doctrine que nous exprimons, d'une façon parfaitement indépendante de toutes les considérations individuelles ; du reste, si on continue à nous... empoisonner avec la « personnalité de René Guénon », nous finirons bien quelque jour par la supprimer tout à fait ! Mais nos adversaires peuvent être assurés qu'ils n'y gagneront rien, tout au contraire...

Janvier 1932

— Le numéro du 1er octobre de la *Revue Internationale des Sociétés Secrètes* (« partie occultiste ») débute par une étrange lettre provoquée par les insinuations lancées dans le numéro du 1er août au sujet des « Éditions Véga » et dans laquelle, sous prétexte de « mise au point », on répond par d'autres... contre-vérités un peu fortes ; il ne nous convient pas d'y insister présentement, mais, en raison du préjudice qui nous est causé en tout cela (car il va de soi que c'est toujours nous qui sommes visé), nous faisons toutes réserves sur les suites que pourra comporter cette singulière affaire. Dans une série de comptes rendus qui vient ensuite, une nouvelle diatribe contre les doctrines orientales voisine, comme par hasard, avec des compliments à M. Paul Le Cour et un éloge dithyrambique du F. Oswald Wirth ; cela est assurément peu banal ; est-ce l'« union sacrée » pour la « défense de l'Occident » ? Ce qui donnerait encore à le croire, c'est que, dans le numéro suivant, M. Gabriel Huan, dont il a été question ci-dessus, reçoit à son tour les félicitations du « Dr G. Mariani »... – Le numéro du 25 octobre reproduit des informations concernant une bizarre histoire de sorcellerie qui s'est passée en Finlande, et dont on attribue la responsabilité à une secte anglaise appelée Panacea Society. Nous avons sous les yeux une brochure émanant précisément de cette société, et dans laquelle il est dit qu'elle « a pris naissance dans l'étude des œuvres de huit Prophètes modernes par un groupe de personnes qui découvrirent ainsi qu'une Visitation de Guérison et de Secours (sic) devait être attendue en Angleterre, à peu près entre les années 1923 et 1927 » ; la liste des « Prophètes » en question commence par le nom de Jane Leade ; parmi les sept autres, beaucoup moins connus, figure au second rang Joanna Southcott, du Devonshire, morte en 1814. Or, dans les informations citées par la R.I.S.S., Joanna Southcott se trouve transformée en « Joanna Scout », et il est dit qu'elle est enterrée au cimetière d'Helsingfors, alors qu'il paraît certain que, en fait, elle n'a jamais quitté l'Angleterre ; que peuvent bien signifier ces anomalies ? Dans le numéro du 1er novembre (« partie occultiste »), sous le titre Lumières suspectes, le « Dr G. Mariani » publie un article documentaire sur les « Polaires », assez exact dans l'ensemble ; mais pourquoi l'histoire des préfaces d'Asia Mysteriosa, dont il a déjà été question ici, est-elle présentée de telle façon qu'il est impossible de comprendre que la nôtre fut retirée par nous avant la publication du volume ? Il y a aussi, vers la fin, une note dans laquelle on met au présent ce qui devrait être au passé… et même au « passé antérieur » ; c'est là une manière un peu trop commode de présenter les faits à sa convenance ! Dans les comptes rendus de revues, également du « Dr G. Mariani », nous signalerons seulement une assez longue note sur le freudisme, à propos d'un article de M. Robert Desoille dans Action et Pensée : « la partie du freudisme, y est-il dit, qui nous paraît la plus intéressante, la plus vraie, en son principe du moins, est celle relative à la symbolique » ; voilà une bien fâcheuse concession… Enfin, une chose tout à fait amusante pour terminer : nous avons, dans notre récent article sur Sheth, fait allusion aux mystères du « dieu a la tête d'âne » ; là-dessus, mais sans d'ailleurs s'y référer, le « Dr G. Mariani » se met à parler à son tour du « dieu à la tête d'âne » dans la R.I.S.S. ; quelle imprudence ! Le « savante dottore » semble vraiment un peu trop jeune encore pour le rôle qu'il veut jouer… ou qu'on veut lui faire jouer.

— Le « diabolisme » de la R.I.S.S. paraît être contagieux : les Cahiers de l'Ordre, autre publication antimaçonnique qui avait semblé jusqu'ici assez raisonnable, publie (n° spécial d'octobre) des « instructions des chefs secrets de la Franc-Maçonnerie Luciférienne en 1870 », qui semblent venir en droite ligne de l'officine de feu Léo Taxil, bien qu'on prenne soin de nous affirmer que certains (qu'on ne désigne d'ailleurs que par des initiales) en auraient eu connaissance antérieurement aux « révélations » de celui-ci, de sorte « qu'on peut même penser que cette pièce fut parmi les textes authentiques dont Taxil s'inspira et sur lesquels il travailla » ;

comme réponse anticipée aux objections possibles, cela est assez bien trouvé... Ce « document » est suivi d'un « commentaire » au cours duquel sont dénoncés quelques prétendus agents d'exécution du « plan luciférien » : d'abord les « surréalistes », ce qui est faire beaucoup d'honneur à un petit groupe de jeunes gens qui s'amusent à des facéties d'un goût douteux ; puis les « Polaires », auxquels on donne décidément, dans les milieux antimaçonniques, bien plus d'importance qu'ils ne le méritent ; et enfin La Flèche, qui, elle du moins, se déclarait effectivement « luciférienne » et même « sataniste », ce qui n'est pas une raison pour la prendre au sérieux ; nous avions d'ailleurs prévu que cette dernière affaire serait exploitée en ce sens, mais, à vrai dire, ce n'est pas aux Cahiers de l'Ordre que nous pensions alors.

Février 1932

— Dans le Symbolisme (n° de décembre), article d'Oswald Wirth sur L'Unité maçonnique, où sont critiquées une fois de plus les tendances de la Maçonnerie anglo-saxonne, et où nous trouvons une conception du « Maçonnisme » qui a le tort de méconnaître entièrement l'efficacité des rites eux-mêmes ; il ne peut y avoir d'initiation, non seulement symbolique, mais réelle, sous quelque forme que ce soit, en dehors du rattachement effectif à une organisation traditionnelle. – Fin de l'étude sur L'Initiation chez les Yagans, en cours depuis plusieurs numéros. – Armand Bédarride essaie de donner une Définition de l'Œuvre ; il semble pressentir certaines choses, mais retombe presque aussitôt au point de vue « moral et humanitaire » ; s'il ne s'agissait que de cela, l'usage du symbolisme et du rituel serait vraiment bien inutile !

— La Revue Internationale des Sociétés Secrètes (n° du 1er décembre, « partie occultiste ») annonce la mort de son collaborateur M. Henri de Guillebert des Essarts ; il est à souhaiter qu'il ait emporté dans la tombe son ténébreux secret.

— Le reste du numéro est occupé par un long article sur Richard Wagner et la mystique guerrière de l'Allemagne, signé « Le Capitoul » ; il s'y trouve un peu de tout, mais surtout des considérations extravagantes sur la « Cabale » (sic), avec une accumulation de citations hétéroclites qui vont du Dictionnaire de la Conversation à la Revue Spirite et au Bulletin des Polaires, pour finir par les Paroles d'un Croyant ; il s'agit, paraît-il, de prouver par là que « Richard Wagner est bien le chantre des « Protocols d'Israël » (sic), auxquels l'armée allemande sert de moyen d'exécution » ! Signalons une étrange hypothèse d'après laquelle le Baphomet, dont le nom « ressemble à Mahomet » (on oublie que celui-ci n'est que la déformation de Mohammed), aurait été « la représentation du dieu même des Égyptiens, Sérapis-Hélios (voyez le Larousse), un corps d'homme avec une tête de taureau » ; à la vérité, ce « dieu à la tête de taureau » nous semble plus phénicien qu'égyptien, à moins qu'il ne soit tout simplement le « Minotaure », figuré au centre du « Labyrinthe » que les constructeurs du moyen âge tracèrent sur le dallage de certaines églises ; mais ne serait-ce pas plutôt que l'auteur, plus averti que son confrère le « Dr G. Mariani » n'a pas osé reparler du « dieu à la tête d'âne » ?

Mars 1932

— Dans *le Symbolisme* (n° de janvier), une « étude rituélique » de Marius Lepage sur l'Incinération du testament philosophique. Armand Bédarride, continuant son travail sur la Modernisation de la Maçonnerie, envisage la question des rituels et de leur adaptation ; il proteste avec raison contre l'intrusion de l'esprit « scientiste », que certains poussent jusqu'au point de vouloir faire des rituels quelque chose qui ressemblerait à des « manuels scolaires » ! Notons dans cet article l'affirmation, soulignée par l'auteur, que la philosophie maçonnique est « plus orientale qu'occidentale » ; cela est très vrai, mais combien sont ceux qui le comprennent aujourd'hui ?

— Dans le *Grand Lodge Bulletin* d'Iowa (n° de décembre), un article consacré à Albert Pike montre en celui-ci, par des citations de ses œuvres, un esprit religieux aussi éloigné que possible du « Souverain Pontife luciférien », des légendes taxiliennes. Un autre article traite de la construction du Temple de Jérusalem et des « carrières de Salomon ».

— *Les Cahiers de l'Ordre* (n° de novembre) exhument un livre sur les « messes noires », publié il y a une vingtaine d'années par un « néo-spiritualiste » pour qui il en serait résulté, dit-on, toutes sortes de mésaventures ; il paraît qu'on en prépare une réédition, autour de laquelle on s'efforcera sans doute de faire un certain bruit dans les milieux antimaçonniques ; un rappel de l'Élue du Dragon, à ce propos, n'est guère fait pour inspirer confiance… Signalons aussi, à titre de curiosité, une « prophétie » de 1553 qu'on interprète comme annonçant « l'avènement et l'anéantissement de la Maçonnerie ». – Le numéro de décembre de la même revue est occupé en grande partie par un Tableau de la Sociologie chrétienne où il y a certaines idées assez curieuses, mais bien mélangées ; pourquoi cette préoccupation de trouver des points d'appui dans la science moderne, alors que celle-ci change incessamment ? Viennent ensuite quelques articles extraits de publications maçonniques qu'on dit avoir été « trouvées dans un taxi-auto » ; comment se fait-il qu'il y ait toujours dans les organes antimaçonniques des histoires de ce genre, dignes des plus vulgaires romans policiers ?

— *L'Albigéisme* semble être actuellement « à la mode » : on en fait un sujet de romans, on entreprend des fouilles pour en retrouver les vestiges ; aussi la Revue Internationale des Sociétés Secrètes (n° de janvier, « partie occultiste ») publie-t-elle des Notes sur l'Albigéisme, qui n'apportent d'ailleurs rien de nouveau, et où l'énigme des origines, notamment, n'est aucunement éclaircie. Comme il y a encore, à la fin de cet article, une allusion au « Roi du Monde », nous poserons nettement une question à ce sujet : ces gens qui se disent catholiques considèrent-ils Melchissédec comme l'Antéchrist et l'Epître aux Hébreux comme d'inspiration diabolique, ou bien, tout simplement, ne savent-ils pas de quoi ils parlent ?

— Dans le même numéro, le « Dr G. Mariani », lance encore contre nous des attaques qui veulent être méchantes, mais qui sont surtout grossières ; il nous est impossible de répondre à d'aussi basses plaisanteries… Et il ose prétendre qu'il « n'attaque jamais les personnes » ; que fait-il d'autre ? Comme il serait évidemment fort commode de pouvoir nous prendre à parti impunément et sans risquer aucune réponse plus ou moins gênante, il nous invite à « planer (sic) dans le pur domaine des idées » et à n'en pas sortir ; rien ne saurait nous être plus agréable, à nous qui entendons bien n'être ni d'un coté ni de l'autre d'aucune « barricade », si seulement nous avions affaire à des contradicteurs capables de se placer eux-mêmes sur ce terrain ; mais tel n'est malheureusement pas le cas. Pour le surplus, nous dirons au « Dr G. Mariani » : 1° Qu'il fait confusion entre des... entités diverses, dont les activités plus ou moins extérieures n'eurent jamais aucun rapport entre elles, et dont certaines ont d'ailleurs cessé d'exister depuis fort longtemps ; 2° Que l'infaillibilité, qui n'appartient du reste jamais aux individus comme tels, mais seulement en tant qu'ils représentent la doctrine traditionnelle, est loin d'être une chose extraordinaire et exorbitante, si bien que, comme nous l'avons écrit dans quelqu'un de nos ouvrages, ce qui est étonnant n'est pas que le Pape soit infaillible, mais qu'il soit seul à l'être dans tout le monde occidental ; 3 Que tel « distingué philatlante » n'est nullement notre « condisciple », et que nous n'avons absolument rien à voir avec les pseudo-ésotéristes occidentaux, à quelque espèce qu'ils appartiennent ; cela, nous l'avons déjà dit maintes et maintes fois, et prétendre ou insinuer le contraire relève de la diffamation pure et simple ; le « Dr G. Mariani » doit savoir à quelles conséquences celle-ci expose son auteur... D'un autre côté, de nouvelles amabilités, pour ne pas dire plus, à l'adresse de M. G. Huan et du F. Oswald Wirth confirment ce que nous notions il y a deux mois : décidément, c'est bien « l'union sacrée pour la défense de l'Occident », et les prétendus antimaçons ne sont en réalité que des « anti- orientaux » ; nous nous en doutions depuis fort longtemps, mais nous ne pouvons que leur savoir gré de nous le montrer avec une telle évidence !

Mai 1932

— Dans *le Symbolisme* (n° de février), article d'Oswald Wirth sur Le Rosicrucisme (on dit habituellement « Rosicrucianisme ») : explications enfantines sur le symbolisme de la rose, de la croix et des nombres ; à vrai dire, ce n'est même plus du symbolisme, c'est tout au plus de l'allégorie ; et l'auteur donne de l'« initiation chrétienne » une idée... qui n'a rien d'initiatique. – Dans un autre article intitulé L'Église maçonnique anglaise et signé Diogène Gondeau, nous trouvons une étrange méprise : les Old Charges sont confondues avec les Constitutions de 1723, dont les auteurs s'appliquèrent précisément, tant qu'ils le purent, à faire disparaître les dites Old Charges, c'est-à-dire les documents de l'ancienne « Maçonnerie opérative ». Il est vrai que, dans un récent ouvrage antimaçonnique, dont l'auteur est pourtant un ex-Maçon, les mêmes Constitutions sont non moins curieusement identifiées aux landmarks, lesquels ont au contraire pour caractère essentiel d'être des règles qui ne furent jamais écrites et auxquelles on ne peut assigner aucune origine historique définie. – Dans le numéro de mars, Oswald Wirth parle de La conception initiatique de Goethe, à l'occasion du centenaire de la mort de celui-ci : de certaines citations de Wilhelm Meister, il semble résulter que Goethe a quelque peu méconnu la valeur du rituel ; mais nous voulons croire qu'il est tout de même allé plus loin qu'un « rationalisme humanitaire ». – Armand Bédarride traite de L'étude de la morale ; il y aurait beaucoup à dire sur ce sujet, notamment en ce qui concerne la connexion de la dégénérescence « moraliste » avec les influences protestantes qui se sont exercées à l'origine de la Maçonnerie moderne ; si vraiment il ne devait s'agir que de morale, à quoi bon le symbolisme ? Nous nous bornerons à remarquer une fois de plus combien il est regrettable qu'une notion insuffisamment nette de la « régularité » initiatique conduise à un « éclectisme » qui met tout sur le même plan, et qui fait aux conceptions profanes une place tout à fait illégitime.

— Dans le *Grand Lodge Bulletin* d'Iowa (n° de janvier), suite de l'étude sur la construction du Temple de Salomon. – Dans le numéro de février, étude sur « la pierre angulaire et la clef de voûte », qui font partie du symbolisme de la Maçonnerie de Royale Arche.

— *La Flèche* a reparu après une éclipse de quelques mois ; nous y retrouvons, sans aucun changement, les tendances plus que suspectes que nous avons déjà signalées précédemment. Le numéro du 15 février contient une réponse au « Dr G. Mariani » (qualifié d'ailleurs de « distingué critique » !) ; on y lit, au sujet du « chef spirituel » qui aurait inspiré l'« action magique » dont cette publication se déclare l'organe, une histoire fort étrange, mais à laquelle nous sommes peu tenté d'ajouter foi jusqu'à plus ample informé. – A propos de La Flèche, nous avons constaté que l'article déjà reproduit par les Cahiers de l'Ordre (n° d'octobre) l'avait été également dans l'ouvrage antimaçonnique auquel nous faisions allusion tout à l'heure ; mais cette fois, au lieu d'en indiquer clairement la provenance, on le déclare seulement « extrait d'une revue à petit tirage d'un groupe luciférien très fermé, d'origine caucasienne ». Il faut sans doute grossir l'importance de l'adversaire et l'envelopper de mystère pour se donner à soi-même une raison d'être ; mais, franchement, les antimaçons qui emploient de tels procédés sont-ils bien qualifiés pour blâmer le charlatanisme de certains pseudo-ésotéristes ?

— Dans la *Revue Internationale des Sociétés Secrètes* (n° du 1ᵉʳ février, « partie occultiste »), le premier article s'intitule gracieusement Les poisons de l'Orient ; il est signé cette fois des seules initiales G. M., que précède cette mention quelque peu énigmatique : « Rédigé, ce 28 mai (sic) 1923, en la Saint Charlemagne, d'après les notes de notre regretté collaborateur » (s'agit-il de M. de Guillebert ?). Après avoir présenté comme un « parfait Français » le pangermaniste Gobineau, ce qui n'est pas une idée des plus heureuses, l'auteur y expose une caricature des doctrines orientales où le grotesque le dispute à l'odieux ; il y a là à peu près autant d'erreurs que de mots, sans oublier la rengaine du « panthéisme » qui est décidément la grande ressource de tous ces gens-là ; n'insistons pas davantage… Mais tout cela se termine par un aveu des plus précieux : « Devant les poisons de l'Orient, je me sens solidaire du Huguenot » ; et, après avoir cité notre allusion à l'« unité de front » (nous avions écrit « union sacrée ») pour la « défense de l'Occident », on ajoute : « Nous souhaiterions qu'il fût effectivement bon prophète ». Le « Dʳ G. Mariani » (car, ici tout au moins, c'est bien certainement lui qui parle, et, par un « synchronisme » bon à noter, il se réfère dans le même paragraphe au livre du P. Allo) n'est décidément pas de force à jouer son rôle : c'est là, très exactement, ce que nous avions voulu lui faire dire ! Et, quant à nous, nous lui répondrons nettement et sans la moindre ketmah, en lui retournant sa phrase : devant les poisons de l'Occident moderne, nous nous sentons solidaire de l'Orient tout entier ! – Après cet article viennent quelques « diableries » sans importance puis un autre article intitulé Les « Grands Serviteurs intellectuels » occultes ou une esquisse des positions de M. René Guénon, reproduit d'après certaines Nouvelles critiques d'Ordre que nous ne connaissons pas, mais qui sont, paraît-il, une annexe des Cahiers de l'Ordre. Cet écrit, dont l'ignominie dépasse tout ce qu'on peut imaginer, a toutes les allures d'une note policière de la plus basse catégorie ; son rédacteur anonyme est d'ailleurs assez mal informé, et, sur certains points, il fait preuve d'une imagination si délirante que nous nous demandons s'il n'aurait pas été inspiré par quelque « voyante »... très peu lucide ! Ainsi, chacun sait que notre œuvre n'est nullement « philosophique », et encore moins « historico-sociale » ; mais, pour la présenter comme telle sans que l'invraisemblance éclate aux yeux des moins avertis, on a bien soin de ne citer que les titres de quelques-uns de nos ouvrages en passant les autres sous silence, et, pour l'un d'eux, on va jusqu'à faire état d'une étiquette qui lui avait été imposée contre notre gré par son premier éditeur, soucieux, pour des raisons purement commerciales, de le faire rentrer tant bien que mal dans une « collection » avec laquelle il n'avait aucun rapport. D'autre part, on croit nous gêner en évoquant de vieilles histoires, dont on voudrait bien donner l'impression qu'elles se rapportent au présent (nous avons déjà eu l'occasion de noter ce procédé frauduleux), et qui nous sont aussi parfaitement indifférentes que si elles ne nous concerneraient en rien ; nous n'en aurions pas fini si nous devions attacher une importance quelconque à tous les grades ou titres dont nous gratifièrent jadis de multiples organisations, parmi lesquelles il en est qui n'existèrent probablement jamais que sur le papier ; et, pour celle qui est nommément désignée en la circonstance, nous l'avons nous-même caractérisée dans un de nos livres en les termes les moins flatteurs (Le Théosophisme, p. 244) ; c'est donc nous qui avons le droit de dire : « Alors qui trompe-t-on ? ». Si nous avons dû, à une certaine époque, pénétrer dans tels ou tels milieux, c'est pour des raisons qui ne regardent que nous seul ; et de plus, actuellement, pour d'autres raisons dont nous n'avons pas davantage à rendre compte, nous ne sommes membres d'aucune organisation occidentale, de quelque nature qu'elle soit, et nous mettons quiconque au défi d'apporter à l'assertion contraire la moindre justification. Si nous avons répondu favorablement à certaines demandes de collaboration (demandes expresses à nous adressées, et non pas « infiltrations » de notre part, ce qui serait absolument incompatible avec notre caractère), de quelque côté qu'elles soient venues, cela est encore exclusivement notre affaire ; et, quelles que soient les publications où aient paru des articles de nous, que ce soit « en même temps » ou non, nous y avons toujours exposé exactement les mêmes idées, sur lesquelles nous n'avons jamais varié. Nous ne saurions tolérer qu'on dise que nous avons « combattu en apparence » le spiritisme et le théosophisme, dont les partisans semblent bien, en réalité, ne redouter nul autre que nous ; et nous mettons le policier anonyme au défi de citer les « écrits catholiques orthodoxes » dont nous aurions rendu compte dans le Voile d'Isis (revue non pas « occultiste », mais entièrement indépendante) avec des « sarcasmes d'idées et de principes » (sic), car nous ne supposons tout de même pas qu'il puisse s'agir des élucubrations de ses confrères de la R.I.S.S. ! Au surplus, nous ne sommes le « serviteur » de personne ni de rien, si ce n'est de la Vérité ; nous ne demandons rien à qui que ce soit, nous ne travaillons « pour le compte » de personne, et nous nous passons de tout « appui » ; nous avons donc le droit absolu de vivre comme bon nous semble et de résider où il nous convient, sans que nul ait rien à y voir, et nous ne sommes aucunement disposé à admettre la moindre ingérence dans ce domaine. Notre œuvre est d'ailleurs rigoureusement indépendante de toute considération individuelle, et n'a par conséquent rien à faire avec ces choses qui ne peuvent véritablement intéresser personne ; et nous ajoutons même que nous ne voyons pas du tout pourquoi nous serions obligé de vivre toujours dans la peau d'un même personnage, qu'il s'appelle « René Guénon » ou autrement… Quant aux autres assertions contenues dans le rapport de police en question, nous ignorons totalement si telle librairie « abrite un groupement philosophique et métaphysique à tendances ésotériques et théosophiques » ; la seule chose que nous sachions, c'est que, si ce groupement existe vraiment, il ne peut que nous être des plus hostiles ; mais cette insinuation, fondée ou non, aura tout au moins l'utilité de prouver à certains que le mensonge et la trahison ne profitent pas toujours à leurs auteurs… Enfin, nous avons eu la stupéfaction d'apprendre que nous avions « de nombreux amis », en Allemagne ; nous étions loin de nous en douter, car ils ont toujours négligé de se faire connaître à nous, et il se trouve justement que c'est un des rares pays où nous n'ayons aucune relation ; notre policier ne pouvait plus mal tomber ! D'ailleurs, même si cela était, ce ne serait nullement là une raison pour « nous orienter vers l'Allemagne », (ce qui serait plutôt nous « occidenter », comme dit l'autre), car elle ne nous intéresse pas plus que toute autre nation européenne ; d'abord la politique n'est point notre fait, et puis, vus de l'Orient, les peuples occidentaux se ressemblent tous terriblement... Maintenant, pour parler nettement, il n'y a que deux mots qui conviennent pour qualifier de si monstrueuses infamies, ce sont ceux de calomnie et de diffamation ; normalement, de telles histoires doivent mener leurs auteurs devant les tribunaux ; il nous a toujours répugné de recourir à ces moyens, mais, en présence de ce flot montant de boue et d'insanités, nous finirons bien, si grande que soit notre patience, par en avoir assez et par prendre toutes les mesures nécessaires pour que, par la force s'il le faut, on nous laisse enfin la paix à laquelle nous avons le droit le plus incontestable ; qu'on se le tienne pour dit !

Juin 1932

— Dans le Symbolisme (n° d'avril), Oswald Wirth, sous le titre Babel et Maçonnerie, déplore la diversité chaotique des rituels, dans laquelle il voit, non sans quelque raison, une marque d'ignorance de la vraie tradition : il se demande « comment en sortir », mais ne trouve finalement aucun remède bien défini à proposer, et nous ne saurions nous en étonner, car le « travail d'approfondissement » dont il parle en termes plutôt vagues n'est guère à la portée des « rationalistes », dont les aptitudes à « sonder le mystère » nous semblent plus que douteuses. – Armand Bédarride parle de La Religion et la Maçonnerie ; il faudrait tout d'abord s'entendre sur le sens précis à donner au mot « religion », et ce ne sont pas les définitions des philosophes profanes, dont la plupart confondent plus ou moins « religion », avec « religiosité », qui peuvent beaucoup contribuer à éclaircir la question. Il y aurait bien à dire aussi sur ce mystérieux « noachisme », qui vient assurément de fort loin, et dont les Maçons actuels ne semblent guère connaître la signification ; mais déjà ceux du XVIIIe siècle, lorsqu'ils se servirent de ce mot, en savaient-ils beaucoup plus long là-dessus ?

— Dans la Revue Internationale des Sociétés Secrètes, le numéro du 1er mars (« partie occultiste ») est occupé presque en entier par la traduction d'extraits de l'ouvrage du « Maître Therion », alias Aleister Crowley, sur La Magie en théorie et en pratique, et des

Constitutions de l'O.T.O. Vient ensuite une courte note intitulée Précisions, qui a la prétention d'être une mise au point de l'infâme article des Nouvelles critiques d'Ordre reproduit dans le numéro précédent ; pourquoi n'a-t-elle pas été placée immédiatement à la suite dudit article, si ce n'est qu'il fallait tout d'abord laisser à la calomnie le temps de faire son chemin, sans risquer de l'affaiblir si peu que ce soit ? D'ailleurs, à vrai dire, on ne rectifie pas grand'chose, en ce qui nous concerne du moins, car, par contre, la direction de certaine librairie reçoit toute satisfaction, ce qui ne nous surprend point ; on veut bien cependant reconnaître que nous ne « voyageons » pas... Quant aux « appuis » qu'on nous prête, nous ne nous arrêterons pas à relever des insinuations auxquelles nous nous reconnaissons incapable de comprendre quoi que ce soit ; nous admirerons seulement que ces gens puissent nous croire assez... naïf pour avoir été leur fournir une « clef », en toutes lettres, dans la dédicace d'un de nos livres ; c'est le comble du grotesque ! – Dans le numéro du 1er avril (« partie occultiste » également), suite des extraits d'Aleister Crowley, dont l'intérêt n'apparaît pas très clairement, et article sur L'Efficience morale nouvelle, sorte d'entreprise « mystico-commerciale » comme il en naît tous les jours en Amérique. La revue et la bibliographie fournissent encore l'occasion de quelques attaques contre nous, mais d'une si lamentable pauvreté que nous n'y perdrons pas notre temps : faut-il être à court d'arguments pour borner le compte rendu des États multiples de l'être à la reproduction d'une phrase par laquelle un universitaire manifestait sa parfaite incompréhension du Symbolisme de la Croix ! Pour ce qui est du reste, nous n'avons pas l'habitude de répondre à des grossièretés ; ajoutons seulement qu'il est bien imprudent d'évoquer le souvenir de l'Élue du Dragon : s'il y a lieu de revenir un jour sur ces « diableries », ce ne sont pas certaines disparitions qui nous en empêcheront... – Est-il vrai que le « Dr G. Mariani » ait trouvé une mort tragique, vers la fin de décembre dernier, dans un accident d'aviation ? S'il en est bien ainsi, ce serait donc à lui-même, et non pas à M. de Guillebert comme nous l'avions pensé, que se rapporterait la mention placée à la fin de son article publié dans le numéro du 1er février ; mais alors comment se fait-il que la R.I.S.S. n'ait pas annoncé clairement cette nouvelle, ni consacré la moindre note nécrologique à ce « regretté collaborateur » ? Craindrait-elle que la sombre atmosphère de drame dont elle est entourée n'impressionne fâcheusement ses lecteurs ! Quel est encore ce nouveau mystère ?

Il y a bien, dans le numéro du 1ᵉʳ avril, une phrase où il est parlé de « Mariani » au passé, mais cela ne saurait suffire ; nous ne voulons pourtant pas supposer qu'il ne s'agisse que d'une mort simulée... à la manière du pseudo-suicide d'Aleister Crowley ! Nous attendons des explications sur cette étrange affaire ; et, si elles tardent trop à venir, nous pourrions bien apporter nous-même des précisions en citant nos sources, ce qui ne serait sans doute pas du goût de tout le monde. Quoi qu'il en soit cette « disparition » a suivi de bien près celle de M. de Guillebert ; mais, au fait, pourquoi celui-ci, devenu subitement silencieux à la suite de nos allusions à l'affaire Le Chartier, n'a-t-il attendu que notre article sur Sheth pour mourir ?... Comprendra-t-on enfin, à la rédaction de la R.I.S.S. et ailleurs, qu'il est des choses auxquelles on ne touche pas impunément ?

Juillet 1932

— Le *Grand Lodge Bulletin* d'Iowa (n° de mai) contient des articles sur la « Parole du Maître » (c'est-à-dire la « Parole perdue »), la légende du forgeron et du roi Salomon, et la dédicace du Temple de Salomon.

— Dans *le Symbolisme* (n° de mai), Oswald Wirth, dans un article intitulé Évolution maçonnique, déclare que « l'ignorance est profonde en Maçonnerie », et que « le remède ne saurait s'offrir que dans l'instruction » ; il estime cependant qu'« une rénovation de la Maçonnerie se prépare », ce qui nous semble bien optimiste, car, à en juger par sa propre revue, nous y voyons moins de traces d'esprit initiatique que jamais. Armand Bédarride parle de La croyance en Dieu et, dans le numéro de juin, du Grand Architecte de l'Univers ; ces articles appellent les mêmes réserves que les précédents quant à la place excessive qui y est faite aux considérations profanes ; par ailleurs, la question de l'influence de la Kabbale nous paraît un peu trop simplifiée. – Dans le numéro de juin, une note sur Le Niveau, par Robert Tatin, est d'un symbolisme plus que vague ; une autre sur le nom de Thubal- Kaïn, par Marius Lepage, est ingénieuse, mais malheureusement repose pour une bonne part sur une donnée tout à fait inexacte : Thubal et Habel se rattachent en réalité à deux racines toutes différentes et ne peuvent aucunement être assimilés. – Dans ce même numéro de juin, l'article d'Oswald Wirth, intitulé La Métaphysique et le Rêve, nous a causé quelque étonnement : en effet, il commence par parler de nos derniers ouvrages, puis les laisse brusquement de côté pour partir en guerre contre les « raisonneurs », les « discuteurs », les « abstractions » de la philosophie, en quoi il n'a certes pas tort, car nous en pensons encore beaucoup plus de mal que lui ; mais c'est assez curieux de la part de quelqu'un qui affiche volontiers un esprit plutôt « rationaliste ». Quoi qu'il en soit, la métaphysique. en réalité, n'a rien à voir avec tout cela, pas plus que le symbolisme, science éminemment « exacte », avec le rêve ou la rêverie, qui n'ont absolument rien d'initiatique ; et, quand on reconnaît explicitement qu'on ne comprend rien à la métaphysique, on devrait bien s'abstenir d'en parler : Ne, sutor, ultra crepidam !

— La *Revue Internationale des Sociétés Secrètes* (n° du 1ᵉʳ mai, « partie occultiste ») continue à publier des extraits d'Aleister Crowley, et reproduit un article d'un journal canadien, intitulé Querelles françaises à propos du mouvement féministe des Adorateurs du Démon, qui a tout l'air d'une fumisterie un peu forte : cela nous rappelle une photographie de soi-disant Devil-worshippers parisiens publiée il y a quelques années dans une revue anglaise, et qui était tout simplement celle d'une réunion de joueurs de cor de chasse dans une cave ! – La « revue des revues », signée maintenant Raymond Dulac, contient encore, à notre adresse, quelques-unes des aménités habituelles ; faut-il répéter une fois de plus que le Voile d'Isis n'est nullement une « revue occultiste », et préciser aussi que nous n'avons pas la moindre sympathie pour les modernes tentatives de constitution d'une « religion universelle » ? Ce que nous affirmons, au contraire, c'est que la Tradition une existe depuis l'origine du monde, et c'est là ce que tendent à montrer les rapprochements que nous établissons ; mais il paraît que « les lois du langage s'opposent » à ces rapprochements quand ils gênent certains, alors qu'elles ne s'y opposent pas dans le cas contraire… Quant aux « critères » et aux « garants » de la Tradition, ce sont là des choses dont nous n'éprouvons nullement le besoin d'instruire ces Messieurs ; ce n'est pas à eux que s'adresse notre enseignement ! Pour le surplus, nous ne nous abaisserons pas à relever leurs misérables calembours ; nous leur dirons seulement qu'il n'y a aucun intérêt à s'occuper d'un nom qui ne représente pour nous rien de plus qu'une… signature, et auquel nous donnons tout juste autant d'importance qu'au vêtement que nous portons ou à la plume avec laquelle nous écrivons ; c'est exactement du même ordre, et cela ne nous touche pas davantage. Enfin, ajoutons une dernière observation : les Occidentaux ont un diable qui est bien à eux et que personne ne leur envie ; qu'ils s'arrangent avec lui comme ils veulent ou comme ils peuvent, mais qu'ils s'abstiennent de nous mêler à des histoires qui ne nous concernent en rien : Lakum dinukum wa liya dîni !

— Dans le Symbolisme (n° de juillet), article d'Oswald Wirth intitulé La Propagande initiatique, deux mots qui hurlent de se trouver ainsi accouplés : il paraît que « nous n'en sommes plus aux ères de persécution où le silence s'imposait aux Initiés » ; nous pensons au contraire que ce silence, qui a des raisons bien autrement importantes que la simple prudence, ne s'est jamais imposé aussi fortement que dans les conditions actuelles ; et du reste, pour ce qui est de l'affirmation que « nous avons conquis la liberté de parler », nous avons, quant à nous, d'excellents motifs de la considérer comme une amère plaisanterie… Nous ne voyons d'ailleurs pas à quoi peut conduire la diffusion d'une pseudo-initiation qui ne se rattacherait plus effectivement à rien ; il y a là, au surplus, une incroyable méconnaissance de l'efficacité des rites, et nous citerons seulement cette phrase bien significative : « Les Francs-Maçons ne poussent pas la superstition au point d'attacher une vertu sacramentelle à l'accomplissement de leurs rites ». Précisément, nous les trouvons bien « superstitieux », au sens le plus strictement étymologique, de conserver des rites dont ils ignorent totalement la vertu ; nous nous proposons d'ailleurs de revenir sur cette question dans un prochain article. Signalons aussi l'analyse d'un article hollandais sur Les deux Colonnes, et une note sur Les anciens Landmarks qui ne témoignent pas d'un grand effort de compréhension.

— The Speculative Freemason (n° de juillet) contient plusieurs articles intéressants ; l'un d'eux est consacré à un livre intitulé Classical Mythology and Arthurian Romance, par le professeur C. B.

Lewis, qui prétend assigner des « sources classiques » à la légende du Saint-Graal, dont les origines devraient être cherchées notamment à Dodone et en Crète (ce qui, à vrai dire, serait plutôt « pré-classique ») ; nous pensons, comme l'auteur de l'article, qu'il ne s'agit nullement là d'emprunts, mais que les similitudes très réelles qui sont signalées dans ce livre doivent être interprétées tout autrement, comme des marques de l'origine commune des traditions. Un autre article, sur les changements apportés au rituel par la Maçonnerie moderne, contient, à l'égard de l'ancienne Maçonnerie opérative et de ses rapports avec la Maçonnerie spéculative, des vues dont certaines sont contestables, mais qui peuvent fournir matière à d'utiles réflexions.

— Sous le titre *Biblioteca « Las Sectas »*, une nouvelle publication antimaçonnique a commencé à paraître à Barcelone sous la forme de volumes trimestriels ; comme ce titre le donne tout de suite à penser, on y retrouve, quant à l'emploi du mot « sectes », les habituelles confusions que nous signalions ici dans un récent article ; mais, cette réserve faite, nous devons reconnaître que le premier volume est, dans son ensemble, d'une tenue bien supérieure à celle des publications françaises du même ordre. Ce qui est curieux, c'est l'étonnante et naïve confiance dont la plupart des rédacteurs font preuve à l'égard des théories de la science moderne, et spécialement de la psychologie ; le premier article, très significatif sous ce rapport, invoque la « psychologie des peuples primitifs » (il est vraiment étrange qu'un écrivain catholique n'aperçoive pas ce qui se cache sous cette façon de désigner les sauvages) et la « psychologie infantile » pour ramener la lutte des « sectes » et du Christianisme à une lutte entre le « mythe » et la « science », ce qui est peut-être ingénieux, mais n'est sûrement rien de plus. Vient ensuite le début d'une longue étude sur le spiritisme ; cette première partie se rapporte d'ailleurs surtout à la « métapsychique », et contient, en ce qui concerne les rapports réels, quoique dissimulés, de celle-ci avec le spiritisme, quelques réflexions qui ne sont pas dépourvues de justesse. Nous noterons encore une étude « psychiâtrique » sur Luther, dont on veut prouver « scientifiquement » la folie ; ce n'est certes pas nous qui serons tentés de prendre la défense de ce peu intéressant personnage, mais nous ne pouvons nous empêcher de faire une simple remarque : parmi les arguments invoqués figurent les manifestations diaboliques, naturellement qualifiées à cette fin d'« hallucinations auditives » ; interpréterait-on de la même façon les faits tout semblables qui se rencontrent dans la vie de certains saints ? Sinon, comme c'est probable (et en cela on aurait raison en dépit de la « science »), ne faut-il pas voir là une certaine partialité qui, par une bizarre ironie des mots, se trouve être une des caractéristiques de ce qu'on appelle l'esprit « sectaire » ?

Décembre 1932

— Dans *The Speculative Mason* (n° d'octobre), un article est consacré au symbolisme des « pierres blanches » dans le Pasteur et la Vision d'Hermas. – Un autre article envisage les rapports de la Maçonnerie opérative et de la Maçonnerie spéculative d'une façon en quelque sorte inverse de l'opinion courante : non seulement l'une et l'autre auraient coexisté depuis les temps les plus reculés, mais la Maçonnerie opérative n'aurait été pour ainsi dire qu'une dépendance de la Maçonnerie spéculative. Il y a du vrai dans cette thèse, bien que les termes en lesquels elle est exprimée ne soient pas à l'abri de toute objection : si par « spéculative » on entend une Maçonnerie « doctrinale », dirigeant ou inspirant le travail des artisans, cela s'accorde exactement avec ce que nous avons souvent indiqué nous-même quant à l'origine proprement initiatique des arts et des métiers ; et sans doute est-ce là au fond ce qu'a voulu dire l'auteur, qui reconnaît d'ailleurs que cette Maçonnerie soi-disant « spéculative » était en réalité « opérative en un sens supérieur ». Seulement, pour cette raison précisément, il est impropre d'employer le mot « spéculative », que nous ne croyons pas avoir été anciennement en usage, ce qui indique plutôt une sorte de dégénérescence : une Maçonnerie devenue uniquement « théorique », donc ne travaillant plus effectivement à aucune « réalisation », pas plus spirituelle que matérielle. Certaines des affirmations contenues dans l'article en question sont d'ailleurs contestables ; pourquoi, notamment, prendre au sérieux les fantaisies « égyptologiques » du Dr Churchward ? En tout cas, il y a là bien des points qui mériteraient d'être examinés de plus près, comme l'orientation des Loges et la place des officiers, l'emploi du nom d'El Shaddai dans la Maçonnerie opérative, et aussi le rôle qu'y joue le symbolisme « polaire », qui est en réalité d'un ordre plus élevé que le symbolisme « solaire », en même temps que plus proche des origines, comme le comprendront sans peine tous ceux qui ont quelque notion vraie du « Centre du Monde » [1].

— Le *Grand Lodge Bulletin* d'Iowa (n° de septembre) donne une étude sur le symbolisme de la lettre G, qu'il faudrait rapporter originairement, non au iod hébraïque, mais au gamma grec, qui, à cause de sa forme d'équerre, aurait déjà été employé par les Pythagoriciens. La chose n'a rien d'impossible en soi ; pourtant, à part le fait que le iod est parfois tracé kabbalistiquement sous cette même forme (correspondant à l'ensemble des trois middoth suprêmes), l'assimilation phonétique de iod à God est certainement moins fantaisiste que la transcription du même mot God en caractères grecs pour y trouver l'équerre, le cercle et le triangle. Mais la vérité est que la lettre G peut avoir plus d'une origine, de même qu'elle a incontestablement plus d'un sens ; et la Maçonnerie elle-même a-t-elle une origine unique, ou n'a-t-elle pas plutôt recueilli, dès le moyen âge, l'héritage de multiples organisations antérieures ?

— La *Revue Internationale des Sociétés Secrètes* (« partie occultiste », n° de juillet-août-septembre) donne toujours des extraits du « Maître Therion » (Aleister Crowley) ; cela est vraiment peu intéressant au fond, et semble d'ailleurs assez mal traduit : ainsi, nous trouvons l'expression de « Grand Travail », puis celle de « Grand Ouvrage », évidemment pour rendre Great Work ; le traducteur ne sait-il pas qu'il y a quelque chose qui, en français, s'appelle le « Grand Œuvre » ? – Vient ensuite un article consacré à une entreprise américaine, ou simili-américaine (car son siège connu est à Bruxelles), qui s'intitule The Theiron School of Life ; et, à cause de la similitude des noms Theiron et Therion, on se demande si cela n'aurait pas quelque rapport avec l'O.T.O. Cette hypothèse nous paraît peu plausible, car Crowley est un charlatan beaucoup plus habile que celui qui a élaboré les niaiseries dont on nous présente

---

[1] Signalons incidemment à notre confrère une erreur commise dans le compte rendu de notre article sur la chirologie islamique, et qui a quelque importance : la période au bout de laquelle la main droite doit être examinée de nouveau est de quatre mois, et non de quatre semaines ; elle n'a donc pas de rapport avec la « révolution de la lune », et d'ailleurs il n'y a pas d'autre explication astrologique à envisager que celle que nous avons indiquée, et qui est fondée sur la correspondance des signes zodiacaux avec les éléments.

ici quelques échantillons ; aussi croirions-nous plus volontiers qu'il s'agit d'une simple contrefaçon de pseudonyme, destinée à provoquer une confusion estimée avantageuse ; n'y eut-il pas jadis un prestidigitateur qui donnait des séances sous le nom de Pappus ? Un certain M. Raymond Dulac (?), qui semble décidément avoir recueilli la succession de « feu Mariani », continue à s'en prendre à nous : il paraît que nous aurions fait une attribution inexacte de citation ; cela peut arriver, quand on n'est pas un « érudit » et qu'on n'a pas sous la main le moyen de tout vérifier, et d'ailleurs, dans le cas présent, cela ne changerait rien au fond, qui seul, nous importe ; quoi qu'il en soit, il faut être véritablement démoniaque, et en un sens qui n'a rien de figuré, pour qualifier de « fraude » un pareil lapsus. Nous en trouvons un bien autrement grave dans son compte rendu : où a-t-il vu que nous ayons jamais parlé de « groupes ésotériques » ? En outre, nous ne sommes nullement un « philosophe », et nous nous moquons bien de la philosophie, autant que de tout autre genre de connaissance profane ; et qu'est-ce que cette phrase ambiguë où il est fait allusion aux « Juifs de l'école sociologique », comme s'il n'était pas assez notoire que nous n'avons que mépris pour les théories universitaires, et que nous sommes aussi absolument « anti-évolutionniste » qu'il est possible de l'être ? Qui veut-on tromper avec d'aussi grossiers coq-à-l'âne ? Enfin, que penser des prétentions de ce personnage qui non seulement « demande des preuves », (autant vaudrait entreprendre de prouver l'existence de la lumière à un aveugle), mais « attend qu'on lui désigne le contenu et les dépositaires de la Tradition » ? Pour qui nous prend-il donc ? Nous ne sommes ni un espion ni un traître, et nous n'entendons en aucune façon nous faire l'auxiliaire des vilaines besognes de ces Messieurs ; au surplus, ce n'est point pour les profanes de cette sorte que nous écrivons !

Janvier 1933

— Dans *Atlantis* (n° de septembre-octobre), le premier article est intitulé D'Atlas à saint Christophe ; le sujet est intéressant, mais il est traité bien incomplètement. – Dans un autre article, nous avons la stupéfaction de voir le Taoïsme associé au Stoïcisme et au « Marc-Aurélisme » (sic), et défini comme ayant pour but une

« maîtrise de soi », qui « n'a aucun rapport avec la Connaissance » ; n'est-ce pas incroyable ? – Ailleurs encore, M. Paul Le Cour, qui, soit dit sans l'offenser, parle de la Maçonnerie à peu près comme un aveugle des couleurs, prétend qu'elle « s'appuie sur les équinoxes » tandis que « l'Église catholique s'appuie sur les solstices » ; n'a-t-il donc jamais entendu parler des « fêtes solsticiales », maçonniques, autrement dit des deux Saint-Jean d'été et d'hiver ? Et, pour comble de malchance, il signale comme une « importante revue maçonnique »… l'Equinox d'Aleister Crowley !

— Dans le Symbolisme (n° de novembre), un article intitulé Orient et Occident (ce titre sert beaucoup maintenant), par Diogène Gondeau, repousse l'idée d'un « complément rituélique » emprunté aux doctrines orientales pour des raisons qui, comme on peut le penser, n'ont rien à voir avec celles que nous avons indiquées ici ; le Bouddhisme, cette déviation, n'est-il pas pris pour le type même de la sagesse orientale, qualifiée par ailleurs de « sagesse de neurasthéniques », comme si la neurasthénie n'était pas au contraire un mal exclusivement occidental ? Quel singulier besoin ont donc tant de gens de parler de ce qu'ils ne connaissent pas ? Ailleurs, nous voyons l'œuvre de Charles Henry qualifiée de « rosicrucienne » ; c'est à se demander si les mots ont encore un sens ?

— Dans le *Grand Lodge Bulletin* d'Iowa (n° d'octobre), étude sur Jah-Bel-On, où Mackey a voulu voir la réunion des principaux noms divins dans les trois langues syriaque, chaldéenne et égyptienne, ce qui est d'une linguistique quelque peu fantaisiste ; on propose d'y voir plutôt une expression symbolique des trois attributs d'omniprésence, omnipotence et omniscience, ce qui est en effet plus acceptable.

— La *Revue Internationale des Sociétés Secrètes* consacre un numéro spécial à la réponse à une récente campagne de presse où elle a été visée ; il est effectivement regrettable que Mgr Jouin ait été ainsi mis en cause au lendemain de sa mort, et d'ailleurs nous persistons à penser qu'il n'eut jamais conscience du rôle qu'on lui fit jouer ; mais il y a bien du vrai dans ce qui a été dit sur certains autres personnages, en dépit de confusions bizarres (qu'on n'a pas toutes relevées) et de lacunes plus inexplicables encore… Bornons-nous à noter que, au cours de cette réponse, on dénonce comme « maçonnique » le procédé qui consiste à qualifier d'« occultiste » quelqu'un qui s'occupe de l'occultisme, fût-ce pour le combattre ; or il se trouve que ce procédé est précisément un de ceux qui sont constamment employés contre nous par diverses publications, au premier rang desquelles figure… la R.I.S.S. elle-même ! – La « partie occultiste » (n° d'octobre) contient un article sur Les inquiétants progrès du spiritisme ; là-dessus nous sommes tout à fait d'accord. – Dans les extraits de la Magie de Crowley, nous relevons un détail curieux : le Rameau d'Or de Frazer y est « vivement recommandé » ; c'est bien compromettant pour cet ethnologue, mais cela ne nous étonne pas outre mesure… – Les chroniques de M. Raymond Dulac appellent, cette fois encore, quelques observations : 1° Nous ignorions totalement l'existence d'une certaine revue qui aurait, paraît-il, mêlé des citations de nos ouvrages à des « publicités pharmaceutiques » et à des « histoires obscènes » ; nous ne sommes aucunement responsable de ces procédés ni solidaire de ceux qui les emploient, et, si la chose est vraie nous ne saurions protester assez hautement contre l'abus qui est ainsi fait de notre nom et de nos écrits. 2 ° L'expression de « Maître du Monde », que nous rencontrons pour la seconde fois sous sa plume, ne nous avait été connue jusqu'ici que comme le titre d'un roman d'« anticipation » ultra-fantaisiste de Mgr Benson, jadis dénoncé par la R.I.S.S. comme un agent secret du « Kabbalisme » juif ! 3° Le pseudo-ésotérisme n'est nullement du « pseudo-occultisme » ; il est au contraire, de l'occultisme le plus authentique, celui-ci n'ayant jamais été autre chose qu'une contrefaçon ou une caricature plus ou moins grossière de l'ésotérisme. – D'un autre côté, tout en sachant gré à M. Raymond Dulac de protester avec un « dégoût » bien justifié contre certaines ignominies dont il ne nous convient pas de parler, nous lui ferons remarquer que nous entendons bien n'être d'aucun « camp », et aussi que des gens à qui nous ne nous présentons point n'ont pas d'« accueil » à nous faire. Nous exprimons en outre le souhait que les abominations en question lui ouvrent les yeux sur les dessous réels de l'infernale campagne à laquelle il se trouve lui-même mêlé depuis quelque temps (nous voulons croire que, comme divers autres, il n'est en cela qu'un instrument inconscient), et sur ceux de la publication même à laquelle il collabore. Du « F. Fomalhaut » (qui se croyait peut-être Œdipe, mais qui en cela se trompait bien) et du sire de

Guillebert, pour ne citer de ce coté que ceux qui sont vraiment morts, à la directrice de La Flèche (qui, notons-le en passant, vient de faire paraître un « rituel d'initiation satanique », ce qui a du moins le mérite d'être net) et à tel individu trop immonde pour que nous le nommions (il nous répugnerait de le toucher même du bout d'une cravache), il n'y a peut-être pas si loin qu'on le croit ; et, pour surveiller le chemin qui mène des uns aux autres, le « point géométrique » où nous nous trouvons (mettons que ce soit, si l'on veut, le sommet d'une Pyramide) est particulièrement bien situé ! Faut-il préciser que, sur ce chemin, nous avons relevé les traces d'un « âne rouge » et celles... du Dragon de l'Élue ?

Février 1933

— Dans le *Grand Lodge Bulletin* d'Iowa (n° de novembre), fin de l'étude sur Jah-Bel-On ; articles et notes sur le symbolisme des lignes parallèles, sur la « Parole perdue », sur les relations du Mormonisme avec la Maçonnerie.

— Dans *le Symbolisme* (n° de décembre), Oswald Wirth, dans un article intitulé « Nos Mystères », reconnaît que « la morale n'est pas tout en Maçonnerie », et que « la Maçonnerie moderne manque à son programme, parce qu'elle néglige l'Art proprement dit, c'est-à-dire le travail constructif auquel doit se livrer l'individu ». Armand Bédarride parle De l'universalité du symbolisme, mais en se renfermant dans un point de vue trop exclusivement « psychologique ». La même remarque s'applique aussi à son article suivant (n° de janvier), où, sous le titre un peu inattendu de La Lance d'Achille, il traite de « la puissance de la psychologie collective dans la Loge » ; il y a dans les rites bien autre chose qu'un « mécanisme » destiné à produire une sorte de suggestion.

— Le numéro de novembre de la *Revue Internationale des Sociétés Secrètes* (« partie occultiste ») est un « numéro spécial sur la Mort et les Défunts » ; aussi contient-il toute une série d'articles d'un caractère plutôt macabre, dont le plus important est intitulé Les raisons occultes de la crémation des cadavres. – Dans le numéro de décembre, à côté d'une étude sur Les Sybilles et la Nativité, dont les intentions ne se dégagent pas bien clairement, et d'une autre, fort incomplète, sur l'Alphabet secret des F. M., nous trouvons un article fantaisiste qu'on a cru spirituel d'intituler Entretiens d'*Œdipe* ; si on savait combien cela nous est égal, et comme certaines allusions qui veulent être perfides sont loin de nous toucher… d'autant plus loin que ceux de nous qu'elles prétendent viser sont morts depuis bien longtemps ! Mais venons-en à des choses un peu plus sérieuses : dans le numéro de novembre, M. Raymond Dulac fait, à propos de notre article d'octobre sur les « conditions de l'initiation », quelques réflexions qui sont complètement à côté de la question ; où a-t-il vu que nous ayons parlé de saint François d'Assise ? Nous pouvons l'assurer que nous n'y avons même pas pensé le moins du monde ; et, d'autre part, qu'est-ce que « l'initiation visible (?) du baptême, de l'ordre sacré et de la profession religieuse » ? N'avons-nous pas déclaré assez explicitement, à maintes reprises, que les rites religieux ne sont point des rites initiatiques ? Il revient sur le même sujet en décembre, dans une sorte d'article-programme intitulé Occultisme et Mysticisme ; à ce qu'il s'imagine nous objecter, nous pouvons répondre en deux mots : les mystiques ne sont nullement des initiés, et leur « voie » ne nous concerne en aucune façon… pas plus d'ailleurs que celle des occultistes, si tant est que ces derniers en aient une. – Enfin, dans le numéro de novembre, le même M. Raymond Dulac se montre peu satisfait de quelques lignes que nous avons écrites à propos de la mort de Mgr Jouin, en quoi il est vraiment bien difficile ; il va jusqu'à dire que « cela ne lui suffit pas » ; aurait-il donc l'outrecuidance de prétendre nous dicter ce que nous devons écrire ? Cette prétention, nous ne l'admettrons ni de lui ni d'aucun autre ; ces Messieurs sont encore bien trop petits ! Au surplus, nous ne « fouillons dans la hotte » de personne ; ce métier n'est pas le nôtre, et nos informations personnelles nous suffisent amplement… Il faut d'ailleurs que M. Raymond Dulac ait eu l'esprit singulièrement troublé par une récente campagne visant la R.I.S.S., pour ne pas s'être rendu compte que, étant donné notre éloignement et le temps nécessaire à la composition, il y avait impossibilité matérielle à ce que notre note n'ait pas été rédigée avant que nous ayons eu la moindre connaissance de ladite campagne. Il déclare en outre « attendre qu'on prouve » que Mgr Jouin a été victime d'étranges collaborateurs ; il n'aura pas attendu longtemps : la lettre de l'« ex-Mariani », publiée ici le mois dernier, est venue admirablement à propos ! – Et maintenant, puisque, en répondant à la campagne dont il vient d'être question, on a jugé bon de passer sous silence un article et un seul, … si on parlait un peu de l'Élue du Dragon ?

Mars 1933

— *The Speculative Mason* (n° de janvier) contient des études sur l'Âne d'Or d'Apulée et sur le Nom divin et la lumière d'après les manuscrits bardiques ainsi que de nombreuses notes intéressantes sur des questions variées.

— Dans le *Grand Lodge Bulletin* d'Iowa (n° de décembre), une étude sur le Symbolisme du Nom divin dans la Bible et les Apocryphes (continuée dans le n° de janvier), et plusieurs articles sur la « Parole perdue » ; un de ceux-ci, à propos des allusions à la « queste » chez les poètes, signale l'importance du symbolisme du voyage et de la navigation. Il est fâcheux que, par ailleurs, on ait eu l'idée de reproduire un vieil article qui présente sérieusement la funambulesque découverte du nom de Jéhovah dans le Tao-te-King !

— Dans la *Revue Internationale des Sociétés Secrètes* (n° de janvier, « partie occultiste »), le premier article est intitulé : Pour la « Défense de l'Occident » : on se plaint amèrement que le « beau livre » (!) de M. Henri Massis n'ait pas rencontré dans tous les milieux catholiques une admiration sans mélange. Il est vraiment difficile de garder son sérieux en voyant affirmer que « l'Occident est, en fait, profondément chrétien », alors qu'aujourd'hui, il est exactement le contraire, et que « ce n'est pas en Occident que la xénophobie anime les foules » ; ou donc le « nationalisme » a-t-il été inventé ? Dans les Entretiens d'*Œdipe*, les vipères continuent à distiller leur venin ; fort heureusement, nous sommes à l'épreuve de la morsure des serpents et de la piqûre des scorpions… Comme d'ailleurs il n'est pas toujours possible d'imaginer du nouveau, nous retrouvons là quelques histoires qu'il nous souvient d'avoir déjà vues (ne serait-ce pas dans les articles de « feu Mariani » ?), et aussi l'infâme calomnie qui consiste à nous présenter comme un « occultiste », nous qui sommes, et pour cause, le seul que redoutent les occultistes ! Ajoutons que, s'il y a (ou s'il y a eu) une « affaire Mariani », il ne saurait y avoir d'« affaire Guénon-Mariani », car nous ne nous abaissons pas à ce niveau-là ; au surplus, en admettant qu'il nous convienne parfois de feindre d'être « dupe » des histoires de certains pour les amener où nous voulons, c'est notre affaire ; mais les véritables dupes, ce sont les malheureux qui servent inconsciemment de jouet à certaines « puissances »… dont la suprême habileté est de leur faire croire qu'elles n'existent pas. – Dans les chroniques de M Raymond Dulac, nous nous bornerons à relever sommairement ce qui nous concerne de la façon la plus directe ; et, tout d'abord, nous pouvons l'assurer que le « subjectivisme oriental » n'existe que dans l'imagination des Occidentaux, que nous sommes bien autrement « réalistes » que ceux-ci, et que ce n'est certes pas nous qui nous satisferions des billevesées « psychologiques » et autres « jeux de pensée » ; la rêverie n'est point de notre goût, et le symbolisme, aussi bien que le rituel, est pour nous une science exacte. Quant aux objections qu'il soulève à propos de nos articles sur l'initiation, il nous suffira de lui demander : 1° S'il considère les sacrements catholiques comme « physico- chimiques » parce qu'ils ont un support matériel ; 2° S'il assimile purement et simplement aux forces physiques, en raison de ses effets d'ordre sensible, l'« influence » qui foudroyait ceux qui touchaient imprudemment à l'Arche d'Alliance, ou encore, pour ne pas remonter si loin, celle qui produit les guérisons de Lourdes. 3° Enfin, si, sous prétexte que « l'esprit souffle où il veut », l'Église catholique admet à l'ordination des individus affligés de n'importe quelle infirmité corporelle. Encore une fois, il ne s'agit pas là de morale ni de sentiment, mais de science et de technique ; nous ne savons d'ailleurs pas au juste ce qu'il veut dire par ses « deux formalismes », mais ce qui est sûr, c'est qu'il parle bien légèrement de ce qu'il ne connaît pas : alors que l'Église a des registres pour les baptêmes, ce qui du reste est parfaitement normal pour une organisation exotérique, l'« immatriculation », sous quelque forme que ce soit, est chose totalement inconnue des organisations initiatiques orientales. Nous sommes d'autant plus à l'aise pour parler de ces choses que nous les envisageons d'une façon entièrement désintéressée, n'ayant point mission de conférer la moindre initiation à qui que ce soit. Enfin, en ce qui concerne les rapports de la… boutique ou il s'est fourvoyé avec certaine organisation d'espionnage « tentaculaire », M. Raymond

Dulac ne nous apprend certes rien ; mais nous ne sommes pas fâché d'en trouver sous sa plume l'aveu à peine déguisé !

Avril 1933

— Dans *le Symbolisme* (n° de février), Oswald Wirth se plaint d'un travail paru dans les publications de la Loge anglaise Quatuor Coronati, et qui, dépréciant les Constitutions d'Anderson, « sonne le glas de la Maçonnerie telle que nous la comprenons » ; nous souhaitons, quant à nous, qu'il marque le retour à une conception plus traditionnelle ! Mais nous ne pensons pas que lesdites Constitutions ne soient que le produit de la fantaisie d'une individualité sans mandat ; il n'est pas douteux, au contraire, que l'œuvre d'Anderson fut une « protestantisation » voulue et consciente de la Maçonnerie. Un article de Marius Lepage, intitulé Le *Cœur* et l'Esprit, contient bien des confusions : nous ne voyons pas comment « esprit » peut être synonyme de « raison », et le « cœur », au sens traditionnel, n'a rien à voir avec le sentiment ; combien il y aurait besoin, de nos jours, de remettre un peu d'ordre dans les notions les plus simples !

— Dans le *Grand Lodge Bulletin* d'Iowa (n° de février), exposé des multiples interprétations qui ont été proposées pour le « mot sacré » du grade de Maître : il s'agit incontestablement d'une phrase hébraïque, mais déformée de telle sorte qu'on ne peut être sûr de sa véritable signification.

— Dans *Die Säule* (n° de 1933), étude sur la peinture chinoise de paysages, et articles nécrologiques sur Gustav Meyrink.

— Dans la *Revue Internationale des Sociétés Secrètes* (n° du 15 février), M. Raymond Dulac, dans un article intitulé L'Unité des Sociétés Secrètes, utilise largement nos livres et nos articles ; inutile de dire qu'il le fait d'une façon tendancieuse qui n'a rien de commun avec les intentions que nous avons eues en les écrivant. Faisons-lui observer encore une fois, sans nous illusionner sur le résultat, que les véritables organisations initiatiques ne sont ni des « sectes », ni des « groupe », ni même des « sociétés », toutes choses avec lesquelles nous n'avons rien à voir et vis-à-vis desquelles nous n'admettons pas la moindre compromission ; nous sommes, à cet égard, d'une intransigeance absolue. – Dans la « partie occultiste » (n° de février), nous trouvons la suite de l'étude déjà signalée sur Les Sibylles et la Nativité, dont nous ne distinguons toujours pas le but précis, puis les Entretiens d'Œdipe, dont l'auteur a sans doute cru faire encore un trait d'esprit en se vantant, cette fois, d'« avoir collaboré au Voile d'Isis » (où ceux qui « cherchent de l'occultisme », comme il dit, seraient d'ailleurs bien déçus, tandis que, avec la R.I.S.S., ils sont servis à souhait, car nous ne croyons pas qu'il soit possible de faire mieux pour satisfaire le goût des amateurs de diableries !). Avec la finesse dont il fait preuve, cet Œdipe de « Café du Commerce » pourrait bien finir, « très vulgairement », par être dévoré, non pas même par le Sphinx (ce serait trop honorable pour lui), mais par... la « Cocadrille » ! – Dans le même numéro, un article de M. Raymond Dulac, intitulé Les superstitions de janvier (on est bien qualifié pour parler de « superstitions » à la R.I.S.S. !), n'est qu'un prétexte à épiloguer sur ce que nous avons dit en diverses occasions au sujet de Janus et des rapprochements qu'il y a lieu de faire entre ses attributs et ceux de saint Pierre [1]. Il n'y a rien de « mystique » dans ce que nous écrivons ; nous laissons cela à d'autres... Et, si nous abandonnons bien volontiers le « syncrétisme » à notre contradicteur, nous devons lui déclarer que la « synthèse » n'est nullement un « jeu » ; mais ce qui en est un, et du plus mauvais goût, ce sont les plaisanteries auxquelles il se livre sur la Bible, notamment à propos de l'Arche de Noé : « Jahweh (sic) faisant passer la clef sous la porte », pendant que le patriarche « était occupé à caser les animaux » ! Le plus triste dans son cas, c'est que, paraît-il, il est prêtre ; prendrait-il à tâche de prouver par son exemple que, entre « clergé » et « sacerdoce », il y a plus qu'une nuance ? En tout cas, nous tenons à l'avertir charitablement qu'il a touché à un sujet défendu : celui du « pouvoir des clefs », que, dans son ignorance, il déclare « absolument propre au Christianisme » ; ne sait-il donc pas qu'il a été décidé naguère, en très haut lieu, qu'il fallait faire le plus complet silence sur cette question essentiellement « hermétique » et... plus que dangereuse ?

— On vient de rééditer L'Élue du Dragon, avec une nouvelle préface de « Roger Duguet », dans laquelle il est dit qu'« il se peut que

---

[1] Le Janus à quatre faces qui semble le dérouter est bien facilement explicable : deux faces solsticiales et deux faces équinoxiales, correspondant aux quatre clefs qui forment le swastika dit « clavigère », particulièrement répandu chez les Étrusques.

certaines descriptions de scènes magiques, bien invraisemblables, soient à interpréter dans un sens plus allégorique que littéral », et aussi que certains noms propres « ne doivent pas être pris à la lettre » ; il y a là un recul des plus sensibles par rapport à la position ultra- affirmative prise lors de la première présentation ! Nous y lisons aussi cette phrase : « Il existe au Hiéron de Paray-le-Monial, – qui fut longtemps un centre occultiste à peine dissimulé, – un double manuscrit authentique de ces Mémoires, datés de 1885. » L'intention de la parenthèse n'est pas parfaitement claire ; mais ce qui l'est bien davantage, c'est que cela est en contradiction formelle avec la première version, d'après laquelle les manuscrits en question se trouvaient « dans une bibliothèque de couvent » ; qu'y a-t-il encore sous cette histoire ? Par une coïncidence plutôt singulière, M. Paul Le Cour, dans le dernier numéro d'Atlantis, annonçait l'ouverture d'une souscription pour essayer de publier, sous le titre : Lettres du Hiéron du Val d'Or, sa correspondance avec la dernière secrétaire dudit Hiéron… Et, juste en même temps, comme nous l'avons signalé, il tombait en extase devant le « dieu à tête d'âne », parce que dans onagre il voyait Aor-Agni ! Où de pareilles imprudences pourront-elles bien finir par nous mener ?

Juin 1933

— Dans le *Grand Lodge Bulletin* d'Iowa (n° de mars), étude sur la signification de l'expression oblong square, qu'on traduit en français par « carré long », mais qui, en anglais, peut désigner à la fois un outil et une figure géométrique, le mot square ayant le double sens d'« équerre » et de « carré » ; il semble cependant que ce soit à la forme rectangulaire de la Loge que s'applique principalement cette expression.

— Dans *le Symbolisme* (n° de mars), article d'Oswald Wirth sur Le Point au centre du Cercle, symbole auquel la Maçonnerie anglo-saxonne attache une importance particulière ; la figure est complétée par deux tangentes parallèles, rapportées aux deux Saint Jean, qui correspondent aux deux solstices délimitant le cycle annuel. L'idée du centre demanderait mieux que quelques considérations aussi vagues qu'élémentaires, et nous avons d'ailleurs traité nous-même ce sujet jadis dans la revue Regnabit ; quant aux deux Saint Jean, qualifiés ici purement et simplement de « patrons chrétiens de la Maçonnerie », c'est à croire que l'auteur de l'article n'a jamais entendu parler des deux visages de Janus… – Armand Bédarride parle de L'Algèbre symbolique, mais se confine dans une regrettable imprécision ; voilà pourtant encore un sujet qui pourrait être plein d'intérêt. – Après l'algèbre, les beaux-arts : tel est le titre de l'article du même auteur dans le numéro d'avril ; il y semble plus à son aise, sans doute parce que cela se prête davantage à des développements littéraires et « psychologiques ». Dans le même numéro, commencement d'une étude sur L'Initiation chez les Primitifs de l'Oubanghi-Chari ; ce mot de « primitifs » est bien fâcheux, ainsi que certaines réflexions « ethnologiques », qui sont propres à donner les idées les plus fausses au sujet de l'initiation ; combien mieux vaudrait, en pareil cas, s'en tenir à un exposé purement « documentaire » !

— La lecture de la *Revue Internationale des Sociétés Secrètes* laisse généralement une impression plutôt sinistre ; pourtant, il arrive aussi parfois qu'on y trouve de quoi s'amuser… Ainsi, dans le numéro du 1er mars, dès la première page, il est question de « la nature de l'homme fait par Dieu à son image d'un corps et d'une âme », d'où il paraît résulter assez manifestement que Dieu doit avoir, lui aussi, « un corps et une âme » ; la R.I.S.S. confierait-elle la rédaction de son « éditorial », à un Mormon ? Un peu plus loin, dans un second article, nous lisons cette phrase étonnante : « Augustin Cochin avait déjà noté la parfaite identité des Sociétés de pensées (sic) dans les cinq hémisphères. » Dans quel étrange « hyperespace » cela peut-il bien se situer ? – Dans la « partie occultiste » (n° de mars), un article sur L'Occultisme mondain, à propos du livre déjà ancien de M. Fernand Divoire, n'appelle de notre part qu'une seule remarque : c'est que, s'il est parfaitement exact que nous n'avons rien à voir avec les « mondains » et les « salons », nous ne nous adressons pas davantage aux « professeurs » ; quant à parler de notre « occultisme », combien de fois devrons-nous encore protester contre cette infâme calomnie ? – Le pseudo-Œdipe veut parler cette fois des « pouvoirs magiques », mais, en fait, il parle surtout de ceux des guérisseurs, qui précisément n'ont rien de magique. – M. Raymond Dulac a inventé quelque chose qu'il appelle l'« initiatisme » ; nous lui conseillons de prendre un brevet sans tarder... Quant aux réflexions dans lesquelles il met en quelque sorte en parallèle certains articles du Symbolisme avec les nôtres, elles témoignent chez lui d'un fâcheux manque du sens des proportions ; mais peut-être sont-elles surtout destinées à amener une insinuation qui ne peut qu'apparaître comme parfaitement grotesque aux yeux de tous ceux qui savent à quel point nous sommes peu « conciliant ». Nous répétons qu'il n'est pas dans notre rôle d'agir pour ou contre une organisation quelconque ; cela veut dire très exactement, que nous ne faisons de propagande pour quoi que ce soit et que nous n'entendons point nous mêler à des querelles qui ne nous regardent pas, et c'est tout ! Passons sur le dernier paragraphe, où sont rapprochés artificieusement des lambeaux de phrases pris dans plusieurs de nos ouvrages ; nous ne pouvons que mépriser ce procédé malhonnête, que nous retrouvons encore dans un « post-scriptum » appliqué cette fois à nos réponses aux attaques dudit M. Raymond Dulac. Sur ce point, nous lui redirons simplement ceci : il suffit de savoir lire pour constater que nous n'avons jamais parlé nulle part de saint François d'Assise (qu'il appelle comiquement « notre saint François », alors que, par contre, certains de ses pareils le dénoncent avec fureur comme un « gnostique déguisé » !) ; d'autre part, il ne peut y avoir d'« initiation du baptême », etc., pour la bonne raison qu'un rite religieux et un rite initiatique sont deux choses totalement différentes ; et enfin, si quelqu'un est qualifié pour faire appel au « lecteur de bonne foi », ce n'est certainement pas lui !

— Le numéro de mars-avril d'*Atlantis* a pour titre général Le XVIIIe siècle et le Monde primitif ; il s'agit des « chercheurs d'Atlantide » de cette époque, et leur histoire est tracée d'une façon où il ne serait pas difficile de relever, comme à l'ordinaire, quelques fantaisies : ainsi, les Illuminés de Bavière ne furent point une « secte maçonnique », mais une organisation qui, de l'extérieur, chercha à s'emparer de la Maçonnerie, ce qui est tout différent ; est-il bien sûr que Louis-Claude de Saint-Martin fut appelé le Philosophe Inconnu « parce qu'il ne signait pas ses ouvrages » ? N'oublions pas de signaler une nouvelle trouvaille linguistique de M. Paul Le Cour : « le rapprochement que l'on peut faire entre les mots Révolution et Révélation » !

— Dans *le Symbolisme* (n° de mai), Oswald Wirth intitule Les Faux

Initiés un article dans lequel il critique justement, mais superficiellement, les prétentions de certains occultistes ; cela porterait bien davantage s'il avait lui-même une notion plus précise de ce qu'est réellement l'initiation. – Signalons aussi la fin de l'étude sur L'Initiation chez les primitifs de l'Oubanghi-Chari, et une note où, sous le titre L'Outil méconnu, on prétend réduire la « houppe dentelée » à n'être qu'une figuration (ou une défiguration) du « cordeau », ce qui est vraiment un peu simpliste.

— Il y a un rapport assez étroit entre cette dernière question et celle qui est traitée dans le *Grand Lodge Bulletin* d'Iowa (n° de mai) : le symbolisme de la corde appelée, dans la Maçonnerie anglo-saxonne, cable tow, expression dont l'origine n'est d'ailleurs pas moins incertaine que celle de beaucoup d'autres termes spécifiquement maçonniques. Le rapprochement indiqué avec le pavitra ou cordon brâhmanique est intéressant, mais il nous semble qu'une relation avec le pâsha apparaîtrait peut-être d'une façon plus immédiate ; et il y aurait, à cet égard, bien des choses à dire sur le symbolisme du « nœud vital ».

— La *Revue Internationale des Sociétés Secrètes* (n° du 15 mai) consacre un article à La Croix gammée ; c'est le swastika qu'on s'obstine à appeler ainsi, quoique la véritable « croix gammée » soit quelque chose de tout différent ; il n'y a d'ailleurs là qu'une énumération confuse et mal ordonnée d'un certain nombre d'opinions disparates émises sur la signification de ce symbole. – Mais ce qui, sur le même sujet, dépasse véritablement toute imagination, c'est une note parue dans l'Écho de Paris (n° du 22 mai), et où il est dit que « la swatiska (sic) symbolise la puissance de Satan, ou celle des divinités malfaisantes qui s'accrochent à la destinée humaine » ! Le malheureux public qui s'en rapporte aveuglement aux dires des journaux est vraiment bien informé !

Octobre 1933

— Dans le *Grand Lodge Bulletin* d'Iowa (n° de juin), fin de l'étude déjà signalée sur le cable-tow.

— Dans le numéro de juin du *Symbolisme*, Oswald Wirth intitule son article L'Erreur occultiste ; ce titre est excellent, et nous l'avions nous-même envisagé depuis longtemps pour un livre qui eût été en quelque sorte parallèle à L'Erreur spirite, mais que les circonstances ne nous laissèrent jamais le loisir d'écrire. Malheureusement, le contenu de l'article vaut beaucoup moins que le titre ; il se réduit à de vagues généralités qui ne prouvent pas grand'chose, si ce n'est que l'auteur se fait de l'initiation une idée qui, pour être différente de celle des occultistes, n'est pas beaucoup plus exacte ; il va même jusqu'à écrire qu'« il a bien fallu que le premier initié s'initie lui-même », ce qui indique une totale méconnaissance de l'origine et de la nature « non-humaines » de l'initiation. – Il aggrave d'ailleurs singulièrement son cas dans l'article suivant (n° de juillet), qui a pour titre La Vertu des Rites, et où il déclare tout net que « l'initiation est humaine et ne se donne pas comme d'institution divine » ; et, pour mieux montrer qu'il n'y entend rien, il dit encore que « les rites initiatiques sont laïques » (!), ce qui ne l'empêche d'ailleurs pas d'ajouter, quelques lignes plus loin, et sans souci de la contradiction, que « les initiations sacerdotales ont joué un grand rôle dans le passé ». Il s'imagine, au surplus, que les « Grands Mystères » de l'antiquité étaient « ceux de l'au-delà », ce qui ressemble un peu trop au spiritisme, et que, à Eleusis, il s'agissait du « salut de l'âme après la mort », ce qui, sans même parler de l'anachronisme de l'expression, est uniquement l'affaire de la religion exotérique. Il confond encore magie et religion, deux choses qui n'ont aucun rapport entre elles ; et il paraît aussi confondre « sacerdoce » avec « clergé », ce qui, après tout, est peut-être sa meilleure excuse... Nous nous en voudrions d'insister davantage : ce qui est dit de la transmission initiatique et de l'« influence spirituelle » témoigne d'une incompréhension qu'il serait difficile de pousser plus loin ; il y a là des négations qui sont vraiment terribles... mais seulement pour leur auteur ; et, en lisant certaines phrases sur les « rites laïquement accomplis » (nous traduirons volontiers : « accomplis par des ignorants », ce qui, hélas ! serait aussi conforme à la vérité qu'au sens original du mot), nous ne pouvons nous empêcher de penser que M. Homais n'est pas mort ! – Dans le numéro d'août-septembre, un autre article intitulé Le Signal de la Tour, par W. Nagrodski, fait encore écho aux précédents, mais sur un ton quelque peu équivoque ; il est assez difficile, en effet, de savoir exactement ce que veut dire quelqu'un qui, se croyant capable de juger de ce qu'il ignore d'après ce qu'il connaît, met sur le même plan des choses fort différentes ; en tout cas, la façon haineuse dont il est parlé de la « tradition », et l'insistance toute « primaire » avec laquelle le mot « cerveau » revient à tout propos, indiquent suffisamment de quel esprit procèdent ces réflexions… Mais nous nous demandons si c'est sans malice et par simple inadvertance que l'auteur, en terminant, met « Maître Oswald Wirth » en contradiction avec lui-même, en rappelant assez inopportunément qu'il a recommandé dans ses propres livres, à titre de « choix de lectures », nombre d'ouvrages de ces mêmes occultistes qu'il dénonce aujourd'hui avec tant de véhémence dans le Symbolisme ! – Notons encore, dans ce dernier numéro, sous le titre de Mysticisme et Philosophie et la signature de « Diogène Gondeau », un dialogue… qui n'a certes rien de platonicien : comparaisons de caserne, éloge non déguisé du « terre-à-terre », platitudes et pauvretés sur toute la ligne…

— La *Revue Internationale des Sociétés Secrètes*, dans son numéro du 1er juin, annonce la suppression de sa « partie occultiste », faute d'abonnés… et de rédacteurs ; elle évoque à cette occasion le souvenir « des deux collaborateurs de grand talent et particulièrement compétents en occultisme, M. h. de Guillebert et le Dr Mariani, qui assuraient à eux seuls la composition de ce supplément, et qui malheureusement disparurent en 1932 ». Franchement, il faut un certain… courage, après ce que savent nos lecteurs au sujet de cette histoire, pour oser rappeler ainsi la « disparition » de l'« ex-Mariani » ! D'autre part, le « supplément » avait bien continué à paraître pendant plus d'un an sans les deux collaborateurs susdits ; et ceci nous amène à constater qu'il est encore une autre disparition plus récente, mais dont on ne souffle mot… Aussi nous risquerons-nous à poser une question, peut-être fort indiscrète dans sa simplicité : qu'est donc devenu M. Raymond Dulac ?

Décembre 1933

— Dans le *Speculative Mason* (n° de juillet), un article est consacré au récent livre d'A. E. Waite, The Holy Grail, dont nous nous proposons de parler ici prochainement ; un autre article expose l'histoire de la cité d'York, considérée comme le plus ancien centre de la Maçonnerie en Angleterre.

— Dans le *Grand Lodge Bulletin* d'Iowa (n° de septembre), étude sur les différentes significations du mot Shiboleth.

— Dans *le Symbolisme* (n° d'octobre) article d'Oswald Wirth sur L'Individualisme religieux, où nous retrouvons toute l'incompréhension que nous avons déjà tant de fois signalée ; il y a là une conception de l'« alchimie spirituelle » qui est véritablement enfantine. – « Diogène Gondeau » intitule L'Intempérance mystique un article qui montre qu'il n'a rien compris à Omar ibn El-Fârid, mais aussi qu'il est bien fâcheux de présenter comme « mystiques » des choses qui ne le sont pas : s'il était dit nettement et sans équivoque que le « vin » symbolise la « doctrine secrète », réservée aux initiés, il serait difficile, même à « Diogène Gondeau », de se livrer à de pareils commentaires et à d'aussi lamentables calembours. – Un Maçon américain, en déclarant que l'exclusion de la femme de la Maçonnerie « est un anachronisme depuis que la construction matérielle est abandonnée », montre qu'il ignore totalement la question des « qualifications » requises par certaines formes initiatiques. – Marius Lepage essaie de prendre la défense des occultistes contre W. Nagrodski dont le précédent article semble avoir produit quelque désarroi… Et le même W. Nagrodski consacre une petite note à opposer l'attitude de la Maçonnerie anglo-saxonne, qui « aime à tirer tout le symbolisme maçonnique de la Bible », et celle de la Maçonnerie latine, qui a « situé ses origines dans les milieux constructeurs » ; comme les constructeurs eux-mêmes faisaient incontestablement usage d'un symbolisme biblique, nous ne nous serions certes jamais douté qu'il y eût là même l'ombre d'une incompatibilité !

— La *Revue Internationale des Sociétés Secrètes* (n° du 15 août) publie un article signé « Anbowa » (sic) et intitulé La Kabbale juive, premier exemple de l'infiltration des Sectes (resic) ; on retrouve là toutes les habituelles calomnies des ignorants contre la Kabbale, et l'auteur va jusqu'à confondre les Kabbalistes avec les Pharisiens ; ces gens feraient tout de même bien de commencer par se donner la peine d'étudier un peu ce dont ils prétendent parler !

Janvier 1934

— Le numéro d'avril du *Speculative Mason* (qui ne nous était pas parvenu en son temps) contient un intéressant article sur Les sept arts libéraux, où il y a des vues très justes sur la véritable signification des sciences chez les anciens, si différente de la conception toute profane des modernes, ainsi que de curieuses considérations sur la valeur numérique de certains mots grecs. Signalons aussi un article sur le T. B. (tracing board ou tableau de la Loge) du troisième degré, où nous regrettons seulement de trouver un rapprochement fantaisiste entre acacia et âkâsha. – Dans le numéro d'octobre, un article est consacré au symbolisme de la cérémonie d'initiation au second degré ; un autre, intitulé Étrangers et Pèlerins, montre l'analogie assez frappante qui existe entre le Pilgrim's Progress de John Bunyan et les différentes phases de l'initiation maçonnique.

— Dans le *Grand Lodge Bulletin* d'Iowa (n° d'octobre), étude sur le tablier maçonnique.

— Dans *le Symbolisme* (n° de novembre), Oswald Wirth parle du Travail maçonnique... sans sortir d'un point de vue psychologique et moral qui, quoi qu'il en dise, n'est guère « du ressort de l'Initiation » ; ce pourrait être là, tout au plus, le commencement d'un travail préparatoire, ne conduisant même pas encore jusqu'au seuil des « petits Mystères ». – Sous le titre : Éclaircissons un problème, Armand Bédarride pose la question de la méthode du travail maçonnique ; il s'élève très justement contre l'empirisme qui prétend que toute connaissance vient de l'extérieur, et il montre que le travail initiatique a au contraire son point de départ à l'intérieur même de l'être humain ; il est seulement fâcheux qu'il se croie obligé d'emprunter si souvent des citations à des philosophes profanes, incompétents par définition même, et dont l'avis, par conséquent, ne saurait avoir ici aucune importance. – W. Nagrodski, pour calmer l'inquiétude que son précédent article avait causée aux lecteurs du Symbolisme, s'efforce de justifier sa position... par des citations d'Éliphas Lévi.

— La *Revue Internationale des Sociétés Secrètes* (n° du 15 novembre) commence la publication, à l'occasion de la mort de Mme Annie Besant, d'un long article qui est, pour la plus grande partie, un résumé de notre Théosophisme, d'ailleurs assez bien fait et généralement exact (il y a seulement une erreur de quelque importance : ce n'est pas Mme Besant qui convoqua le « Parlement des Religions » à Chicago en 1893 ; elle ne fit qu'en profiter largement pour la propagande des idées théosophistes) ; mais pourquoi faut-il que nous soyons obligé de redire encore une fois que le Voile d'Isis n'est pas une revue « occultiste » ?

Mars 1934

— Dans *Atlantis* (n° de novembre-décembre), il est question surtout cette fois de l'« Atlantisme », par quoi il faut entendre la tentative de reconstitution de la tradition, atlantéenne, que M. Paul Le Cour s'obstine à confondre avec la Tradition primordiale unique, mais qu'il définit en même temps comme la « religion de la beauté », ce qui est bien spécial, et même doublement. Comme à l'ordinaire, il y a là bien des rêveries, linguistiques et autres ; notons seulement au passage cette curieuse affirmation : « La plus ancienne de toutes les religions eut son point de départ en Atlantis ; cette religion, c'est le Christianisme. » C'est le faire commencer trop tôt ou trop tard, suivant le sens où on l'entend… Naturellement, il est encore question d'Aor-Agni : il paraît qu'Aor est représenté par l'Église et Agni par la Maçonnerie ; mais il est difficile de voir comment l'interprétation proposée peut se concilier avec le fait que la Maçonnerie a les deux colonnes dans son symbolisme (l'Église aussi, d'ailleurs, avec saint Pierre et saint Paul). Quant à une soi-disant « Maçonnerie chrétienne » qui aurait pour signe les « trois points d'Agni » et les « trois points d'Aor » réunis de façon à former le « sceau de Salomon », nous avons connu cela jadis… dans une organisation qui n'était pas maçonnique. Mais le plus amusant, c'est assurément l'idée de réveiller le « Grand-Occident », de funambulesque mémoire ; à quand un nouveau « fort Chabrol » ? Il est vrai que nous savons déjà depuis longtemps que M. Paul Le Cour ne craint pas le ridicule !

— Dans le *Speculative Mason* (n° de janvier), un article est consacré au symbolisme de la formation de la Loge et du rituel d'ouverture. Une autre étude plus importante concerne la signification du titre « Maçon Libre et Accepté » (Free and Accepted Mason) ; nous y notons l'assertion, à laquelle nous ne pouvons que souscrire entièrement, que, si le symbolisme maçonnique ne représentait que des idées morales, « la Maçonnerie ne contiendrait rien qui ne soit bien connu de tout non-maçon », que « la simple association de ces idées avec les outils de la construction ne serait rien de plus qu'un jeu d'enfant », et qu'il s'agit en réalité d' « un genre de connaissance qui se rapporte aux choses éternelles et qui ne peut être obtenu dans les collèges et les Universités ». Il y a dans cet article l'indication de rapprochements numériques qui demanderaient à être examinés de près ; certains sont assez remarquables, d'autres sont plus contestables ; la principale difficulté, à notre avis est de transporter les valeurs numériques des lettres hébraïques dans l'alphabet latin, ce qui peut facilement donner lieu à quelques méprises ; mais, si l'on ne prend ceci que comme un essai (l'auteur ne prétend pas davantage), ce n'en est pas moins digne d'intérêt.

— Dans le *Grand Lodge Bulletin* d'Iowa (n° de décembre), étude sur le symbolisme des grades capitulaires (Royal Arch), mais qui, malheureusement, s'en tient à peu près exclusivement à la recherche d'une signification morale ; nous revenons ici au « jeu d'enfant », et, quand il s'agit de hauts grades, c'est encore plus fâcheux si possible…

— Dans *le Symbolisme* (n° de décembre), Oswald Wirth parle de L'Initié, homme-modèle ; mais, hélas ! l'idée qu'il s'en fait est tout simplement celle de ce que le vulgaire appelle fort abusivement un « sage », au sens extérieur et « mondain » du mot ; cela n'a assurément rien à voir avec la véritable sagesse, qui est « suprahumaine » (et cela est encore plus que « supra-terrestre »), ni, ce qui revient au même, avec l'initiation. D'ailleurs, ni la barakah, c'est-à-dire l'« influence spirituelle », ni la vertu propre des rites ne sont choses d'ordre « magique », comme il l'affirme avec toute l'assurance que donne à certains l'ignorance de ce dont ils parlent ; la magie non plus n'a rien de commun avec l'initiation, qui ne se soucie ni de phénomènes bizarres ni de « pouvoirs » enfantins ; et nous ne consentirions pas, pour notre part, à parler d'« initiation magique », même en la distinguant de l' « initiation pure ». Mais admirons comme les mots peuvent être détournés de leur sens : « homme parfait », « homme-modèle », lisons-nous ici ; nous connaissons justement des expressions initiatiques qui pourraient se traduire à peu près ainsi : El- Insânul-Kamil, El-Mathalul-âlâ, et cela, pour nous, veut dire tout à fait autre chose ! – Armand Bédarride termine l'étude commencée dans le numéro précédent ; notons-y ce passage : « Après cette métamorphose spirituelle (de l'initiation), l'homme, placé en face de la même « chose » qu'un profane ordinaire, ne la verra plus sous les mêmes traits et les mêmes couleurs, n'en recevra plus les mêmes impressions et ne réagira plus de la même manière… ; l'objet n'a pas varié, c'est le sujet qui est devenu autre. » Cela est tout à fait juste ; seulement, nous craignons fort que l'auteur lui- même n'attribue à cette « transmutation » une portée simplement « psychologique » ; en tout cas, il s'arrête à la distinction du « subjectif » et de l'« objectif », qui ne va pas très loin ; et, à propos de la méthode initiatique, il parle volontiers d'« idéalisme », ce qui est fort inadéquat et sent terriblement la philosophie profane ; nous comprendrait-il si nous lui disions qu'il s'agit essentiellement d'aller « au delà de la pensée » ? – Dans le numéro de janvier, un exposé élémentaire des origines de la Maçonnerie, par Eugène-Bernard Leroy, ne contient rien de plus ni d'autre que ce qu'on dit le plus couramment sur cette question très complexe et passablement obscure. Dans un court article intitulé Initiés et Initiateurs, Fernand Varache essaie, tâche difficile, de concilier l'existence et le rôle d'« initiateurs » avec l'assertion comiquement fausse d'après laquelle « on s'initie soi-même ». Enfin, sous le titre de *Notions initiatiques* et la signature d'Elie Benveniste, nous trouvons quelques idées qui nous rappellent une vieille connaissance : la fameuse « tradition cosmique » de feu Max Théon…

— Dans la *Revue Internationale des Sociétés Secrètes* (n° du 1ᵉʳ janvier), suite de l'article sur le Théosophisme que nous avons déjà signalé ; il s'agit plus particulièrement cette fois de la « Co-Maçonnerie ». Signalons seulement, par souci de la vérité (suum cuique…), que Mᵐᵉ Annie Besant, contrairement à ce qu'on indique ici, semble bien n'avoir été pour rien dans l'établissement de relations entre la Maçonnerie mixte du « Droit Humain » et le Grand-Orient de France, relations qui d'ailleurs, pour des raisons bien connues, ne pouvaient être que plutôt gênantes au point de vue anglo-saxon.

Mai 1934

— Dans le *Grand Lodge Bulletin* d'Iowa (n° de janvier) résumé historique des origines de la Maçonnerie de Royal Arch. Dans le même numéro et dans le suivant (février), un assez curieux essai de reconstitution des colonnes du Temple de Salomon.

— Dans *le Symbolisme* (n° de février), Oswald Wirth parle de La Dignité humaine, sujet plutôt banal ; il paraît que « nous assistons à un réveil de la conscience humaine éclairée » ; nous ne nous en doutions certes pas... Eugène-Bernard Leroy expose Ce que la Maçonnerie n'est pas ; et « Diogène Gondeau » consacre à Albert Pike une notice peu bienveillante. Dans le numéro de mars, Oswald Wirth consacre son article à L'Erreur humaine ; ce qu'il dit pourrait être juste... s'il n'y avait aucune faculté de connaissance supérieure à la raison ; mais cela revient à nier la connaissance initiatique, tout simplement ! Eugène-Bernard Leroy, parlant de L'Esprit de la Maçonnerie, l'enferme dans un point de vue « philosophique » assez profane. « Diogène Gondeau », dans un article sur Les Grades symboliques d'après Albert Pike, reproche à celui-ci d'en avoir méconnu l'ésotérisme ; peut-être n'est-ce pas entièrement à tort, mais lui-même le connaît-il mieux ?

Juillet 1934

— Le *Grand Lodge Bulletin* d'Iowa (n° d'avril) donne un historique des Grandes Loges rivales qui existèrent en Angleterre depuis 1717 jusqu'à l'« union » de 1813.

— Dans *le Symbolisme* (n° de mai), Oswald Wirth, continuant à exposer des Notions élémentaires de Maçonnisme, parle de La Construction universelle ; nous nous demandons quel sens peut avoir pour lui l'« universalité », car tout ce qu'il envisage en fait se borne à « réaliser un idéal humain se prêtant à une reconstruction humanitaire assurant de mieux en mieux le bonheur de tous » !
– D'autres articles ont pour occasion certaines attaques dirigées actuellement contre la Maçonnerie ; Albert Lantoine déclare avec raison qu'« une société secrète, ou qui se prétend telle, n'a pas à se

préoccuper des ragots qui circulent sur son compte », et qu'elle ne doit y opposer que le silence ; et Marius Lepage relève quelques-unes des histoires fantasmagoriques auxquelles ont recours certains antimaçons, et qui prouvent que la descendance de Léo Taxil n'est pas près de s'éteindre...

— Une nouvelle publication, intitulée *Documents du temps présent*, consacre son premier numéro à *La Franc-Maçonnerie* ; le texte, par André Lebey, comprend un résumé de l'histoire de la Maçonnerie, puis un examen de son état actuel ; il est accompagné de nombreuses et intéressantes illustrations.

Octobre 1934

— Dans le Speculative Mason (n° de juillet), études sur l'initiation au premier degré, sur les Landmarks (sujet particulièrement difficile à élucider, car les listes données par divers auteurs maçonniques varient considérablement et contiennent des articles assez discutables), et sur les nombres en Maçonnerie et en musique.

— Dans le *Grand Lodge Bulletin* d'Iowa (n°s de mai et juin), étude historique sur les organisations rivales de la Maçonnerie en Angleterre au XVIIIe siècle : le Noble Order of Bucks, les Gregorians et les Gormogons ; ces organisations semblent surtout avoir voulu combattre la Maçonnerie en la parodiant ; mais il se peut cependant qu'il y ait eu quelque chose de plus sérieux dans la dernière, en ce sens qu'elle aurait servi de masque à d'anciens Maçons opératifs, adversaires de la « réforme » d'Anderson et de Desaguliers.

— Dans *le Symbolisme*, Oswald Wirth parle de L'Architecture morale (n° de juin) et de La Religion du Travail (n° de juillet) ; il s'y tient toujours dans le même ordre de considérations « élémentaires »... et assez peu initiatiques, même quand le sujet s'y prêterait plus particulièrement ; ceux qui auront lu le dernier de ces articles et qui se reporteront ensuite à notre récente étude sur L'Initiation et les Métiers comprendront ce que nous voulons dire. Dans ces deux mêmes numéros, étude de W. Nagrodski sur Le Secret de la lettre G, inspirée des travaux de M. Matila Ghyka ; si les considérations géométriques sur l'« Étoile flamboyante » sont assurément justes, ce qui se rapporte à la « lettre G » elle-même, qui serait la représentation d'un nœud, est beaucoup plus contestable ; cela n'empêche qu'il y aurait d'ailleurs beaucoup à dire sur le symbolisme du « nœud vital », et spécialement dans ses rapports avec la Maçonnerie opérative, mais l'auteur est passé complètement à côté de cette question sans paraître s'en douter. – Notons enfin, dans le numéro de juillet, un article de « Diogène Gondeau » sur La Religion spirite ; nous nous associons volontiers à ses critiques, mais non à l'optimisme dont il fait preuve en envisageant la possibilité d'une « épuration » du spiritisme, lequel, du reste, ne pourra jamais être qu'une « pseudo-religion ».

— La *Revue Internationale des Sociétés Secrètes* (n° du 1er juillet) publie, sous le titre Guerre occulte, un article consacré à deux livres : La Clé des songes, dont nous avons rendu compte ici même il y a quelques mois, et Les sept têtes du Dragon vert, histoire d'espionnage dont nous n'avons pas eu à parler, mais où nous avons relevé, quand nous l'avons lue, bien des détails suspects ; sur l'un et sur l'autre, tout en partant naturellement d'un point de vue différent, nous nous trouvons, pour une fois, assez d'accord avec les appréciations de la R.I.S.S. – Le numéro du 15 juillet contient une conférence de M. J. de Boistel sur La Théosophie, faite pour une bonne part d'après notre livre, comme l'auteur l'indique d'ailleurs très loyalement, mais avec l'adjonction de certaines informations provenant d'autres sources et qui ne sont pas toutes également sûres ; il en résulte même quelques contradictions dont nous nous étonnons qu'on ne se soit pas aperçu. Nous devons, en ce qui nous concerne, faire une rectification : nous ne dirons rien des titres fantaisistes dont on a éprouvé encore une fois le besoin de nous affubler, car cela nous est fort indifférent ; mais nous ne pouvons laisser dire que nous dirigeons « Le Voile d'Isis », ce qui, à la distance où nous sommes, serait d'ailleurs vraiment un peu difficile ; la vérité est que nous en sommes simplement un des collaborateurs réguliers, et rien de plus. D'autre part, quand, dans un passage cité du Théosophisme, nous avons parlé de certains « groupements mystérieux », il est complètement inexact que nous ayons voulu, comme on l'affirme avec une curieuse assurance, faire allusion par là à la Maçonnerie ; il s'agissait de choses d'un caractère beaucoup plus caché, et ayant des rapports assez étroits avec ce que nous avons appelé la « contre-initiation » ; oserons-nous ajouter que nous avons eu à constater des « influences » du même genre d'un certain côté qui, il n'y a pas si longtemps encore, touchait de bien près à la R.I.S.S. ?... Mais nous devons reconnaître que celle-ci a notablement changé, et à son avantage, depuis certaines « disparitions » ; seulement, pourquoi faut-il que celles-ci soient demeurées en partie inexpliquées, chose un peu fâcheuse quand on se donne pour tâche de dénoncer chez autrui tant de ténébreux mystères ?

Janvier 1935

— Dans le *Grand Lodge Bulletin* d'Iowa (n° d'octobre), suite de l'étude sur les organisations rivales de la Maçonnerie en Angleterre au XVIIIe siècle ; sur celles dont il est question cette fois : Antediluvian Masons, Honorary Masons, Apollonian Masons, Real Masons, Modern Masons, on a si peu de données qu'on ne peut pas même savoir de façon certaine s'il s'agit de formations maçonniques dissidentes et irrégulières ou de simples imitations « pseudo-maçonniques ». – Dans le numéro de novembre, article faisant ressortir la signification maçonnique de quelques passages de la Bible.

— Dans *le Symbolisme* (n° d'août-septembre), Oswald Wirth, sous le titre Constructivisme et Franc-Maçonnerie, parle de ce qu'il appelle le « Maçonnisme », qui est pour lui « l'esprit de la Maçonnerie », et qu'il affirme être « devenu viable après deux siècles de gestation » ; nous nous demanderions plutôt, hélas ! ce qu'il en reste au bout de deux siècles de dégénérescence... Quelques notes sur L'Initiation des Maoris sont reproduites d'une étude parue dans une revue maçonnique néo-zélandaise. Un dialogue intitulé Pratique occulte et signé « Diogène Gondeau » recommande le Pater comme la « grande formule magique » contre la sorcellerie ; c'est très bien, mais tout de même un peu « simpliste »... W. Nagrodski applique à La Rose et la Croix des constructions basées sur la « proportion harmonique » ; à vrai dire, il faut un peu de bonne volonté pour identifier le schéma ainsi obtenu au « signe de la Rose-Croix ». – Dans le numéro d'octobre, Oswald Wirth explique comment il conçoit L'Enseignement des Maîtres, selon les vues d'une « sagesse » bien étroitement profane ; nous sommes pourtant d'accord avec lui sur l'emploi du symbolisme là où le langage ordinaire serait insuffisant, et aussi sur le pouvoir de la pensée indépendamment de toute expression ; mais, précisément, tout cela va beaucoup plus loin qu'il ne peut le supposer. Armand Bédarride veut « laïciser les vertus théologales », en commençant naturellement par La Foi ; a-t-il réfléchi qu'alors, ramenées à n'être que purement « humaines », elles ne peuvent plus être « théologales » par définition même, mais tout simplement « morales », et qu'ainsi, si l'on garde les mots, ce ne sont plus les mêmes choses qu'ils désigneront en réalité ? « Diogène Gondeau » effleure Le Problème spirite d'une façon qui laisse, comme il dit, « la porte ouverte aux suppositions », et même un peu trop ouverte, car tout peut y passer… -- Dans le numéro de novembre, Armand Bédarride essaie de « laïciser », cette fois L'Espérance. « Diogène Gondeau » revient encore sur Les Esprits ou soi- disant tels, et il y trouve prétexte pour professer un invincible attachement à l'humanité terrestre ! Dans une note intitulée Les Croix symboliques, W. Nagrodski indique l'application de la « section dorée » au tracé de la croix de Malte, de la croix teutonique et de la croix de la Légion d'Honneur. Enfin, Oswald Wirth conclut ses Notions élémentaires de Maçonnisme en affirmant que « la conception constructive s'adresse à tous les esprits ouverts », ce qui, à ce qu'il nous semble, revient à peu près à nier la nécessité de toute « qualification » initiatique.

— La *Revue Internationale des Sociétés Secrètes* (n° du 15 novembre) publie un article de M. J. de Boistel intitulé Les Satellites de la F.-M. ; on ne se douterait peut-être pas qu'il s'agit là des multiples variétés d'organisations « néo-spiritualistes » où « la Maçonnerie » n'est assurément pour rien, même s'il leur arrive souvent d'avoir des Maçons parmi leurs membres, sans compter qu'il ne faudrait pas prendre au sérieux les titres « pseudo-maçonniques » dont aiment à se parer certains personnages. Il y a là des notions invraisemblables sur la Kabbale et sur la Gnose (c'est-à-dire le Gnosticisme), puis une énumération de toutes sortes de choses qui, si elles présentent bien quelques caractères communs (et encore ne sont-il pas exactement ceux qu'on indique), ne peuvent pourtant pas être mises sur le même rang comme si elles étaient à peu près d'égale importance ; le sens des proportions fait ici complètement défaut… Enfin, l'auteur a éprouvé le besoin de nous consacrer un passage dans lequel il s'est contenté de copier mot à mot, sans d'ailleurs l'indiquer, une bonne partie de l'ignoble note anonyme d'allure policière publiée originairement dans un supplément des Cahiers de l'Ordre et déjà reproduite jadis par la R.I.S.S. dans sa défunte « partie occultiste » ; après la réponse que nous y avons faite en son temps, nous pouvons laisser à chacun le soin de juger un tel procédé, que nous préférons nous abstenir de qualifier !

Mai 1935

— Dans le Symbolisme (n° de février), Oswald Wirth parle de La Genèse du « Serpent Vert », de Goethe ; les énigmes qui se posent au sujet de ce conte semblent encore bien loin d'être éclaircies. Sous le titre Un rapprochement intéressant, Armand Bédarride compare les enseignements de Confucius à ceux de la Maçonnerie. Notons encore un article de Marius Lepage sur La Chaîne d'Union. – Dans le numéro de mars, Oswald Wirth intitule son article La Sagesse parlée ; en fait, ce sont quelques remarques sur l'insuffisance des mots et sur le rôle des symboles pour y suppléer. Nouvel article sur le Féminisme initiatique, par Gertrud Gäffgen, qui donnerait lieu à la même observation que celui qui l'a précédé. Sous le titre La Matière et les Sens, Armand Bédarride se sert d'une fiction sur les habitants de la planète Jupiter, supposés doués de sens tout différents des nôtres, ce qui n'a d'ailleurs rien d'invraisemblable en soi, pour montrer que la notion même de « matière » est fort sujette à caution.

— La *Revue Internationale des Sociétés Secrètes* publie depuis quelque temps un supplément mensuel intitulé L'Action Antimaçonnique ; dans le numéro de février de cette feuille se trouve un article intitulé Chez les Grands Initiés, titre trompeur, car en fait, il y est uniquement question de « pseudo-initiés ». Ce qui est curieux, c'est qu'on éprouve le besoin de reparler d'Aleister Crowley ; et ce qui l'est plus encore, c'est qu'on ait l'air de croire à son prétendu suicide de 1930. Il n'est vraiment pas possible que les rédacteurs de la R.I.S.S. soient si mal informés : le personnage est si bien vivant que, il y a quelques mois, il a perdu à Londres un procès en diffamation qu'il avait eu l'audace d'intenter à quelqu'un qui l'avait traité de « magicien noir », et de nombreux journaux en ont parlé à cette occasion ; alors, nous nous demandons ce que cela peut bien vouloir dire... Mais, dans ce même article, il y a encore autre chose de remarquable : la dernière phrase, imprimée en italiques, mais sans que rien indique qu'il s'agit d'une citation, nous est empruntée textuellement, à un mot près ; véritablement, ce serait à croire que, lorsque certains nous attaquent, un de leurs buts est d'empêcher leur « clientèle » de lire nos écrits pour pouvoir les « piller » plus à leur aise !

Novembre 1935

— Dans le *Mercure de France* (numéro du 15 juillet), signalons un article intitulé L'Infidélité des Francs-Maçons, et signé du pseudonyme d'« Inturbidus ». Il y a là des considérations intéressantes, mais qui ne sont pas toujours parfaitement claires, notamment sur la distinction des initiations sacerdotale, princière et chevaleresque, et enfin artisanale, qui en somme correspond à la fois à l'organisation traditionnelle de la société occidentale du moyen âge et à celle des castes de l'Inde ; on ne voit pas très bien quelle place exacte est assignée là-dedans à l'hermétisme ; et, d'autre part, il faudrait expliquer pourquoi la Maçonnerie, en dépit de ses formes artisanales porte aussi la dénomination d'« art royal ». Sur la question des initiations artisanales ou corporatives, l'auteur cite longuement le Nombre d'Or de M. Matila Ghyka ; malheureusement, la partie de cet ouvrage qui se rapporte à ce sujet est certainement celle qui appelle le plus de réserves, et les informations qui s'y trouvent ne proviennent pas toutes des sources les plus sûres... Quoi qu'il en soit, c'est peut- être beaucoup trop restreindre la question que de prendre l'expression de « Maçonnerie opérative » dans un sens exclusivement corporatif ; l'auteur, qui reconnaît cependant que cette ancienne Maçonnerie a toujours admis des membres qui n'étaient pas ouvriers, (ce que nous ne traduirons pas forcément, quant à nous, par « non-opératifs »), ne paraît pas bien se rendre compte de ce qu'ils pouvaient y faire ; sait-il, par exemple, ce que c'était qu'une L. of J. ? À la vérité, si la Maçonnerie a bien réellement dégénéré en devenant simplement « spéculative » (on remarquera que nous disons simplement pour bien marquer que ce changement implique une diminution), c'est dans un autre sens et d'une autre façon qu'il ne le pense, ce qui d'ailleurs, n'empêche pas la justesse de certaines réflexions relatives à la constitution de la Grande Loge d'Angleterre. En tout cas, la Maçonnerie, qu'elle soit « opérative » ou « spéculative », comporte essentiellement, par définition même, l'usage de formes symboliques qui sont celles des constructeurs ; « supprimer le rituel d'initiation artisanale », comme le conseille l'auteur, reviendrait donc tout simplement, en fait, à supprimer la Maçonnerie elle-même, qu'il se défend pourtant de « vouloir détruire », tout en reconnaissant qu'on « romprait ainsi la transmission initiatique », ce qui est bien un peu contradictoire. Nous comprenons bien que, dans sa pensée, il s'agirait alors de lui substituer une autre organisation initiatique ; mais d'abord, celle-ci n'ayant plus aucun rapport de filiation réelle avec la Maçonnerie, pourquoi recruterait-elle ses membres parmi les Maçons plutôt que dans tout autre milieu ? Ensuite, comme une telle organisation ne s'invente pas, humainement du moins, et ne peut être le produit de simples initiatives individuelles, même si elles venaient de personnes « se trouvant dans une chaîne initiatique orthodoxe », ce qui ne suffirait évidemment pas pour légitimer la création par celles-ci de formes rituéliques nouvelles, d'où procéderait cette organisation et à quoi se rattacherait-elle effectivement ? On voit quelles difficultés probablement insolubles tout cela soulève des qu'on y réfléchit tant soit peu ; aussi nous permettra-t-on de rester sceptique sur la réalisation d'un tel projet, qui n'est vraiment pas au point... Le véritable remède à la dégénérescence actuelle de la Maçonnerie, et sans doute le seul, serait tout autre : ce serait, à supposer que la chose soit encore possible, de changer la mentalité des Maçons, ou tout au moins de ceux d'entre eux qui sont capables de comprendre leur propre initiation, mais à qui, il faut bien le dire, l'occasion n'en a pas été donnée jusqu'ici ; leur nombre importerait peu d'ailleurs, car, en présence d'un travail sérieux et réellement initiatique, les éléments « non qualifiés » s'élimineraient bientôt d'eux-mêmes ; et avec eux disparaîtraient aussi, par la force même des choses, ces agents de la « contre-initiation » au rôle desquels nous avons fait allusion dans le passage du Théosophisme qui est cité à la fin de l'article, car rien ne pourrait plus donner prise à leur action. Pour opérer « un redressement de la Maçonnerie dans le sens traditionnel », il ne s'agit pas de « viser la lune », quoi qu'en dise « Inturbidus », ni de bâtir dans les nuées ; il s'agirait seulement d'utiliser les possibilités dont on dispose, si réduites qu'elles puissent être pour commencer ; mais, à une époque comme la nôtre, qui osera entreprendre une pareille œuvre ?

— Dans le *Grand Lodge Bulletin* d'Iowa (numéro de juin), un article est consacré à la recherche du sens originel de l'expression due guard ; les interprétations diverses qui en ont été proposées sont bien forcées et peu satisfaisantes, et nous en suggérerions volontiers une autre qui nous semble plus plausible : dans la Maçonnerie française, on dit « se mettre à l'ordre », ce qui est évidemment un terme tout différent ; mais, dans le Compagnonnage, on dit, dans un sens équivalent, « se mettre en devoir » ; cette expression due guard ou duguard (car on n'est même pas d'accord sur l'orthographe), qui n'est pas anglaise d'origine et dont l'introduction paraît relativement récente, ne serait-elle pas, tout simplement, une mauvaise transcription phonétique du mot « devoir » ? On pourrait trouver, dans la Maçonnerie même, des exemples de transformations plus extraordinaires, ne serait-ce que celle de Pythagore en Peter Gower, qui intrigua tant jadis le philosophe Locke…

— Dans *le Symbolisme* (numéro d'août-septembre), Oswald Wirth parle du Travail initiatique, ou plutôt de l'idée très peu initiatique qu'il s'en fait ; il avoue d'ailleurs lui-même que « cela manque de transcendance, puisqu'un objectif moral est seul en cause » ; ce n'est pas nous qui le lui faisons dire ! Mais il en prend prétexte pour partir de nouveau en guerre contre un fantôme qu'il décore du nom de « métaphysique », et qui, en fait, représente tout ce qu'il ne comprend pas ; nous disons bien un fantôme, car il nous est impossible d'y reconnaître le moindre trait de la véritable métaphysique, qui ne peut pas « raisonner dans le vide » ni dans autre chose, puisqu'elle est essentiellement « supra-rationnelle », et qui n'a assurément rien à voir avec les « nuages » ni avec les « abstractions » qu'elle abandonne aux philosophes, y compris ceux qui se vantent de n'avoir que des « conceptions positives » : se proclamer « disciples de la Vie, qui répare le mal passager, pour assurer le triomphe ultime du Vrai, du Bien et du Beau », voilà de bien belles abstractions, voire même d'authentiques « abstractions personnifiées », et qui, en dépit des majuscules dont elles s'ornent, n'ont certes rien de métaphysique ! – Notons d'autre part un article d'un ton quelque peu énigmatique, intitulé Les Châteaux de cartes, par

Léo Heil ; il y est dit que « la civilisation contient peut-être en elle le principe de sa perte », car « elle a tué l'idéal » ; il faudrait préciser qu'il s'agit là seulement de la civilisation occidentale moderne, et nous dirions, plus « positivement », qu'elle a détruit l'esprit traditionnel... Pour parer à ce danger, ou pour sauver ce qui peut l'être, on formule le souhait de voir se constituer « une association très fermée », qui, sauf que la question de sa régularité initiatique n'est même pas envisagée, nous fait quelque peu songer, en plus vague encore, à la nouvelle organisation projetée par « Inturbidus » ; mais du moins l'auteur reconnaît-il que « nous sommes en plein rêve », et alors, si ce ne peut pas être bien utile, ce n'est pas bien dangereux non plus !

— Dans *le Symbolisme* (numéro d'avril), Oswald Wirth, parlant de L'Avenir maçonnique, dénonce « l'erreur de 1717, qui nous a valu les gouvernements maçonniques, calqués sur les institutions profanes, avec contrefaçon d'un pouvoir exécutif, d'un parlement, d'une administration paperassière et de relations diplomatiques » ; là-dessus tout au moins, nous sommes assez de son avis, comme le prouve d'ailleurs tout ce que nous avons dit ici même de la moderne dégénérescence de certaines organisations initiatiques en « sociétés ». Armand Bédarride intitule son article Le Gnosticisme maçonnique ; mais, en réalité, il y est seulement question de « Gnose », ce qui ne veut dire rien d'autre que « Connaissance » et n'a absolument aucun rapport nécessaire avec la forme doctrinale particulière qu'on appelle « Gnosticisme » ; la parenté des deux mots donne souvent lieu ainsi à un confusion assez étrange et regrettable à divers égards. F. Menard donne un aperçu du symbolisme de quelques Fêtes celtiques. Sous le titre Un Mahâtmâ occidental, « Diogène Gondeau », à propos d'un livre paru récemment en Amérique, parle du comte de Saint-Germain et des manifestations qui lui sont attribuées, à l'époque contemporaine, par les occultistes et les théosophistes, notamment en tant que soi-disant « chef suprême de la Co-Masonry ». — Dans le numéro de mai sous le titre La double source des actions vitales, Oswald Wirth s'efforce bien vainement d'établir un rapprochement entre les théories philosophiques de M. Bergson et certaines données de l'hermétisme. Marius Lepage parle élogieusement d'un manuscrit de Sédir récemment édité, La dispute de Shiva contre Jésus ; mais, d'après tout ce qu'il en dit, il semble qu'il y ait là surtout hélas ! le témoignage d'une effrayante incompréhension de la doctrine hindoue… « Diogène Gondeau » intitule Grands et Petits Mystères ce qui veut être une réponse au Voile d'Isis, c'est-à-dire, en réalité, à nos comptes rendus ; ses réflexions portent d'ailleurs entièrement à faux, car ce n'est certes pas nous qui avons jamais recommandé la « contemplation du subjectif » (sic), et nous ignorons même tout à fait ce qu'une telle expression peut bien signifier ; pour le surplus, nous le laissons bien volontiers au « fidèle accomplissement de sa mission terrestre » et à son ambition de « faire honneur à l'espèce hominale », mais nous ne pouvons nous empêcher de lui redire que le premier profane venu peut en faire tout autant !

— Dans le *Speculative Mason* (numéro de juillet), un article intitulé Étrangers et Pèlerins contient des vues assez intéressantes ; mais la distinction qui est faite entre ces deux termes, comme s'ils se rapportaient en quelque sorte à deux degrés différents et successifs, ne nous paraît pas très fondée : le mot latin peregrinus a également les deux sens ; dans le Compagnonnage, il y a des « étrangers » et des « passants » (voyageurs ou pèlerins), mais ces dénominations correspondent à une différence de rite et non pas de degré ; et, dans la Maçonnerie elle-même, l'expression rituélique « voyager en pays étranger » (To travel in foreign countries) n'associe-t-elle pas étroitement les deux significations ? – Un autre article expose quelques considérations sur le Point dans le cercle ; mais comment peut-on traiter ce sujet sans faire même allusion au symbolisme du centre, qui est ici tout l'essentiel, et qui a une place si importante dans toutes les traditions ? – Notons encore la suite de l'étude historique sur les Culdees que nous avons déjà signalée.

— Dans le *Symbolisme* (numéro de juin), Oswald Wirth expose l'idée qu'il se fait du Traditionalisme ; ce vocable sert assurément à désigner bien des choses diverses, et qui souvent n'ont que fort peu de rapport avec le véritable esprit traditionnel… – J. Corneloup, sous le titre La Rose sur la Croix, étudie les symboles du 18e degré écossais, lequel est bien « inspiré par l'ésotérisme chrétien », et plus précisément sous sa forme hermétique, mais, par là même qu'il s'agit d'ésotérisme et d'initiation, ne saurait être « d'essence mystique » ; la fréquence de cette confusion a vraiment quelque chose d'étrange. – Dans le numéro de juillet, Oswald Wirth revient sur Les méfaits du gouvernementalisme maçonnique ; il n'a certes pas tort de dénoncer tout ce qui, « constitué sur un modèle politique profane », n'a réellement rien à voir avec ce que doit être une organisation initiatique ; mais comment peut-on dire que « les Maçons ne sont pas encore adultes au point de vue initiatique » et qu'« ils ne commencent qu'à se faire une idée de l'initiation », alors que la vérité est que justement ils ont commencé à perdre cette idée (tout en conservant cependant la chose, fût-ce inconsciemment) à partir du jour où furent introduites les formes profanes en question, et que depuis lors cette dégénérescence n'a fait qu'aller généralement en s'accentuant ? « Diogène Gondeau » se livre à quelques réflexions sur L'Enfer, dont il veut faire « une réalité psychologique » ; il paraît que c'est là « faire preuve d'esprit en pénétrant le sens profond des symboles traditionnels » ; s'il n'avait pris soin de nous en avertir, nous ne nous serions certes pas douté de la « profondeur » d'une telle façon de voir ! Les deux numéros contiennent une étude d'Armand Bédarride sur Le Problème religieux ; l'opposition qu'il cherche à établir entre les « mythes » et les « dogmes » nous paraît bien peu justifiée, comme on pourra le comprendre sans peine par les considérations que nous exposons d'autre part dans notre article qui touche précisément à ce sujet. Il y a là bien d'autres points qui demanderaient à être examinés d'assez près, notamment en ce qui concerne le rôle attribué au protestantisme et à l'humanisme ; ne pouvant songer à entrer dans le détail, nous dirons seulement que le « sentiment religieux », sous quelque forme qu'il se présente, est fort loin de suffire à constituer la religion, et que vouloir les identifier est encore une des erreurs dues à ce « psychologisme » dont sont malheureusement imbus tant de nos contemporains.

Décembre 1935

— Dans le *Speculative Mason* (numéro d'octobre), la suite de l'étude sur les Culdees conduit à l'examen de leurs rapports avec le Saint Graal, en tant qu'ils forment un lien entre les deux traditions druidique et chrétienne, et plus spécialement pour avoir conservé le symbolisme du « chaudron » ou vaisseau sacré des Druides, et aussi avec la Maçonnerie, soit comme constructeurs au sens littéral du mot, soit par certaines particularités de leur rituel, et par les allusions qui y sont faites à une cérémonie de « mort et résurrection » comparable à ce qu'on trouve également dans les mystères antiques. Un autre article reproduit, avec quelques commentaires, un document maçonnique publié en 1730, et qui paraît se rapporter à la Maçonnerie opérative telle qu'elle était pratiquée vers le début du XVIIIe siècle.

— Dans le *Grand Lodge Bulletin* d'Iowa (numéro de septembre), une étude est consacrée aux débuts de la Grande Loge d'Angleterre, et montre l'obscurité dont leur histoire est entourée : bien que la Grande Loge ait été organisée en 1717, ses procès-verbaux ne commencent qu'à la réunion du 24 juin 1723 ; dans les Constitutions de cette même année 1723, il n'est rien dit de son organisation, et c'est seulement dans l'édition de 1738 qu'Anderson ajouta une histoire de ses premières années, qui, au surplus, diffère sur beaucoup de points de ce qu'on en connaît par ailleurs ; n'y aurait-il pas eu quelques bonnes raisons pour envelopper ainsi de mystère le passage de la Maçonnerie opérative à la Maçonnerie spéculative ?

— Dans *le Symbolisme* (numéro d'octobre), Armand Bédarride traite de *La Mort du Compagnon* ; il s'agit de la « seconde mort » initiatique, mais envisagée d'une façon plutôt superficielle, comme si elle était simplement une « métamorphose psychologique à opérer dans la pratique de la vie », ce qui est assurément une notion fort insuffisante. Signalons aussi une étude de R. Salgues sur L'Étoile Flamboyante, canon de l'esthétique, qui est inspirée surtout des travaux de M. Matila Ghyka sur le Nombre d'or.

Janvier 1936

— Dans le *Grand Lodge Bullletin* d'Iowa (numéro d'octobre), la suite de l'étude sur les débuts de la Grande Loge d'Angleterre est consacrée cette fois en grande partie aux attaques dirigées contre la Maçonnerie pendant la première moitié du XVIIIe siècle ; on voit que l'« antimaçonnisme » n'est pas une chose récente, bien que, suivant les époques, il ait revêtu des formes notablement différentes.

— Dans *le Symbolisme* (numéro de novembre), Oswald Wirth parle des Bases intellectuelles de la Maçonnerie, c'est-à-dire en somme de la question des landmarks, mais d'une façon qui est bien loin de pouvoir y apporter une solution : il croit en effet que la Maçonnerie doit « évoluer et s'instruire pour prendre pleine conscience d'elle- même », alors qu'il s'agirait en réalité, pour avoir cette conscience, de revenir à l'esprit traditionnel des origines ; il doit être bien entendu, d'ailleurs, que ces origines ne datent pas de 1717… – G. Persigout expose, sur ce qu'il appelle la « Topographie mentale » du Cabinet de Réflexion, des vues assez curieuses, mais qui s'inspirent de données quelque peu mêlées et de valeur fort inégales ; tout cela aurait besoin d'être « clarifié » et pourrait l'être, à la condition de ne faire intervenir ni l'occultisme ni la philosophie dans une question qui est d'ordre strictement initiatique.

Mars 1936

— Dans le *Speculative Mason* (numéro de janvier), signalons spécialement un intéressant article sur les découvertes archéologiques faites à Ras Shamra, et qui semblent destinées à renverser les assertions de l'« hypercritique » moderne contre l'antiquité des textes bibliques. Les rapprochements linguistiques de l'auteur appellent parfois des réserves, et certains d'entre eux paraissent dus uniquement à une transcription fautive ou insuffisante ; la confusion des lettres aleph et aïn, entre autres, y joue un certain rôle. Nous ne voyons pas non plus comment le nom d'El- Khidr (qui n'est certes pas « adoré par les Musulmans », mais simplement vénéré comme un prophète) pourrait être dérivé de celui du Xisuthros chaldéen, sans compter qu'El n'y est point le nom divin hébraïque, mais tout simplement l'article arabe ; mais tout cela, bien entendu, n'affecte pas l'essentiel, c'est-à-dire la comparaison des tablettes de Ras Shamra avec l'Ancien Testament. – Notons aussi la reproduction d'un curieux manuscrit maçonnique portant la date de 1696.

— Dans le *Grand Lodge Bulletin* d'Iowa (numéros de novembre et décembre), étude historique sur la « Grande Loge d'York », dont l'existence est connue de façon certaine de 1725 à 1792, mais qui paraît remonter plus haut, et qui prétendait même rattacher son origine à l'assemblée tenue pour la première fois à York en 926 ; les documents établissant une filiation aussi lointaine font naturellement défaut, mais ce n'est sans doute pas là une raison suffisante pour la rejeter comme purement légendaire, quoi qu'aient pu en dire des historiens imbus de la superstition du document écrit.

— Dans le *Symbolisme* (numéro de décembre), article de G. Persigout sur *Le Savoir et la Vie*, qui sont en somme pour lui la spéculation et l'action, et qu'il voudrait « réconcilier en les « intériorisant », selon les règles de l'ésotérisme traditionnel ». Il examine la question du recrutement et de la sélection, sur laquelle il exprime des vues assez justes, bien que l'idée de la « qualification » initiatique n'y soit pas nettement dégagée ; mais il est douteux que la préparation des candidats puisse être réalisée de façon bien efficace par de simples conférences, fussent-elles de « propagande initiatique », deux mots dont l'assemblage constitue d'ailleurs une véritable contradiction.

Mai 1936

— Dans le *Grand Lodge Bulletin* d'Iowa (numéro de février), étude sur la Grande Loge d'Athol, dite des « Anciens », qui fut organisée en 1751, probablement par des Maçons irlandais résidant à Londres, et à laquelle se joignirent des membres des Loges anglaises demeurées indépendantes après la fondation de la Grande Loge d'Angleterre et opposées aux innovations introduites par celle-ci, qui fut dite des « Modernes » pour cette raison ; l'union des deux Grandes Loges rivales ne se fit qu'en 1813.

— Dans *le Symbolisme* (numéro de mars), Albert Lantoine écrit une assez curieuse Apologie pour les Jésuites, faisant remarquer que les accusations que certains lancent contre ceux-ci sont tout à fait semblables à celles que d'autres dirigent contre la Maçonnerie. – Sous le titre La Flamme ne meurt pas, Marius Lepage fait quelques réflexions sur l'état présent de la Maçonnerie ; il y cite notamment un passage de ce que nous avons écrit à propos d'un article publié dans le Mercure de France, mais il ne semble pas qu'il en ait entièrement saisi le sens : pourquoi penser que la question que nous posions à la fin fasse nécessairement appel à « un homme » ? G. Persigout étudie La Caverne, image et porte souterraine du Monde ; il signale très justement le caractère de sanctuaires des cavernes préhistoriques, et il y voit un rapport avec l'origine du culte des pierres sacrées ; mais il y aurait encore bien d'autres choses à dire sur ces questions, et peut-être aurons- nous à y revenir quelque jour.

Juin 1936

— Dans le *Speculative Mason* (numéro d'avril), un article intitulé The preparation for death of a Master Mason contient des vues intéressantes sur le véritable sens de l'« immortalité » ; ce qui y est dit paraît d'ailleurs, d'une façon générale, pouvoir s'appliquer surtout à la « mort initiatique ». – Signalons aussi une étude comparative de plusieurs anciens manuscrits maçonniques qui ont été reproduits précédemment ; il en résulte de curieuses constatations quant aux déformations qu'ont subies avec le temps certains termes qui étaient jadis en usage dans la Maçonnerie opérative.

— Dans le *Grand Lodge Bulletin* d'Iowa (numéro de mars), suite de l'étude sur la Grande Loge d'Athol ou des « Anciens » ; il est intéressant de noter que parmi les innovations que ceux-ci reprochaient aux « Modernes », figure, à côté de certains changements dans le rituel et les moyens de reconnaissance, le fait de ne pas observer régulièrement les fêtes des deux saints Jean.

— Dans *le Symbolisme* (numéro d'avril), Oswald Wirth écrit sur Les vrais Landmarks un article remarquablement vague, et qui n'apporte guère de clarté sur cette question si controversée ; nous ferons seulement remarquer que ce n'est certes pas en s'écartant de plus en plus de la tradition opérative que la Maçonnerie peut demeurer réellement initiatique. – Albert Lantoine intitule Les Indésirables un article vraiment dur pour les politiciens et surtout pour les parlementaires. – G. Persigout, comme suite à son précédent article, parle de L'Antre, lieu d'évocations et d'oracles ; il y envisage les choses à un point de vue un peu trop exclusivement « physique », mais certaines remarques qu'il ne fait guère qu'esquisser pourraient, si on les approfondissait, conduire à des considérations d'une certaine importance relativement à la « géographie sacrée ».

— Depuis longtemps, nous n'avions pas eu à nous occuper de la *Revue Internationale des Sociétés Secrètes*, celle-ci paraissant vouloir se cantonner sur un terrain politique qui ne nous regarde en rien ; mais voici qu'elle publie, dans son numéro du 1er avril, un article sur *L'Occultisme contemporain*, signé J. Ravens, qui rappelle étrangement la « manière » de quelques-uns de ses défunts collaborateurs. On y entretient une savante confusion entre des choses qui relèvent respectivement de l'initiation, de la pseudo-initiation et de la contre-initiation ; en même temps, on parle de l'astrologie avec de curieux ménagements, ce qui, à vrai dire, est de rigueur dans une revue fondée par l'astrologue Fomalhaut ! En tête d'une énumération des publications « occultistes », on éprouve le besoin de placer le Voile d'Isis ; combien de fois nous faudra-t-il donc protester contre cette calomnie ? En ce qui nous concerne plus particulièrement, on affirme que nous avons fait partie du Rite « judéo-égyptien » (?) de Misraïm, ce qui est non seulement faux, mais matériellement impossible : étant donné le temps depuis lequel ce Rite a cessé toute activité, il faudrait pour cela que nous ayons un âge que nous sommes loin d'avoir atteint ! Encore est-il bien honnête, de la part de ces Messieurs, de reconnaître que, entre nous et certaines organisations d'un caractère plus que suspect, « les ponts sont coupés » ; nous regrettons d'être moins sûr, après avoir lu cet article, qu'ils le soient aussi entre la R.I.S.S. elle-même et… certaines autres choses auxquelles nous avons été obligé jadis de faire quelques allusions qu'on a paru trouver plutôt embarrassantes…

Juillet 1936

— Dans le *Grand Lodge Bulletin* d'Iowa (numéro d'avril), suite de l'examen des principales divergences entre les « Anciens » et les « Modernes » ; en dehors des différences d'ordre plutôt « administratif », notons l'emploi par les « Anciens » d'un alphabet maçonnique d'origine « opérative », et aussi la controverse concernant la place du grade de Royal Arch dans la Maçonnerie. – Dans le numéro de mai, il est encore question de quelques autres Grandes Loges dissidentes, peu importantes d'ailleurs et dont la durée ne fut qu'éphémère. Un point assez curieux, c'est l'existence en Angleterre, au XVIIIe siècle, d'une Scotts Masonry, qui semble avoir constitué un sorte de degré spécial, mais sur laquelle on ne possède aucun renseignement précis ; s'agirait-il de quelque chose de similaire au grade de « Maître Écossais » qui était pratiqué en France à la même époque ?

— Les *Archives de Trans-en-Provence* publient, depuis 1931 (mais nous n'en avons eu connaissance que tout récemment), de très intéressantes études sur les origines de la Maçonnerie moderne, dues à leur directeur, M. J. Barles ; celui-ci a entrepris ces recherches d'une façon entièrement indépendante et sans aucun parti pris, et c'est sans doute pour cela que, sur bien des points, il approche de la vérité beaucoup plus que tous les historiens plus ou moins « officiels ». Pour lui, la véritable Maçonnerie n'est certes pas, comme le disent certains, « l'institution née en 1717 » ; il voit bien plutôt cette dernière comme le schisme qu'elle fut en réalité. Quant aux raisons de ce schisme, nous trouvons qu'il a une tendance (d'ailleurs explicable par le fait que ce fut là le point de départ de ses recherches) à s'exagérer le rôle qu'ont pu y jouer les protestants français réfugiés en Angleterre à la suite de la révocation de l'Edit de Nantes ; en fait, à la seule exception de Desaguliers, on ne voit pas qu'ils aient pris une part active à l'organisation de la Grande Loge. Cela ne change d'ailleurs peut-être rien au fond des choses : les fondateurs de la Grande Loge, quelle qu'ait été leur origine, étaient en tout cas incontestablement des « Orangistes » ; et il y avait là une intrusion de la politique à laquelle les Maçons fidèles à l'ancien esprit initiatique de leur Ordre n'étaient pas moins opposés qu'aux diverses innovations qui s'ensuivirent. M. Barles fait remarquer très justement que les Loges qui s'unirent en 1717 étaient toutes de formation très récente, et aussi que, d'autre part, il y avait encore à cette époque beaucoup plus de Loges opératives en activité qu'on ne le dit d'ordinaire. Un point sur lequel nous nous permettrons de n'être pas de son avis, cependant, c'est celui qui concerne l'incendie des archives de la Loge de Saint-Paul : selon toute vraisemblance, les responsables n'en furent point des Maçons traditionnels craignant qu'on ne publiât les Old Charges, ce dont personne n'eut jamais sérieusement l'intention, mais, bien au contraire, les novateurs eux-mêmes, qui précisément n'avaient rassemblés ces anciens documents que pour les faire disparaître après en avoir utilisé ce qui leur convenait, afin qu'on ne pût faire la preuve des changements qu'ils y avaient introduits. Il est fâcheux aussi que l'auteur ait cru que « spéculatif », voulait dire simplement « non professionnel » ; là-dessus, nous renverrons à l'article qu'on pourra lire d'autre part, et dans lequel nous expliquons le véritable sens des mots « opératif », et « spéculatif ». Dans ce même article, nous donnons aussi l'explication des termes « Maçons libres et acceptés » sur lesquels il s'est mépris également, faute d'en connaître l'interprétation traditionnelle, qui, du reste, n'a jamais donné lieu à aucune divergence. Il ne semble pas connaître non plus les relations symboliques par lesquelles s'explique le rôle des deux saints Jean dans la Maçonnerie, ni l'origine antique des « fêtes solsticiales » ; mais, après tout, ces diverses lacunes sont bien excusables chez quelqu'un qui, visiblement, n'a jamais fait de ces questions une étude spéciale. Signalons d'autre part que M. Barles a retrouvé par lui-même quelque chose qui se rapporte à un secret « opératif » bien oublié aujourd'hui : il s'agit de la correspondance « psychique », des signes et attouchements, c'est-à-dire, en somme, de leur correspondance avec la « localisation » des centres subtils de l'être humain, à laquelle il nous est arrivé de faire nous-même quelques allusions ; et il en conclut, avec beaucoup de raison, qu'il y a là l'indication d'un lien direct avec les grandes initiations de l'antiquité. Nous aurons certainement, par la suite, et à mesure de leur publication, à revenir sur ces travaux, dont nous tenons à redire encore tout le mérite et l'intérêt.

Octobre 1936

— Le *Speculative Mason* (numéro de juillet) contient deux notes sur le symbolisme de la Mark Masonry, ainsi que le début d'une étude sur les rapports particuliers de celle-ci avec le grade symbolique de Compagnon : sur ce point comme sur bien d'autres, le passage de l'« opératif » au « spéculatif », semble n'avoir pas été sans introduire d'assez singulières confusions. La suite de l'étude que nous avons déjà signalée, Preparation for death of a Master Mason, traite des différentes sources de connaissance dont l'homme dispose dans sa recherche de la vérité, et, avant tout, de la source interne à laquelle se rapporte le précepte « Connais-toi toi-même », des Mystères antiques. – Notons encore la première partie de « réflexions sur les Landmarks », qui, malheureusement, sont d'un caractère plutôt « mêlé », s'inspirant des conceptions de l'occultisme combinées avec celles de la science moderne beaucoup plus que de celles de la Maçonnerie traditionnelle.

— Dans le Symbolisme (numéros de juin et de juillet), une Allocution de bienvenue à un nouvel initié, par Luc Bonnet, contient des aperçus sur la façon dont l'étude des symboles peut conduire aux « sciences traditionnelles » ; mais il est à regretter que celles-ci n'y soient présentées que sous un aspect bien « modernisé » : il n'y a que d'assez lointains rapports, par exemple, entre la conception ancienne des tempéraments et celle que peuvent s'en faire les « psychanalystes », ou entre ce qu'on est convenu d'appeler aujourd'hui « astrologie scientifique » et la véritable astrologie traditionnelle. – Dans le numéro de juin, Oswald Wirth s'efforce de donner de la « chute » et de la « rédemption » une interprétation « rationalisante », si l'on peut dire, qui n'a certes rien d'ésotérique ; et, dans le numéro de juillet, il fait sur l'« art de vivre » des réflexions qui lui sont une nouvelle occasion de montrer à quel point il ignore la métaphysique en général et les doctrines orientales en particulier. – Dans le même numéro de juillet, Albert Lantoine justifie l'existence du « gouvernement maçonnique », c'est-à-dire de l'organisation administrative des Obédiences, par des considérations d'ordre historique. – Enfin, G. Persigout continue sa série d'études par Le Royaume des Ombres et les Rites sacrificatoires, qu'il met en rapport avec l'« épreuve de la terre » ; il s'agit bien ici, en effet, de la « descente aux Enfers » entendue dans sa signification initiatique ; mais, dans le sacrifice en général et même dans les « mystères du sang », il y a bien autre chose que ce que peuvent y voir les modernes « historiens des religions » ou les sociologues inventeurs de la prétendue « mentalité primitive ».

La Revue Internationale des Sociétés Secrètes (numéro du 1er juin) revient encore une fois sur l'affaire Taxil : elle s'en prend à un hebdomadaire catholique, que, sans le nommer, elle désigne assez clairement, et qui a publié, sur ce sujet, un article qui n'a pas eu l'heur de lui plaire ; son auteur, en effet, ne s'est-il pas permis de dire que la Maçonnerie n'avait été pour rien dans cette imposture ? Conclusion trop évidente : pour ces Messieurs de la R.I.S.S., dès lors qu'on est catholique, on n'a pas le droit de dire ce qu'on estime être la vérité, s'il arrive que cette vérité ne s'accorde pas avec les exigences d'une certaine polémique ! – A la fin de cet article, il est assez longuement question de l'ex-rabbin Paul Rosen, alias Moïse Lid- Nazareth ; et, puisqu'on trouve qu'« il serait intéressant de mieux connaître cette personnalité originale en son genre », nous pouvons donner là-dessus au moins deux indications, d'importance fort inégale d'ailleurs. D'abord, il vendit un bon prix, aux antimaçons et à d'autres (car Papus, notamment, fut aussi un de ses « clients »), non pas une seule bibliothèque, mais plusieurs, qu'il avait formées successivement et qui, grâce à certaine houppelande truquée, ne lui avaient certes pas coûté bien cher... C'est là, en quelque sorte, le côté pittoresque du personnage, mais il y a aussi le côté sinistre : il y a, en effet, tout lieu de le considérer comme ayant été, dans l'affaire Taxil, un des agents les plus directs de la « contre-initiation » (ce qui explique d'ailleurs son double rôle apparent) ; mais il n'était pas le seul, et il y en eut d'autres... qu'on ne doit pas tenir tant que cela à connaître à la R.I.S.S. !

Décembre 1936

— Dans les *Archives de Trans* (numéro d'août-septembre), M. J. Barles, continuant les études sur Le schisme maçonnique anglais de 1717 dont nous avons déjà parlé, complète les indications qu'il avait données précédemment sur la biographie de Desaguliers. D'autre part, il publie un document qui, pense-t-il, est de nature à permettre de résoudre affirmativement la question controversée de l'initiation maçonnique de Napoléon 1er : c'est le procès-verbal d'une cérémonie qui eut lieu à la Loge d'Alexandrie (Italie) en 1805, et, effectivement, Napoléon y est qualifié de Maçon à plusieurs reprises ; mais nous connaissions déjà divers autres documents du même genre, et nous savons qu'ils ne suffisent point à convaincre certains historiens... – Dans le numéro d'octobre, M. Barles, reproduisant notre précédent compte-rendu, soulève sur deux points des objections auxquelles nous devons apporter une réponse. D'abord, il est bien exact que de nombreux protestants français étaient réfugiés à Londres au début du XVIIIe siècle, mais, à l'exception de Desaguliers, rien n'indique qu'ils aient jamais été Maçons, et on ne voit pas en quoi la présence de milliers de profanes, quelle que soit d'ailleurs leur situation sociale, pourrait influer directement sur des événements qui relèvent proprement du domaine initiatique. Ensuite, en ce qui concerne l'incendie des archives de la Loge de Saint- Paul, il est vraisemblable que la responsabilité n'en doive pas être attribuée à Payne, ni peut-être même à Desaguliers ; mais est-il bien sûr qu'on puisse en dire autant d'Anderson, personnage beaucoup plus sujet à caution à bien des points de vue ?

— Dans le *Speculative Mason* (numéro d'octobre), la suite de l'étude intitulée *Preparation for death of a Master* Mason indique comme seconde source de connaissance le « Livre de la Nature », considéré comme symbolisant les réalités de l'ordre spirituel, avec des exemples empruntés au rituel. – Une notice historique est consacrée aux Hammermen d'Écosse, corporation qui comprenait tous les métiers ayant le marteau pour outil principal. – Notons également la fin de l'article déjà signalé sur la Mark Masonry montrant que celle-ci n'est pas, comme on l'a souvent prétendu, un simple développement du grade de Compagnon ; et celle des « réflexions sur les Landmarks », dont l'auteur semble ne pas se rendre compte que ce qui est susceptible de modification ne saurait par là même être compté comme Landmark, ni que l'admission des femmes est interdite par le caractère même de l'initiation maçonnique, ou encore que l'existence des hauts grades n'a pas à être autorisée par des Landmarks qui concernent exclusivement la Maçonnerie symbolique, et qui par conséquent ne peuvent que les ignorer.

— Dans *le Symbolisme* (numéro d'octobre), Oswald Wirth intitule son article Soyons humains, ce qui, dans sa pensée, veut dire qu'il ne faut être que cela ; mais, de ce qu'il y a des « problèmes insolubles » pour lui, a-t-il le droit de conclure qu'ils le soient également pour tous ? Quant à son « adaptation » de la Trinité chrétienne au « Dieu-humanité », comment ne voit-il pas que des choses de ce genre ne se prêtent que trop facilement à être exploitées par certains adversaires ? – « Diogène Gondeau » essaie de parler de La Râja-Yoga, qu'il ne connaît, hélas ! qu'à travers certaines élucubrations théosophistes, ainsi que le titre même suffirait d'ailleurs à le montrer. – Sur Les Mystères et les épreuves souterraines, G. Persigout expose des considérations qui ne sont pas sans intérêt, mais qui, par leur caractère trop « mêlé », pourraient donner lieu de nouveau aux mêmes critiques que nous avons déjà formulées à propos de ses précédentes études.

Février 1937

— Dans *Atlantis* (numéro de novembre), M. Paul Le Cour publie un long article intitulé Église, Maçonnerie, Tradition, dont les intentions « conciliatrices » sont apparemment excellentes, mais qui contient bien des confusions et même des erreurs de fait. L'auteur veut retrouver la dualité fantaisiste Aor-Agni dans le symbolisme des deux colonnes, ce qui l'amène à attribuer une de celles-ci à l'Église et l'autre à la Maçonnerie, alors que, en réalité, elles figurent toutes deux dans la Maçonnerie, et qu'on pourrait peut-être retrouver aussi dans l'Église quelque équivalent du symbole complet (certaines figurations de saint Paul, notamment, paraissent pouvoir se prêter à une telle interprétation). D'autre part, les rapports de ce que représentent ces deux colonnes ne sont certainement pas ceux de l'exotérisme et de l'ésotérisme ; et ajoutons que, si l'ésotérisme, dans la tradition chrétienne, est souvent rapporté à l'« Eglise de Saint Jean », l'exotérisme ne l'est jamais à l'« Eglise de Jésus » (?), mais bien à l'« Eglise de saint Pierre ». Passons sur une curieuse sortie contre saint Thomas d'Aquin, en qui M. Paul Le Cour veut, bien à tort, voir un « rationaliste », et qu'il rend responsable de « la conception de la nécessité de la force pour appuyer le droit », dont « nous voyons aujourd'hui des applications redoutables »... Les considérations sur l'origine de la Maçonnerie sont bien vagues, et pour cause, et ses relations avec l'Académie platonicienne de Florence sont fort loin d'apparaître clairement ; mais que dire d'une confusion comme celle de l'Ecossisme avec la Maçonnerie anglo-saxonne, alors que la première raison d'être de l'Ecossisme fut précisément de s'opposer aux tendances protestantes et « orangistes » représentées par cette dernière depuis la fondation de la Grande Loge d'Angleterre ?

— Dans *le Symbolisme* (numéro de novembre), Oswald Wirth intitule Spéculatif et opératif ce qui veut être une sorte de réponse à notre article Opératif et spéculatif ; le renversement des termes est sans doute voulu, mais, en dépit de quelques paroles assez aigres à notre adresse, nous n'avons pu arriver à distinguer ce qu'il nous reproche au juste, puisqu'il finit par déclarer qu'« il suffit de s'entendre avec nous sur la portée des termes dont nous usons » ; encore faudrait-il ne pas la rabaisser ou la restreindre d'une façon inacceptable... Quand nous disons que l'initiation comporte essentiellement un élément « surhumain », ou encore qu'il ne peut y avoir aucune initiation sans rites, cela ne saurait laisser place à la moindre équivoque ; il s'agit là de questions « techniques » précises, et non point de vagues considérations plus ou moins « métaphoriques » ou imaginatives. D'autre part, nous n'avons jamais dit que « la Maçonnerie doit redevenir opérative, après s'être intitulée spéculative à titre transitoire » ; nous avons dit, ce qui est bien différent, que la Maçonnerie Spéculative représente un amoindrissement et même une dégénérescence par rapport à la Maçonnerie opérative ; nous souhaitons assurément que cette dégénérescence puisse n'être que transitoire, mais, malheureusement, nous ne voyons actuellement rien qui indique qu'elle doive l'être effectivement. – G. Persigout étudie le Cadre initiatique du Cabinet de réflexion ; il parle à ce propos de la catharsis, dont le processus a en effet un rapport évident avec la « descente aux Enfers », et aussi du symbolisme de la « pétrification », dont la connexion avec le sujet apparaît beaucoup moins nettement, malgré la caverne où réside Méduse... – Dans le numéro de décembre, Oswald Wirth veut marquer une distinction entre La Théosophie et l'Art royal ; mais il a vraiment bien tort de sembler admettre que le théosophisme peut malgré tout représenter quelque chose de réel au point de vue initiatique ! – Albert Lantoine montre que Le Péché originel de la Maçonnerie française a consisté à accepter la démocratie de sa propre Constitution ; il remarque fort justement que « la démocratie a le souci d'écarter l'élite », et que « la démocratisation ne peut être qu'un facteur dissolvant pour un groupement sélectionné » ; nous ajouterions seulement qu'elle est même en contradiction directe avec le principe de la sélection et avec toute organisation constituée hiérarchiquement. Un court article sur l'Initiation et l'Évangile, signé « Bardanin », nous paraît impliquer une certaine confusion entre le point de vue initiatique et le point de vue religieux : celui-ci ne peut pas remplacer celui-là ou lui être équivalent, car ni le domaine ni le but ne sont les mêmes ; la « Délivrance » est tout à fait autre chose que le « salut », et ce n'est certainement pas l'obtention de ce dernier qui, dans l'antiquité, était mis en rapport avec la connaissance initiatique.

Avril 1937

— Nous avons récemment fait allusion au sceau des États-Unis, relevant à la fois l'étrangeté de son symbolisme et le parti que veulent en tirer certaines organisations ; ce que nous disions alors se trouve encore confirmé, bien involontairement sans doute, sous ce double rapport, par un article sur ce sujet publié dans le *Rosicrucian Magazine* (numéro de février) ; laissant de côté certains calculs plus ou moins fantaisistes, nous noterons seulement à ce propos, en ce qui concerne le sceau lui-même, que, outre les treize assises de la pyramide tronquée dont nous avons parlé, le nombre 13 y reparaît dans une multitude d'autres détails avec une insistance véritablement extraordinaire…

— Dans le *Speculative Mason* (numéro de janvier), un article est consacré à la signification de la fonction du 2ème Surveillant, mais s'en tient malheureusement à des considérations surtout esthétiques et morales, d'un caractère assez superficiel. – Dans un autre article, nous trouvons un bon exemple de la confusion que nous signalions dernièrement entre les rites et les cérémonies ; l'intention de l'auteur est d'ailleurs nettement favorable aux rites, contrairement à ce qui arrive le plus souvent en pareil cas ; mais les cérémonies, y compris celles qui sont le plus purement profanes, bénéficient bien injustement de la confusion !

— Dans *le Symbolisme* (numéro de février), Oswald Wirth parle de la Loi de Création de Wronski, à propos du volume dont nous avons rendu compte il y a quelque temps ; mais, ne lui en déplaise, les « concepts » des anciens constructeurs, qui d'ailleurs n' « imaginèrent » rien, étaient réellement beaucoup plus « transcendants » que toutes les « abstractions » des philosophes, qui ne sont que spéculations dans le vide, et qui nous paraissent peut-être encore plus rebutantes qu'à lui. – Albert Lantoine signale très justement les inconvénients de l'organisation d'une Justice Maçonnique calquée sur le modèle des codes profanes ; seulement, pourquoi dire à ce propos que « les petites institutions tendent à imiter la grande institution », alors que c'est au contraire l'organisation de la société profane qui devrait normalement apparaître comme une bien petite chose vis-à-vis de ce qui appartient à l'ordre initiatique ? – G. Persigout étudie Le Problème alchimique de la Transmutation morale ; il y a là une équivoque, car, comme nous l'avons dit souvent, si vraiment il ne s'agissait que de « morale », il serait bien inutile de recourir à un symbolisme quelconque, alchimique ou autre ; d'autre part, en acceptant les vues des historiens profanes, on est parfois entraîné, ne serait-ce que sur le sens d'expressions comme celle d'« art sacerdotal » par exemple, à de bien curieuses méprises...

Mai 1937

— Dans *Atlantis* (numéro de mars), M. Paul Le Cour consacre une longue étude à Claude de Saint-Martin ; l'idée de se placer en quelque sorte sous le patronage de celui-ci est, comme il le reconnaît lui-même, assez inattendu ; il en explique l'origine par le récit d'anciennes expériences spirites, qu'il décore d'ailleurs du nom plus respectable de « recherches métapsychiques » ; et nous devons constater qu'il lui est bien resté quelque chose de ses idées d'alors, puisque, tout en déclarant ces choses « décevantes, sinon dangereuses », il croit pourtant encore qu'il est possible que les morts se manifestent réellement et personnellement par de pareils moyens... Il se fait, d'autre part, quelques illusions sur la valeur même de Saint-Martin, qui, en fait, ne comprit jamais grand chose à l'initiation, comme il ne le montra que trop clairement en se tournant vers le mysticisme. L'histoire de ses rapports avec Martines de Pasqually (déclaré « juif portugais » sans l'ombre d'une hésitation) est étonnamment simplifiée ; mais ceci n'est rien à côté de l'affirmation qu'il abandonna la Maçonnerie « quand elle devint athée et matérialiste » : il faut croire qu'il fut, parmi tous les Maçons de son temps, le seul à s'apercevoir d'un pareil changement ! Ce qui, par contre, est tout à fait conforme à la vérité, c'est qu'il ne fonda jamais aucune organisation, d'où cette conséquence qu'« on peut se dire martiniste, mais seulement à titre individuel » ; évidemment, il est toujours permis d'adopter les idées que quelqu'un a exposées, si on les trouve à sa convenance, et il n'y a même pas besoin pour cela d'être « favorisé par ses manifestations post-mortem »…

— Dans le *Grand Lodge Bulletin* d'Iowa (numéro de février), étude sur la signification du mot cowan, terme d'origine apparemment écossaise, mais de dérivation incertaine, venu de la Maçonnerie opérative, où il désignait celui qui construit des murs en pierre sèche, c'est-à-dire sans mortier ; ce n'était donc pas un profane cherchant à s'emparer indûment des secrets de la Maçonnerie, comme on le pense d'ordinaire, mais seulement un ouvrier qui n'était pas qualifié pour participer au travail des Maçons réguliers, et qui avait au point de vue corporatif un rang inférieur, mais néanmoins reconnu et bien défini.

— Dans *le Symbolisme* (numéro de mars), Oswald Wirth parle de La Mission éducative de la Franc-Maconnerie, ce qui ne va pas bien loin, car « éducation » n'est certes pas « initiation » et dire que « le pouvoir spirituel effectif appartient à qui s'applique à penser juste et à vouloir le bien avec abnégation », c'est tout simplement s'imaginer que de bonnes intentions peuvent suffire à tenir lieu de toute connaissance et de toute « réalisation » d'ordre supérieur. G. Persigout étudie Les Rites agraires et les abords de l'Antre ; la plus large part y est faite aux interprétations « naturalistes » des modernes, avec leurs « fêtes saisonnières » leurs « coutumes populaires », et autres choses qui n'ont assurément aucun rapport avec les données traditionnelles sur le véritable sens des rites et des symboles.

— Nous avons reçu les premiers numéros d'une nouvelle revue intitulée *La Juste Parole*, qui présente ce caractère quelque peu exceptionnel d'être à la fois « philosémite » et antimaçonnique. Nous y trouvons, entre autres choses, une mise au point concernant l'Ordre juif B'nai B'rith (Fils de l'Alliance), qui n'a rien de maçonnique, contrairement à l'opinion répandue dans certains milieux ; peut-être faudrait-il seulement ajouter qu'il vise quelque peu à imiter la Maçonnerie (l'emploi du mot « Loges », notamment, en est un indice), comme toutes les organisations « fraternelles » d'origine américaine. Un autre article est consacré à montrer qu'il n'y a pas de « Judéo-Maçonnerie » ; cela est parfaitement exact, mais pourquoi retrouvons-nous là, à l'égard de la Maçonnerie, tous les lieux communs de ceux qui soutiennent la thèse contraire ? Signalons encore un article sur l'« abattage rituel », qui donne lieu à une remarque curieuse : dans toutes les discussions à ce sujet, partisans et adversaires n'invoquent que des arguments « hygiénistes » et « humanitaires », qui n'ont rien à voir avec la question ; on rappelle pourtant le texte biblique qui affirme la connexion du sang avec l'âme (au sens strict de principe vital), mais on ne paraît pas se douter que c'est là le seul point qui importe réellement ; la mentalité moderne est décidément quelque chose de bien étrange !

Juin 1937

— Dans la *Vita Italiana* (numéro d'avril), M. J. Evola publie un article intitulé Dall « esoterismo » al sovversivismo massonico, dans lequel il critique sur certains points l'attitude de l'antimaçonnisme vulgaire : il reconnaît en effet l'existence dans la Maçonnerie d'une tradition symbolique et rituelle en rapport avec « des doctrines ou des courants préexistants à sa forme actuelle et d'un caractère spirituel incontestable » ; il proteste en outre contre l'interprétation qui voudrait voir là une sorte de tradition « antichrétienne », ce qui a d'autant moins de sens que, si l'on examine ces antécédents de la Maçonnerie, « on se trouve conduit à des traditions effectivement antérieures au Christianisme », et il signale aussi le caractère hiérarchique et aristocratique que ces traditions eurent toujours à leurs origines. Seulement, comme il y a là quelque chose qui semble inconciliable avec les tendances que l'on constate dans la Maçonnerie actuelle, il se demande s'il y a bien eu une filiation continue, ou s'il n'y a pas eu plutôt une sorte de « subversion » ; il inclinerait même à penser que les éléments traditionnels ont pu être simplement « empruntés » à des sources diverses, sans qu'il y ait eu transmission régulière, ce qui expliquerait, suivant lui, une déviation qui aurait été impossible « si l'organisation maçonnique avait été conduite par des chefs qualifiés ». Nous ne pouvons le suivre sur ce point, et nous regrettons qu'il se soit abstenu d'étudier de plus près la question des origines, car il aurait pu se rendre compte qu'il s'agit bien d'une organisation initiatique authentique, qui a seulement subi une dégénérescence ; le début de cette dégénérescence, c'est, comme nous l'avons dit souvent, la transformation de la Maçonnerie opérative en Maçonnerie spéculative, mais on ne peut parler ici de discontinuité : même s'il y eut « schisme », la filiation n'est pas interrompue pour cela et demeure légitime malgré tout ; la Maçonnerie n'est pas une organisation fondée au début du XVIIIe siècle, et, au surplus, l'incompréhension de ses adhérents et même de ses dirigeants n'altère en rien la valeur propre des rites et des symboles dont elle demeure la dépositaire.

— Dans les *Archives de Trans* (numéro de mars), M. J. Barles aborde la question des rapports de la Maçonnerie avec les Rose-Croix, mais malheureusement avec des informations bien insuffisantes et même de qualité douteuse ; il se réfère en effet à l'Histoire des Rose-Croix théosophiste de F. Wittemans, et il fait même état d'un assertion fantaisiste de l'Imperator de l'A.M.O.R.C. Il ne faut d'ailleurs pas confondre Rose-Croix et Rosicruciens, et, parmi ces derniers, il y aurait encore bien des distinctions à faire ; mais ce qui est certain en tout cas, c'est que, s'il y eut dans la Maçonnerie anglaise des Rosicruciens authentiques et non dégénérés, ce n'est pas du côté « spéculatif » qu'ils purent se trouver. Signalons aussi qu'il convient de se méfier de la légende, qu'on cherche à accréditer actuellement pour des raisons peu claires, d'après laquelle Newton aurait joué un rôle dans la Maçonnerie, uniquement sous prétexte qu'il fut en relations personnelles avec Desaguliers ; c'est là une supposition toute gratuite, et d'ailleurs nous ne voyons vraiment pas en quoi un « grand homme » au point de vue profane devrait forcément avoir une importance quelconque dans l'ordre initiatique.

— Le *Speculative Mason* (numéro d'avril) donne une description détaillée des rites du couronnement des rois d'Angleterre et des objets qui y sont employés. – Un article consacré aux « trois colonnes », en rapport avec les trois ordres d'architecture, contient des rapprochements intéressants avec l'« arbre séphirothique » et avec certaines données qui se rencontrent dans diverses autres traditions. – Une étude sur le symbolisme des mains et des « signes manuels », considérés comme des restes d'un véritable langage (ce sont en somme les mudrâs de la tradition hindoue), ne nous paraît pas aller tout à fait assez au fond des choses, bien que remontant jusqu'à la préhistoire ; la question de la variation des rapports de la droite et de la gauche, en particulier, demanderait à être examinée de très près. Notons aussi, à propos d'une allusion à certaines pratiques de « magie noire » qu'il y a là tout un côté réellement

« sinistre » auquel il y aurait probablement lieu de rattacher le rôle important joué par les apparitions des mains dans les phénomènes de hantise et les manifestations spirites ; nous ne pensons pas que cette remarque ait jamais été faite, et pourtant elle est loin d'être sans intérêt. Signalons enfin la signification de la Mark Masonry et les caractères qui la distinguent de la Craft Masonry.

Juillet 1937

— Dans *le Symbolisme* (numéro de mai), Oswald Wirth parle du rituel du couronnement des rois d'Angleterre, d'après l'article du Speculative Mason que nous avons signalé précédemment ; mais le titre qu'il a choisi, l'Initiation royale, est tout à fait inexact, car, en réalité, il n'y a là rien d'initiatique ; que le sacre des rois ait été originairement la phase finale de leur initiation propre, c'est là une autre question, mais, présentement et sans doute depuis bien longtemps déjà, il se réduit à un rite purement exotérique, qui n'a pas plus de rapport avec l'initiation royale que l'actuelle ordination des prêtres n'en a avec l'initiation sacerdotale. – Sous le titre Le Secret mal gardé, Albert Lantoine fait ressortir les inconvénients de l'étrange « modernisation », par laquelle, dans la Maçonnerie française, les moyens de reconnaissance traditionnels ont été peu à peu remplacés presque entièrement par des « preuves d'identité » semblables à celles qui sont en usage dans des associations profanes quelconques. François Ménard, dans une note assez brève, parle Du Geste au point de vue rituel ; il s'agit ici surtout de la correspondance des signes initiatiques avec les centres subtils de l'être humain, sujet auquel il nous est arrivé de faire incidemment quelques allusions, et qui mériterait certainement une étude plus approfondie.

Septembre 1937

— Dans la *Vita Italiana* (numéro de juin), un article de M. Gherardo Maffei, sur les rapports du Judaïsme et de la Maçonnerie, témoigne d'une attitude comparable à celle qui s'affirmait déjà dans l'article de M. J. Evola dont nous avons parlé précédemment. L'auteur fait remarquer très justement que, en ce qui concerne l'origine de la Maçonnerie, la présence de nombreux éléments hébraïques dans son symbolisme ne prouve rien, d'autant plus que, à côté de ceux-là, il s'en trouve aussi beaucoup d'autres qui se rattachent à des traditions toutes différentes ; en outre, ces éléments hébraïques se rapportent à un côté ésotérique qui n'a assurément rien à voir avec les aspects politiques ou autres que visent ceux qui combattent le Judaïsme actuel, et dont beaucoup prétendent lui associer étroitement la Maçonnerie. Naturellement, tout cela est sans rapport avec la question des influences qui, en fait, peuvent s'exercer à notre époque dans la Maçonnerie aussi bien qu'ailleurs, mais c'est précisément cette distinction que, par ignorance ou par parti pris, on oublie trop souvent ; et nous ajouterons plus nettement encore, quant à nous, que l'action des Maçons et même des organisations maçonniques, dans toute la mesure où elle est en désaccord avec les principes initiatiques, ne saurait en aucune façon être attribuée a la Maçonnerie comme telle.

— Dans le *Mercure de France* (numéro du 1er juin), M. Gabriel Louis-Laray examine, d'après quelques ouvrages récents sur la Maçonnerie française au XVIIIe siècle, le rôle que celle-ci a pu jouer dans les rapports de la France avec l'Angleterre et les États-Unis. Tout cela se limite à un point de vue beaucoup trop exclusivement politique pour aller jusqu'au fond des choses, et n'est d'ailleurs pas exempt de certaines erreurs, parmi lesquelles il en est une que nous avons déjà rencontré ailleurs, mais qui n'en est pas moins véritablement étonnante : c'est la confusion de la Maçonnerie exclusivement « symbolique » issue de la Grande Loge d'Angleterre avec la Maçonnerie « écossaise », c'est-à-dire des hauts grades, laquelle, par surcroît, était alors résolument opposée aux tendances « orangistes » dont la première était pénétrée. Malgré cela, il y a un point qui nous paraît présenter un certain intérêt : c'est ce qui concerne le rôle étrange de Franklin, qui, tout en étant Maçon (quoique la qualification de « grand patriarche », qui lui est ici attribuée ne réponde d'ailleurs à rien de réel), était fort probablement aussi tout autre chose, et qui semble bien avoir été surtout, dans la Maçonnerie et en dehors d'elle, l'agent de certaines influences extrêmement suspectes. La Loge Les Neuf Sœurs, dont il fut membre et même Vénérable, constitue, par la mentalité spéciale qui y régnait, un cas tout à fait exceptionnel dans la Maçonnerie de cette époque ; elle y fut sans doute l'unique centre où les influences dont il s'agit trouvèrent alors la possibilité d'exercer effectivement leur action destructrice et antitraditionnelle, et, suivant ce que nous disions plus haut, ce n'est certes pas à la Maçonnerie elle-même qu'on doit imputer l'initiative et la responsabilité d'une telle action.

— Dans les *Archives de Trans* (numéros de mai, juin et juillet), M. J. Barles, poursuivant ses recherches sur les origines de la Grande Loge d'Angleterre, examine plus particulièrement certains détails de la biographie de Desaguliers : ses ouvrages scientifiques et autres aspects de son activité profane, la réception qui lui fut faite à la Loge d'Edimbourg en 1721 (signalons en passant que deacon est « diacre », et non pas « doyen » qui se dit en anglais dean), et sa visite à la Loge de Bussy, à Paris, en 1735. Peut-être ne faut-il pas chercher à tirer de tout cela des conséquences excessives ; surtout, le savoir profane et les associations destinées à le développer ou à le répandre relèvent d'un domaine entièrement différent de celui où se situent les questions d'ordre proprement maçonnique, et, à part le fait que les mêmes individualités peuvent parfois se retrouver de part et d'autre, ce qui n'engage évidemment qu'elles, nous ne voyons pas bien quel rapport plus ou moins direct il peut y avoir entre ces deux choses. Quant au sens réel des termes « opératif » et « spéculatif », sur lequel M. Barles semble encore perplexe, nous ne pouvons mieux faire, pour l'aider à élucider cette importante question, que de le prier de vouloir bien se reporter aux explications précises que nous avons données ici sur ce sujet, auquel nous avons même consacré un article spécial.

— Dans le *Speculative Mason* (numéro de juillet), un article est consacré au symbolisme du rituel de Royal Arch ; un autre apporte, sur les origines antiques des outils employés par les constructeurs, des renseignements intéressants au point de vue documentaire, mais est malheureusement quelque peu affecté du préjugé « progressiste » habituel à nos contemporains.

— Dans le *Grand Lodge Bulletin* d'Iowa (numéro de mai), signalons une brève étude sur les « chiffres » ou alphabets cryptographiques qui furent en usage dans la Maçonnerie, et qui présentent une ressemblance frappante avec certains alphabets kabbalistiques ; il en existe plusieurs variantes, mais la « clef » en est toujours la même, et il y aurait sans doute bien davantage à dire sur celle-ci et sur les rapprochements auxquels elle peut donner lieu.

— Dans *le Symbolisme* (numéro de juin), Oswald Wirth, tout en affirmant l'unité de La Tradition des Sages sous ses diverses expressions symboliques, s'efforce une fois de plus d'en restreindre la portée, de la façon que nous ne connaissons déjà que trop bien ; ajoutons seulement que, contrairement à sa tentative d'interprétation « évolutionniste », l'« état d'innocence édénal » n'a certes rien à voir avec l'instinct ni avec l'animalité ! – Dans le numéro de juillet, au sujet de la question du Rituel féminin, tout en déclarant que le symbolisme des Loges d'Adoption « n'est pas précisément d'une très haute valeur initiatique », il estime qu'il peut cependant servir tout au moins de préparation et de point de départ ; mais la véritable question n'est pas là : ce rituel ayant été inventé artificiellement de toutes pièces et ne contenant pas trace d'une « transmission » authentique, il ne pourra jamais, en réalité, représenter rien de plus qu'un simple simulacre d'initiation. Albert Lantoine intitule Paroles pour les Égarés un rappel à la règle suivant laquelle « la Maçonnerie doit écarter de ses travaux toute discussion politique ou religieuse », qui en effet ne peut s'y introduire que par une déplorable confusion des domaines les plus différents. – Dans les deux numéros, suite des études de G. Persigout, cette fois sur La « Pierre brute » et la « Pierre cachée des Sages » ; l'auteur continue à faire preuve d'un « éclectisme » vraiment excessif, et les rêveries de feu Leadbeater voisinent ici avec les théories « officielles » sur les époques de la préhistoire ; ne vaudrait-il pas beaucoup mieux s'en tenir uniquement à des « sources » plus autorisées au point de vue traditionnel et initiatique ?

Décembre 1937

— Dans *le Symbolisme* (numéro d'août-septembre), sous le titre De l'Équerre au Compas, qui serait d'ailleurs susceptible d'un bien autre sens symbolique que celui qu'il lui donne (qu'on se rappelle ici notamment la signification du carré et du cercle dans la tradition extrême-orientale), Oswald Wirth dénonce justement, une fois de plus, l'erreur consistant à introduire dans une organisation initiatique des institutions administratives calquées sur le modèle profane ; mais, en même temps, il réédite encore la méprise courante sur le vrai sens des mots « opératif » et « spéculatif », qui pour lui ne sont guère que les synonymes respectifs d'« ouvrier » et de « bourgeois » ! Contrairement à ce qu'il semble croire, d'ailleurs, c'est déjà beaucoup que de conserver scrupuleusement et intégralement le rituel, même sans le comprendre, et cela n'a certes rien d'un « jeu », car il ne s'agit point en ce cas d'une parodie ; mais, si l'initiation, dans ces conditions, demeure simplement virtuelle au lieu d'être effective, c'est précisément en cela que la Maçonnerie moderne n'est plus que « spéculative », c'est-à-dire privée des « réalisations » que permettait l'ancienne Maçonnerie « opérative », en partie sans doute parce que celle-ci avait pour base la pratique réelle du métier de constructeur, ce qui va bien plus loin qu'on ne le pense, mais en partie aussi pour d'autres raisons relevant de la « technique » initiatique en général, et évidemment tout à fait inaccessibles aux « esprits distingués » qui organisèrent la Grande Loge d'Angleterre ; encore est-il fort heureux pour celle-ci qu'il se soit trouvé des Maçons « opératifs » qui voulurent bien, un peu plus tard, corriger, au point de vue rituélique tout au moins, les fâcheux effets de l'ignorance de ses fondateurs… – Dans un article intitulé Les Dieux reviennent, Albert Lantoine proteste contre l'influence de l'esprit « démagogique » de l'époque actuelle, qui se traduit en particulier, quant au recrutement maçonnique, par l'importance attribuée à la quantité au détriment de la qualité ; il croit d'ailleurs apercevoir quelques indices d'un commencement de réaction contre cette tendance, et nous souhaitons qu'en cela il ne se trompe pas… – G. Persigout étudie cette fois la devise hermétique Visita Interiora Terrae… (il oublie de signaler la variante Inferiora, qui pourtant offre peut- être une signification encore plus complète), le rapport des « rectifications » alchimiques et des « purifications » initiatiques, et la correspondance des uns et des autres avec les éléments.

— Dans les *Archives de Trans* (numéro d'août-septembre), M. J. Barles étudie la préparation du Livre des Constitutions de la Grande Loge d'Angleterre ; il y aurait beaucoup à dire sur la façon spéciale dont les Old Charges y furent utilisées… et déformées tendancieusement. Nous nous bornerons à faire remarquer que, au point de vue initiatique, les novateurs étaient fort loin de constituer une « élite », quelle que fut leur « culture » profane, et que, au lieu d'« élever le niveau intellectuel de l'ancienne Maçonnerie », ils firent surtout preuve d'ignorance et d'incompréhension à l'égard de sa tradition ; ils n'en connaissaient d'ailleurs pas tous les grades, ce qui explique aussi bien des choses ; et ils ne pouvaient certes pas « appartenir à l'Ordre des Rose-Croix », d'autant plus qu'un tel nom n'a jamais été porté authentiquement par aucune organisation.

— Le *Speculative Mason* (numéro d'octobre) contient une étude de la devise « Liberté, Égalité, Fraternité », qui, loin d'être réellement d'origine maçonnique comme on le croit d'ordinaire, apparaît au contraire pour la première fois dans un écrit anti-maçonnique, Les Francs-Maçons écrasés, publié en 1747 ; elle n'en fut pas moins adoptée assez tôt par la Maçonnerie française, mais y fut prise d'abord en un sens purement spirituel, d'ailleurs conforme aux enseignements du rituel, et n'ayant rien de commun avec l'interprétation profane qui prévalut malheureusement par la suite. Un article intitulé Building in Harmony donne une curieuse description de la construction d'un violon.

— Dans *le Symbolisme* (numéro d'octobre), Albert Lantoine consacre un long article à la question du Grand Architecte de l'Univers et aux controverses auxquelles elle a donné et donne encore lieu ; certaines interprétations modernes sont assurément bien détournées et fantaisistes, comme il le dit, mais, d'un autre côté, peut-on se contenter de déclarer, sans plus de précision, que « le Grand Architecte est le terme maçonnique de Dieu » ? Il y a lieu de distinguer entre les aspects divins, et traditionnellement on l'a toujours fait : tout nom spécial doit ici correspondre à une fonction ou à un attribut déterminé ; et, si un exotérisme simpliste peut à la rigueur se passer de ces distinctions, il ne saurait en être de même au point de vue initiatique ; seulement, pour comprendre vraiment les choses de cet ordre, il faut remonter à de lointaines origines et ne pas faire commencer le Maçonnerie au XVIIIe siècle…

Janvier 1938

— Dans les *Archives de Trans* (numéro d'octobre), M. J. Barles continue son examen de la rédaction du Livre des Constitutions par James Anderson ; celui-ci, dans le récit inséré dans l'édition de 1738, a naturellement présenté comme une révision nécessaire ce qui fut en réalité un travail d'altération voulue des Old Charges ; signalons d'ailleurs que, dans ce même récit, tous les faits concernant la fondation et les débuts de la Grande Loge d'Angleterre sont tendancieusement déformés, ainsi qu'il ressort d'une étude historique publiée dans le Grand Lodge Bulletin d'Iowa et dont nous avons rendu compte en son temps. Nous nous permettons d'attirer là-dessus l'attention de M. Barles, qui se borne à dire, à la suite de Mgr Jouin, qu'« il est permis de se demander si le choix d'Anderson, que nulle raison majeure ne motivait, fut des plus judicieux » ; est-il bien sûr qu'il n'y avait pas au contraire de sérieuses raisons pour que les choses fussent « arrangées » de cette façon toute spéciale, ce pour quoi Anderson était peut-être réellement plus qualifié que d'autres que certains scrupules auraient pu retenir ?

— La *Revue Internationale des Sociétés Secrètes* (numéro du 15 novembre) publie la reproduction d'un document qui est de nature à éclairer quelque peu la question, fort obscure aussi, des débuts de la Maçonnerie en France : il s'agit d'un manuscrit datant de 1735-1736, et contenant une traduction des Constitutions d'Anderson, avec de légères modifications ou adaptations à l'usage des Loges françaises. Cette version est accompagnée d'une « approbation » qui est la partie vraiment intéressante du manuscrit, car il en résulte les faits suivants : le duc de Wharton fut « Grand-Maître des Loges du royaume de France » à une date indéterminée, mais antérieure à 1735 ; Jacques Hector Macleane exerçait la même fonction en 1735, et il fut remplacé l'année suivante par Charles Radcliffe, comte Derwentwater. Ces faits sont susceptibles d'infirmer les conclusions de la campagne menée jadis par Téder contre l'authenticité des deux premiers Grands-Maîtres de la Maçonnerie française, Lord Derwentwater et Lord Harnouester (qui d'ailleurs ne font sans doute qu'un, le deuxième nom n'étant vraisemblablement qu'une altération du premier), campagne rappelée dans un précédent article de la même revue (numéro des 15 septembre-1er octobre), et à la suite de laquelle ces deux noms furent supprimés, en 1910, de la liste des Grands-Maîtres figurant dans l'Annuaire du Grand-Orient de France. Cependant, certaines questions se posent encore : le duc de Wharton fut Grand-Maître de la Grande Loge d'Angleterre en 1722, et il est possible que ce soit en cette qualité qu'il ait eu sous sa juridiction les Loges françaises avant qu'elles n'aient reçu une organisation particulière ; seulement, on ne fixe d'ordinaire qu'à 1725 la fondation de la première Loge à Paris ; faudrait-il réellement la faire remonter quelques années plus haut ? Mais alors il y aurait encore une autre objection : c'est que les Constitutions d'Anderson ne furent complètement rédigées qu'en 1723, après l'expiration de la Grande-Maîtrise du duc de Wharton… La situation exacte des deux autres personnages n'apparaît pas très clairement non plus : fut-elle celle de « Grands-Maîtres provinciaux », relevant de la Grande Loge d'Angleterre, ou déjà celle de Grands-Maîtres d'une Grande Loge entièrement indépendante ? Enfin, il semble bien, d'après le même document, que le grade de Maître ait été connu et pratiqué par les Maçons « spéculatifs », de France avant de l'être par ceux d'Angleterre ; on peut alors se demander d'où ils l'avaient reçu, et il y a là encore un autre problème qu'il serait assez intéressant d'élucider.

— Dans *le Symbolisme* (numéro de novembre), sous le titre Ivresse bachique et Sommeils initiatiques, G. Persigout essaie de marquer une distinction entre ce qu'il désigne comme « les cultes populaires et les religions de mystères » ; dépouillée de cette terminologie plutôt fâcheuse, cette distinction devrait en somme revenir tout simplement à celle de l'exotérisme et de l'ésotérisme ; mais il n'est pas exact d'admettre que le premier ait jamais été comme une sorte de « vulgarisation » et de déviation du second, car chacun à son domaine bien défini et également légitime ; il y a encore dans tout cela bien des confusions.

Février 1938

— Dans les *Archives de Trans* (numéro de novembre), M. J. Barles en arrive cette fois à la Grande-Maîtrise du duc de Wharton, dont nous avons déjà parlé dans nos derniers comptes rendus, à propos d'un article de la Revue Internationale des Sociétés Secrètes. Ce sujet est encore un de ceux qui semblent assez difficiles à éclaircir : le duc de Wharton aurait été tout d'abord élu irrégulièrement en 1722, mais ensuite, pour éviter des dissensions, son prédécesseur, le duc de Montagu, se démit en sa faveur le 3 janvier 1723, et l'installation régulière eut lieu le 17 janvier ; Desaguliers fut alors nommé Député Grand-Maître. Les Constitutions d'Anderson furent présentées à la Grande Loge en 1723, approuvées et signées par le duc de Wharton et Desaguliers ; mais ce qui est assez singulier, c'est que cette approbation ne porte pas de date ; la ratification eut-elle lieu à l'assemblée du 17 janvier, comme le pense Mgr Jouin, cité par M. Barles, ou seulement le 25 mars, comme le dit Thory (Acta Latomorum, T. I., p. 20), qui, d'autre part, inscrit, par une erreur évidente, ces événements à la date de 1722 ? Quoi qu'il en soit, nous ne nous expliquons pas que M. Barles envisage comme possible une identification de deux personnages tout à fait différents : Philippe, duc de Wharton, et Francis, comte de Dalkeith ; le second succéda tout à fait normalement au premier comme Grand-Maître, le 24 juin 1723 ; là du moins, il n'y a rien d'obscur. Ce qui l'est davantage, c'est la suite de la carrière du duc de Wharton : en 1724, il adhère à une sorte de contrefaçon de la Maçonnerie, connue sous le nom de Gormogons ; la même année, il vint sur le continent, se convertit au catholicisme et adhéra ouvertement au parti des Stuarts ; puis, en 1728, il constitua une Loge à Madrid, ce qui indique qu'en réalité il n'avait pas renoncé à la Maçonnerie ; enfin, il mourut à Tarragone en 1731. Les précisions sur ce qu'il fit entre 1724 et 1728 paraissent manquer totalement, et c'est d'autant plus regrettable que ce point pourrait présenter un intérêt particulier en connexion avec la question des origines de la Maçonnerie française : en effet, s'il n'existait pas encore de Loges en France en 1723, et si par conséquent le duc de Wharton ne peut en être le Grand-Maître du fait même qu'il était alors Grand-Maître de la Grande Loge d'Angleterre dont ces Loges dépendirent tout d'abord, il ne put recevoir cette qualité que pendant la période dont il s'agit, et au cours de laquelle il est très possible qu'il ait effectivement séjourné en France ; c'est donc là-dessus que devraient surtout porter les recherches de ceux qui voudraient élucider plus complètement cette question.

— Dans le *Grand Lodge Bulletin* d'Iowa (numéro de décembre), un article est consacré à la comparaison des deux Rites pratiqués principalement en Amérique, le Rite d'York et le Rite Écossais, qui diffèrent non seulement par les degrés auxquels ils travaillent, mais aussi par leur mode d'organisation. L'origine du Rite d'York est en quelque sorte « préhistorique », puisqu'elle remonterait au VIIe siècle ; c'est à ce Rite que se réfèrent les anciens documents maçonniques appelés Old Charges, dont une copie était, pour les Loges opératives, l'équivalent de ce qu'est pour les Loges modernes une charte délivrée par une Grande Loge. Le Rite d'York est régi par les Constitutions d'Athelstan de 926 ; le Rite Écossais, par les Constitutions de Frédéric le Grand de 1786 ; ce qui est assez curieux, c'est que l'origine de ces deux documents, d'époques si différentes, a été également contestée par les historiens ; il va de soi, d'ailleurs, que le droit des organisations maçonniques à les adopter valablement comme loi fondamentale est, en tout cas, entièrement indépendant de cette question d'origine.

— Dans *le Symbolisme* (numéro de décembre), sous le titre Le Plagiat des Religions, Albert Lantoine envisage les ressemblances qui existent entre le symbolisme des diverses religions, y compris le Christianisme, celui de la Maçonnerie et celui des initiations antiques ; il n'y a pas lieu de s'étonner, dit-il, de ces similitudes qui procèdent, non du plagiat volontaire, mais d'une concordance inévitable ; cela est exact, mais il faudrait aller encore plus loin en ce sens, et il a le tort de méconnaître la filiation réelle, et non pas seulement « livresque » ou « idéale », qui existe entre les différentes formes traditionnelles, sous leur double aspect exotérique, dont la religion est un cas particulier, et ésotérique ou initiatique ; il ne s'agit point là d'« emprunts », bien entendu, mais des liens qui rattachent toute tradition authentique et légitime à une seule et même tradition primordiale. – G. Persigout termine son étude sur Ivresse bachique et Sommeils initiatiques, dont nous avons parlé précédemment. Dans le numéro de janvier, François Ménard examine les difficultés qu'il y a à faire comprendre la Notion de Connaissance ésotérique dans le monde moderne, et surtout aux esprit imbus des préjugés dus à la « culture » universitaire ; il fait remarquer très justement que tous les « progrès » des sciences telles qu'on les conçoit aujourd'hui ne font pas avancer d'un pas dans la voie de la véritable connaissance, et aussi que, contrairement à la prétention de tout exprimer en termes clairs (qu'il impute au « matérialisme scientifique », mais qui est en réalité d'origine cartésienne), il y a toujours lieu de réserver la part de l'inexprimable, dont la connaissance constitue proprement l'ésotérisme au sens le plus strict de ce mot.

Mars 1938

— Dans le *Speculative Mason* (numéro de janvier), deux articles sont consacrés respectivement à la « lumière » et à l'« arc-en-ciel », dans leurs rapports avec le symbolisme de Royal Arch. Dans un autre article est étudié ce qu'on appelle le Plot Manuscript, c'est-à-dire un ancien manuscrit maçonnique qui n'a jamais été retrouvé, et qu'on connaît seulement par les citations qu'en fait le Dr Robert Plot dans sa Natural History of Staffordshire, publiée en 1686. Nous noterons à ce propos que, si l'on considère d'une part l'attitude de dénigrement prise par ce Dr Plot à l'égard de la Maçonnerie, et d'autre part sa connexion avec Elias Ashmole, il y a là quelque chose qui ne contribue guère à rendre vraisemblable le rôle initiatique que certains attribuent assez gratuitement à ce dernier. D'un autre côté, il est curieux de trouver chez le Dr Plot la « source » d'un des arguments que fait valoir, contre la filiation « opérative » de la Maçonnerie moderne, M. Alfred Dodd dans son livre sur Shakespeare dont nous avons parlé le mois dernier : il s'agit de l'édit abolissant la Maçonnerie sous Henry VI ; ce roi, qui était alors âgé de trois ou quatre ans, est dit cependant l'avoir révoqué lui-même quand il fut arrivé à l'âge d'homme, et avoir au contraire approuvé alors les Charges ; mais le Dr Plot déclare ce fait « improbable », sans en donner aucune raison valable, et M. Dodd se contente de le passer sous silence. Les découvertes les plus récentes apportent d'ailleurs parfois des confirmations assez remarquables aux dires de ces anciens manuscrits, en même temps que des démentis aux historiens modernes qui les ont critiqués à tort et à travers : il en est ainsi notamment dans le cas d'Edwin, dont l'existence a été si discutée ; la seule erreur de certains manuscrits est d'en avoir fait le fils du roi Athelstan, alors qu'il était en réalité son frère ; mais, comme on a trouvé une charte où sa signature est suivie d'un titre le désignant comme l'héritier du trône, cette confusion même est parfaitement explicable ; et voilà encore un exemple assez instructif de ce que vaut la « critique » moderne !

Avril 1938

— Dans le *Mercure de France* (numéro du 1er février), un article de M. Albert Shinz sur Le Songe de Descartes soulève de nouveau une question qui a déjà donné lieu à bien des discussions plus ou moins confuses, celle d'une prétendue affiliation rosicrucienne de Descartes. La seule chose qui ne semble pas douteuse, c'est que les manifestes rosicruciens, ou soi-disant tels, qui furent publiés dans les premières années du XVIIe siècle, éveillèrent une certaine curiosité chez le philosophe, et que celui-ci, au cours de ses voyages en Allemagne, chercha à entrer en relations avec leurs auteurs, qu'il prenait d'ailleurs simplement pour de « nouveaux savants », ce qui n'était pas de quelqu'un de très « averti » ; mais ces rosicruciens, quels qu'ils fussent (ce n'étaient certainement pas, en tout cas, des « Rose-Croix authentiques », comme le voudrait M. Maritain, qui fit paraître un article sur le même sujet dans la Revue Universelle de décembre 1920), ne paraissent pas avoir jugé à propos de satisfaire son désir, et même s'il lui arriva d'en rencontrer quelqu'un, il est fort probable qu'il n'en sut jamais rien. Le dépit que lui inspira cet échec s'exprima assez nettement dans la dédicace d'un ouvrage intitulé Thesaurus Mathematicus, qu'il se proposa d'écrire sous le pseudonyme de « Polybius le Cosmopolite », mais qui resta toujours à l'état de projet ; il vaut la peine, pour qu'on puisse en juger en toute connaissance de cause, d'en reproduire intégralement la traduction : « Ouvrage dans lequel on donne les vrais moyens de résoudre toutes les difficultés de cette science, et on démontre que relativement à elle l'esprit humain ne peut aller plus loin ; pour provoquer l'hésitation ou bafouer la témérité de ceux qui promettent de nouvelles merveilles dans toutes les sciences ; et en même temps pour soulager dans leurs fatigues pénibles les Frères de la Rose-Croix, qui, enlacés nuit et jour dans les nœuds gordiens de cette science, y consument inutilement l'huile de leur génie ; dédié de nouveau aux savants du monde entier et spécialement aux très illustres Frères Rose- Croix d'Allemagne. » Ce qui est plutôt stupéfiant, c'est que certains ont voulu précisément voir là un indice de « rosicrucianisme » ; comment peut-on ne pas sentir toute l'ironie méchante et rageuse d'une semblable dédicace, sans parler de l'ignorance manifeste dont témoigne la persistance de son auteur à assimiler les Rose-Croix aux savants et « chercheurs » profanes ? Il est vrai que le parti pris s'en mêle quelquefois, dans un sens ou dans l'autre ; mais, en tout cas, réunir cartésianisme et ésotérisme dans une commune admiration ou dans une commune haine, c'est là faire également preuve, du moins en ce qui concerne l'ésotérisme, d'une assez belle incompréhension ! Descartes est, bien certainement, le type même du philosophe profane, dont la mentalité antitraditionnelle est radicalement incompatible avec toute initiation ; cela ne veut d'ailleurs certes pas dire qu'il n'ait pas été, par contre, accessible à certaines « suggestions » d'un caractère suspect ; et n'est-ce pas même ainsi que pourrait s'interpréter le plus vraisemblablement la prétendue « illumination » qui lui vint sous les apparences d'un songe plutôt incohérent et saugrenu ?

— Dans les Archives de Trans (numéro de décembre), M. J. Barles examine l'activité de Desaguliers en 1723-1724 : il continua à exercer les fonctions de Député Grand-Maître pendant cette année, qui fut celle de la Grande-Maîtrise du comte de Dalkeith ; à celui-ci succéda, le 24 juin 1724, le duc de Richmond, qui prit pour Député le chevalier Martin Folkes (que Thory, sans doute par erreur, mentionne avec cette qualité à la date de 1723). Ajoutons que Desaguliers devait reprendre les mêmes fonctions, l'année suivante, sous le comte d'Abercorn ; nous ne voyons donc pas qu'on puisse dire que « sa collaboration avec le duc de Wharton dut lui être défavorable » ; et, d'autre part, il semble bien que M. Barles continue à confondre, comme dans son précédent article, le comte de Dalkeith avec son prédécesseur le duc de Wharton, ce qui altère évidemment l'enchaînement des faits qu'il envisage ici.

— Dans *le Symbolisme* (numéro de février), Oswald Wirth revient encore sur ce qu'il appelle le Maçonnisme, qu'il paraît d'ailleurs associer étroitement à la seule conception « spéculative » ; « ce qui manque à la Maçonnerie moderne, dit-il, c'est l'instruction maçonnique » ; cela n'est que trop vrai, certes, mais les premiers responsables n'en sont-ils pas, précisément, les « penseurs » qui mutilèrent cette instruction en réduisant la Maçonnerie à n'être plus que « spéculative » ? – G. Persigout consacre son article à La sortie de l'Antre et la « Délivrance » ; il semble donc qu'il s'agisse du même sujet que celui que nous traitons d'autre part ici même, et pourtant les considérations qu'il expose n'ont qu'assez peu de rapport avec les nôtres ; en fait, il s'agit surtout là d'une tout autre question, celle du « vase sacré » et du « breuvage d'immortalité ». Signalons à l'auteur que, suivant la tradition hindoue, Dhanvantari (dont le rôle est comparable à celui d'Asklêpios ou Esculape chez les Grecs) n'a point « apporté du ciel » le vase contenant l'amrita, mais qu'il a été produit, tenant ce vase à la main, du « barattement de l'Océan » ; cela fait une sensible différence au point de vue symbolique.

— Dans le journal *France-Amérique du Nord* (numéro du 30 janvier), M. Gabriel Louis-Jaray, reproduisant les réflexions que nous avons consacrées il y a quelque temps à un article publié par lui dans le Mercure de France, les fait suivre de quelques commentaires qui semblent indiquer qu'il ne les a pas entièrement comprises : nous n'avons pas dit que Franklin « était probablement Maçon », car il est tout à fait certain qu'il l'était, ni que « la Maçonnerie symbolique issue de la Grande Loge d'Angleterre perdit son influence » à l'époque dont il s'agit, car la Loge Les Neuf Sœurs elle-même ne relevait assurément de rien d'autre que de cette Maçonnerie symbolique ; seulement, en fait, il y avait alors bien longtemps déjà que la Maçonnerie française était devenue complètement indépendante de la Grande Loge d'Angleterre qui lui avait donné naissance un demi-siècle plus tôt. M. Gabriel Louis-Jaray demande aussi aux Études Traditionnelles (notre compte rendu n'était pourtant pas anonyme !) de « préciser comment elle voit (sic) le rôle « étrange » de Franklin » ; la réponse est bien facile : dès lors que nous disions que ce personnage semble bien avoir été surtout « l'agent de certaines influences extrêmement suspectes », il ne pouvait qu'être parfaitement évident, pour tous nos lecteurs, que les influences en question étaient celles de la « contre-initiation ». Il va de soi que c'est là quelque chose qui dépasse de beaucoup le point de vue de « politique extérieure » auquel l'auteur de l'article déclare avoir voulu se borner ; cette expression implique d'ailleurs, en elle-même, une conception « particulariste » dans le cadre de laquelle rien de ce qui fait l'objet de nos études ne saurait rentrer. Du reste, si nous ajoutons que Cromwell nous paraît bien aussi avoir joué antérieurement un rôle tout à fait du même genre que celui de Franklin, M. Gabriel Louis-Jaray comprendra peut-être qu'il ne s'agit pas là simplement de politique « anglaise » ou « anti-anglaise », mais de quelque chose où, en réalité, l'Angleterre, l'Amérique ou d'autres nations peuvent être « utilisées » tour à tour, suivant les circonstances, pour des fins qui n'ont sans doute pas grand'chose à voir avec leurs intérêts particuliers ; se servir de quelqu'un, homme ou peuple, n'est pas du tout la même chose que le servir, même s'il se trouve que les effets extérieurs coïncident accidentellement.

— Dans le *Speculative Mason* (numéro d'avril), la suite de l'étude intitulée The Preparation for Death of a Master Mason est consacrée à la conception « cyclique » de la vie, envisagée plus spécialement dans la correspondance analogique avec le cycle annuel. Signalons aussi un article sur les allusions maçonniques contenues dans les œuvres de Rudyard Kipling, et un autre sur le symbolisme de la truelle dans la Mark Masonry.

— Dans le *Grand Lodge Bulletin* d'Iowa (numéro de février), un article est consacré au rôle joué, dans la Maçonnerie, par le « Livre des Constitutions » et par les Old Charges qui l'ont précédé. Dans le numéro de mars, à propos de l'expression de « Loge bleue », qui est employée couramment comme synonyme de « Loge symbolique » (c'est-à-dire travaillant aux trois grades d'Apprenti, de Compagnon et de Maître), le symbolisme de la couleur bleue est étudié, ainsi que sa connexion historique avec le Tabernacle et le Temple de Salomon.

Juin 1938

— Dans *le Symbolisme* (numéro de mars), G. Persigout étudie les Ascensions mithriaque, pythagoricienne, judéo-chrétienne et hermétique, c'est-à-dire ce qui, dans ces différentes traditions, représente « l'action purificatrice du Feu, le désir ascensionnel de l'Âme et le mystère final de la Libération » ; cet exposé manque malheureusement de netteté, et la trop grande part qui y est faite à des informations de source toute profane y est bien certainement pour quelque chose ; le « syncrétisme psychique des traditions religieuses », notamment, nous rappelle les pires incompréhensions des « historiens des religions », qui prennent pour des « emprunts » purement extérieurs toutes les similitudes symboliques qu'ils constatent sans pouvoir en pénétrer le sens profond. Dans le numéro d'avril, F. Ménard étudie Le Principe d'analogie, en insistant surtout, à très juste raison, sur l'application du « sens inverse ».

Juillet 1938

— Le *Grand Lodge Bulletin* d'Iowa (numéro de mai) étudie les raisons pour lesquelles, suivant la tradition de la Maçonnerie opérative, la première pierre d'un édifice doit être posée dans l'angle nord-est (symboliquement tout au moins, si la disposition des lieux ne permet pas que cette orientation soit exacte en fait) ; c'est là une question qui, au fond, se rattache à celle des « circumambulations », avec une relation plus particulière à la marche du cycle diurne.

— Dans *le Symbolisme* (numéro de mai), Oswald Wirth envisage La Rénovation du Rituel, sujet bien dangereux, car il serait fort à craindre qu'une telle « rénovation » ne soit surtout une « altération » ; nous ne voyons pas ce que l'introduction de « moyens modernes » peut ajouter à la valeur d'un rituel initiatique, qui d'ailleurs ne gagne jamais rien à être entouré de « cérémonies » superflues ; et, d'autre part, y a-t-il beaucoup de chances pour que ceux qui seraient chargés de cette tâche soient capables de discerner l'essentiel, qui ne peut en aucun cas être modifié, sous peine d'irrégularité ou même de nullité au point de vue de la transmission initiatique ? – G. Persigout parle de Correspondances, Analogie, Intériorité ; nous ne voyons pas bien pourquoi il proteste contre l'expression de « correspondance analogique », qui n'identifie pas, comme il semble le croire, les correspondances et l'analogie, et qui en ferait d'ailleurs un pléonasme pur et simple ; en fait, il y a des correspondances qui sont analogiques et d'autres qui ne le sont pas. Nous ne comprenons pas davantage pourquoi les correspondances devraient constituer un « système » parce qu'elles ont un « contenu doctrinal », ni pourquoi ce contenu devrait se borner à être celui des sciences dites « positives », qui ne sont en réalité que les sciences profanes, alors que les véritables correspondances sont au contraire celles qui se fondent sur les sciences traditionnelles ; mais, quand on voit comment l'auteur cite et utilise pour sa thèse les idées de certains philosophes contemporains, on ne peut guère s'étonner qu'il n'aperçoive pas très clairement la distinction de ces deux ordres de connaissance...

— La *Revue Internationale des Sociétés Secrètes* numéro du 1ᵉʳ mai) achève l'examen de la biographie du duc de Wharton : il en résulte qu'il séjourna à peu près un an en France, en 1728-1729, d'où la conclusion, assurément très plausible, que c'est pendant cette période qu'il dut être Grand-Maître des Loges de France ; qu'il ait été le premier à porter ce titre, cela est vraisemblable aussi, même si l'introduction de la Maçonnerie en France remonte à 1725. – Dans le numéro du 15 mai, il s'agit d'établir la chronologie des successeurs du duc de Wharton : si le chevalier James Hector Macleane lui succéda immédiatement, il dut être élu lorsque le duc de Wharton quitta la France pour l'Espagne, c'est-à-dire en 1729, et il resta sans doute en fonctions jusqu'en 1736 ; à cette dernière date, il fut remplacé par Charles Radcliffe, comte de Derwentwater, dont le nom a été si bizarrement transformé en « d'Harnouester », et qui eut lui-même pour successeur, en 1738, le duc d'Antin, premier Grand-Maître français ; à partir de là, l'histoire est beaucoup mieux connue, et la série des Grands-Maîtres ne présente plus aucune obscurité.

Octobre 1938

— Dans le *Speculative Mason* (numéro de juillet), étude sur le Passing, c'est-à- dire l'initiation au grade de Compagnon, ainsi appelée parce qu'elle représente une phase transitoire entre l'Apprentissage et la Maîtrise ; l'interprétation qui est donnée de la « Géométrie », comme associée plus spécialement à ce grade, appellerait quelques réserves et surtout beaucoup de compléments. – Dans la suite de The Preparation for Death of a Master Mason, il est question des différents stades de la vie humaine, avec référence plus particulière aux quatre âshramas de la tradition hindoue, et du processus de « mort graduelle » pendant la vie même, qui est comme un acheminement vers la libération finale.

— Dans *le Symbolisme* (numéro de juin), signalons une courte étude de François Ménard sur le Symbolisme du Tablier, mis en corrélation avec certains des centres subtils de l'être humain, ce qui en fait tout autre chose que le simple « symbole du travail » qu'on y voit exotériquement, à moins pourtant qu'on ne précise qu'il s'agit d'un travail proprement initiatique ; la méprise qui se produit habituellement à cet égard est, comme il le fait remarquer, exactement comparable à celle à laquelle donne lieu le sens du mot « opératif ». – Dans le numéro de juillet, Oswald Wirth et Albert Lantoine reprochent une fois de plus à la Maçonnerie anglaise de méconnaître le « pur Maçonnisme », qu'ils croient être représenté par les Constitutions d'Anderson, alors qu'au contraire celles-ci s'en écartaient fort, et que les modifications adoptées par la suite sous l'influence des « Anciens » tendent à s'en rapprocher dans une certaine mesure, pour autant que le permettent les limitations « spéculatives ». La déclaration initiale des Constitutions ne fut modifiée qu'en 1815, comme conséquence de l'union des « Anciens » et des « Modernes », et non pas dès 1738 comme certains l'ont cru à tort ; la seconde rédaction d'Anderson, celle de 1738, ajoutait seulement des allusions au « vrai Noachite » et aux « trois grands articles de Noé », qu'Oswald Wirth trouve « énigmatiques », et qui le sont en effet en ce sens qu'il y a là un rappel de quelque chose qui peut remonter fort loin ; mais, dans la pensée très peu ésotérique d'Anderson lui-même, les trois articles en question ne pouvaient pas signifier autre chose que « paternité divine, fraternité humaine et immortalité », ce qui n'a certes rien de bien mystérieux… Quant à la question des Landmarks, qu'Albert Lantoine vise plus particulièrement, elle est assurément obscure par plus d'un côté ; mais à qui en imputer la faute première, sinon aux fondateurs de la Maçonnerie « spéculative » et à leurs connaissances par trop insuffisantes, sans parler des préoccupations d'ordre « extra-initiatique » qui influèrent grandement sur leur travail et ne contribuèrent pas précisément à en faire un « chef-d'œuvre », au sens proprement « opératif » de cette expression ?

— Dans la *Revue Internationale des Sociétés Secrètes* (numéro du 15 juin), les articles sur Les Ancêtres de la Franc-Maçonnerie en France se continuent par un examen de la « légende des Stuarts » ; l'auteur critique justement Gustave Bord, qui, en tant qu'historien, « s'en est toujours tenu à la lettre des documents », ce qui est fort insuffisant ; mais ses propres arguments, sur la question dont il s'agit, ne nous paraissent pas des plus convaincants, et, si l'on peut assurément admettre que l'activité maçonnique des partisans des Stuarts fut plus considérable que la leur propre, il est tout de même bien difficile de supposer qu'elle s'exerça entièrement à leur insu et qu'ils ne jouèrent pas tout au moins ce qu'on peut appeler un rôle d'apparat, à quoi se réduit en fait la fonction de bien des dignitaires « officiels », dans la Maçonnerie comme ailleurs. En tout cas, pour ce qui est de l'affirmation qu'il n'y a jamais eu de Maçonnerie « jacobite » ou « orangiste », mais qu'il y a toujours eu « la Maçonnerie ») purement et simplement, rien ne saurait être plus faux ; à partir de 1717, il n'y a jamais eu, au contraire, que de multiples organisations maçonniques de tendances fort divergentes, et les actuels différents de la Maçonnerie « latine » et de la Maçonnerie « anglo-saxonne », pour ne prendre que l'exemple le plus manifeste, montrent bien que rien n'est changé à cet égard depuis le XVIIIe siècle ! – Dans les numéros des 1er et 15 juillet, cette série d'articles se termine par une étude, à vrai dire très partiale, de la biographie de Ramsay ; s'il en résulte assez clairement que le fameux discours qui lui est attribué est bien authentique, on ne peut cependant en tirer aucune conclusion en ce qui concerne son rôle effectif dans l'institution des hauts grades dits « écossais », ce qui eût été le point le plus intéressant à éclaircir. Quant à l'idée d'interpréter le discours de Ramsay en y traduisant « Croisés » par « Rose- Croix », elle est du domaine de la fantaisie pure ; l'auteur paraît d'ailleurs se faire, du Rosicrucianisme et de ses rapports avec la Maçonnerie, une conception vraiment extraordinaire et qui ne répond à aucune réalité.

Novembre 1938

— Le *Grand Lodge Bulletin* d'Iowa (numéro de septembre) donne une étude sur la clef comme symbole du silence ; c'est là en effet une de ses multiples significations, mais qui n'est d'ailleurs qu'assez secondaire ; et il est permis de penser que son importance, dans la Maçonnerie même, tient plutôt, en premier lieu, à sa connexion avec le symbolisme de Janus.

— Dans *France-Amérique du Nord* (numéro du 11 septembre), M. Gabriel Louis-Jaray reproduit la note que nous avons consacrée à son précédent article sur Franklin, en la faisant suivre de ces quelques réflexions : « Tous ceux qui s'intéressent au rôle éminent de Franklin d'abord en Angleterre contre la France, puis en France contre l'Angleterre, et à ses vues hostiles sur plus d'un point à celles de Washington, aimeraient que M. René Guénon explique pour ceux qui suivent cette histoire comment il conçoit l'action de Franklin et la « contre-initiation » dont il parle. Dans son livre La Franc-Maçonnerie et la Révolution intellectuelle du XVIIIIe siècle, M. Bernard Fay, qui consacre tout un chapitre à Franklin, le qualifie de « Maçon orthodoxe du teint le plus pur ». En historien, je demanderai à M. René Guénon de nous expliquer son point de vue, puisqu'il ne semble pas partager celui de M. Bernard Fay. » Il est plutôt amusant qu'on veuille nous opposer l'opinion de M. Bernard Fay, qui, même en admettant qu'il soit un historien impartial (ce qui est fort douteux d'après ce que nous en savons, bien que nous n'ayons pas eu l'occasion de lire son livre), ne peut en tout cas avoir aucun moyen de savoir en quoi consiste réellement l'orthodoxie maçonnique. Washington, de même que La Fayette, était assurément un honnête « Maçon orthodoxe » ; sa divergence même avec Franklin n'indiquerait-elle pas déjà que celui-ci était tout autre chose ? Pour le surplus, nous ne pouvons répondre à M. Gabriel Louis-Jaray « en historien », puisque tel n'est pas notre point de vue, ni répéter tout ce que nous avons écrit sur la question de la « contre-initiation » ; nous sommes obligé de le prier de bien vouloir s'y reporter si cela l'intéresse, en attirant notamment son attention sur les indications que nous avons données quant aux particularités suspectes du sceau des États-Unis ; et nous lui signalerons en outre qu'il doit exister un portrait de Franklin, gravé à l'époque, et portant cette devise dont le caractère « luciférien » est assez frappant : « Eripuit coelo fulmen sceptrumque Tyrannis. »

Décembre 1938

— Dans le *Speculative Mason*, la suite de l'étude sur The Preparation for Death of a Master Mason envisage la « Tradition Sacrée », qui est représentée symboliquement dans les Loges par la Bible parce que celle-ci est, en fait, le Livre sacré de l'Occident depuis l'époque chrétienne, mais qui ne doit point être considérée cependant comme se limitant à ce seul Livre, mais au contraire comme comprenant également et au même titre les Écritures inspirées de toutes les formes traditionnelles diverses, qui ne sont qu'autant de branches dérivées de la même Sagesse primordiale et universelle. Un autre article est encore consacré à la question des Landmarks, qui est, comme l'on sait, le sujet de discussions interminables ; il l'éclaire quelque peu en se référant à la signification originelle du mot, appliqué dans la Maçonnerie opérative aux marques par lesquelles étaient fixés le centre et les angles d'un édifice avant sa construction, ce qui, par transposition, peut permettre d'interpréter les caractères généralement reconnus aux Landmarks dans le sens d'une vérité immuable, universelle et intemporelle en elle-même, et en même temps susceptible, dans les différents domaines d'existence et d'action, d'applications qui sont comme autant de reflets, à des degrés divers, d'un « Archétype » purement spirituel ; et il va de soi que, dans ces conditions, les véritables Landmarks ne peuvent en aucune façon être assimilés à un ensemble de règles écrites, qui ne sauraient en exprimer tout au plus que le reflet le plus indirect et le plus lointain.

— Dans le Symbolisme (numéro d'août-septembre), Oswald Wirth critique assez justement la tendance excessive des Maçons américains à se parer de titres et d'insignes de tout genre ; mais peut-être ne marque-t-il pas assez nettement la distinction qu'il convient de faire entre les grades authentiques des différents rites maçonniques et les multiples organisations « à côté » qui, même lorsqu'elles sont exclusivement réservées aux Maçons, n'en ont pas moins un caractère en quelque sorte « parodique », du fait qu'elles sont dépourvues de toute valeur initiatique réelle. – Dans le numéro d'octobre, il s'attaque une fois de plus à la présence obligatoire de la Bible dans les Loges anglo-saxonnes ; pourtant, si on l'envisage comme symbolisant la « Tradition Sacrée » au sens qui a été indiqué ci-dessus, nous ne voyons pas à quelles difficultés elle peut donner lieu ; mais il est vrai que, pour comprendre cela, il faudrait ne pas voir la Bible à travers les opinions des « critiques » modernes, qui sont à l'opposé de toute connaissance d'ordre ésotérique et initiatique. – Dans les deux mêmes numéros, Ubaldo Triaca expose ses « vues personnelles » sur une Rénovation maçonnique qui pourrait mettre fin aux divergences actuelles ; il reproche aux Obédiences « latines » d'avoir trop souvent laissé s'établir en fait une tendance antireligieuse, alors que la Maçonnerie devrait être à la religion dans le rapport de l'ésotérisme à l'exotérisme ; aux Obédiences anglo-saxonnes, il reproche au contraire de confondre le point de vue maçonnique avec celui de la religion exotérique, et c'est encore la question de la Bible qui est ici le principal grief, ce qui montre que l'idée du sens profond des Écritures sacrées est décidément bien oubliée de nos jours. L'explication du rôle de la Bible par l'influence d'un milieu protestant est d'ailleurs ici tout à fait insuffisante et superficielle ; et, pour ce qui est de la proposition de remplacer la Bible entière par le seul Évangile de saint Jean, nous ne voyons pas ce que son adoption changerait en réalité, car, dans l'un et l'autre, c'est toujours, au fond, une portion plus ou moins étendue de la « Tradition Sacrée » qui serait prise pour en représenter symboliquement la totalité.

Janvier 1939

— Dans le *Grand Lodge Bulletin* d'Iowa (numéro d'octobre) sont étudiés certains points généralement peu connus concernant les fonctions du Maître (c'est-à- dire du Vénérable) et des deux Surveillants ; à ce propos, il est curieux de remarquer que le mot « Surveillant », en usage dans la Maçonnerie française, n'est pas la traduction exacte du terme anglais Warden, mais celle d'Overseer, qui était également employé dans l'ancienne Maçonnerie opérative, mais qui a disparu de la Maçonnerie spéculative, tout au moins pour ce qui est de la Craft Masonry ; faudrait- il voir là un vestige de quelque chose qui, en France, remonterait plus loin que 1717 ?

— Dans *le Symbolisme* (numéro de novembre), Ubaldo Triaca, terminant ses réflexions sur la Rénovation maçonnique, déclare nettement que « la tendance qui voudrait acheminer la Maçonnerie vers une foi politique déterminée et une action extérieure de combat n'est qu'une conception de profanes, à qui la profondeur de l'Initiation a échappé complètement ».

— Dans le numéro de décembre, un article de G. Persigout, intitulé L'Enfer dantesque et le Mystère de la Chute, étudie surtout, en fait, la question de la dualité qui, sous des formes diverses, conditionne nécessairement toute manifestation ; nous devons faire remarquer que la reconnaissance de cette dualité n'implique en aucune façon le « dualisme », contrairement à ce que pourrait faire croire une fâcheuse erreur de terminologie, qui est d'ailleurs imputable moins à l'auteur lui-même qu'à quelques-uns des philosophes et savants modernes qu'il cite dans son article, et qui est encore un exemple des confusions dont le langage actuel est rempli.

Février 1939

— Dans le *Speculative Mason* (numéro de janvier), une étude est consacrée aux deux Colonnes du Temple, et tout d'abord à leur position respective, sur laquelle il est étonnant qu'il y ait eu tant de divergences, et même un désaccord entre les différents rites maçonniques, car les textes bibliques sont suffisamment explicites à cet égard. Quant aux noms de ces deux Colonnes, il est exact qu'on a tort de vouloir y voir des noms propres, mais, d'autre part, l'explication qui en est donnée ici contient une erreur linguistique : iakin est un seul mot, une forme verbale signifiant « il établira », et sa première syllabe n'a rien à voir avec le nom divin Iah. – Dans la suite de The Preparation for Death of a Master Mason, à propos des principaux enseignements de la « Tradition sacrée », la double nature mortelle et immortelle de l'homme donne lieu à des considérations dont une partie, où la « métempsychose » est d'ailleurs confondue avec la « réincarnation », trahit malheureusement une influence assez marquée des conceptions théosophistes.

Mars 1939

— Dans le *Grand Lodge Bulletin* d'Iowa (numéro de janvier), un article est consacré à l'« âge de la Maçonnerie », ou, pour mieux dire, à montrer que celui-ci est en réalité impossible à déterminer ; le point de vue des historiens modernes, qui ne veulent pas remonter plus loin que la fondation de la Grande Loge d'Angleterre en 1717, est assurément injustifiable, même en tenant compte de leur parti pris de ne s'appuyer que sur des documents écrits, car il en existe tout de même d'antérieurs à cette date, si rares soient-ils. Il est d'ailleurs à remarquer que ces documents se présentent tous comme des copies d'autres beaucoup plus anciens, et que la Maçonnerie y est toujours donnée comme remontant à une antiquité fort reculée ; que l'organisation maçonnique ait été introduite en Angleterre en 926 ou même en 627, comme ils l'affirment, ce fut déjà, non comme une « nouveauté », mais comme une continuation d'organisations préexistantes en Italie et sans doute ailleurs encore ; et ainsi, même si certaines formes extérieures se sont forcément modifiées suivant les pays et les époques, on peut dire que la Maçonnerie existe vraiment from time immemorial, ou, en d'autres termes, qu'elle n'a pas de point de départ historiquement assignable.

— Dans le Symbolisme (numéro de janvier), G. Persigout, dans un article sur Le Centre du Monde et de l'Etre, où il envisage l'idée du retour à l'Unité principielle, déclare que « la libre accession à la Connaissance ésotérique exige à la fois la répudiation du dualisme cartésien et de l'évolutionnisme spencérien » ; cela est parfaitement juste, mais cette « répudiation » devrait s'étendre pareillement, et sans distinction, à tout autre point de vue philosophique profane ; et nous ne voyons pas que, par exemple, les spéculations de M. Blondel sur la « philosophie de l'action », qui sont citées à plusieurs reprises au cours de cet article, soient réellement moins éloignées de toute doctrine ésotérique ou initiatique, ou même simplement traditionnelle au sens le plus général. – Un petit article intitulé Connais-toi toi-même est un assez bon exemple des confusions auxquelles peuvent donner lieu les illusions « psychologistes » et « scientistes » des modernes, et de la parfaite incompréhension du point de vue initiatique qui en est l'inévitable conséquence.

Mai 1939

— Le *Grand Lodge Bulletin* d'Iowa (numéro de février) contient diverses considérations relatives à la façon dont pourrait être formulée une « déclaration de principes maçonniques » ; ce qui est le plus remarquable là-dedans, c'est que l'essentiel y est complètement passé sous silence, car il ne s'y trouve pas même la moindre allusion au caractère proprement initiatique de la Maçonnerie. Cette constatation amène logiquement à se demander si, dans l'intention de ceux qui la croient utile, une telle déclaration ne s'adresserait pas surtout au public profane ; mais c'est là une chose qui n'a pas de raison d'être et que, par définition, une organisation initiatique réellement fidèle à ses principes ne devrait même pas envisager. Si au contraire elle était plutôt destinée à l'instruction des Maçons eux-mêmes, c'est là un rôle qu'elle remplirait fort mal, et en quelque sorte inévitablement ; elle serait, en effet, nettement contraire à la méthode traditionnelle d'enseignement par les symboles, sans même parler de l'impossibilité (qui d'ailleurs rend précisément cette méthode indispensable) d'enfermer les véritables principes dans des formules verbales. Donc, de toutes façons, le fait même que cette question puisse être posée et discutée par des « autorités » témoigne d'une fâcheuse incompréhension du point de vue initiatique ; et, si certains Maçons se plaignent d'ignorer « la nature essentielle de la Maçonnerie », ce n'est certes pas par des moyens de ce genre que leur ignorance pourra jamais être dissipée.

— Dans *le Symbolisme* (numéro de mars), G. Persigout étudie Le Symbolisme du crâne et de la mort ; il fait à ce sujet un certain nombre de remarques intéressantes, dont quelques-unes sont d'ailleurs inspirées par ce que nous avons dit nous-même ici à propos du symbolisme de la caverne et de celui du dôme ; mais pourquoi y mêle-t-il des vues « préhistoriques » dont le moins qu'on puisse dire est qu'elles sont étrangement confuses, en dépit de réserves fort justes sur l' « évolutionnisme » et le « naturalisme » qui dominent les explications « scientifiques » modernes ? D'autre part, parmi les points auxquels l'auteur touche en passant et qui mériteraient d'être examinés de plus près, nous noterons plus particulièrement ce qui concerne la « danse des morts » ; il y a là quelque chose d'assez énigmatique, qui ne relève point de l'« histoire profane », comme il semble le croire (et d'ailleurs cette histoire ne saurait jamais rien expliquer véritablement), mais qui, au contraire, est en relation directe avec certaines organisations initiatiques de la fin du moyen âge ; il semble qu'on n'ait jamais cherché à préciser le rôle et la nature de ces organisations, ce à quoi l'on serait peut-être aidé dans une certaine mesure par la considération du rapport ésotérique existant entre l'« amour » et la « mort ». Signalons incidemment que le mot « macabre », n'est pas autre chose que l'arabe maqbarah, « cimetière » (ou plus exactement son pluriel maqâbir), et que son origine n'a certainement rien à voir avec le nom de saint

Macaire, même s'il est arrivé que celui-ci en ait été rapproché après coup, du fait d'une de ces rencontres phonétiques qui ont parfois de si curieux effets.

Juillet 1939

— Le *Speculative Mason* (numéro d'avril) contient la suite des études que nous avons signalées précédemment ; au sujet des « colonnes », il est question des différents ordres d'architecture et des difficultés auxquelles donnent lieu les correspondances symboliques qui leur ont été attribuées ; il semble en effet que ce point soit de ceux où il s'est introduit quelques-unes de ces confusions qui ne sont que trop nombreuses dans la Maçonnerie moderne. – Dans The Preparation for Death of a Master Mason, il s'agit cette fois de la constitution de l'homme et de la distinction de ses différents éléments, surtout d'après les sources hermétiques et néoplatoniciennes ; l'auteur fait remarquer très justement les inconvénients de l'usage vague et confus que les modernes font du mot « âme » (soul), dans lequel ils comprennent indistinctement des choses d'ordre entièrement différent. – Mentionnons encore une note où, à propos de l'absence du grade de Maître dans les premiers temps de la Maçonnerie spéculative, il est dit nettement que « cette situation anormale était due aux qualifications défectueuses des membres des quatre Loges qui avaient formé la Grande Loge en 1717 », et qui ne possédaient pas tous les grades de la hiérarchie opérative ; la reconnaissance de cette vérité est assez rare pour mériter d'être soulignée tout spécialement.

Janvier 1940

— Dans le *Speculative Mason* (numéro de juillet), dans la suite de The Preparation for Death of a Master Mason, l'auteur insiste sur la nécessité, pour le développement spirituel, d'envisager toutes choses avec une autre signification que celle qu'on leur donne d'ordinaire, c'est-à-dire en somme sous le point de vue « sacré », et il montre l'application de cette méthode dans le cas du symbolisme maçonnique. Un autre article revient sur la question des deux colonnes et sur quelques-unes des confusions qui se sont produites à leur sujet ; un des plus curieuses est celle qui, de colonnes sur lesquelles étaient gravés les principes des sciences traditionnelles, comme celles dont il est question dans la légende d'Hénoch, a fait des colonnes creuses destinées à contenir à leur intérieur les archives de la Maçonnerie ! Dans le numéro d'octobre, une note sur les « vertus cardinales » montre que, chez Platon et Plotin, celles-ci avaient un sens tout autre que simplement « moral » et beaucoup plus profond ; une autre, sur le « pouvoir de la pensée », est trop visiblement influencée par les théories psychologiques modernes, qui sont bien éloignées de toute donnée authentiquement initiatique sur ce sujet.

— Dans le *Grand Lodge Bulletin* d'Iowa (numéro de septembre), un article précise la position des deux colonnes du Temple de Salomon, qui a donné lieu à d'interminables discussions, alors qu'il aurait en somme suffi de se reporter aux textes bibliques et de savoir les lire ; le point important, et qui est bien établi ici, c'est que, dans ces textes, la « droite » et la « gauche » désignent respectivement, et d'une façon constante, le Sud et le Nord, c'est-à-dire les points qu'on a à sa droite et à sa gauche quand on se tourne vers l'Orient.

— Dans le *Symbolisme* (numéros de mai et juin), G. Persigout, revenant sur la figure d'Eliphas Lévi qu'il avait déjà étudiée dans son précédent article, parle de L'Hexagramme pentalphique et magique ; il essaie d'interpréter l'énigmatique Sator arepo tenet opera rotas, inscrit dans le « carré magique » qui en forme le centre, mais cette interprétation ne paraît pas moins hypothétique que tant d'autres qui en ont été proposées. Au surplus, il montre, dans toute cette étude, une forte tendance à « noircir » les choses, parlant d'« Hexagramme dévoyé » et de « Binaire impur », et s'attardant au sens le plus inférieur au lieu de rechercher des significations plus élevées et en même temps plus « légitimes » ; l'influence de la psychanalyse se fait vraiment un peu trop sentir là-dedans, et nous y voyons même aussi, par moments, planer l'ombre inquiétante de feu h. de Guillebert des Essarts... – Dans le numéro de mai, une étude sur L'Epée flamboyante, par Marius Lepage, tourne quelque peu autour du sujet, si l'on peut dire, plutôt qu'elle n'y pénètre véritablement ; la plus grande partie, en effet, ne se rapporte en réalité qu'au symbolisme général de l'épée. – Dans le numéro de juillet,

G. Persigout étudie Le symbolisme du Sceau de Salomon ; nous retrouvons ici le mélange de « documentation » traditionnelle et profane que nous avons déjà noté chez lui à diverses reprises, et qui ne contribue pas précisément à éclairer les questions ; la conception qu'il se fait de l'« Androgynat » primordial, en particulier, est loin de se dégager avec toute la netteté désirable. – Dans le numéro d'août-septembre, un article sur Les Nombres en Architecture opérative, par Morvan Marchal, contient de fort judicieuses réflexions sur l'art traditionnel de l'antiquité et du moyen âge, sur sa supériorité par rapport à l' « académisme » et au « désarroi architectural actuel », et sur le caractère de « décadence » d'un art qui « prétend relever de la libre fantaisie individuelle et du seul domaine subjectif » ; pourquoi faut-il que tout cela soit gâté, à la fin, par un passage où il est question de l'« animalité ancestrale », et dont le ton « progressiste » est en étrange contradiction avec les considérations qui précèdent ?

Mai 1940

— Le *Compagnon du Tour de France* (numéros de janvier et mars) contient un bon article sur L'Outil, par le C. Georges Olivier, dont nous extrayons ces quelques considérations fort justes : « L'outil engendra le métier ; le métier, les arts ; au moyen âge, métier et art ne faisaient qu'un… L'outil est à la mesure de l'homme ; il porte en lui, sur lui, la personnalité de son maître… Dans l'atelier, l'outil prend aux yeux de l'initié la valeur d'un objet sacré. L'atelier n'est-il pas un temple où l'on médite, où l'on étudie, où l'on accomplit un travail : une part de l'œuvre universelle ? … De tout temps, sans doute, l'outil fut considéré comme un symbole… On trouve dans nos musées des bannières brodées du saint portant l'outil et la devise du corps de métier : vestiges et témoins d'une époque où se compénétraient intensément la vie économique et la vie spirituelle, où le travail matérialisait la foi, et où la foi spiritualisait le travail. Symboles aussi, et à différents points de vue, l'équerre et le compas des Compagnons, qui, en y ajoutant l'outil distinctif de la profession, ont voulu y voir l'union de l'intellectuel et du manuel dans un même ouvrier : l'Artisan. » Il serait à souhaiter que ces réflexions tombent sous les yeux de ceux qui prétendent soutenir la supériorité du « spéculatif » sur l'« opératif », et qui croiraient volontiers que le symbolisme est l'apanage des seuls « spéculatifs » ! Nous ne ferons de réserves que sur un point : il n'est pas exact de dire que la machine est un « outil perfectionné », car, en un certain sens, elle est plutôt le contraire : tandis que l'outil est en quelque sorte un « prolongement » de l'homme, la machine réduit celui-ci à n'être plus que son serviteur, et, s'il est vrai que « l'outil engendra le métier », il ne l'est pas moins que la machine le tue ; mais, au fond, c'est peut-être bien là, malgré tout, la véritable pensée de l'auteur lui-même, puisqu'il dit ensuite que, « de nos jours, la machine supplantant l'outil, l'usine l'atelier, la société laborieuse se scinde en deux classes par l'intellectualisation du technicien et la mécanisation du manœuvre, qui précèdent la décadence de l'homme et de la société. »

— Dans le *Grand Lodge Bulletin* d'Iowa (numéros de janvier et février), il est question du symbolisme des clefs dans la Maçonnerie ; un point assez curieux à noter, c'est que la clef a été prise comme représentant la langue, rapprochement qui est expliqué ici par la forme des anciennes clefs égyptiennes ; en outre, la clef est ordinairement un symbole de pouvoir et aussi de secret ; tout cela est exact, mais ce qui est plus important, c'est qu'elle est avant tout et essentiellement, comme nous le disons d'autre part, un symbole « axial ». – Dans le second article, il s'agit de « clefs » d'une autre sorte, celles des alphabets cryptographiques qui sont ou ont été en usage dans la Maçonnerie ; ce qui est intéressant, c'est que des alphabets similaires, et construits sur le même principe, existent non seulement en hébreu (un tel alphabet, employé par les Kabbalistes, se trouve indiqué dans la Philosophie Occulte de Cornélius Agrippa), mais aussi en arabe ; cela donnerait à penser qu'il y a là quelque chose dont l'origine remonte fort loin, et que la dénomination de « clef du chiffre de Salomon » pourrait bien, après tout, n'être pas aussi purement « légendaire » que les modernes sont enclins à le supposer. – Dans le *Symbolisme* (numéro d'octobre-novembre-décembre), Gaston Moyse proteste contre l'opinion vulgaire « qui s'obstine à voir entre la Franc-Maçonnerie et les Sociétés dites de « Libre-Pensée » une étroite parenté » ; il remarque avec raison que le « libre-penseur intégral », se proclamant l'ennemi de tous les rites, doit logiquement être par là même un adversaire de la Maçonnerie, et il déclare nettement qu'« il n'existe chez les Sociétés de Libre-Pensée qu'une caricaturale contrefaçon de la Franc-Maconnerie » ; on ne saurait mieux dire, et nous ajouterons que cette « contrefaçon » présente bien tous les caractères sinistres de celles que nous avons souvent dénoncées comme constituant un des symptômes les plus inquiétants de la dégénérescence de notre époque. Un article intitulé La « Loi » d'Analogie, par J. Corneloup, porte la marque d'un esprit assez profane : l'auteur confond visiblement analogie avec ressemblance, et, s'il n'a pas tort de s'élever contre certains abus, tout cela n'a rien à voir avec la véritable analogie, dont il ne dit pas un seul mot ; ceux qui invoquent les théories de la physique moderne à l'appui de leurs propres vues ne sont d'ailleurs, quoi qu'il en pense, ni symbolistes ni métaphysiciens ; et, quant à l'affirmation que « la psychologie est le vrai domaine de l'initiation », il serait assurément difficile d'être plus loin de la vérité ! – G. Persigout envisage Les trois Renoncements du Myste comme symbolisés par le « dépouillement des métaux », la « toilette d'introduction » et la « rédaction du testament » ; à côté de certaines vues intéressantes, il y a encore là bien des confusions ; pour ne pas y insister outre mesure, nous dirons seulement que la « voie royale » ne concerne proprement que le « Héros », et non point le « Sage » ni le « Saint », et aussi, dans un autre ordre d'idées, que c'est pour le moins un procédé un peu sommaire que de chercher des parentés de sens entre des mots hébreux en ne tenant compte que de leur lettre initiale ; quant à vouloir « traduire en termes hermétiques » la pensée de certains philosophes contemporains, nous trouvons que c'est faire à ceux-ci un honneur vraiment bien immérité.

Janvier 1945

— Il nous faut encore revenir sur la question des Templiers, car nous avons eu connaissance, très tardivement d'ailleurs, de toute une série d'articles publiés sur ce sujet, dans le *Mercure de France*, par MM. J.-H. Probst-Biraben et A. Maitrot de la Motte-Capron : 1° Les Templiers et leur alphabet secret (numéro du 1er août 1939) ; 2° Les idoles des Chevaliers du Temple (numéro du 15 septembre) ; 3° Les coffrets mystérieux des Templiers (numéro du 1er novembre) ; 4° Les Templiers et les Gardiens du Temple (numéro du 1ᵉʳ décembre) ; 5° Le roi de France et les Templiers (numéro du 1ᵉʳ janvier 1940). – 1° L'authenticité de l'« alphabet secret » nous paraît bien douteuse : il semble que personne n'ait vu réellement les manuscrits anciens où il se trouverait, et toute cette histoire ne repose en somme que sur les assertions de l'abbé Grégoire et de Maillard de Chambure ; nous ne voyons d'ailleurs pas en quoi le second peut être estimé « plus sérieux » que le premier, car, si l'abbé Grégoire reçut ses informations des « Néo-Templiers », Maillard de Chambure était lui-même membre de cette organisation ; la « source » est donc la même, et elle est assurément bien peu digne de foi. En outre, la croix de forme compliquée qui sert de « clef » à l'alphabet en question est bien celle des « Néo-Templiers », mais il ne semble pas qu'elle ait jamais été en usage chez les véritables Templiers ; et il y a encore au moins un détail fort suspect : c'est la distinction de l'U et du V, tout à fait inconnue au moyen âge, et nous nous étonnons que les auteurs n'en aient pas fait la remarque, alors qu'ils s'inquiètent de la présence du W, qui, après tout, pourrait peut-être se justifier plus facilement. Dans ces conditions, il est permis de se demander s'il est bien utile de se livrer à des « spéculations » hypothétiques sur le symbolisme de cet alphabet, qui a sans doute tout juste autant de valeur que la collection de « reliques » de Fabré-Palaprat ; il est d'ailleurs bien probable, s'il est d'invention moderne, que les irrégularités dans l'ordre de formation des lettres n'ont rien d'ésotérique, mais ont pour unique raison d'être de rendre le déchiffrement moins facile ; en tout cas, pour ce qui est du sens de rotation où l'on veut voir « une influence orientale très marquée », il se trouve malheureusement que, s'il s'agit de l'Orient islamique, ce devrait être justement le sens contraire de celui-là. À un autre point de vue, il est singulier que les auteurs paraissent s'efforcer de réduire tout le mystère de l'Ordre du Temple à une question d'opérations financières, ce qui serait fort peu ésotérique ; ne vont-ils pas jusqu'à écrire, dans l'article suivant, que « la véritable idole des Templiers fut la puissance financière internationale » ? Signalons aussi deux inexactitudes historiques : Jacques de Molay n'est pas mort en 1312, mais en 1314, et il n'y eut jamais de décision papale supprimant l'Ordre du Temple, qui fut seulement suspendu « provisoirement » par le Concile de Vienne.

– 2° Au sujet des prétendues « idoles », les témoignages obtenus au cours du procès, dans des conditions ne permettant d'ailleurs guère de les regarder comme valables, sont tous contradictoires entre eux ; il se peut que certaines histoires de « têtes » se rapportent tout simplement à des reliquaires ; en tout cas, il va de soi que, quoi qu'ait pu en penser l'ignorance occidentale, des idoles quelconques ne pourraient en aucune façon avoir été empruntées à un milieu islamique ; sur tout cela, nous sommes bien d'accord avec les auteurs. Quant au fameux « Baphomet », dont le nom a donné lieu à tant d'hypothèses aussi peu satisfaisantes les unes que les autres, nous pouvons, incidemment, donner l'explication du soi-disant Bahumid de von Hammer : il est bien exact que ce mot n'existe pas en arabe, mais il faut en réalité lire bahîmah, et, si cela ne se traduit pas par « veau » (interprétation qui fut peut-être influencée par l'énigmatique « tête de veau » des Druses, bien plutôt que par « le bœuf Apis ou le Veau d'or »), c'est du moins la désignation générale de toute sorte de bestiaux ; maintenant, s'il est peu probable en fait que « Baphomet » vienne de l'arabe bahîmah, que les interrogateurs du procès ne devaient pas connaître, il se pourrait fort bien, par contre, qu'il vienne de son équivalent hébreu, c'est-à-dire du Behemoth biblique, et peut-être n'y a-t-il pas besoin de chercher plus loin la solution de cette énigme... Pour ce qui est des quatre statues qui, d'après le même von Hammer, se trouvaient dans le cabinet de Vienne (mais que sont-elles devenues depuis 1818 ?), on ne voit pas ce qui permet de les considérer comme des « Baphomets » ; et, franchement, que penser de ces statues dont, d'après leur physionomie, une est qualifiée de « romaine », une de « pharaonique », et les deux autres de « persanes », bien que toutes portent également des inscriptions arabes, d'un fort mauvais arabe d'ailleurs si le déchiffrement indiqué est bien exact ? Il faut reconnaître qu'il y a dans tout cela quelque chose qui sent la supercherie, peut-être plus encore que dans le cas des coffrets dont il va être question tout à l'heure... Nous ne nous attarderons pas à discuter en détail l'interprétation des phrases arabes, dont la lecture même est fort douteuse ; nous nous bornerons à relever une erreur de fait : il est exact que kenîsah (et non pas kensen) désigne exclusivement une église chrétienne (encore un musulman se sert-il de ce mot tout aussi bien qu'un chrétien quand il veut parler de cette église, car il n'en existe pas d'autre pour la désigner) ; mais nous ne pouvons comprendre qu'on dise que « Maulana n'est jamais usité », car, dans beaucoup de pays islamiques (il y en a d'autres que le Maghreb), c'est au contraire l'appellation qu'on emploie couramment en s'adressant aux souverains, et même à d'autres personnages respectables. – 3° Il s'agit ensuite des deux fameux coffrets qui figurèrent dans la collection du duc de Blacas (par quelle malchance semble-t-il qu'eux aussi aient été perdus ?) ; comme pour les prétendus « Baphomets », rien ne prouve qu'ils aient jamais eu le moindre rapport avec les Templiers ; de l'avis des auteurs, il s'agirait simplement de « boîtes à thériaque » employées par des médecins grecs et arabes. Cette explication n'a en elle-même rien d'invraisemblable ; nous n'examinerons pas ici l'interprétation des figures sur laquelle elle s'appuie, interprétation qui dans son ensemble en vaut bien une autre, même si elle n'est pas correcte dans tous ses détails (ainsi, on ne voit pas bien pourquoi un même signe indiquerait dans un endroit un nombre d'ingrédients et dans un autre un nombre de mois ou d'années). Ce qui est plus curieux, ce sont les questions qui se posent au sujet du couvercle d'un des coffrets ; son symbolisme est nettement alchimique (pourquoi certains ont-ils voulu que la figure principale, qui est en réalité un Rebis, soit encore un « Baphomet » ?), et, là aussi, il y a des inscriptions qui, si elles ont été transcrites exactement, sont rédigées en un arabe inimaginable, ce dont il n'y aurait du reste pas lieu de trop s'étonner si l'on admet l'hypothèse des auteurs, car, d'après eux, ce couvercle, ajouté après coup, aurait été fabriqué par des alchimistes occidentaux vers la fin du moyen âge ou le commencement de la Renaissance ; les raisons de lui attribuer cette date tardive ne sont d'ailleurs pas clairement indiquées, pas plus que celles de l'affirmation qu'« on ne voit pas en quoi un Templier pouvait s'intéresser à l'alchimie » ; tout a fait indépendamment de la question des coffrets, on pourrait tout aussi bien dire qu'on ne voit pas pourquoi il ne s'y serait pas intéressé ! – 4° Dans l'article suivant, il s'agit surtout des relations possibles des Templiers avec les Ismaéliens, désignés ordinairement sous le nom d'« Assassins » ; les auteurs se donnent une peine bien inutile pour expliquer qu'il faudrait écrire Assacine, ce qui ne représente pas une meilleure transcription (l'introduction de l'e muet, notamment, n'est qu'une concession assez bizarre à la prononciation française), et ce qui n'empêche pas que c'est bien de là qu'est venu le mot « assassin » et qu'il ne s'agit pas d'un simple « rapprochement par assonance » ; cette dérivation, bien entendu, n'indique pas ce qu'étaient réellement les Ismaéliens, mais seulement l'opinion vulgaire des Occidentaux à leur sujet. A la fin de l'article, il y a bien des assertions contradictoires : pourquoi dire que les Templiers « n'étaient pas initiés », parce qu'il est peu vraisemblable qu'ils aient reçu l'initiation des Ismaéliens, et comme s'ils n'avaient pas pu avoir leur initiation propre, surtout si l'on admet qu'ils étaient « johannites » ? Il est dit aussi qu'il y avait chez eux « une connaissance profonde du symbolisme, de l'ésotérisme proche-oriental et méditerranéen », ce qui ne s'accorde guère avec l'absence d'initiation, ni avec les préoccupations toutes profanes qui leur sont attribuées par ailleurs ; quant à chercher les preuves de cette connaissance dans l'alphabet « néo-templier », ce n'est peut-être pas une argumentation très solide, en dépit du souci qu'ont les auteurs de ne pas « dépasser les bornes permises par la critique historique ». – 5° Enfin, le dernier article semble viser à justifier tout le monde : le roi de France, le pape, les Templiers et les juges, dont chacun aurait eu raison à son propre point de vue ; nous n'y insisterons pas, et nous nous contenterons de noter que maintenant les Templiers sont présentés comme possédant non pas seulement un secret financier, mais aussi un secret « synarchique », ce qui est tout de même un peu moins grossièrement matériel (mais est-ce bien « se placer dans l'ambiance du XIVe siècle » que de parler ici d'une « affaire laïque » ?) ; quoi qu'il en soit, ce qui nous paraît ressortir surtout de ces longues études, c'est qu'il est vraiment bien difficile de savoir au juste à quoi s'en tenir sur tout cela !

— Dans les *Cahiers du Sud* (numéro de mars 1940), M. Jean Richer publie une étude sur Jules Romains et la tradition occulte ; à vrai dire, nous ne savons trop ce que peut être une « tradition occulte », mais nous pensons qu'on veut sans doute dire « ésotérique », encore que cela même ne soit pas très exact ici, car c'est surtout de l'Inde qu'il est question. Il est assurément possible que M. Jules Romains ait lu quelques livres concernant les doctrines hindoues, mais nous ne voyons pas qu'il en ait tiré grand'chose, car les rapprochements indiqués sont plutôt vagues et ne se rapportent en tout cas qu'à des choses d'un ordre très superficiel. Réduire les différents états dont il est question dans le Vêdânta à des « régimes de conscience », c'est-à-dire à quelque chose de purement psychologique, c'est bien peu comprendre de quoi il s'agit en réalité ; et, pour ce qui est du Yoga, si l'auteur de l'article déclare avec raison que « ses fins sont spirituelles », il semble pourtant que M. Jules Romains n'en ait retenu que certains effets « psycho-physiologiques » plus ou moins extraordinaires, ce qui n'a d'ailleurs rien d'étonnant, car les Occidentaux, même sans être « littérateurs », ne s'intéressent généralement à rien d'autre qu'à ce côté « phénoménique » et tout à fait contingent. Ce qui est plutôt stupéfiant, c'est que, à propos de ce genre de « dédoublement » que les occultistes ont dénommé bizarrement « sortie en astral » (et qui n'a absolument rien de commun avec l'état de samâdhi), on puisse écrire qu'il s'agit bien de ce que les anciens connaissaient sous le nom de Mystères ou d'Initiation » ; voilà de bien étranges imaginations, et on ne saurait être plus loin de la vérité ! Nous trouvons aussi, dans une note, la curieuse assertion que « la Franc-Maçonnerie doit beaucoup à l'Egypte » ; s'il est vrai que certains « systèmes » particuliers ont été basés sur cette théorie fantaisiste (et d'une façon qui ne montre que trop le caractère artificiel de ce rattachement et l'ignorance de leurs auteurs en fait d'« égyptologie »), il est impossible de trouver dans la Maçonnerie proprement dite quoi que ce soit qui porte la marque d'une origine égyptienne ; et, si l'on peut établir des comparaisons sur certains points, par exemple entre la légende d'Hiram et le mythe d'Osiris, ce sont là des choses dont l'équivalent se retrouve dans les traditions les plus diverses, et qui ne s'expliquent point par des « emprunts » ni par une filiation plus ou moins directe, mais bien par l'unité essentielle de toutes les traditions.

Dans le *Grand Lodge Bulletin* d'Iowa (numéro d'avril 1940), une note est consacrée à la question des globes céleste et terrestre qui sont parfois placés sur les deux colonnes ; il semble bien évident que ce n'est là qu'une innovation toute moderne, non point en raison d'une prétendue ignorance que certains se plaisent à attribuer aux anciens, mais tout simplement parce que de tels globes ne figurent dans aucun symbolisme traditionnel. Quant à les faire dériver du globe ailé égyptien, c'est là une hypothèse fort peu vraisemblable, car leur position et leur duplication seraient alors tout à fait anormales et ne s'accorderaient aucunement avec la signification de ce globe ailé. Nous devons relever, d'autre part, une erreur linguistique assez grave : le préfixe ya, en hébreu comme en arabe, est simplement la marque de la troisième personne du futur des verbes, et il n'a aucun rapport avec le nom divin Yah.

— Dans le *Symbolisme* (numéro de janvier-février- mars 1940), G. Persigout étudie L'Antre, synthèse obscure des trois Mondes ; bien qu'il nous cite à diverses reprises et qu'il s'appuie d'autre part sur des analogies alchimiques, nous ne sommes pas très sûr qu'il ait entièrement compris le symbolisme de la caverne initiatique, tant il y mêle de considérations étrangères au sujet. Le symbolisme traditionnel du diamant n'a sûrement rien à voir avec les théories de la chimie moderne sur le carbone, ni celui de la lumière avec des hypothèses biologiques sur l'« origine de la vie ». Certaines analyses de mots hébraïques sont assez fantaisistes ; il faudrait en tout cas, si l'on veut dire des choses exactes à cet égard, prendre bien garde de ne pas confondre le he avec le het ! Nous avons été surpris de voir, dans une note, attribuer à Eliphas Lévi la Clef de la Magie noire ; vérification faite de la citation, c'est de la Clef des Grands Mystères qu'il s'agit en réalité. Dans un article sur L'Art divinatoire, « Diogène Gondeau » paraît confondre l'intuition avec l'imagination ; de plus, il ne fait pas la moindre allusion au fait que certains « arts divinatoires » ne sont pas autre chose que des débris plus ou moins informes d'anciennes sciences traditionnelles, ce qui est pourtant, au fond, le seul côté réellement intéressant de la question. François Ménard, dans un court article sur Le Rameau d'Olivier, n'en expose le symbolisme que bien incomplètement ; il parle avec raison du rôle de l'huile, dans divers rites, comme support de la « force spirituelle » ; mais le reste n'est guère qu'un éloge un peu trop exclusif du « climat méditerranéen ».

Décembre 1945

— Le *Speculative Mason* (numéro de juillet 1940) contient un article sur le premier tracing board (tableau de la Loge d'Apprentis) considéré comme image du Cosmos, une assez bonne analyse de la Bhagavad-Gîtâ, peut-être un peu influencée par des préoccupations d'« actualité », et une étude sur Lady Godiva, légende médiévale anglo-saxonne qui paraît avoir ses racines dans des traditions préchrétiennes. Le numéro d'octobre contient un historique de la construction de l'abbaye de Saint-Alban, en relation avec certaines légendes de la Maçonnerie opérative, et une étude sur Mary Ann Atwood, auteur de l'ouvrage anonyme intitulé À suggestive Inquiry into the Hermetic Mystery, continuée dans le numéro de janvier 1941.

— Dans le numéro d'avril 1941, nous signalerons un résumé des anciennes traditions concernant l'Atlantide et des constatations géologiques qui semblent de nature à les confirmer, et une étude sur les rapports de la Kabbale et de la Maçonnerie, poursuivie dans les numéros de juillet et d'octobre. Cette dernière étude contient un grand nombre d'indications curieuses, mais certains points en sont assez contestables, et tous les rapprochements mentionnés ne sont pas également probants, ni toutes les sources citées également valables ; il ne faut, pensons-nous, envisager une influence réelle et plus ou moins directe de la Kabbale que dans les cas où il s'agit de détails très précis, et non pas seulement de similitudes qui peuvent exister normalement entre toutes les traditions initiatiques, et il convient de remarquer en outre que la science des nombres est fort loin d'être propre à la seule Kabbale hébraïque. – Dans le numéro de juillet, une étude historique sur le développement du grade de Compagnon dans les premiers temps de la Maçonnerie spéculative, continuée dans le numéro d'octobre, un article sur le symbolisme du centre, envisagé plus particulièrement dans ses connexions, telles que les établissent les rituels opératifs, avec l'Etoile polaire, le fil à plomb et le swastika, et enfin une note sur les tokens des anciennes corporations. – Dans le numéro d'octobre, une bonne critique des historiens maçonniques qui veulent s'en tenir exclusivement à la méthode soi-disant « scientifique » (et surtout profane, dirions-nous) n'admettant aucune « évidence » d'un autre ordre que celle des seuls documents écrits ; dans ce même numéro et dans les suivants (janvier, avril, juillet et octobre 1942), une étude très détaillée sur le symbolisme rituélique de l'initiation au grade d'Apprenti. – Le numéro de janvier 1942 contient la traduction de notre article sur Mythes, mystères et symboles, ainsi que celle de l'article de Marius Lepage sur L'Epée flamboyante, paru précédemment dans le Symbolisme et que nous avons déjà mentionné en son temps. – Dans le numéro d'avril, un article sur le personnage énigmatique désigné sous le nom de Naymus Grecus dans certaines copies des Old Charges (anciens manuscrits opératifs), comme ayant introduit la Maçonnerie en France à l'époque de Charles Martel, et sur une hypothèse essayant de l'identifier avec Anthemius de Tralles, l'architecte de Sainte-Sophie de Constantinople. Signalons aussi, dans ce numéro et dans celui de juillet, une étude assez brève, mais intéressante, sur Pythagore et les anciens Mystères, au cours de laquelle est naturellement rappelé le Peter Gower des Old Charges, ainsi que la confusion connexe des « Phéniciens » avec les « Vénitien ». Dans le numéro de juillet, une note sur quelques vestiges des anciens Mystères qui se sont conservés jusqu'à nos jours, d'une façon assez inattendue, dans le Théâtre des marionnettes (ce qui est un exemple de ce que nous avons dit des origines réelles du « folklore »), et un article sur les titres chevaleresques usités dans la « Rose-Croix de Heredom », et plus particulièrement sur la signification de celui de Via Determinata adopté par l'auteur. – Dans le numéro d'Octobre, outre la suite de ce dernier article, une étude sur la signification des « coups » rituéliques des différents degrés (constituant ce qui est appelé la « batterie » dans la Maçonnerie française), et une note sur le « crampon » (clamp ou cramp, appelé aussi lewis), instrument employé pour élever les pierres depuis le sol jusqu'à la place qu'elles doivent occuper dans la construction, et qui appartient plus spécialement au symbolisme de la Mark Masonry.

Avril-mai 1947

— Malgré la mort de son fondateur Oswald Wirth, survenue en 1943, le Symbolisme a repris sa publication a partir de décembre 1945, sous la direction de J. Corneloup. – Dans le numéro de décembre 1945, un Plaidoyer pour le Grand Architecte de l'Univers, par J. Corneloup, insiste très justement sur l'importance essentielle du symbolisme, auquel les Maçons actuels ne témoignent trop souvent qu'« un respect plus verbal que réel », faute d'en comprendre vraiment le sens et la portée. Nous noterons plus particulièrement l'affirmation que « le propre d'un symbole, c'est de pouvoir être entendu de façons diverses suivant l'angle sous lequel on le considère », de sorte qu'« un symbole qui n'admettrait qu'une interprétation ne serait pas un vrai symbole », et aussi la déclaration formelle que, contrairement à ce que certains prétendent, « la Maçonnerie n'est pas et ne peut pas être agnostique ». Malgré cela, cette étude, en ce qui concerne le symbolisme même du Grand Architecte de l'Univers, ne nous paraît pas aller suffisamment au fond de la question, et, de plus, il y est fait appel à certaines considérations de science moderne qui n'ont assurément rien à voir avec le point de vue initiatique. D'autre part, nous nous demandons comment on peut dire qu'« Hiram est extérieur à la Maçonnerie opérative qui l'a emprunté à une douteuse légende hébraïque » ; voilà une assertion bien contestable et qui aurait en tout cas grand besoin d'être expliquée. – Dans le numéro de janvier 1946, François Ménard examine Les sources des idées traditionnelles actuelles ; il nous paraît exagérer l'influence du platonisme, fût-ce à travers Fabre d'Olivet, sur l'occultisme du siècle dernier ; mais il a tout à fait raison de signaler le caractère hétérogène de la soi-disant « tradition occidentale » que certains ont voulu opposer aux traditions orientales ; « c'est de l'Orient que nous vint toujours la lumière, dit-il, et sa pure clarté spirituelle nous arrive maintenant directement, grâce à des interprètes autorisés et qualifiés ». J.-H. Probst-Biraben résume les données concernant Les couleurs symboliques dans les traditions des différents peuples ; il insiste notamment sur l'hermétisme et son application au blason, et il remarque que l'usage qui est fait des couleurs dans la Maçonnerie présente, par rapport à l'ordre habituel des hermétistes, une interversion qui est peut-être due à l'arrangement artificiel de hauts grades n'ayant eu tout d'abord aucun lien entre eux. – Dans le numéro de février, Marius Lepage, parlant Du but et des moyens de la Franc-Maçonnerie, précise que celle-ci diffère entièrement des divers genres d'associations profanes par là même qu'elle est une initiation ; les considérations qu'il expose sur le symbolisme de la Lumière, sur l'Evangile de saint Jean, sur la vertu des rites, sur la « délivrance » comme but suprême de l'initiation, sont excellentes pour la plupart ; mais pourquoi faut-il que nous voyions encore reparaître ici la confusion avec la « mystique » ? Le sens actuel de ce mot est trop éloigné de son acception étymologique pour qu'il soit possible de revenir à celle-ci ; ce qui s'appelle « mystique » ou « mysticisme », depuis bien longtemps déjà, n'est plus la « science du mystère » et encore moins la « science des initiés » ; et dire qu'« il est une technique de la mystique, identique pour toutes les religions et toutes les initiations », c'est non seulement confondre les deux domaines exotérique et ésotérique, mais aussi oublier qu'un des caractères distinctifs du mysticisme est précisément de n'avoir aucune « technique », celle-ci étant incompatible avec sa nature même. – Dans le numéro de mars, François Ménard et Marius Lepage reviennent sur la question du Grand Architecte de l'Univers ; s'il est légitime de dire que celui-ci « n'est pas la Divinité, mais un aspect accessible de la Divinité », mettant l'accent sur « l'aspect ordonnateur et constructif de l'Inconcevable Principe », ce n'est pourtant pas, nous semble-t-il, une raison pour l'assimiler à la conception gnostique du « Démiurge », ce qui lui donnerait un caractère plutôt « maléfique », fort peu en accord avec la place qu'il occupe dans le symbolisme maçonnique, et aussi avec la conclusion même des auteurs, suivant laquelle, en méditant sur la formule du Grand Architecte de l'Univers, « le Maçon qui « comprend bien son Art » saura et « sentira » que l'Ordre dépasse le simple « déisme » profane pour atteindre à une compréhension plus approfondie du Suprême Principe ». – J.-H. Probst-Biraben signale avec raison l'insuffisance des conceptions des sociologues actuels sur La nature des rites, auxquels ils n'attribuent le plus souvent qu'un caractère sentimental, à la fois artistique et utilitaire ; à notre avis, il aurait pu aller encore plus loin en ce sens, car, dans les ouvrages profanes qui touchent à cette question, la « documentation » seule est à retenir, et tout le reste montre surtout l'incompréhension de leurs auteurs. – Dans le numéro d'avril, un article de J. Corneloup, intitulé Hypothèses de travail, accentue encore la confusion, que nous signalions déjà plus haut, entre le point de vue initiatique et celui de la science profane ; celle-ci peut faire des hypothèses tant qu'elle voudra, et c'est même tout ce qu'elle peut faire ; mais que pourrait bien être une hypothèse dans le domaine du symbolisme (nous voulons dire du véritable symbolisme, qui n'a rien de commun avec les pseudo-symboles inventés par les savants modernes), et n'est-ce pas méconnaître complètement le caractère propre de la connaissance initiatique que d'admettre que quoi que ce soit d'hypothétique puisse y trouver place ? Sous le titre Noël, Marius Lepage étudie divers aspects du symbolisme du solstice d'hiver ; nous devons faire remarquer que nous n'avons jamais dit, comme il semble le croire, que le nom de Janus, est dérivé du sanscrit yâna, mais seulement que l'un et l'autre ont la même racine, ce qui n'est nullement contestable,   tandis que l'étymologie hébraïque qu'il envisage est tout à fait invraisemblable. Dans le numéro de mai, nous lisons dans un autre article de J. Corneloup, intitulé Une méthode, un but, une sauvegarde, que « le but que se propose la méthode symbolique est la recherche de la Vérité » ; nous pensons qu'il y a là un lapsus et qu'il a voulu dire « la connaissance de la Vérité », car il est évident que la recherche ne peut aucunement constituer un but ; mais, même si ce n'est qu'un lapsus, il n'en est pas moins significatif en ce qu'il trahit les tendances inhérentes à l'esprit moderne. D'un autre côté, il n'est pas exact de dire que « la Maçonnerie est la forme moderne de l'initiation », d'abord parce que rien de ce qui a un caractère initiatique, et plus généralement traditionnel, ne peut être qualifié de « moderne » sans contradiction, et ensuite parce que, historiquement, c'est là méconnaître les antécédents antiques et médiévaux de la Maçonnerie ; s'imaginera-t-on donc toujours que celle-ci ne remonte pas plus haut que 1717 ? Cet article se termine par des considérations sur la « loi du silence » qui sont assez judicieuses, mais qui sont loin de représenter tout ce qu'il y aurait à dire sur ce sujet, car elles ne touchent pas à la véritable nature du secret initiatique. – Dans le numéro de juin, Albert Lantoine expose La genèse du concept de tolérance, et il paraît en résulter que le « lancement » de cette idée ne fut en somme qu'un acte politique de Guillaume de Hanovre, mais aussi que cet acte influa assez directement sur la constitution de la Maçonnerie sous sa nouvelle forme « spéculative ». Cela confirme encore ce que nous avons toujours pensé sur le rôle que jouèrent dans cette constitution les influences profanes, pénétrant ainsi dans un domaine qui devrait normalement leur être interdit ; mais comment ceux que leurs études historiques amènent à de telles constatations peuvent-ils ne pas s'apercevoir qu'il y a dans ce fait même la marque d'une grave dégénérescence au point de vue initiatique ?

Juillet-août 1947

— Dans le Symbolisme (numéro de juillet 1946), J. Corneloup, dans un article intitulé Maçonnerie éducative ou Maçonnerie initiatique, remarque avec juste raison que « les Loges se sont ingéniées à donner des lumières a leurs membres, au lieu de les aider à rechercher la Lumière ; en d'autres termes, les Maçons ont consacré le plus clair de leur temps et le meilleur de leur effort à la tâche éducative de la Maçonnerie, en négligeant et même en ignorant la tâche initiatique » ; mais, quand il ajoute que d'ailleurs « l'initiation ne s'oppose pas à l'éducation » et que celle-ci est même « une des voies qui préparent à l'initiation », il aurait été bon de préciser un peu de quelle sorte d'éducation il s'agit, car il y a une certaine éducation profane qui est tout le contraire d'une préparation à cet égard. D'autre part, il est exact qu'on ne peut pas donner de l'initiation une définition à proprement parler, et cela, ajouterons- nous, parce que toute définition est forcément limitative ; mais les quelques notions qui sont ici exposées pour « en rendre l'idée concevable » sont vraiment bien sommaires, et on na pas l'impression que la « faculté de compréhension » dont il est question s'étende bien loin. Ajoutons que nous ne comprenons pas très bien comment on peut parler de « la conjonction dans une même organisation, au XVIIe siècle, des Maçons opératifs et des Maçons acceptés », comme si ces derniers n'avaient pas toujours été des membres non « professionnels » de la Maçonnerie opérative, et aussi qu'une allusion aux « égrégores » nous paraît refléter quelque chose de la confusion que nous avons signalée dans un récent article. – Dans le numéro d'août, Marius Lepage s'attache à marquer une différence entre Rites et rituels ; il s'agit naturellement en cela des rituels écrits, dont il souligne très justement le caractère de simples « aide-mémoire ». Il regrette que « la Maçonnerie ne possède pas l'organisme qui permettrait de maintenir les rites dans leur pureté primitive et authentique » ; il pense d'ailleurs que, « tout en gardant intégralement intacts les principes fondamentaux de l'initiation formelle, les rites doivent se matérialiser dans des rituels adaptés à la mentalité des hommes auxquels ils s'adressent », et cela encore est juste, mais il faudrait pourtant préciser que cette adaptation n'est légitime que dans certaines limites, car elle ne devrait jamais impliquer aucune concession à l'esprit anti-traditionnel qui caractérise le monde moderne. Il y a malheureusement encore dans cet article une certaine confusion entre les « initiations » et les « religions », et aussi une affirmation de l'origine « magique » des rites qui est plus que contestable ; ce sont d'ailleurs là des points sur lesquels nous nous sommes expliqué assez souvent pour qu'il n'y ait pas besoin d'y insister davantage. – Dans le numéro de septembre, Jules Boucher parle De l'Initiation dans un article qui témoigne d'un assez fâcheux pessimisme ; il n'a pas tort, assurément, de dénoncer les méfaits du rationalisme et de déplorer la banalité de certaines « spéculations » qui n'ont rien d'initiatique ; mais il paraît méconnaître totalement la valeur propre de l'initiation virtuelle, et il termine ainsi : « Est-il possible de s'opposer à la décadence de la Maçonnerie ? Il faudrait pour cela retrouver la « Parole perdue », et il nous semble bien que cette Parole (ce Verbe initiatique) est à jamais perdue. » Cet article est suivi d'une réponse de Marius Lepage qui remet très bien les choses au point, et dont nous citerons ces quelques extraits : « Nous vivons des années d'obscuration accélérée de tous les principes spirituels qui ont, jusqu'à ce jour, soutenu la substance du monde ; ce monde va bientôt s'écrouler... l'incompréhension des hommes en face de l'expression humaine du sacré est bien le signe le plus marquant de la proximité de la fin des temps. Pourquoi vous en affliger ? Ce qui est doit être, et toutes choses concourent à leur fin. La décadence apparente de toutes les organisations initiatiques n'est que l'effet de la corruption des hommes, de plus en plus éloignés du Principe. En quoi cela peut-il nous intéresser si nous sommes assurés que cette fin d'un monde s'intègre dans l'harmonie universelle et si nous avons bien compris l'enseignement de la Chambre du Milieu ? ... C'est au sein des organisations initiatiques, en dépit de leurs déviations et de leur altération, que se retrouveront les derniers témoins de l'Esprit, ceux par qui la Lettre sera conservée et transmise aux adeptes qui recevront la charge de la faire connaître aux hommes d'un autre cycle. C'est aussi pourquoi nous ne devons pas désespérer ; savons-nous quand et comment les paroles que nous prononçons ébranleront chez quelqu'un de nos Frères les centres subtils, et feront de lui un gardien de la tradition ? » Dans le numéro de novembre, François Ménard expose quelques considérations sur La Justice et sur le symbolisme de la balance, en connexion avec la loi des « actions ct réactions concordantes » qui régit la manifestation universelle. Des Notes sur la Maçonnerie indienne, par Silas H. Shepherd, contiennent des renseignements intéressants sur la tradition si peu connue des Indiens de l'Amérique du Nord ; le titre est d'ailleurs inexact, car il s'agit évidemment là d'une forme d'initiation tout à fait différente de la forme maçonnique, et à laquelle on ne peut pas sans extension abusive appliquer le nom de cette dernière. Une étude de J.H. Probst-Biraben sur L'ésotérisme héraldique et les symboles, dans les numéros de juillet à octobre, réunit une documentation assez considérable sur ce sujet ; il y insiste notamment sur l'origine orientale des armoiries et sur leurs rapports avec l'hermétisme, rapports qui leur sont d'ailleurs communs avec « les figures du Tarot, les marques corporatives », et sans doute bien d'autres choses encore qui, au moyen âge, eurent un caractère similaire ; « sans la connaissance du symbolisme hermétique, l'art héraldique demeure la plupart du temps incompréhensible ». Ce que nous trouvons plutôt étonnant, c'est que l'auteur ne veuille pas admettre que « des symboles ésotériques aient été introduits dans les écus par les nobles eux-mêmes », parce que ceux-ci « n'étaient en général ni instruits ni surtout initiés », et ils n'en auraient même pas soupçonné le sens réel ; n'aurait-il jamais entendu parler de l'existence d'une initiation chevaleresque, et s'imaginerait-il que l'instruction extérieure doive constituer une condition préalable de l'initiation ? Que des clercs et même des artisans aient collaboré parfois à la composition des armoiries, cela est assurément fort possible ; mais n'est-ce pas tout simplement parce qu'il y avait entre eux et les nobles des relations d'ordre initiatique dont on retrouve encore bien d'autres indices, et précisément surtout dans le domaine de l'hermétisme ? Une autre idée contestable est celle qu'il existe des symboles qui peuvent être dits proprement « méditerranéens » ; nous avouons ne pas voir très bien à quelle forme traditionnelle une telle désignation pourrait correspondre. – Les numéros de juillet à novembre contiennent aussi une longue étude de François Ménard sur La Vierge hermétique, au cours de laquelle sont abordées des questions assez diverses, mais se rapportant toutes à l'ordre cosmologique tel qu'il est envisagé plus particulièrement dans les formes traditionnelles occidentales. C'est ainsi qu'est étudié tout d'abord le symbolisme du « vase hermétique », qui correspond à un certain aspect de la Vierge ; puis l'auteur cherche à préciser le sens de la « Sagesse hermétique » de Khunrath, et il en tire la conclusion que « la Vierge est le principe essentiel de l'hermétisme », mais que « cet aspect est pourtant orthodoxe, c'est-à-dire qu'il est en rapport avec le domaine métaphysique qui est, on le sait, celui du Principe suprême », ce rapport correspondant d'ailleurs à celui qui doit exister normalement entre l'« art royal » et l'« art sacerdotal ». Ensuite, à propos de la Vierge comme « Lumière de gloire », nous trouvons une sorte de fantaisie scientifique sur la « lumière coronale », plutôt regrettable à notre avis, d'abord parce que les choses de ce genre n'ont qu'un caractère fort hypothétique, et aussi parce que, comme tout ce qui est inspiré de la science profane, elles n'ont réellement rien de commun avec les données traditionnelles, hermétiques ou autres, mais, par contre, rappellent un peu trop le genre de spéculation cher aux occultistes. Nous en dirons à peu près autant sur « le cycle de l'azote et la trame du monde sensible », bien que l'auteur ait du moins pris la précaution de faire remarquer, à propos de la force dont les modalités diverses constituent cette « trame », que « l'hermétisme a cet avantage considérable sur la science moderne de connaître cette force pour ainsi dire par le dedans, c'est-à-dire qu'il l'a identifiée avec la lumière qui est en l'homme et qu'il a reconnu que, à un certain degré, sa volonté bien dirigée peut agir sur elle et obtenir ainsi des résultats définis, par une technique sûre » ; nous dirions plus nettement, pour notre part, que, dans ces deux cas de l'hermétisme et de la science moderne, ce n'est pas d'une connaissance du même ordre qu'il s'agit en réalité. Il est ensuite question de la « Vierge zodiacale », ainsi que du mythe de Cérès avec lequel elle est en relation en tant que « signe de terre » ; puis vient une esquisse des différentes étapes de la réalisation hermétique suivant la description symbolique que Dante en a donnée dans la Divine Comédie. En voulant « élucider le mystère hiéroglyphique de Hokmah », l'auteur a malheureusement commis une grave erreur : il a confondu le *he* final avec un heth, ce qui, naturellement, fausse entièrement son calcul et son interprétation. Quant à sa conclusion, d'après laquelle « la Vierge hermétique, en tant qu'elle se trouve en contact avec les choses sensibles et matérielles, est la forme de la Déesse (c'est-à-dire en somme de la Shakti) la mieux adaptée à notre Occident et à notre époque de matérialisme outrancier », dirons-nous qu'elle nous semble quelque peu en contradiction avec le fait que, dans cet Occident moderne, les sciences traditionnelles sont complètement perdues ?

Mars 1948

— Le *Speculative Mason* (numéro d'octobre 1947) reproduit un extrait du compte rendu de la dernière Conférence des Grands-Maitres américains, concernant la question des « qualifications physiques », que certains voudraient actuellement abolir pour pouvoir admettre dans la Maçonnerie les invalides de la guerre. Il va de soi que les partisans de ce point de vue soi-disant « libéral » n'ont à faire valoir que des arguments d'ordre purement sentimental, et nous retrouvons chez eux l'idée complètement fausse suivant laquelle les qualifications corporelles auraient perdu leur raison d'être depuis que la Maçonnerie est devenue « spéculative » ; nous nous sommes d'ailleurs expliqué assez longuement sur ce sujet dans un de nos ouvrages (*Aperçus sur l'Initiation*, chap. XIV). Ceux qui soutiennent la thèse contraire envisagent naturellement les choses d'une façon plus correcte, mais pourtant il est au moins étonnant de voir qu'ils semblent être préoccupés avant tout par la crainte que les invalides admis ne deviennent tôt ou tard « une charge pour la Fraternité » ! Ce sont là des considérations qui n'ont certes rien d'initiatique, et rien ne saurait être plus juste que ces quelques mots ajoutés en manière de conclusion par un rédacteur de la revue : « Ce n'est pas une question de sentiment ni de situation financière ; il s'agit d'une loi naturelle, qui exige qu'il y ait un parfait « alignement » sur tous les plans si l'initiation doit être effective. » Un article assez curieux pose la question du signe zodiacal sous l'influence duquel serait l'Angleterre ; l'auteur conteste l'affirmation habituelle des astrologues, suivant laquelle ce serait le Bélier ; c'est là surtout un prétexte à passer en revue les différents signes et à décrire les caractères humains qui leur correspondent ; il incline finalement en faveur du Sagittaire, sans pourtant vouloir conclure d'une manière définitive. – Dans un autre article, il est question du Tracing board du grade de Maître ; un point particulièrement important est celui qui concerne la lucarne (dormer) qui, dans ce tableau, est figurée à la partie supérieure du Temple, et dont le symbolisme, comme l'a bien vu l'auteur, est identique a celui de l'« œil » du dôme dont nous avons parlé en diverses occasions. « Il est intéressant aussi de trouver quelquefois le symbole G suspendu dans l'ouverture d'un dôme qui est illuminé d'en haut, suggérant la Lumière divine qui se répand sur toutes choses » ; et nous ajouterons qu'il y a là un vestige évident du symbolisme « polaire » qui était en usage dans la Maçonnerie opérative et que nous avons signalé ailleurs (*La Grande Triade*, ch. XXV). D'autre part, il y a une inexactitude dans le rapprochement qui est fait avec le « troisième œil », car, en réalité, celui-ci ne se situe point à la couronne de la tête et est tout à fait distinct du Brahma-randhra ; et nous préciserons que c'est d'ailleurs seulement au grade de Royal Arch que le véritable rapport entre ces deux « centres » différents devrait pouvoir être compris effectivement. – Ensuite vient un article sur le grade de Rose-Croix, qui n'est en fait que la traduction textuelle d'un extrait du rituel de Ragon ; nous ne nous expliquons pas pourquoi le nom de celui-ci n'est même pas mentionné, ni pourquoi cet article est signé des initiales P. C., qui ne sont peut-être que celles du traducteur. Nous ne voyons d'ailleurs pas très bien quel intérêt il peut y avoir a reproduire ainsi purement et simplement, sans discussion ni commentaire d'aucune sorte, une série d'assertions pseudo-historiques dont la plupart sont entièrement erronées et ne reposent sur aucune base sérieuse. – Signalons enfin une note intitulée Tetragrammaton, mais qui, en réalité, se rapporte uniquement au symbolisme des quatre animaux ; comme il arrive trop souvent, les correspondances quaternaires qui y sont indiquées sont en partie inexactes ; et il est regrettable aussi qu'on y ait reproduit sans examen l'affirmation tout à fait injustifiée des occultistes qui prétendent trouver dans le Sphinx égyptien un composé des quatre animaux : il n'est pourtant pas bien difficile de se rendre compte tout au moins que ce Sphinx n'a jamais eu d'ailes !

Juin 1948

— *Le Symbolisme* a publié, dans ses numéros de décembre

1946 à mai 1947 (sauf celui de mars qui est entièrement consacré à la mémoire d'Oswald Wirth), une étude sur Le Triangle et l'Hexagramme signée « Maen-Nevez, Maître d'Œuvre » ; il s'y trouve des considérations d'inégale importance, et, à notre avis. les plus intéressantes sont celles qui concernent les symboles proprement opératifs et compagnonniques. L'auteur reproduit une marque de tailleur de pierre relevée à Vitré, dans laquelle figure le « quatre de chiffre » dont nous parlons d'autre part et dont il ne paraît d'ailleurs pas avoir cherché à approfondir la signification, bien qu'il ait pris cette marque pour point de départ de développements dont certains ne s'y rapportent que d'une façon beaucoup moins directe ; mais il a du moins réussi remarquablement à « placer » la marque en question sur une des « grilles » graphiques employées à cet effet par les anciennes corporations de constructeurs. Nous devons aussi signaler notamment les considérations exposées, au cours de ce travail, sur la construction en bois et en pierres, plus particulièrement dans l'architecture nordique ; elles sont à rapprocher de ce que nous avons-nous-même dit ici sur ce sujet en nous référant à d'autres traditions (Maçons et charpentiers, dans le numéro de décembre 1946). A propos de symboles « trinitaires », il est question du curieux tableau compagnonnique qui a été reproduit autrefois dans un numéro spécial du Voile d'Isis (novembre 1925) ; la ressemblance de cette figuration avec celle du dieu tricéphale gaulois n'est pas contestable, mais peut-être l'auteur, qui évidemment s'intéresse d'une façon toute particulière au Celtisme, veut-il en tirer trop de conséquences ; en tout cas, il y a autre chose qui est assez étrange, et dont nous ne croyons pas qu'on ait jamais fait la remarque : c'est que le dessin dont il s'agit est exactement semblable à certains tableaux provenant du mont Athos (sauf que, dans ceux-ci, les inscriptions sont naturellement en grec au lieu d'être en latin) et qui, paraît-il, sont employés par les moines grecs comme support de contemplation ; ce fait pourrait peut-être jeter une lumière inattendue sur certaines « affinités » du Compagnonnage. Il nous faut relever, d'autre part, une petite inexactitude : ce n'est pas Shiva, mais Brahmâ, qui est représenté avec quatre visages dans l'iconographie hindoue ; par contre, il existe des figurations de Shiva à trois visages (en connexion avec le « triple temps »), qu'il aurait été plus opportun de mentionner en cette occasion. Les considérations sur l'hexagramme qui viennent ensuite sont inspirées en grande partie des travaux de Matila Ghyka et appellent seulement une observation : il est bien exact que le triangle droit et le triangle inversé correspondent respectivement au feu et à l'eau, dont ils sont d'ailleurs les symboles alchimiques ; mais ce n'est pourtant là qu'une application parmi beaucoup d'autres, et l'auteur l'envisage d'une façon beaucoup trop exclusive. Nous ne connaissons pas l'ouvrage de R.-J. Gorsleben auquel il se réfère, mais, d'après ce qu'il cite, il ne nous paraît pas pouvoir être utilisé sans précaution, car il est à craindre que son interprétation des symboles ne contienne une certaine part de « modernisation » plutôt fantaisiste. – Le numéro de mai contient quelques réflexions très judicieuses sur Le secret maçonnique, qui, sans aller tout à fait jusqu'au fond de la question (ce n'était d'ailleurs guère possible dans un court article de quatre pages), s'accordent bien en somme avec ce que nous avons écrit sur la vraie nature du secret initiatique (Aperçus sur l'Initiation, chap. XIII). – Dans ce même numéro, François Menard fait du livre de M. Paul Le Cour, Hellénisme et Chistianisme, une excellente critique dont la sévérité est assurément bien justifiée ! – Dans le numéro de juin, Marius Lepage étudie La Maçonnerie nègre aux Etats-Unis, question généralement assez peu connue, du fait que cette Maçonnerie n'a aucune relation avec les Grandes Loges « blanches » et est regardée par elles comme « clandestine » (ou plus exactement « non-reconnue », car en réalité son origine est parfaitement régulière), ce qui d'ailleurs n'empêche pas qu'elle ait atteint un développement beaucoup plus considérable qu'on ne pourrait le supposer ; et le plus étonnant est qu'il y a aux Etats-Unis mêmes un grand nombre de Maçons « blancs » qui n'ont même jamais entendu parler de son existence. – Dans le numéro de juillet-août, sous le titre Initiation et règlement, Marius Lepage insiste très justement sur le fait qu'une qualité initiatique ne peut se perdre en aucun cas ; c'est là une chose contre laquelle les règlements administratifs ne peuvent rien, et les exclusions qu'ils préconisent ne sont que des mesures d'ordre tout extérieur, qui ne font pas plus perdre la qualité de Maçon que, dans l'Eglise catholique, l'« interdiction » d'un prêtre ne lui enlève son caractère sacerdotal. La distinction de ces deux ordres initiatique et administratif devrait toujours être soigneusement observée, et il serait à souhaiter, à cet égard, que les règlements soient rédigés de façon à ne rien contenir qui soit en contradiction avec les principes initiatiques, ce qui reviendrait en somme à en éliminer tout ce qui a été simplement calqué sur les institutions profanes et qui ne saurait convenir à la véritable nature de la Maçonnerie. – De Marius Lepage également, une note sur Stanislas de Guaita et le « Problème du Mal », annonçant l'intention de publier ce que l'auteur a laissé de cet ouvrage inachevé, avec les compléments qu'Oswald Wirth avait entrepris d'y ajouter et que lui non plus n'a jamais pu terminer. – Dans le même numéro encore, nous noterons un article de J. Corneloup intitulé Variations symbolistes sur un thème mathématique ; il s'agit du symbolisme des « sections coniques », mais malheureusement les considérations exposées à ce sujet demeurent un peu vagues, et surtout l'auteur ne nous paraît pas avoir su dégager exactement les conséquences du caractère de la parabole en tant que forme intermédiaire entre l'ellipse et l'hyperbole. Quant à la crainte qu'il exprime « d'être accusé d'avoir abusivement introduit la poésie dans la science », nous pensons qu'un tel reproche serait fort injustifié, car symbolisme et poésie (du moins à la façon dont les modernes entendent cette dernière) sont assurément deux choses entièrement différentes ; et nous dirons même que, si l'on comprend la science au sens traditionnel et non au sens profane, rien ne saurait être plus véritablement « scientifique » que le symbolisme.

Septembre 1948

— Dans le *Speculative Mason* (numéro d'avril 1948), nous notons une étude sur « la mort du Compagnon » ; il s'agit naturellement de l'initiation au grade de Maître et de l'identification du récipiendaire à Hiram, en vertu de laquelle « il doit s'élever à un niveau où il agira pour des motifs supérieurs à lui-même et participant d'un caractère universel », ce qui est rapproché à juste raison de la notion du détachement des fruits de l'action suivant la Bhagavad Gîtâ. – Plusieurs auteurs étudient la signification de la maxime « Connais-toi toi-même » ; d'une façon générale, ces exposés insistent surtout sur la nécessité d'orienter la conscience vers l'intérieur, la faisant pénétrer graduellement de l'état tout superficiel dans lequel vit l'homme ordinaire à d'autres états de plus en plus profonds, jusqu'à ce qu'elle parvienne finalement, après s'être dégagée ainsi de toutes les limitations contingentes, à atteindre le centre même de l'être, où réside le véritable « Soi ».

Octobre-novembre 1948

— Dans le Symbolisme (numéro de septembre- octobre 1947), P. O'Neill, dans un article intitulé A propos des « Résolutions de New York », examine certains aspects de la divergence qui existe entre la Maçonnerie anglo-saxonne et la Maçonnerie française, et qui semble due surtout à ce que, partant l'une et l'autre des conceptions exprimées dans les Constitutions d'Anderson, elles s'en sont écartées en quelque sorte en sens inverse au cours de leur développement ; ainsi, tandis que la Maçonnerie française accentuait de plus en plus la tendance à la « modernisation », la Maçonnerie anglaise, grâce à l'action des « Anciens », s'est au contraire rapprochée de la vraie tradition à laquelle Anderson avait porté de fâcheuses atteintes. – Dans le numéro de novembre, sous le titre Initiation et mythe adamique, Gaston Moyse fait certaines réflexions à propos de la substitution aux deux colonnes, dans un temple maçonnique, de deux statues représentant un homme et une femme ; il est bien certain que les deux colonnes symbolisent en effet les deux principes complémentaires qui peuvent être désignés comme masculin et féminin, mais nous pensons cependant qu'une telle figuration anthropomorphique, outre qu'elle n'a évidemment rien de traditionnel, restreint beaucoup la portée de ce symbolisme, en attirant exclusivement l'attention sur ce qui n'en est en réalité qu'une simple application particulière. – Dans les deux mêmes numéros et dans celui de décembre, nous trouvons une étude intitulée Spécimen d'une interprétation hiéroglyphique d'après le P. Kircher, par Louis Coulon ; il s'agit de l'explication d'une figure d'une table isiaque du Musée de Turin, représentant un scarabée à tête humaine accompagné de plusieurs symboles accessoires, Les commentaires du P. Kircher, pour qui cette figure « résume les plus grands mystères et recèle les plus hautes puissances », ne manquent assurément pas d'intérêt en eux-mêmes, mais nous devons dire qu'il est extrêmement douteux qu'on puisse les prendre, dans leur ensemble, pour une expression d'idées authentiquement égyptiennes. Il est d'ailleurs certain que le monument en question n'est pas très ancien, car on y voit, non pas une inscription hiéroglyphique, mais quatre caractères qui ne peuvent être que des lettres grecques plus ou moins mal formées, et assez difficiles à interpréter pour cette raison même (nous ne croyons pas, en tout cas, qu'elles puissent former le mot philo) ; il est bien évident par là qu'il ne peut dater que de la période alexandrine. Mais ce qui est assez curieux, et dont on ne semble pas s'être aperçu, c'est que cette figure est manifestement le prototype d'une autre qui se trouve, paraît-il, dans un ouvrage arabe d'Ibn Wahshiyah ; il y a la une véritable énigme, et il serait sûrement intéressant que quelqu'un fasse des recherches à ce sujet ; mais il y aurait lieu alors de s'assurer tout d'abord si von Hammer, dont la « documentation » est toujours bien suspecte, n'y serait pas pour quelque chose comme nous le soupçonnons. – Dans le numéro de décembre, Marius Lepage a consacré un article, à l'occasion du cinquantenaire de sa mort, à Stanislas de Guaita, dont le Symbolisme a commencé ensuite à publier, à partir de janvier 1948, les fragments du Problème du Mal accompagnés de commentaires d'Oswald Wirth. Dans les numéros de décembre 1947 et de janvier et février 1948, J.-H. Probst-Biraben étudie L'hermétisme des anciens littérateurs méditerranéens ; en fait, il s'agit surtout du Roman de la Rose, et aussi de Dante et de Rabelais ; il y a là des rapprochements intéressants, notamment avec le Soufisme ; mais nous nous demandons pourquoi il est aujourd'hui tant de gens qui semblent croire qu'il existe un symbolisme spécifiquement « méditerranéen ». – Dans le numéro de janvier, Albert Lantoine examine longuement le livre de M. Chettéoui sur Cagliostro et Catherine II, dont nous avons également rendu compte ici (voir numéro d'avril-mai 1948) ; il s'attache surtout à démêler les raisons diverses de l'hostilité de Catherine II à l'égard de la Maçonnerie en général et de Cagliostro en particulier ; sur le caractère et le rôle de celui-ci, ses conclusions sont, sinon favorables, du moins assez modérées. Dans les numéros de mars, avril et mai, J. Corneloup fait l'historique des Constitutions du Grand-Orient de France et de leurs modifications successives au cours du XIXe siècle, surtout de celle de 1877 qui eut de si fâcheuses conséquences. Ce qui est vraiment singulier, c'est que les procès-verbaux du Couvent dont il s'agit ne font aucune mention de la suppression de la formule du « Grand Architecte de l'Univers », et qu'il ne s'y trouve même pas trace d'un vote concernant une « réforme des rituels » qui devait impliquer notamment cette suppression, vote qui cependant a certainement eu lieu ; quelles peuvent bien être les raisons de cette étonnante lacune ? À ce propos, nous signalerons un autre point curieux dont il n'est pas question dans cet article : c'est la décision de supprimer tous les « emblèmes ayant un caractère religieux ou monarchique » ; cette décision, qui dut être prise par le Grand Collège des Rites, paraît bien se rattacher à la même « réforme » ; mais nous avons sous les yeux un document qui montre que dès 1876, sur le sceau dudit Grand Collège des Rites, la devise écossaise Deus meumque jus avait été changée en Suum cuique jus, et que l'aigle à deux têtes s'y était déjà métamorphose en ce que quelqu'un appela un jour « une sorte de chimère apocalyptique » ; comment et pourquoi ces changements (qui d'ailleurs ne s'accordaient guère avec la revendication de régularité du Grand-Orient en ce qui concerne les hauts grades du Rite Ecossais) ont-ils été opérés ainsi au moins un an avant le vote dont ils sembleraient logiquement devoir être une conséquence ? Nous ne nous chargerons pas de l'expliquer, n'ayant pas à notre disposition tous les éléments nécessaires ; mais nous croyons qu'il ne serait pas sans intérêt de chercher à éclaircir cet autre mystère. – Dans le numéro de juin, nous noterons un article sur Le symbolisme du troisième degré et ses relations avec l'ensemble du symbolisme maçonnique, et un autre sur Le symbolisme et le folklore, qui, malgré certaines vues justes, témoigne d'un peu trop d'« éclectisme » vis-à-vis de diverses théories modernes, et qui ne va certainement pas au fond de la question.

Janvier-février 1949

— Le *Speculative Mason* (numéro de juillet 1948) contient une série d'études sur les divers symboles figurant dans le Tracing Board du 1er degré ; elle est précédée d'un exposé historique, auquel sont jointes quelques indications intéressantes concernant le rituel opératif. De cet exposé, il résulte notamment que la forme adoptée actuellement en Angleterre pour le Tracing Board est en somme assez récente, puisqu'elle ne date que de 1849 ; antérieurement, il semble qu'il y ait eu une assez grande variété dans les dessins employés par les différentes Loges, bien que naturellement les symboles principaux s'y soient toujours retrouvés d'une façon constante. L'auteur déplore avec juste raison que les interprétations purement « moralisantes », qui ont acquis une sorte d'autorité par le fait de leur incorporation aux rituels imprimés, soient devenues par là même un empêchement à toute recherche d'une explication d'ordre plus ésotérique. Nous mentionnerons aussi le début d'un article intitulé On asking questions ; il ne s'agit pas là de questions à poser extérieurement, mais d'un effort de concentration qui doit nous amener à trouver les réponses en nous-mêmes, car « la semence de la sagesse est en nous et sa croissance s'opère de l'intérieur à l'extérieur », et, comme l'enseigne la Bhagavad-Gîtâ, tout est compris dans la véritable connaissance spirituelle, qui n'est en définitive rien d'autre que la connaissance du « Soi ».

— Nous avons reçu la première année (de septembre 1947 à juin 1948) de la revue *Masonic Light*, publiée à Montréal ; il s'y trouve surtout des recherches historiques, dont la plupart se rapportent à la question assez obscure et controversée des origines de la Maçonnerie au Canada, mais qui, malgré ce caractère plutôt « local », n'en sont pas moins dignes d'intérêt. Par contre, nous avons remarqué l'absence à peu près complète d'articles touchant plus ou moins directement au symbolisme, et nous nous demandons quelles peuvent bien être les raisons de cette lacune un peu étonnante. D'autre part, les rédacteurs de cette revue constatent avec regret l'ignorance générale de tout ce qui concerne la Maçonnerie des autres pays, et ils se proposent de tâcher de remédier à ce fâcheux état de choses, qui d'ailleurs n'est certes pas particulier au Canada ; ils auront sans doute fort à faire à cet égard, à en juger par des notes diverses et plus ou moins contradictoires, notamment au sujet de la Maçonnerie française, qui donnent l'impression qu'on a bien de la peine à se faire sur celle-ci des idées tant soit peu exactes. À ce propos, signalons, à un point de vue plus général, le grand intérêt qu'il y aurait à étudier d'un peu plus près la question, que nous trouvons mentionnée ici incidemment, et qui semble d'ailleurs fort difficile à éclaircir complètement, de l'existence de la Maçonnerie en France avant la date communément admise de 1725, et de ce que pouvait bien être en réalité un « rite écossais » qui, au dire de certains, y aurait été établi dès 1688 ; cela donnerait peut-être l'explication de certaines particularités des rituels français, qui ne peuvent sûrement pas provenir de ceux qui étaient pratiqués par la Grande Loge d'Angleterre. Notons encore un détail assez amusant : c'est l'étonnement manifesté en apprenant l'existence du Martinisme, qui pourtant n'a jamais été quelque chose de très caché, par la découverte fortuite à Montréal d'un rituel de la branche américaine du Dr Blitz ; et, puisqu'une question est posée à ce propos sur la signification du nom d'Eliphas Lévi, nous pouvons y répondre bien facilement : c'est, non pas une traduction, mais tout simplement une « hébraïsation » par équivalence phonétique approximative, de ses prénoms Alphonse-Louis ; quant à Zahed (et non Zaheb), c'est la traduction de Constant (et non Contant) qui était son nom de famille ; il n'y a donc là rien de bien énigmatique.

Octobre-novembre 1949

— Dans le *Speculative Mason* (numéro de janvier 1949), nous signalerons des notes sur le Compagnonnage, à vrai dire un peu sommaires, et un article sur l'astrologie, qui expose des vues généralement justes sur la part de vérité que contient cette science telle qu'elle se présente actuellement et sur les fantaisies qui sont venues s'y mêler ; l'auteur de cet article attache peu d'importance au côté « prédictions », en quoi nous sommes tout à fait de son avis.

— Le numéro d'avril donne une très intéressante description des rites célébrés annuellement par la Maçonnerie opérative pour commémorer la fondation du Temple de Salomon ; il s'y trouve des considérations qui touchent de très près à quelques-unes de celles que nous avons exposées au cours de notre étude sur Parole perdue et mots substitués (voir numéros de juillet-août à décembre 1948). – Dans ces deux numéros, une étude intitulée The Freemason of Irish Mythology, qui doit d'ailleurs avoir encore une suite, apporte, en ce qui concerne l'ancienne tradition irlandaise, des renseignements curieux et peu connus, Nous noterons aussi des articles sur le « Zodiaque archaïque de Somerset », dont nous avons nous-même parlé ici autrefois dans La Terre du Soleil (voir numéro de janvier 1936) ¹ ; mais l'origine « sumérienne » qui lui est attribuée d'après quelques-unes de ses particularités nous paraît bien peu vraisemblable, et il nous est d'ailleurs impossible de prendre au sérieux des travaux comme ceux de L. A. Waddell, qui témoignent surtout d'une prodigieuse imagination.

— Le *Masonic Light* de Montréal (numéros de septembre 1948 à juin 1949) a publié une curieuse série d'articles exposant une nouvelle théorie sur l'origine de la Maçonnerie, que leur auteur veut rapporter non à Salomon, mais à Moïse, ce qui est plutôt paradoxal. Par des considérations basées surtout sur les nombres, mais qui ne sont pas toujours des plus claires (peut-être y aurait-il fallu quelques figures), il cherche à établir que le symbolisme du Tabernacle aurait été beaucoup plus complet que celui du Temple de Salomon, qui, d'après lui, n'en aurait été en quelque sorte qu'une imitation imparfaite, certains secrets ayant été perdus entre temps. À vrai dire, il est tout naturel que le Temple de Salomon ait présenté certains rapports avec le Tabernacle, puisqu'il était destiné à remplir la même fonction, mais aussi certaines différences, correspondant au passage des Israélites de l'état nomade à l'état sédentaire ; nous ne voyons pas en quoi les uns ou les autres peuvent fournir réellement un motif pour le déprécier ainsi. D'autre part, le Tabernacle n'était évidemment pas un édifice construit en pierre, et cela seul suffit, nous semble-t-il, pour exclure qu'on puisse parler de Maçonnerie à son propos ; le métier des charpentiers est certes bien distinct de celui des maçons, et l'antique différend qui s'est perpétué jusqu'à nos jours entre les uns et les autres montre bien que toute assimilation entre eux est impossible (voir notre article sur ce sujet dans le numéro de décembre 1946) ². Que les noms des principaux ouvriers qui travaillèrent à la construction du Tabernacle aient été introduits dans certains hauts grades, c'est là une tout autre question, qui n'a rien à voir avec la Maçonnerie proprement dite. Maintenant, si l'on veut aller au-delà de Salomon, on peut, avec beaucoup plus de raison, remonter encore plus loin, jusqu'à Abraham lui-même ; on trouve en effet un indice très net à cet égard dans le fait que le Nom divin invoqué plus particulièrement par Abraham a toujours été conservé par la Maçonnerie

---

1 Cet article forme le chapitre XII de *Symboles fondamentaux de la Science Sacrée*.
2 Voir le chapitre IX du présent ouvrage.

opérative ; et cette connexion d'Abraham avec la Maçonnerie est d'ailleurs facilement compréhensible pour quiconque a quelque connaissance de la tradition islamique, car elle est en rapport direct avec l'édification de la Kaabah. – Signalons aussi un article tendant à prouver qu'il y aurait eu en réalité deux Hiram, le père et le fils : c'est le premier qui aurait été assassiné pendant la construction du Temple, et le second aurait ensuite achevé son œuvre ; l'argumentation est ingénieuse, mais elle n'est pas très convaincante, et l'interprétation des textes bibliques sur laquelle elle repose nous parait même quelque peu forcée. Parmi les autres articles contenus dans la même revue, et dont beaucoup sont intéressants au point de vue historique, nous mentionnerons seulement ceux dans lesquels est discutée la question d'une « modernisation » de la Maçonnerie ; partisans et adversaires y exposent tour à tour leurs arguments, et tout ce que nous pouvons en dire, c'est que les premiers prouvent surtout, par le point de vue très profane auquel ils se placent, qu'ils ne comprennent guère ce qui constitue le caractère essentiel de la Maçonnerie.

Décembre 1949

— Dans le *Symbolisme* (numéro d'octobre 1948), Marius Lepage, dans un article intitulé *La délivrance spirituelle par la Franc-Maçonnerie*, s'attache à préciser les caractères généraux de l'époque actuelle et dénonce très justement la confusion qui en résulte dans tous les domaines, et notamment dans le domaine intellectuel, où les choses en sont à ce point que les mots semblent perdre complètement leur sens. Malheureusement, lui-même commet aussi ensuite une autre confusion, lorsqu'il dit que, en Occident, il paraît n'y avoir actuellement que deux organisations qui puissent se dire « initiatiques », l'Eglise catholique et la Maçonnerie ; c'est exact pour cette dernière, mais non pas pour l'Eglise, car une religion, ou plus généralement un exotérisme traditionnel, n'a absolument rien d'initiatique. Cette confusion n'est pas sans avoir d'assez fâcheuses conséquences, car, mettant en parallèle et en quelque sorte en concurrence les deux organisations dont il s'agit, alors qu'en réalité leurs domaines sont totalement différents, elle risque fort de fournir un argument à ceux qui veulent voir entre elles une opposition radicale. On en trouve d'ailleurs ici même un exemple très net dans la façon dont l'auteur écarte les dogmes de la chute et par suite de la rédemption, voulant même trouver là une des différences principales entre l'Eglise et la Maçonnerie. C'est ce qu'a très bien relevé, dans le numéro de janvier 1949, un lecteur qui signe des initiales J.G., et qui fait un excellent exposé sur l'interprétation de ces dogmes, en ayant bien soin de marquer la distinction entre les deux points de vue exotérique et initiatique. Nous citerons quelques lignes de sa conclusion : « Si l'exotérisme peut se battre avec un autre exotérisme sur la réalité des définitions dogmatiques qu'il prône, il semble par contre impossible que le disciple d'un ésotérisme puisse nier le dogme religieux. « S'il comprend bien l'art », il interprètera, mais ne niera pas ; sinon, il descendrait sur le terrain même des limitations exotéristes. Il y aurait confusion fâcheuse à vouloir juger un exotérisme avec l'optique ésotérique et au nom d'un ésotérisme... » – Dans le numéro de novembre, puis dans ceux de janvier et février 1949, des articles signés « La Lettre G » envisagent une explication du Marxisme, en dehors de toute préoccupation politique, en le rapportant aux conditions de la période cyclique où nous nous trouvons actuellement, et dont il est bien en effet une des manifestations caractéristiques. Nous n'avons de réserves à faire que sur un point, qui, sans doute parce qu'il a été insuffisamment précisé, pourrait donner lieu à une équivoque : on doit assurément, au point de vue initiatique, s'efforcer de tout comprendre, ce qui n'est possible qu'en situant chaque chose à sa place exacte en s'appuyant sur les données traditionnelles, ainsi que l'auteur s'est proposé de le faire ici ; mais on ne saurait aucunement songer pour cela à « intégrer dans les notions traditionnelles » ce qui procède d'un esprit essentiellement antitraditionnel, c'est-à-dire non pas seulement le marxisme, mais toutes les conceptions spécifiquement modernes de quelque ordre qu'elles soient.

— Dans le numéro de novembre, un article de J. B. sur La Gnose et les Eons essaie de mettre un peu d'ordre dans ce qui a été conservé des théories des différentes écoles gnostiques, ce qui n'est certes pas une tâche facile. Il y a au début une assez curieuse contradiction : il est dit tout d'abord que « la Gnose est la connaissance transcendantale », puis, quelques lignes plus loin, que « la Gnose est un syncrétisme », ce qui est évidemment inconciliable et ne peut s'expliquer que par le fait que le même mot a été pris dans deux sens tout à fait différents : dans le premier cas, il s'agit bien réellement de la « Gnose » entendue dans son sens propre et étymologique de connaissance pure, mais, dans le second, il ne s'agit en réalité que du Gnosticisme, et cela montre encore combien on devrait avoir soin de s'appliquer à éviter toute confusion verbale. – Dans le même numéro, nous signalerons un intéressant article de Marius Lepage sur La Lettre G ; il cite d'abord ce que nous avons dit à ce sujet dans La Grande Triade, puis divers documents qui ont été publiés récemment, tant sur la Maçonnerie opérative que sur les premiers temps de la Maçonnerie spéculative, et dont il parait bien résulter que, au grade de Compagnon, la lettre G était considérée comme l'initiale du mot « Géométrie », tandis que c'est seulement au grade de Maître qu'elle fut tout d'abord donnée comme signifiant God. Comme nous l'avons déjà dit souvent, nous ne croyons nullement, pour notre part, à l'origine récente qu'on attribue communément au grade de Maître ; mais, en réalité, il n'y a aucune incompatibilité entre ces deux significations, qui se superposent seulement l'une à l'autre comme il arrive souvent dans le symbolisme ; nous aurons d'ailleurs peut-être encore quelque occasion de revenir sur cette question. – Dans le numéro de décembre, un article sur Le symbolisme du point, signé « Timotheus », rassemble quelques données tirées principalement de l'ésotérisme islamique et de la Kabbale, et en rapproche des textes d'auteurs occidentaux, notamment Saint-Martin et Novalis ; puis il y oppose le reflet inversé qu'on en trouve actuellement dans le surréalisme, qui est présenté, et sans doute non sans quelque raison, comme inspiré par la contre-initiation. – Le numéro de février 1949 contient une importante Contribution à l'étude des landmarks, par G. Mercier ; il s'y agit surtout de chercher à résoudre la question si controversée du nombre des landmarks, et l'auteur pense avec raison que la chose n'est possible qu'en se référant à la Maçonnerie opérative ; en s'appuyant sur les procédés employés par celle-ci pour déterminer l'orientation et les limites ou les bornes (sens originel du mot landmarks) d'un édifice, il arrive, par des considérations qu'il est malheureusement impossible de résumer, à fixer ce nombre à 22, dont il fait ressortir la valeur symbolique et les multiples correspondances ; et il trouve en outre une confirmation de ce résultat dans la figuration de la « planche à tracer ». – Du même auteur, dans le numéro de mars, un article sur Corde nouée et houppe dentelée, sujet qui touche de près à ceux de la « chaîne d'union » et des « encadrements » que nous avons traités nous-même ici (voir numéros de septembre et octobre-novembre 1947) [1] ; il y expose encore d'intéressantes considérations sur le symbolisme numérique ; à vrai dire, il n'y est guère question de la « houppe dentelée », et cela était d'ailleurs inévitable, car on ne sait pas au juste ce que pouvait désigner primitivement cette expression, qui nous paraît se rapporter à quelque chose de comparable au « dais céleste » de la tradition extrême-orientale, bien plutôt qu'à la tesselated border de la Maçonnerie anglaise. – Dans ce même numéro, « La Lettre G » parle de l'Opportunisme de l'initié, qui « n'est pas la soumission à la mode de l'époque, ni la basse imitation des idées courantes », mais qui consiste au contraire à s'efforcer de jouer, conformément à la notion taoïste, le rôle de « recteur invisible » par rapport au monde des relativités et des contingences.

— Dans le numéro d'avril, le même auteur envisage La tolérance, vertu initiatique, qui n'a rien de commun avec cette sorte d'indifférence à la vérité et à l'erreur qu'on désigne communément par le même nom ; au point de vue initiatique, il suffit d'admettre comme également valables toutes les expressions différentes de la Vérité une, c'est-à-dire en somme de reconnaître l'unité fondamentale de toutes les traditions ; mais, étant donné le sens tout profane qu'à le plus souvent ce mot de « tolérance », qui d'ailleurs évoque plutôt par lui-même l'idée de supporter avec une sorte de condescendance des opinions qu'on n'accepte pas, ne vaudrait-il pas mieux essayer d'en trouver une autre qui ne risquerait pas de prêter à confusion ? – Ce numéro débute par un article nécrologique sur Albert Lantoine, l'historien bien connu de la Maçonnerie ; nous ne croyons pas, malheureusement, qu'il ait jamais compris vraiment le sens profond et la portée initiatique de celle-ci, et d'ailleurs il déclarait lui-même volontiers qu'il ne se reconnaissait aucune compétence en fait de symbolisme ; mais, dans l'ordre d'études auquel se rapportent ses travaux, il a toujours fait preuve d'une indépendance et d'une impartialité dignes des plus grands éloges, et ce sont

---

1 Ces articles forment les chapitres LXV et LXVI de Symbole fondamentaux de la Science Sacrée.

là des qualités trop rares pour qu'on ne leur rende pas l'hommage qui leur est dû.

— Dans le numéro d'avril également, J.-H. Probst- Birahen étudie les Couleurs et symboles hermétiques des anciens peintres italiens ; il y a là une série de remarques intéressantes, mais il ne s'en dégage pas de conclusion bien précise, si ce n'est que, même à l'époque de la Renaissance, certaines connaissances ésotériques s'exprimaient encore fréquemment dans des œuvres dont l'apparence extérieure était purement religieuse ; d'autre part, nous retrouvons à la fin l'idée d'une « tradition méditerranéenne » dont la réalité nous paraît plus que problématique. – Dans le numéro de mai, Psychanalyse collective et symbolisme maçonnique, par « Timotheus » se base sur les théories de Jung pour interpréter l'idée de tradition et l'origine du symbolisme ; comme nous avons déjà montré, dans notre récent article sur Tradition et « inconscient » (voir numéro de juillet-août 1949), les dangereuses erreurs qu'impliquent les conceptions de ce genre, il est inutile que nous y insistions de nouveau, et nous remarquerons seulement ceci : quand on rapporte le surréalisme à l'action de la contre-initiation, comment peut-on ne pas se rendre compte que la même chose est vraie à plus forte raison pour la psychanalyse ? Dans ce numéro et dans celui de juin, François Menard étudie ce qu'il appelle La sagesse « taoïste » des Essais de Montaigne ; il est bien entendu que ce n'est là qu'une façon de parler, car Montaigne ne put certainement pas avoir connaissance du Taoïsme et ne reçut même sans doute jamais aucune initiation, de sorte que sa « sagesse » est en somme restée d'un ordre assez extérieur ; mais certaines « rencontres » n'en sont pas moins curieuses, et nous savons du reste que d'autres ont aussi remarqué une étrange similitude entre le mode de développement de la pensée de Montaigne et celui de la pensée chinoise, l'un et l'autre procédant en quelque sorte « en spirale » ; il est d'ailleurs remarquable que Montaigne ait retrouvé au moins théoriquement, par ses propres moyens, certaines idées traditionnelles que n'ont assurément pas pu lui fournir les moralistes qu'il avait étudiés et qui servirent de point de départ à ses réflexions.

— Dans le numéro de juin, J.-H. Probst-Biraben, dans *L'hermétisme de Rabelais et les Compagnonnages*, touche à la question fort énigmatique des relations de Rabelais avec les hermétistes et les organisations initiatiques de son temps ; il relève les nombreux passages de son œuvre qui paraissent contenir des allusions aux rites des fraternités opératives, et il pense qu'il dut être affilié à quelqu'une d'entre elles, sans doute en qualité de chapelain, ce qui n'a assurément rien d'invraisemblable. – Dans le numéro de juillet, sous le titre *Franc-Maçonnerie et Tradition initiatique*, J. Corneloup expose des idées qu'il estime correspondre au développement actuel de certaines tendances, en ce qui concerne une restauration de l'esprit traditionnel dans la Maçonnerie ; l'intention est certainement excellente, mais il y a çà et là quelques méprises : ainsi, il ne faudrait pas oublier que la Maçonnerie est une forme initiatique proprement occidentale, et que par conséquent on ne peut pas y « greffer » un élément oriental ; même si l'on peut envisager légitimement une certaine aide de l'Orient pour revivifier les tendances spirituelles endormies, ce n'est pas en tout cas de cette façon qu'il faut la concevoir ; mais c'est là un sujet sur lequel il y aurait beaucoup à dire et que nous ne pouvons entreprendre de traiter présentement. – François Menard donne une intéressante Contribution à l'étude des outils, qui, s'inspirant de l'« esprit opératif », pourrait servir en quelque sorte de base à une restauration des rituels du grade de Compagnon, dans lesquels se sont introduits de multiples divergences quant au nombre des outils qui y interviennent et à l'ordre dans lequel ils sont énumérés ; il envisage quatre couples d'outils, équerre et compas, maillet et ciseau, perpendiculaire et niveau, règle et levier, chacun d'eux représentant deux principes cosmogoniques complémentaires, et en dernier lieu un outil isolé, la truelle, qui « correspond à la main même de l'ouvrier divin, constructeur du monde ». Marius Lepage parle De l'origine du mot « Franc-Maçon » : dans d'anciens documents anglais, on trouve l'expression freestone masons, « maçons de pierre franche », employée comme un équivalent de freemasons, de sorte que ce dernier mot paraît n'en avoir été qu'une abréviation ; l'interprétation plus généralement connue de « maçons libres » ne serait venue s'y ajouter que dans le courant du XVIIe siècle ; mais cependant n'est-il pas possible que ce double sens, assez naturel en somme et d'ailleurs justifié en fait, ait déjà existé beaucoup plus tôt, même si les documents écrits ne contiennent rien qui l'indique expressément ? Enfin, dans Sagesse et Initiation, « La Lettre G » critique fort justement ceux qui, au milieu de l'instabilité du monde moderne, ont la prétention de « construire une nouvelle sagesse » sur des bases aussi instables que tout le reste ; il ne peut y avoir de véritable sagesse que celle qui repose sur ce qui ne change pas, c'est-à-dire sur l'Esprit et l'intellect pur, et seule la voie initiatique permet d'y parvenir.

Janvier-février 1950

— Le *Speculative Mason* consacre une grande partie de son numéro de juillet 1949 à une importante étude qui, prenant pour point de départ un article de Marius Lepage dans le Symbolisme (voir notre compte rendu dans le numéro de décembre 1949), apporte des renseignements inédits et fort intéressants sur la question de la « lettre G », ainsi que sur ses rapports avec le swastika dans la Maçonnerie opérative ; nous n'y insisterons pas pour le moment, car nous nous proposons d'y revenir dans un article spécial. Dans le même numéro, un article sur les « dimensions du Temple » envisagées au point de vue astrologique, contient des considérations assez curieuses, mais peut-être un peu trop influencées par certaines conceptions « néo- spiritualistes ». – Nous noterons encore un exposé sur le « préjugé de couleur » dans la Maçonnerie américaine, donnant des précisions historiques peu connues et qui sont de nature à causer un certain étonnement chez tous ceux qui ne sont pas au courant de cette question.

Avril-mai 1950

— Dans le *Masonic Light* de Montréal (numéro de septembre 1949), nous trouvons un article sur les emblèmes découverts dans l'antique Collegium des Maçons opératifs de Pompéi, et un autre qui pose, mais sans la résoudre, la question de savoir qui fut le successeur immédiat de Salomon comme Grand-Maître de la Maçonnerie. Nous y signalerons aussi la reproduction d'extraits d'une brochure publiée par une organisation anglaise s'intitulant *The Honourable Fraternity of Ancient Masonry*, issue d'un des schismes qui se sont produits dans la Co-Masonry, et devenue par la suite exclusivement féminine. Le plus curieux est que les personnes qui ont rédigé cette brochure soient assez mal informées des origines de leur propre organisation pour croire que Maria Deraismes reçut l'initiation dans la Grande Loge Symbolique Ecossaise, avec laquelle ni elle ni le « Droit Humain » qu'elle fonda, et dont la Co-Masonry est la branche anglo-saxonne, n'eurent jamais aucun rapport, et qui d'ailleurs ne devint elle-même « mixte » que beaucoup plus tard ; la vérité est que Maria Deraismes fut initiée dans une Loge dépendant du Grand-Orient de France, et qui fut aussitôt « mise en sommeil » pour cette irrégularité. Il est singulier aussi que les dirigeantes de cette même organisation aient pu s'illusionner au point d'adresser à la Grande Loge d'Angleterre, en 1920, une demande de reconnaissance dans laquelle elles prétendaient assimiler l'admission des femmes dans la Maçonnerie au fait qu'elles ont maintenant accès à des carrières profanes qui autrefois leur étaient fermées ; il y fut répondu par une fin de non recevoir courtoise, mais très ferme, et il est bien évident qu'il ne pouvait en être autrement. – Dans le numéro d'octobre de la même revue, nous signalerons un article sur le symbolisme de l'Etoile flamboyante, dont l'intérêt est surtout de montrer qu'il y a eu de nombreuses divergences dans son interprétation et même dans sa figuration. Ainsi, lorsqu'il est dit dans l'Encyclopédie de Mackey que l'Etoile flamboyante ne doit pas être confondue avec l'étoile à cinq pointes, cela implique qu'elle doit être représentée avec six pointes ; il en est parfois ainsi en effet, et c'est sans doute ce qui a permis de la présenter comme un symbole de la Providence, ainsi que de l'assimiler à l'étoile de Bethléem, car le sceau de Salomon est aussi désigné comme l'« Etoile des Mages ». Ce n'en est pas moins une erreur, car l'étoile à six pointes est un symbole essentiellement macrocosmique, tandis que l'étoile à cinq pointes est un symbole microcosmique ; or, la signification de l'Etoile flamboyante est avant tout microcosmique, et il y a même des cas où elle ne saurait en avoir d'autre, comme lorsqu'elle est figurée entre l'équerre et le compas (cf. *La Grande Triade*, ch. XX). D'autre part, quand on se place au point de vue proprement cosmique, l'identification assez étrange de l'Etoile flamboyante au soleil constitue une autre déformation, qui du reste fut peut-être voulue, car elle est en connexion manifeste avec le changement d'un symbolisme primitivement polaire en un symbolisme solaire ; en réalité, l'Etoile flamboyante ne peut être identifiée à cet égard qu'à l'étoile polaire, et la lettre G inscrite à son centre en est d'ailleurs une preuve suffisante, comme nous avons eu nous-même l'occasion de l'indiquer (cf. également *La Grande Triade*, cb. XXV), et comme le confirment encore les considérations exposées dans l'étude du Speculative Mason que nous avons mentionné plus haut.

— Le Speculative Mason (numéro d'octobre 1949), après avoir donné un aperçu général du contenu des manuscrits des Old Charges, dont on connaît maintenant à peu près une centaine, et avoir relevé les indications qu'on y trouve en ce qui concerne l'existence d'un secret, indications qui ne pouvaient évidemment pas être très explicites dans des documents écrits et même « semi-publics », étudie plus spécialement la question du nom qui y est donné à l'architecte du Temple de Salomon. Chose singulière, ce nom n'est jamais celui d'Hiram ; dans la plupart des manuscrits, il est, soit Amon, soit quelque autre forme qui paraît bien n'en être qu'une corruption ; il semblerait donc que le nom d'Hiram n'ait été substitué que tardivement à celui-là, probablement parce que la Bible en fait mention, bien qu'en réalité elle ne lui attribue d'ailleurs pas la qualité d'architecte, tandis qu'il n'y est nulle part question d'Amon. Ce qui est étrange aussi, c'est que ce mot a précisément en hébreu le sens d'artisan et d'architecte ; on peut donc se demander si un nom commun a été pris pour un nom propre, ou si au contraire cette désignation fut donnée aux architectes parce qu'elle avait été tout d'abord le nom de celui qui édifia le Temple. Quoi qu'il en soit, sa racine, d'où dérive aussi notamment le mot amen, exprime, en hébreu comme en arabe, les idées de fermeté, de constance, de foi, de fidélité, de sincérité, de vérité, qui s'accordent fort bien avec le caractère attribué par la légende maçonnique au troisième Grand Maître. Quant au nom du dieu égyptien Amon, bien que sa forme soit identique, il a une signification différente, celle de « caché » ou de « mystérieux » ; il se pourrait cependant qu'il y ait au fond, entre toutes ces idées, plus de rapport qu'il ne le semble à première vue. En tout cas, il est au moins curieux, à cet égard, de constater que les trois parties du mot de Royal Arch auxquelles nous avons fait allusion dans une de nos études (Paroles perdue et mots substitués, dans le numéro d'octobre-novembre 1948) [1], et qui sont considérées comme représentant des noms divins dans les trois traditions hébraïque, chaldéenne et égyptienne, sont, dans la Maçonnerie opérative, rapportées respectivement dans cet ordre à Salomon, à Hiram, roi de Tyr, et au troisième Grand-Maître, ce qui pourrait donner à penser que la connexion « égyptienne » suggérée par l'ancien nom de ce dernier n'est peut-être pas purement accidentelle. À ce propos, nous ajouterons une autre remarque qui n'est pas sans intérêt non plus : on a supposé que ce qui est donné comme un nom divin égyptien, étant en réalité le nom d'une ville, ne s'était introduit là que par confusion entre une divinité et le lieu où elle était adorée ; pourtant, il entre réellement, sous une forme à peine différente, et même toute semblable si l'on tient compte de l'indétermination des voyelles, dans la composition d'un des principaux noms d'Osiris, qui est même dit être son « nom royal », et ce qui est encore plus singulier, c'est qu'il a proprement le sens d'« être », tout comme le mot grec dont il est presque homonyme et qui, suivant certains, pourrait avoir contribué aussi à la confusion ; nous ne voulons tirer de là aucune conclusion, si ce n'est que, dans des questions de ce genre, il ne faut peut-être pas avoir une confiance excessive dans les solutions qui paraissent les plus simples quand on n'examine pas les choses de trop près. Parmi les autres articles, nous en signalerons un qui est intitulé The Tables of King Salomon and King Arthur ; les « tables » dont il s'agit ont toutes deux un même symbolisme astronomique, et la priorité est ici revendiquée pour celle d'Arthur, parce qu'elle est identifiée au Zodiaque archaïque de Somerset, dont l'origine serait fort antérieure à l'époque de Salomon ; mais, à vrai dire, cette question de priorité nous paraît perdre beaucoup de son importance s'il s'agit, comme nous le pensons, de représentations dérivées d'un même prototype, sans aucune filiation directe de l'une à l'autre. Mentionnons encore des réflexions diverses sur le symbolisme de la Mark Masonry, et un article intitulé The A.B.C. of Astrology, qui donne une esquisse des caractéristiques des planètes et des signes zodiacaux, en y introduisant d'ailleurs certaines vues modernes qui appelleraient plus d'une réserve.

— Dans le *Masonic Light* (numéro de novembre 1949), deux ar-

---
1 Voir chapitre XII du présent ouvrage.

ticles sont consacrés à des questions de symbolisme ; dans l'un deux, il s'agit du rameau d'acacia, symbole d'immortalité et aussi, suivant la signification de son nom en grec, d'innocence ; quant à la référence à l'initiation, nous ne pensons pas qu'on puisse la considérer comme constituant un troisième sens à proprement parler, car elle est liée directement aux idées de résurrection et d'immortalité. – L'autre article se rapporte à la règle de 24 pouces ; il y a lieu de remarquer que l'adoption plus ou moins récente du système métrique dans certains pays ne doit aucunement avoir pour effet de faire modifier, dans les rituels, l'indication de cette mesure qui seule a une valeur traditionnelle. D'autre part, l'auteur remarque que cette règle ne figure pas partout parmi les outils du premier degré ; cela est exact, mais il a complètement oublié, par ailleurs, de noter son rôle dans le rituel du troisième degré, et c'est pourtant là ce qui fait apparaître le plus nettement son rapport symbolique avec la journée divisée en 24 heures. Nous remarquerons aussi que la répartition de ces heures en trois groupes de huit, bien que mentionnée dans certaines instructions aux nouveaux initiés, ne représente en somme qu'un « emploi du temps » assez banal ; c'est là un exemple de la tendance « moralisante » qui a malheureusement prévalu dans l'interprétation courante des symboles ; la répartition en deux séries de douze, correspondant aux heures du jour et à celles de la nuit (comme dans le nombre des lettres composant les deux parties de la formule de la shahâdah islamique), donnerait certainement lieu à des considérations beaucoup plus intéressantes. Pour ce qui est de l'équivalence plus ou moins approximative du pouce anglais actuel avec l'ancien pouce égyptien, elle est sans doute assez hypothétique ; les variations qu'ont subies les mesures qui sont désignées par les mêmes noms, suivant les pays et les époques, ne semblent d'ailleurs jamais avoir été étudiées comme elles le mériteraient, et il faut reconnaître qu'une telle étude ne serait pas exempte de difficultés, car sait-on exactement ce qu'étaient, par exemple, les différentes sortes de coudées, de pieds et de pouces qui furent en usage, parfois même simultanément, chez certains peuples de l'antiquité ? – Parmi les articles historiques, nous en noterons un où sont exposés les faits qui amenèrent, entre 1830 et 1840, certaines Loges opératives anglaises à renoncer à tout caractère maçonnique et à se transformer en simples Trade Unions ; nous nous demandons si ce n'est pas là ce qui expliquerait qu'il se produisit dans les rituels opératifs, vers cette époque, certaines lacunes qui furent d'ailleurs réparées ultérieurement, mais surtout, à ce qu'il semble, à l'aide des rituels de la Maçonnerie spéculative. Par une curieuse coïncidence, il y eut en France, au cours du XIXe siècle, quelque chose de semblable en ce qui concerne les rituels du Compagnonnage, et c'est aussi de la même façon qu'on y remédia, ce qui peut d'ailleurs donner lieu à quelque doute sur l'ancienneté réelle de ce que ces rituels, tels qu'ils existent actuellement, présentent de commun avec ceux de la Maçonnerie, et qui peut n'être, au moins en partie, qu'une conséquence de cette reconstitution.

Juillet-août 1950

— Le *Speculative Mason* (numéro du 1er trimestre 1950) contient un bon article sur l'orientation, et plus spécialement celle des temples et des églises, cas où les considérations « utilitaires » par lesquelles les modernes prétendent tout expliquer sont évidemment sans aucune valeur ; il aurait été bon cependant d'indiquer plus nettement que, dans les civilisations traditionnelles, il n'y avait aucune différence entre ce cas et celui de l'orientation des maisons et des villes, l'« utilitarisme » n'ayant pu s'introduire qu'avec le point de vue profane, qui a peu à peu tout envahi à tel point que, dans les temps modernes, l'orientation des édifices sacrés eux-mêmes, apparaissant comme « inutile », a fini par être entièrement négligée. Au sujet des « régents » des quatre points cardinaux. Il nous semble qu'il aurait été bien facile de trouver à citer de meilleures autorités que Mme Blavatsky ; mais, quoi qu'il en soit, nous sommes tout à fait d'accord avec l'auteur lorsqu'il demande : « Quelle est la valeur d'un phénomène physique quelconque s'il ne conduit pas à sa contrepartie d'ordre supérieur ? » C'est là, en effet, que réside la différence essentielle entre la science traditionnelle et la science profane des modernes, et c'est précisément pourquoi cette dernière n'a pas la moindre valeur réelle en tant que « connaissance ». Nous noterons aussi un article sur le symbolisme du centre, envisagé comme « le point autour duquel on ne peut errer », deux autres sur la signification du rituel, malheureusement beaucoup trop sommaires, et des impressions sur le Mark Degree.

— Dans le *Masonic Light* (numéro de décembre 1049), nous relevons un article sur l'Order of the Eastern Star, organisation féminine réservée aux épouses, mères, sœurs et filles de Maçons, mais qui cependant n'a et ne prétend avoir aucun caractère maçonnique, et un autre article sur Shakespeare et la Maçonnerie, qui est une analyse du livre déjà ancien d'Alfred Dodd, Shakespeare Creator of Freemasonry, dont nous avons parlé ici en son temps [1]. – A la suite de cet article, il en a paru, dans le numéro de janvier 1950, un autre où est exposée la théorie « baconienne », à laquelle se rattache effectivement en réalité l'ouvrage d'Alfred Dodd, et où sont formulées des objections très justes sur le point plus particulier de l'attribution à Bacon de la fondation de la Maçonnerie. Dans le même numéro, une étude est consacrée à divers points en rapport avec la question de la régularité maçonnique ; les Maçons des différents pays sont évidemment bien loin d'être d'accord sur ce qui doit être considéré comme essentiel ou non à cette régularité, et l'on sait d'ailleurs qu'une liste vraiment autorisée des landmarks n'a jamais été établie nulle part d'une façon définitive. Il nous faut signaler aussi un article plutôt bizarre, intitulé The Freeing of the Medieval Mason : d'après la thèse qui y est soutenue, le secret des Maçons opératifs du moyen âge aurait consisté surtout dans la possession et l'usage de la notation arithmétique et du calcul algébrique qui avaient été introduits en Europe par les Arabes, et que leur provenance, assure-t-on, aurait rendus suspects aux autorités ecclésiastiques, au point de donner lieu à des accusations de sorcellerie, de sorte qu'il eût été très dangereux de s'en servir ouvertement ; voilà qui est assurément fort éloigné du point de vue initiatique ! Dans le numéro de février, un certain nombre des conceptions erronées concernant la Maçonnerie sont dénoncées et rectifiées ; il en est d'assez étonnantes, surtout si elles sont le fait de Maçons, mais il est vrai que nous avons eu l'occasion de constater nous-même que beaucoup de ceux-ci sont loin de se faire une idée exacte des rapports qui existent, par exemple, entre la Maçonnerie proprement dite et les divers Rites de hauts grades ou même certaines organisations « à côté ». Un article sur le symbolisme de l'Etoile polaire, qui touche d'assez près à la question que nous étu-

---
[1] Voir compte rendu dans le présent ouvrage.

dions ici d'autre part [1] (il y est notamment fait mention du swastika comme symbole du Pôle), est malheureusement gâté par le point de vue « évolutionniste » qui suppose que l'homme a dû débuter par quelques observations très simples, que ce n'est que peu à peu qu'il est parvenu à en dégager certaines conclusions, et que le symbolisme lui-même est dérivé de cette origine purement empirique ; il n'est pas besoin de dire que ces conceptions toutes modernes et profanes sont absolument incompatibles avec la moindre notion de ce qu'est réellement la tradition. Le numéro de mars contient un aperçu de l'histoire de l'architecture, dans lequel il se trouve quelques renseignements intéressants ; mais il est assez « simpliste », et d'ailleurs fort peu conforme à l'esprit traditionnel, de vouloir expliquer par une série de facteurs purement extérieurs les différences qui existent dans l'architecture suivant les temps et les pays ; l'auteur semble d'ailleurs n'avoir aucune idée du rôle essentiel joué par l'imitation d'un « modèle cosmique » dans toute architecture traditionnelle, et pourtant c'est de là avant tout que celle-ci tire sa valeur initiatique, sans laquelle l'initiation maçonnique elle-même n'aurait évidemment jamais existé. – Une petite remarque accessoire : pourquoi, dans une épigraphe reproduite en tête de chaque numéro, Voltaire (qu'on ne devrait d'ailleurs guère citer en invoquant sa qualité maçonnique, puisqu'il ne fut initié, honoris causa, que quelques mois avant sa mort) est-il donné comme ayant été membre de la « Loge des Sept Sœurs » ? Il nous semble pourtant bien que les Muses ont toujours été au nombre de neuf !

---

1 Cf. Symboles fondamentaux de la Science Sacrée, ch. XVII : La lettre G et le Swastika.

Milton Keynes UK
Ingram Content Group UK Ltd.
UKHW041920151124
451262UK00007B/1094